Estudos de etnometodologia

Dados Internacionais de Catalogação na Publicação (CIP)
(Câmara Brasileira do Livro, SP, Brasil)

Garfinkel, Harold
    Estudos de etnometodologia / Harold Garfinkel. – Petrópolis, RJ : Vozes, 2018.

Vários tradutores.
Título original: Studies in ethnomethodology.

1ª reimpressão, 2018.

ISBN 978-85-326-5599-8

1. Etnometodologia I. Título.

17-07714   CDD-301

Índices para catálogo sistemático:
1. Sociologia   301

HAROLD
Estudos de etnometodologia
GARFINKEL

Petrópolis

Título original em inglês: *Studies in Ethnomethodology*

© Direitos de publicação em língua portuguesa:
2018, Editora Vozes Ltda.
Rua Frei Luís, 100
25689-900 Petrópolis, RJ
www.vozes.com.br
Brasil

Todos os direitos reservados. Nenhuma parte desta obra poderá ser reproduzida ou transmitida por qualquer forma e/ou quaisquer meios (eletrônico ou mecânico, incluindo fotocópia e gravação) ou arquivada em qualquer sistema ou banco de dados sem permissão escrita da editora.

CONSELHO EDITORIAL

Diretor
Gilberto Gonçalves Garcia

Editores
Aline dos Santos Carneiro
Edrian Josué Pasini
Marilac Loraine Oleniki
Welder Lancieri Marchini

Conselheiros
Francisco Morás
Ludovico Garmus
Teobaldo Heidemann
Volney J. Berkenbrock

Secretário executivo
João Batista Kreuch

Editoração: Fernando Sergio Olivetti da Rocha
Diagramação: Mania de criar
Revisão gráfica: Nilton Braz da Rocha / Nivaldo S. Menezes
Capa: WM design

Tradutores
Adauto Vilella
Aline Domingues de Paiva
Bráulio de Oliveira Silveira
Clara Peron da Silva Guedes
Diogo Filgueiras Britto
Felipe Augusto Noronha
Luy Braida Ribeiro Braga
Paulo Cortes Gago
Raquel Santos Lombardi
Raul Francisco Magalhães
Ricardo A. Rosenbush

Coordenação da tradução dos oito capítulos
Maria Clara Castellões de Oliveira

Revisão técnica e estabelecimento do texto final
Paulo Cortes Gago e
Raul Francisco Magalhães

ISBN 978-85-326-5599-8

Editado conforme o novo acordo ortográfico.

Este livro foi composto e impresso pela Editora Vozes Ltda.

Para Abraham Garfinkel.

Sumário

Apresentação da tradução brasileira, 9

Introdução, 17
  Anne Warfield Rawls

Prefácio (1967), 87

1 O que é etnometodologia?, 93

2 Estudos dos fundamentos rotineiros das atividades cotidianas, 122

3 Conhecimento de senso comum das estruturas sociais – O método documentário de interpretação no levantamento leigo e profissional de fatos, 157

4 Algumas regras de tomada de decisão correta que os jurados respeitam, 182

5 Passagem e gerenciamento do *status* sexual em uma pessoa "intersexuada", 192

6 "Boas" razões organizacionais para "maus" registros clínicos, 254

7 Adequação metodológica no estudo quantitativo dos critérios e atividades de seleção em clínicas psiquiátricas ambulatoriais, 273

8 As propriedades racionais das atividades científicas e de senso comum, 330

Ensaio inédito de 1946 – Algumas reflexões sobre a Teoria da Ação e a Teoria dos Sistemas Sociais, 349

Apresentação da tradução brasileira

Apresentamos ao público brasileiro e lusófono em geral a tradução da obra seminal *Estudos de etnometodologia*, de Harold Garfinkel (1917-2011). O livro foi publicado originalmente em 1967 e reúne oito capítulos, que podem ser considerados como estudos independentes, embora todos concorram para formar um mesmo *programa etnometodológico*, que paradoxalmente não é explicitado em nenhum desses capítulos, mas que foi posteriormente organizado por alguns sociólogos, que se juntaram a Garfinkel ao final dos anos de 1960 para revitalizar a Teoria da Ação, a partir da etnometodologia. Essa palavra, nem sempre bem compreendida, significa entender o mundo social por meio da análise dos métodos pelos quais seus atores participantes dão sentido à realidade na qual se inserem reagindo uns aos outros; em outras palavras, os métodos práticos e socialmente compartilhados de organização rotineira da sociedade que a tornam uma realidade objetiva e reconhecida dessa forma por todos que a experimentam.

Como o nome do livro de Garfinkel deixa muito claro, os capítulos são "estudos", investigações de caráter exploratório, nos quais ele tentava estabelecer o ponto mais persistente de sua trajetória intelectual: tornar um fenômeno problemático para a sociologia a simples realização cotidiana da vida em sociedade, no que ela tem de mais óbvio e, no entanto, de mais oculto à reflexão dos cientistas sociais. O simples fato de as pessoas se cumprimentarem, seguirem regras de trânsito, ou confiarem em uma instrução dada por um professor implica estruturas de ação que são postas em movimento, sem que ninguém se dê conta de sua complexidade e da suposição de que tais regras estão igualmente operantes nas mentes e corpos dos outros. Se essas ideias nos parecem normais dentro do escopo geral de certa teoria social contemporânea, não se pode dizer o mesmo ao final dos anos de 1960, quando Garfinkel desafiava o pensamento sistêmico dominante na sociologia, aquele que partia do pressuposto de que os indivíduos agem por regras que são internalizadas. A etnometodologia indica que as regras sociais, embora tenham caráter imperativo para as pessoas, dependem de avaliações contextuais que ocorrem todo o tempo na vida cotidiana. O "etnométodo", implícito na palavra etnometodologia, refere-se assim aos métodos do senso comum, usados pelas pessoas no mundo social para entender e gerenciar a realidade. Trata-se de uma microssociologia que trouxe como um problema teórico maior a ideia de que as estruturas sociais que, de acordo com certa sociologia paradigmática, deveriam *guiar* os atores repetindo cursos de movimentos e reproduzindo a sociedade, não podem desempenhar esse papel independente do gerenciamento contextual de sua aplicação pelos atores. Assim as instituições sociais devem ser investigadas por meio de suas rotinas reais, e também pelas situações que quebram as expectativas da rotina e terminam por explicitar temas conflitantes entre os atores.

Em 1967 Garfinkel era professor na Universidade da Califórnia, em Los Angeles, e seu livro já não era uma obra de um iniciante; ao contrário, indicava uma carreira de pesquisa empírica e de estudos teóricos já considerável, que vinha se ampliando desde o Pós-guerra, quando seus estudos iniciais sobre crimes inter-raciais inauguraram uma agenda profícua e criativa. Ele se ocupou de muitas estratégias de investigação, muitas delas em função das inúmeras pesquisas financiadas por vários órgãos, inclusive pela Força Aérea dos Estados Unidos. No livro, juntamente com ilações teóricas abrangentes, temos estudos de comportamento humano em experimentos de laboratório, o acompanhamento de centros de prevenção ao suicídio, o acompanhamento longitudinal de um caso de cirurgia transexual ao final dos anos de 1950, o acompanhamento de corpos de jurados, a análise dos métodos de seleção de pacientes na clínica psiquiátrica da Ucla, além de discussões teóricas mais densas sobre o conceito científico de racionalidade, *vis-à-vis* à ideia de racionalidade que preside o mundo da ação cotidiana.

Sinteticamente o livro tem no capítulo 1, cujo título é "O que é etnometodologia?", o estudo que lança a pedra angular do programa etnometodológico: a ideia, contida na famosa passagem, de que "as atividades pelas quais os membros produzem e gerenciam situações de afazeres cotidianos organizados são idênticas aos procedimentos empregados pelos membros para tornar essas situações relatáveis". No capítulo 2, "Estudos dos fundamentos rotineiros das atividades cotidianas", o leitor tomará contato com os nada ortodoxos, ou previsíveis, métodos de investigação experimentais de Garfinkel, alguns dos quais hoje em dia provavelmente sequer seriam aprovados em um conselho de ética, submetendo estudantes e seus familiares a interações que, ao quebrarem as expectativas da vida normal, geravam ansiedade, medo, raiva, perplexidade e outros sentimentos que indicam o quão importante é para alguém pressupor ininterruptamente que o mundo está sempre em ordem, mesmo que isso não seja uma atitude razoável, se olhada pelo prisma da mais estrita racionalidade. É nesse capítulo que Garfinkel forjará a ideia de que a sociologia que imagina os membros da sociedade como simples aplicadores de regras sociais, sem qualquer capacidade de sua manipulação contextual, toma seus membros como portadores de um tipo de idiotia do juízo, que ele chamou de *judgmental dope*, que traduzimos como *pessoa de juízo sedado*. Garfinkel montou um elenco de experiências inusitadas, das quais emerge o verdadeiro homem comum: um ser dotado de mecanismos reflexivos, que vão do gesto automático ao entendimento, sempre contextual, de que não é o caso seguir uma regra naquele instante preciso para justamente manter a ordem. Dessa forma mostrou a capacidade *reflexiva* dos atores capazes tanto de operar de boa-fé, agindo de juízo sedado e pressupondo que todos os outros membros do mundo também agem assim, e, no instante seguinte, entendermos que podemos agir variando as regras e administrando suas consequências.

No capítulo 3, "Conhecimento de senso comum das estruturas sociais – O método documentário de interpretação no levantamento leigo e profissional de fatos", Garfinkel explora fundamentalmente o tema do conhecimento de senso comum das estruturas sociais através do *método documentário de interpretação*, que "consiste em tratar uma aparência real como 'o documento de', como 'apontando para', como 'se apresentando em nome de' um padrão pressuposto subjacente". As pessoas usam as aparências do mundo visível da ação, e sobretudo os *relatos* uns dos outros, como forma de dar sentido aos seus próprios cursos de ação. Aqui também o autor lançou mão de metodologias experimentais, levadas a cabo com alunos de graduação do Departamento de Psiquiatria da Ucla. O capítulo termina questionando os métodos tradicionais de observação em sociologia.

No capítulo 4, "Algumas regras de tomada de decisão correta que os jurados respeitam", Garfinkel investiga o conhecimento de senso comum das estruturas sociais discutindo os métodos pelos quais jurados podem chegar a veredictos consequentes. O *insight* básico de Garfinkel é mostrar como metodologias de tomada de decisão da vida cotidiana são adaptadas e gerenciadas para produzir um resultado prático típico da tarefa de jurados, ou seja, veredictos de acordo com a ordem normativa imposta pelos procedimentos do tribunal. Trata-se de um estudo pioneiro da microssociologia do direito e é também um clássico quando se trata de pensar como pessoas comuns modificam suas formas de agir numa instituição com regras específicas. Acima de tudo temos um estudo que pode ainda suscitar questões centrais sobre como o senso comum opera na produção factual do tribunal.

O capítulo 5, "Passagem e gerenciamento do *status* sexual em uma pessoa 'intersexuada', – Garfinkel conta-nos o caso de Agnes, um(a) transexual de 19 anos à época, que, apesar de ter nascido e sido criado como um menino, conseguiu realizar uma cirurgia de mudança de sexo e "gerenciou" com muita habilidade a construção do seu próprio caso como o de uma "mulher natural, normal", que sempre tivera o direito a esse tratamento. O capítulo é um ensaio empírico em torno da ideia de que as pessoas são "metodólogas práticas", com capacidade reflexiva para constituir e manipular a normalidade de uma identidade de gênero como uma "incessante realização prática", atendendo a necessidades situadas. Agnes é um interessante caso de aprendizado e gerenciamento da ordem social por um indivíduo não nascido e nem criado como mulher, que queria e precisava sublinhar a absoluta naturalidade de

11

se separar o mundo entre homens e mulheres, ao mesmo tempo em que convencia a todos de que, nessa ordem natural, ela era, e sempre fora, uma mulher, não obstante ser portador, até os 19 anos, de pênis e uma biografia de menino. Passar de menino a mulher era, para Agnes e para um grupo de médicos e cientistas com os quais ele lidou e convenceu, usando histórias cuidadosamente gerenciadas, recolocar o mundo social na ordem dada e natural das coisas, na qual mulheres obviamente têm vagina e homens, pênis. É talvez um dos textos mais exemplares da etnometodologia, no qual é possível mostrar, no plano da ação prática, o jogo das estruturas pressupostas pelos membros, como elas são acionadas para referendar o mundo da ordem normal, mesmo quando se trata de afirmar que há mulheres naturais que precisam, por isso mesmo, de remover o pênis e uma biografia que só causam confusão e mal-entendidos à ordem que todos pressupõem.

Nos capítulos 6 ("Boas" razões organizacionais para "maus" registros clínicos) e 7 (Adequação metodológica no estudo quantitativo dos critérios e atividades de seleção em clínicas psiquiátricas ambulatoriais), Garfinkel discute como práticas burocráticas cotidianas alteram tanto o público que vai ser atendido pela instituição quanto os próprios registros da instituição e seus resultados. Ele desenvolve a ideia de que unidades de atendimento psiquiátrico não têm um "público psiquiátrico" real, mas fabricam um público psiquiátrico institucional a partir da aplicação contextual de critérios de seleção. Um corolário de tais proposições é que devemos sempre tratar dados institucionais como resultados de certas formas de organização dos registros, e não como traduções de fenômenos socialmente preexistentes.

No capítulo 8, "As propriedades racionais das atividades científicas e de senso comum", Garfinkel discute as diferenças entre o que a ciência considera procedimentos racionais e o que o senso comum sanciona como racionalidade. Basicamente, ele demonstra a impossibilidade de aplicação das regras da boa ciência ao mundo exterior à prática científica. Trazidas para a realidade do dia a dia, as racionalidades científicas gerariam ambientes desprovidos de sentido. Mais uma vez, Garfinkel apontou um caminho importante para o estudo da pesquisa científica, tratando-a como um universo de significados internos, e não como um campo gerador de verdades e racionalidades válidas em si mesmas e livremente apropriáveis pela vida social.

Harold Garfinkel tornou-se um autor clássico, no sentido de que foi lido e relido com grande respeito desde a publicação de seus *Estudos*, também tornou-se um autor maldito e extremamente criticado pelos paradoxos que a etnometodologia engendra para a teoria sociológica, dado o radical relativismo que essa análise não pode evitar. Boa parte das pessoas que se interessam por teoria sociológica preferiu comprar a fama de maldito e evitou lidar com um autor capaz de abalar os fundamentos mais caros da Teoria Social. Parece que o próprio Garfinkel contribuiu pessoalmente para sua lenda dificultando ao longo de sua vida as traduções deste livro, afinal a primeira edição espanhola é de 2006 e a francesa de 2007 e, ao que se sabe, após alguns atritos entre ele e outros sociólogos, que praticamente o obrigaram a consentir em ser traduzido. Graças ao trabalho de pesquisa de Anne W. Rawls, novas luzes foram recentemente lançadas sobre a trajetória desse cientista, que, longe de ser mais um exemplar da onda de contestações teóricas e políticas que abalou os anos de 1960, revela-se muito mais complexo. Rawls estende as rotas da etnometodologia aos estudos empíricos de Garfinkel sobre a instrução de pilotos de combate na Força Aérea, feitos durante a Segunda Guerra Mundial. Sabe-se hoje que ele não era um marginal, mas um membro do grupo que esteve no centro da construção da teoria sociológica norte-americana trabalhando em conjunto com Talcott Parsons, e acabou criticando a Teoria dos Sistemas a partir de dentro, pelo seu foco inovador nas práticas dos atores que tornam os sistemas fatos sociais "palpáveis". Sua escrita crítica, que desconstruía os mitos estatísticos tão caros à sociologia, pensados como resultados de práticas organizacionais e não como traduções reais de fatos sociais, o levou do centro para as margens do debate. Da mesma forma a academia se mostrou adversa às suas ideias sobre o gerenciamento contextual das normas sociais. O trabalho de Rawls resultou em uma edição expandida dos *Estudos de etnometodologia*, incluindo um ensaio inédito de 1946 escrito por Garfinkel para um seminário organizado em Harvard por Parsons. Felizmente a edição brasileira sai atualizada com o que existe de melhor para uma compreensão do pensador Garfinkel, suas raízes, contextos e influências.

Da tradução

Quem já teve contato com o texto de Garfinkel sabe que não se trata de uma tarefa trivial traduzi-lo. A proverbial clareza do inglês acadêmico desaparece numa prosa complicada, cheia de intercalações e inversões sintáticas, distribuída em períodos enormes e parágrafos não menos extensos. A questão, como em toda tradução, era se deveríamos domesticar o texto original, fazendo Garfinkel escrever em português escorreito, ou forçar a língua a mimetizar a forma pouco fluente do original. Para fazer a revisão, tínhamos à mão as traduções espanhola e francesa, ambas muito boas em termos de adequação teórica, mas muito diferentes na forma como domesticam o original: o tradutor espanhol ousou simplificar várias passagens, sempre em nome da clareza, e os tradutores franceses não tiveram problemas em reescrever muitos trechos mais espinhosos. Nossa opção foi a de tentar ao máximo encontrar soluções na tradução que possibilitassem ao leitor de Garfinkel perceber o teor de seu pensamento e a roupagem por ele usada, em outras palavras, que vertessem Garfinkel sem simplificações, sem reescrevê-lo e sem cair na tentação, muito frequente na academia brasileira, de considerar que existem palavras e conceitos que simplesmente "não têm tradução" e devem continuar a ser usados no idioma original. Evidentemente a forma como falamos e escrevemos em português cobra seu preço vez por outra, porém nada foi suprimido. Reforçamos que o nosso principal critério foi sempre buscar na teoria de Garfinkel as soluções para expressar o que ele quis dizer, principalmente em seus momentos mais criptográficos, que desafiam confessadamente os seus próprios colegas nativos. Sabemos que são "estudos", tanto no sentido do autor quanto do leitor, isto é, sua leitura demanda atenção e reflexão, sem as quais muitas passagens se tornam impossíveis de serem assimiladas. Não é um livro para ser simplesmente lido, e sim para ser estudado, como se descobre nos primeiros parágrafos.

A ideia de traduzir os *Estudos de etnometodologia* evoluiu de um projeto original que aproximou pesquisas dos Programas de Pós-Graduação em Ciências Sociais e em Linguística da Universidade Federal de Juiz de Fora. A aproximação se deveu à identidade teórica gerada por pesquisas em Análise da Conversa que usam conceitos da etnometodologia. Como infelizmente a tradução deste livro não podia ocupar um papel central nas nossas agendas de trabalho, a estratégia que adotamos, desde 2009, foi um paciente trabalho no qual as traduções dos capítulos foram realizadas por tradutores de inglês da UFJF ligados ao Bacharelado de Tradução em Inglês da Faculdade de Letras, sempre sob a orientação e coordenação geral da Profa.-Dra. Maria Clara Castellões de Oliveira. Este trabalho gerou primeiras versões dos capítulos que foram sendo por nós comparadas com o original, frase a frase, e ajustadas à teoria, bem como a um conceito de tradução adequado às particularidades do texto de Garfinkel. A revisão técnica da tradução consumiu muitas horas de trabalho, mas permitiu um resultado apropriado aos usos acadêmicos do texto, em diálogo com outros materiais já traduzidos na mesma área.

Os créditos da tradução

Os capítulos 1, 2 e 8 foram traduzidos por Adauto Villela, a quem coube a orientação das traduções dos capítulos 6 e 7, feitas por Raquel Santos Lombardi (6) e Aline Domingues de Paiva e Felipe Augusto Noronha (7). O capítulo 3 foi traduzido por Bráulio de Oliveira Silveira; o capítulo 4, por Aline Domingues de Paiva, Bráulio de Oliveira Silveira, Clara Peron da Silva Guedes, Diogo Filgueiras Britto, Felipe Augusto Noronha, Raquel dos Santos Lombardi e Luy Braida Ribeiro Braga, e o capítulo 5 por Clara Peron da Silva Guedes, Diogo Filgueiras Britto e Luy Braida Ribeiro Braga. A orientação das traduções desses capítulos coube a Maria Clara Castellões de Oliveira. Bráulio de Oliveira Silveira foi responsável pela tradução do texto anexo ao capítulo 5. A coordenação geral do trabalho de tradução em relação aos oito capítulos dos *Estudos de etnometodologia* foi de Maria Clara Castellões de Oliveira. A "Introdução", de Anne Rawls, e o texto inédito de Garfinkel, "Algumas reflexões sobre a Teoria da Ação e a Teoria dos Sistemas Sociais", foram traduzidos por Ricardo A. Rosenbush, por solicitação da Editora Vozes. Coube a Raul Francisco Magalhães e Paulo Cortes Gago a tradução do prefácio do livro, assim como a revisão técnica, com o estabelecimento do texto final de todo o material.

Agradecimentos

Além de todas as pessoas já nominadas, gostaríamos de agradecer especialmente ao Prof.-Dr. Berthold Öelze, da Universidade de Passau (Alemanha), como um dos incentivadores iniciais do projeto de traduzir para o português textos essenciais em etnometodologia por ocasião de sua vinda à UFJF, como professor-visitante do Departamento de Ciências Sociais, em 2008. Agradecemos ao Programa de Pós-Graduação em Linguística e ao Programa de Pós-Graduação em Ciências Sociais da UFJF por diferentes formas de apoio ao longo desses anos. Agradecemos à Profa.-Dra. Anne W. Rawls da Bentley University que gentilmente permitiu a publicação sem custos dos capítulos em revistas de acesso livre ao longo desses anos e ao Prof.-Dr. Frédéric Vandenberghe do Iesp/Uerj, que mediou essa solicitação. Agradecemos à revista *Teoria e Cultura* do PPGCSO/UFJF, que publicou separadamente ao longo dos anos as primeiras versões dos capítulos 1, 2, 3, 5, 6, 7 e 8, e à revista *Confluências*, do Programa de Pós-Graduação em Sociologia e Direito da Universidade Federal Fluminense, que publicou o capítulo 4.

Esperamos que este livro seja uma ferramenta útil ao grande público que se interessa por etnometodologia e ainda não possuía disponível em português uma tradução do livro que iniciou esse campo de investigação.

Paulo Cortes Gago
Raul Francisco Magalhães

Introdução

Anne Warfield Rawls
Bentley University

Os *Estudos de etnometodologia (Estudos)* tornaram-se um clássico logo após a sua publicação, em 1967. O argumento desafiava as premissas predominantes em teoria e pesquisa social, gerando intenso elogio, profunda controvérsia e muita atenção. A etnometodologia (EM) exigia mudanças na concepção da ciência social – e da sociedade – nos turbulentos anos de 1960; nesse sentido, a mensagem e o momento combinavam muito bem. Mas, embora isso tenha aumentado o interesse, também estimulou a ideia de que o argumento pertencia à década de 1960 e, por consequência, Garfinkel e a EM têm sido associados a ideias de contracultura e tendências anti-intelectuais.

Na realidade, a postura de Garfinkel foi tomando forma nas décadas de 1930 e 1940, mais de vinte anos antes da publicação dos *Estudos*. Ele concluiu seu mestrado na primavera de 1942 e passou a Segunda Guerra Mundial fazendo pesquisa social para a Força Aérea. É importante ressaltar também que Garfinkel era uma voz minoritária nesse contexto. Isso foi antes de as atrocidades dos alemães ficarem em plena evidência no fim da guerra, fazendo com que os norte-americanos começassem a tratar os membros das minorias judias como brancos. Garfinkel vivenciou a segregação no Sul entre 1939 e 1946 e foi impedido de entrar em hotéis e restaurantes só para brancos. Essas experiências influenciaram seus primeiros textos (sobre a dinâmica interacional da geração de desigualdade racial por meio de relatos com viés racial), seu relacionamento com Howard Odum (cujo foco era a cultura popular negra) e o desenvolvimento de seu argumento de que a confiança é um fundamento necessário à interação cotidiana.

O enfoque de Garfinkel pertence a uma importante linha de pesquisa social que se desenvolveu antes da guerra com base na contestação de Durkheim ao individualismo de Comte. O argumento era que os fatos sociais só existem quando e conforme são criados em cooperação. Defendida por Parsons, esta linha de argumentação desafiava a primazia dos elementos individuais e epistêmicos na Teoria Social e na filosofia estabelecidas. Como aluno de doutorado em Harvard em 1946, Garfinkel trabalhou com Parsons e um grupo de estudiosos da mesma linha formado por Clyde Kluckhon, Jerome Bruner, Lloyd Warner e Wilbert Moore (posteriormente, Warner trabalharia com Goffman em Chicago).

Nos últimos anos da década de 1930, Talcott Parsons ainda tentava apresentar Durkheim e Weber aos pensadores sociais norte-americanos, queixando-se de que divergências teóricas e metodológicas aparentemente insuperáveis resultassem da persistência no individualismo e no positivismo de Comte e Spencer. Segundo Parsons (1938), toda divisão quantitativa/qualitativa na sociologia podia atribuir-se a essa limitação teórica. Para ele, havia uma solução bem simples: adotar as ideias de Durkheim e Weber, mais recentes e mais centradas nos aspectos sociais. Garfinkel acrescentou importantes dimensões a esta postura "europeia" mais recente. Enfatizando o caráter irredutivelmente cooperativo e ordenado das ações sociais com sentido, Garfinkel contribuiu com a ideia transformadora de que participantes de situações sociais utilizam métodos compartilhados (etnométodos ou métodos dos membros) que são constitutivos do significado que eles constroem juntos em colaboração[1]. O significado não se estabelece apenas por meio de práticas constitutivas, como Durkheim afirmou, nem pelo uso, conforme Wittgenstein argumentou, pois as condições e recursos constitutivos para este uso podem ser especificados. Ainda mais importante é que alguns recursos transcendem às situações.

O argumento de que os fatos sociais são criados atendendo a critérios constitutivos muda o campo epistemológico, pondo no centro da investigação os próprios fatos sociais e as condições empíricas (ou métodos) de sua realização, ao invés dos valores e motivos nos quais abordagens mais antigas se centravam. Há implicações também para os métodos de pesquisa. Uma vez que os métodos para realizar fatos sociais devem ser coordenados pelos participantes em interação a cada momento, suas propriedades constitutivas devem ser testemunháveis. Por consequência, é possível observar-se os etnométodos compartilhados: eles consistem mais em seus detalhes empíricos reconhecíveis do que em aproximar-se de tipificações conceituais[2]. Os leitores que interpretam este enfoque empírico como positivista cometem um erro básico. Todos os fatos sociais são levados a cabo cooperativamente. Não há pressuposição positivista de fatos naturais envolvidos. Os próprios critérios testemunháveis para realizar fatos sociais são essencialmente sociais e cooperativos. Uma das características empíricas desses critérios é serem "reconhecíveis" pelos participantes. Não se pode dar a sua realidade como dada, conforme ocorre com os fatos naturais. As implicações são transformadoras para a teoria e o método. Os "conceitos" e sua clarificação não mais ocupam o centro da teoria e do método. Mostra-se que as questões tradicionais sobre o positivismo, subjetivo/objetivo, realismo/idealismo, e assim por diante, são artefatos do enfoque clássico, como Parsons (e Durkheim) sustentara.

Onde houve correta compreensão do novo enfoque constitutivo do fato social, ele inspirou trabalhos nas fronteiras da ciência social: em estudos de ciência e matemática, gênero, raça, crime, desvio, policiamento, teoria organizacional, pragmática da comunicação e da interação, interação médico-paciente, informação e trabalho de projeto técnico, etnografia institucional, estudos sobre o lugar de trabalho e interação homem-computador, bem como em estudos culturais inspirados por Durkheim e Mauss.

Todavia, a tendência na leitura de Garfinkel e nos estudos que ele inspirou (como na leitura de Durkheim) tem sido a de avaliar a sua abordagem de dentro do arcabouço que ela desafia. Assim, em que pese seu impacto, as implicações da tese de Garfinkel para repensar-se a teoria e a pesquisa social foram mal-interpretadas. Em geral, trata-se a EM como uma área especializada dentro de um contexto teórico que preserva a primazia dos objetos individuais e epistêmicos, sendo esta uma suposição à qual a linhagem do fato social constitutivo logicamente se opõe. Temos aqui uma contradição. Para começar, a aceitação do caráter cooperativamente constituído da ordem e do significado muda os parâmetros epistemológicos de tal modo que não há indivíduos nem objetos epistêmicos. Para existirem, eles têm de ser produzidos colaborativamente. Durkheim afirmara que esta mudança epistemológica transformaria questões de lógica e razão em questões sociológicas de prática constitutiva. Da mesma forma, Garfinkel insistiu que a adoção de uma postura completamente constitutiva – na qual todos os objetos sociais significativos são feitos colaborativamente – muda os parâmetros teóricos de tal modo que a teoria e o método sociais se tornam irrelevantes. Ele chamava isto de "indiferença" da EM às questões sociológicas predominantes. Wittgenstein tinha sustentado quase a mesma coisa. Não se trata de indiferença a problemas de igualdade e justiça, que continuam a ser centrais. O argumento de Garfinkel quanto à confiança reafirma, como as condições tácitas de contrato de Durkheim, que a reciprocidade e a igualdade necessárias para mantê-la são essenciais à compreensão e à coerência da ação social. A indiferença é quanto a questões sobre indivíduos, ao ponto de vista do ator, aos valores e consenso de grupo, que são artefatos diretos da manutenção da postura clássica.

A mudança epistemológica que leva a considerar o indivíduo e os objetos sociais como cooperativamente feitos era o que, para Durkheim, haveria de distinguir a Sociologia de outras disciplinas; o caráter cooperativamente feito dos fatos sociais seria a chave para superar-se o positivismo (e as inclinações culturais que embasam seus pressupostos) e as ordens constitutivas cooperativas eram a chave para uma adequada teoria da ordem em uma sociedade diversificada moderna, na qual o consenso não mais é possível. Portanto, o projeto de Garfinkel era profundamente sociológico, no sentido original de Durkheim. No entanto, como a mudança epistemológica não foi bem compreendida, o potencial do *insight* de Garfinkel para embasar a Teoria Social contemporânea ficou em grande medida por ser realizado. Teoria e pesquisa vagaram sem rumo, assoberbadas por profundas contradições epistemológicas, lutando desnecessariamente com o positivismo e persistindo na busca de consenso e de valores na sociedade moderna.

Logo, a maior parte da pesquisa de EM teve lugar fora da sociologia e até mesmo fora das ciências sociais. Porque essa pesquisa liga-se diretamente ao mundo onde as pessoas vivem e trabalham, os resultados são práticos o bastante na sua aplicação para assegurar seu financiamento por parte de gigantes da inovação tecnológica, das ciências aplicadas e das profissões. Por sua vez, a pesquisa acha espaço em departamentos de estudos de negócios, comunicação, medicina, direito, informação, *design* e ciência e tecnologia. Mas as implicações teóricas do projeto como um todo de investigar as condições – tanto morais quanto empíricas – da criação do fato social continuam a ser subestimadas.

Mesmo que haja muitas explicações para a generalizada má compreensão das implicações teóricas e práticas da EM, a tendência a situar o trabalho de Garfinkel nos anos de 1960 em lugar de na década de 1940 é um fator importante e pouco estudado. A vinculação aos anos de 1960 obscurece o contexto, no qual ele formulou o seu enfoque. Quando situado nos anos de 1940, Garfinkel surge como um defensor do desenvolvimento da linhagem do fato social constitutivo perante seus críticos da época da guerra, e não como um crítico de uma hegemonia disciplinar estabelecida, como depois apareceu. Como aluno de universidades de elite com mentores influentes, ele participou de um debate disciplinar de alto nível em um momento crucial da história. A análise desse debate não só apresenta Garfinkel de um ponto de vista diferente como corrige um equívoco importante a respeito da história da disciplina: que nada mudou durante a guerra.

Durante e imediatamente após a guerra Garfinkel esteve junto a Talcott Parsons e Howard Odum, autoridades influentes da sua disciplina, quando esta passava por uma reorganização significativa. Muito embora haja outros fatores, como o medo do comunismo que cresceu mais tarde, esta reorganização explica em boa parte a razão pela qual a Sociologia se desenvolveu como o fez depois da guerra. Enquanto as duas décadas anteriores assistiram a um amplo debate e discussão, a disciplina limitou seu foco rapidamente nos anos de 1940, e as emoções se exaltaram em face da guerra. Os sociólogos queriam contribuir, queriam apoio do governo, e queriam o mesmo respeito que eles achavam que outras ciências recebiam. Empreenderam-se ações para suprimir promissores enfoques qualitativos e interacionais sobre questões sociológicas essenciais, a fim de "unificar" um conceito de "sociologia científica" para apoiar o esforço de guerra.

Contrastando com a sua imagem de rebelde, que se desenvolveu posteriormente, Garfinkel posicionava-se, na década de 1940, no centro da discussão disciplinar no momento em que o futuro da sociologia estava sendo decidido. Ainda que sua abordagem da sociologia sempre propusesse questões novas e tratasse as já existentes de outras maneiras, ele não era um sociólogo "da Califórnia" saído do movimento contracultural dos anos de 1960, como Lewis Coser afirmaria depois (1974). Nos anos de 1940, Garfinkel permaneceu alinhado com autoridades estabelecidas da disciplina, em Harvard, Princeton e Chapel Hill, que buscavam definir uma nova sociologia moderna. O lado de Garfinkel não venceu. Porém, um exame das circunstâncias de tempo de guerra em que a disputa foi decidida sugere que o processo foi apressado, inconsequente e chauvinista, voltado para o esforço de guerra e contra os críticos, não fundamentado em um argumento bem ponderado. Há muito tempo que está pendente uma reavaliação.

Com o propósito de situar Garfinkel nos anos de 1940, esta nova segunda edição dos *Estudos* apresenta pela primeira vez um texto precoce e inédito do período acadêmico de 1946-1947, o primeiro de Garfinkel como aluno de doutorado em Harvard. Ele escreveu três trabalhos importantes nesse ano. O primeiro aparece como "Ensaio inédito de 1946..." (cf. p. 349 deste livro). O segundo e o terceiro foram publicados separadamente[3]. Esse primeiro trabalho é "Algumas reflexões sobre a Teoria da Ação e a Teoria dos Sistemas Sociais (RTASS)", escrito em 1946 para um seminário que teve a participação de Talcott Parsons[4]. Nesse texto Garfinkel propõe uma teoria de ação alternativa, baseada em uma teoria de objetos sociais e da interação situada. O segundo trabalho e o terceiro põem em prática ideias do primeiro "Notas sobre o teste de apercepção de informação (NTAI)" e "O vermelho como objeto ideal (O vermelho)". Juntos, os três textos estabelecem uma relação teórica significativa entre a posição que Garfinkel desenvolvia – a Teoria da Ação Social – e as prioridades das elites da disciplina à época. Há breves descrições dos três textos na discussão do início da carreira de Garfinkel em Harvard.

Esta introdução começa com a seção situando Garfinkel no contexto da sociologia norte-americana nos anos de 1940, e discute o impacto da guerra na disciplina e, em especial, na linhagem do fato social, em cujo desenvolvimento ele trabalhava. A *Segunda* seção aborda o início da pesquisa de Garfinkel no contexto político, social e intelectual em que ele fez seu trabalho de pós-graduação. Aqui há três subdivisões: a *primeira* aborda o período 1939-1942 na Carolina do Norte, a situação de Garfinkel como membro da minoria judia, seu interesse na justiça social e suas primeiras publicações sobre raça, em 1940 e 1942[5]; a *segunda* considera o período 1946-1952 em Harvard, quando Garfinkel delineou sua teoria de objetos sociais, comunicação e interação; a *terceira* descreve o empenho de Garfinkel para reunir um grupo de elite em Princeton, entre 1951 e 1953, sob os auspícios do Organizational Behavior Project, para procurar um enfoque alternativo interacional e de linguagem natural sobre informação, racionalidade, tomada de decisão e computação, bem como sua continuação nos esforços do Ohio Personnel Research Board (Conselho de Pesquisa de Ohio em Recursos Humanos), e durante os "Estudos sobre júri de Wichita, em 1953-1954[6]. Segue-se uma *Terceira* seção, que aborda controvérsias na sociologia nas décadas de 1950 e 1960 – uma crise intelectual do Pós-guerra que decorreu, ao menos em parte, de se confundir ciência com patriotismo durante a guerra (resultado natural da adoção da opinião de Comte, para quem a ciência é uma ideia unificadora, como a religião) e do consequente estreitamento do escopo da disciplina. Esta crise prejudicou a recepção a Garfinkel e a linhagem do fato social como um todo, incluindo Durkheim, Parsons e Goffman. A aspereza da reação contra Garfinkel e a profundidade do julgamento ideológico – que ainda hoje persistem – são sintomáticas de suas origens no tempo de guerra.

1) Situando o desenvolvimento das ideias de Garfinkel nos anos de 1940

À diferença de muitos que são considerados seus contemporâneos, Garfinkel pertence à geração que chegou à maturidade antes da Segunda Guerra Mundial. Nascido em 1917, ele ingressou na universidade em 1935, terminou seu mestrado em Chapel Hill (Carolina do Norte) com Howard Odum em maio de 1942, realizou um estudo de campo em Bastrop (Texas) para Wilbert Moore em junho do mesmo ano e, após a formatura, alistou-se na Força Aérea e serviu como pesquisador social na base aérea de Gulfport, Mississippi, de dezembro de 1942 a janeiro de 1946. Embora apenas cinco anos mais velho que Goffman, a experiência acadêmica prévia à guerra e o trabalho como sociólogo profissional durante o conflito situam Garfinkel no período anterior. Ele tinha 35 anos e já escrevera mais de uma dúzia de ensaios importantes na época em que concluiu seu doutorado com Talcott Parsons em Harvard, em junho de 1952 ("The Perception of the Other: A Study in Social Order")[7]. Estava com 50 anos quando da publicação dos *Estudos*.

O pensamento de Garfinkel entre 1939 e 1952 era tributário tanto de grandes nomes da corrente predominante, como Howard Odum, Florian Znaniecki, W.I. Thomas, Talcott Parsons, Robert Bales e Wilber Moore (além de renomados estudiosos de outras disciplinas, como Kenneth Burke, Jerome Bruner, Herbert Simon, Paul Lazarsfeld e Gregory Bateson), quanto da fenomenologia de Edmund Husserl, Alfred Schultz e Aaron Gurwitsch, à qual ele é associado com maior frequência. Descrito amiúde como rebelde, Garfinkel teve estreita colaboração com importantes figuras das elites da disciplina da Carolina do Norte (Howard Odum, Guy Johnson), de Harvard (Talcott Parsons, Robert Bales, Jerome Bruner e Charles Mosteller) e de Princeton (Wilbert Moore, Melvin Tumin e Herbert Simon). Continuou a trabalhar com importantes personalidades na Ucla (Robert Boguslaw, Warren Pelton, Erving Goffman, Egon Bittner, Harvey Sacks, Aron Cicourel, David Sudnow, Lindsay Churchill) e, durante um período sabático em Harvard, em 1968, com Steve Lorch e Mike McGuire do MIT (assistentes no famoso Projeto de Computação *Eliza*, de Joseph Weizenbaum). Garfinkel seguiu sendo incluído em conferências de alto nível organizadas pela Força Aérea ao longo das décadas de 1950 e 1960 – em decorrência de seu trabalho na guerra – e boa parte de sua pesquisa sobre EM na Ucla e do que veio a ser conhecido como Análise da Conversa (AC) foi financiada pela Força Aérea.

- *A transição do período de guerra*

O fato de Garfinkel ter estado inicialmente no centro da sua disciplina e só depois ter sido empurrado para as margens é um aspecto importante, embora muito negligenciado da história da área. As mudanças na disciplina que ocorreram entre 1940 e 1947 são da mesma forma ignoradas[8]. Nos anos da guerra, a Sociologia passou por uma grande transformação que influencia qualquer interpretação do trabalho de Garfinkel e a avaliação de sua relação com questões centrais da disciplina. O estreitamento da disciplina que teve início naquela época ainda afeta a recepção às ideias de Garfinkel e, de modo mais geral, à linhagem do fato social constitutivo e aos enfoques interacionais. Também Parsons foi afetado. Poder-se-ia argumentar que a tão anunciada "crise" da sociologia em fins dos anos de 1960 resultou da transformação durante a guerra e da dizimação da linhagem do fato social.

Felizmente, embora a história oficial relate mudanças incrementais que resultaram de avanços científicos, existe um registro narrativo do que Howard Odum (1943) chamou de "frenesi" do tempo de guerra e da reação das autoridades da disciplina ante ele. A Associação Americana de Sociologia (AAS) e suas autoridades eleitas deixaram testemunho de suas preocupações no tempo de guerra nos discursos presidenciais proferidos perante a assembleia dos membros cada ano e publicados na *American Sociological Review* (ASR)[9]. Essas falas proporcionam um inestimável registro narrativo da transformação da disciplina e dos problemas políticos, científicos e ideológicos que a impulsionaram. Esse relato desafia a visão oficial de uma vagarosa mudança científica. Ele revela, pelo contrário, a pressa frenética de líderes da disciplina que queriam contribuir para salvar o mundo e garantir que a Sociologia não ficasse de fora, pois o governo financiava pesquisa de guerra em outras áreas. O registro narrativo mostra que o futuro da Sociologia como disciplina passou rapidamente a ser visto em termos impostos pelas especificidades do pensamento do tempo de guerra[10].

Como narrações, esses discursos dão um panorama do contexto acadêmico em que Garfinkel vivia e trabalhava na Carolina do Norte e em Harvard – sendo uma fonte inestimável após tanto tempo. Orientador da tese de Garfinkel em Harvard, Talcott Parsons ocupou importantes cargos diretivos na AAS durante esses anos, atuando como representante da associação no Congresso para a Fundação Nacional da Ciência (NSF), então recentemente proposta, e como presidente em 1949. Howard Odum, que teve importante influência na Carolina do Norte, tinha sido presidente da AAS em 1930 e continuava a ser influente. O autor do trabalho sobre teoria social, pelo qual Garfinkel disse ter sido mais influenciado, Florian Znaniecki (*Social Actions*, 1935) atuou em comissões com Parsons na década de 1940 e veio a exercer a presidência da AAS em 1954. Os primeiros textos de Garfinkel podem ser vistos como respostas a diversos desafios apresentados à sociologia nos discursos presidenciais nos anos de guerra, acompanhando Parsons e outras lideranças (como Carl Taylor,

Florian Znaniecki e Howard Odum), que se opunham à postura ingenuamente positivista que via a Sociologia como uma ciência "unificada", que estava a ser adotada para fazer face à guerra.

A Segunda Guerra Mundial apresentou desafios sem precedentes às ciências sociais dos Estados Unidos, e as autoridades eleitas da disciplina mostravam-se preocupadas, pois o destino do mundo exigia uma resposta rápida e eficaz. Em uma Europa ocupada, a pesquisa social praticamente havia parado, ou fora cooptada pelo Estado, de modo que os Estados Unidos tornaram-se, de fato, o centro da investigação nessa área durante a guerra. Os sociólogos norte-americanos redobraram seus esforços para atender ao desafio, juntamente com colegas que haviam fugido da Europa. Entretanto, as autoridades da disciplina exprimem em seus discursos presidenciais a forte impressão de que os resultados desse trabalho eram insuficientes.

Em meio a tais preocupações – e à convicção de que o destino do mundo estava em jogo – a disciplina e sua associação começaram a se reestruturar em 1939. Eles achavam que não tinham sido agressivos o bastante em face da Primeira Guerra Mundial e que sua falta de ação era responsável pelo fracasso da paz. Não cometeriam o mesmo erro de novo. Além de formarem comissões para atender a necessidades da guerra, eles exigiram unidade científica, baseando-se firmemente na crença de Comte de que a unidade é necessária ao progresso científico. Esta opinião consensual chegara à sociologia norte-americana no final do século XIX por meio de Albion Small e Louis Wirth, em Chicago. Mais elaborado, o argumento de Durkheim de que a ciência e a sociedade modernas precisam de diversas perspectivas (a tese da prática constitutiva), embora defendido por Parsons e pelo grupo de Harvard, foi dispensado pelos sociólogos de Chicago e virou alvo de duras críticas durante a guerra[11].

- *Unificando a ciência*

Empenhadas em um profundo autoexame e receando que a Sociologia não fosse científica o bastante para contribuir efetivamente para o esforço de guerra, os líderes da disciplina traçaram durante os sete anos do conflito uma trajetória fiel a Comte, ao interpretarem a "ciência" limitadamente como uma abordagem "unificadora". Na época, a Sociologia não era muito respeitada como ciência, e, para suas autoridades eleitas, esta falta de respeito decorria do foco em problemas sociais (e na justiça social), combinada com a falta de unidade sobre teoria e método rigorosos. Essa liderança exerceu sua crença de que a Sociologia tinha sido estigmatizada como "trabalho social" de esquerda, que não era levada a sério como ciência, porque os interesses da justiça social não são científicos, e eles pretendiam corrigir isso. Uma convicção similar daqueles dedicados a serem mais "científicos" já levara os trabalhadores sociais a criarem sua própria associação após a Primeira Guerra

Mundial. Quando a Rússia de Stalin deixou de ser um aliado para virar inimigo, no fim da Segunda Guerra Mundial, a atitude "oposta aos valores" tornou-se cada vez mais insistente. Durkheim afirmara que o problema da justiça é questão científica que está no cerne de uma sociologia científica moderna. Sendo um estudioso muito interessado na justiça social e que achava que justiça e ordem não podem ser separadas, Garfinkel teria concordado.

Todavia, no esforço de tornar a disciplina mais científica, a ideia de que moralidade e justiça são problemas científicos foi repudiada. Em prol da unidade, os líderes da sociologia começaram a redefini-la de um modo que excluía promissores enfoques etnográficos, qualitativos e interacionais sobre assuntos sociológicos fundamentais. Isto implicou limitar o detalhe empírico a "clarear os conceitos" e submeter os "dados" resultantes a rigorosas fórmulas estatísticas. A ênfase que Durkheim e Weber deram ao detalhe, ao contexto e à competência situada acabou sendo suprimida do cânone. Os líderes da disciplina manifestaram muita urgência a esse respeito. Chegaram a mostrar receio de que a moderna sociedade democrática fracassasse se eles não compreendessem logo quais eram os requisitos "científicos" da sociedade democrática e não cobrassem apoio efetivo a tais requisitos. Mas a "ciência" (manipulação de dados estatísticos) e o "valor" conferido à democracia deveriam ser mantidos separados. Eles parecem não ter percebido que a compreensão do que seja democracia deve preceder à busca de seus requisitos científicos, e que esta pesquisa dificilmente poderia evitar os "valores".

• *Uma voz dissidente*

Houve uma voz dissidente entre os presidentes dos anos de guerra: Carl Taylor, que presidiu a AAS em 1946. Sendo também secretário da Agricultura dos Estados Unidos, Taylor era responsável por grandes projetos de pesquisa para a Autoridade do Vale do Tennessee (AVT) e outras iniciativas do governo, voltadas para comunidades rurais norte-americanas durante a guerra. Como funcionário importante do governo, ele argumentou que as elites da disciplina que achavam que a Sociologia devia se tornar mais científica para ganhar o respeito do governo não compreendiam o que o governo necessitava. Taylor explicou que órgãos do governo como a AVT tinham muita necessidade de mais sociólogos capacitados em métodos de pesquisa de campo e outras ferramentas de pesquisa qualitativa. Na opinião dele, o problema era que, já antes da guerra, os sociólogos formavam-se com habilidades em estatística que eram inúteis para o trabalho de campo, o que o obrigava, consequentemente, a contratar psicólogos e antropólogos. A tentativa de fazer da estatística o método aceito da nova ciência unificada da Sociologia estava, na visão de Taylor, desqualificando seriamente os sociólogos da prática – o contrário do que os líderes da disciplina tentavam conseguir. A "Sociologia do senso comum" de Taylor ressoaria em Garfinkel.

Entretanto, outras elites da disciplina não vacilaram em perceber que era essencial torná-la uma ciência unificada, e a pressão em favor de um enfoque unificado prevaleceu. As mudanças ocorridas durante a guerra (1940-1947) redefiniram questões e métodos fundamentais da disciplina de forma tão estreita que muitas abordagens sociológicas ficaram marginalizadas, ao passo que abordagens baseadas em pressupostos formalizados sobre linguagem, cognição e sociedade passaram a dominar. A perceptível necessidade de "unidade" no exercício da ciência acarretou que muitos fossem excluídos e as controvérsias sobre a forma da ciência "única" acirraram-se nas décadas seguintes, até que, no final dos anos de 1960, a Sociologia tornara-se uma ciência fragmentada, com muitos paradigmas diferentes.

- *Deslocando-se do centro para a margem*

Garfinkel viu seus próprios interesses, que tinham começado no centro da disciplina, em um trabalho que, sob a orientação de Odum, lidava com a teoria de ação social de Znaniecki e Thomas, a filosofia de Kenneth Burke e a teoria de ação social de Parsons, deslocarem-se cada vez mais para as margens. A mudança rumo ao formalismo e sua tendência em obscurecer questões de importância central para a sociologia, em nome da ciência, tornou-se um foco de interesse para Garfinkel. Seus textos começaram a tratar os problemas dos novos métodos (que ele chamou de "análise formal") da dependência crescente de pressupostos de linguagem e da eficácia de conceitos "bem definidos". Nos anos de 1940, seus trabalhos escritos abordavam diretamente os debates surgidos na disciplina, quando eles ocorriam.

No entanto estas mudanças de orientação da disciplina não significaram apenas que a unificação teórica e metodológica era considerada imperativa por seus líderes, mas que o dissenso poderia parecer antipatriótico devido ao contexto de guerra: os discordantes eram traidores. Isso explica muito daquilo que ficou confuso sobre o tratamento que Garfinkel recebeu de seus colegas posteriormente. Seus argumentos tentavam fundamentar-se em Parsons e elaborar uma teoria da ação social totalmente centrada na ação social, mas ele foi tratado como se atacasse a sociologia.

Na realidade, Garfinkel estava abrindo a discussão de questões teóricas essenciais, ao passo que os líderes da disciplina esforçavam-se para encerrá-la. Garfinkel defendia o desenvolvimento da Sociologia como ciência, enquanto as mudanças que os líderes da disciplina realizavam eram, essencialmente, anticientíficas, pois proibiam pontos de vista divergentes. A guerra parece ter tido o mesmo efeito nos líderes da disciplina que teve no agitar da "bandeira". De repente, só um enfoque era aceitável – só se podia agitar uma determinada bandeira, e todo mundo devia agitá-la.

Com a publicação de *A estrutura das revoluções científicas* de Thomas Kuhn, em 1962, reconheceu-se que os paradigmas eram uma maneira eficaz de se fazer ciência. Dali em diante, a filosofia da ciência haveria de sustentar que tanto a especialização quanto a discordância eram necessárias na ciência, como Durkheim afirmara em 1893. Mas a sociologia norte-americana já tinha adotado, nessa época, a opinião de que a unificação e o consenso são necessários. Considerava-se que o pensamento interdisciplinar abrangente e ideias novas, como as que Garfinkel formulava, não faziam parte desse consenso. Ironicamente, os sociólogos conseguiram incorporar as ideias de Kuhn para justificar o número crescente de paradigmas (gerados pelo esforço de unificação) sem desistir da ênfase no consenso e na unidade.

Garfinkel não era o único preocupado com a perda do melhor da sociologia. Estudiosos profundamente comprometidos com o pragmatismo e teorias da interação, etnografia, enfoques da linguagem natural e a ideia de que fatos sociais são ordens constitutivas empenhavam-se arduamente na defesa de seus pontos de vista. Grupos como a Sociedade para o Estudo de Problemas Sociais (Seps) e depois a Sociedade para o Estudo da Interação Simbólica (Seis) separaram-se e formaram suas associações em 1951 e 1973, respectivamente. Ainda em 1937, Carl Taylor encorajou a separação formal da Sociologia Rural do grupo principal, no intuito de resguardar a sua ênfase qualitativa, e foi seu primeiro presidente. Os trabalhadores sociais já haviam saído do grupo principal após a Primeira Guerra Mundial[12]. Muitos estudiosos viam as coisas de maneira bem diferente dos líderes eleitos e estavam seriamente preocupados.

• *Garfinkel em Harvard – o auge da controvérsia*

Os seis anos que Garfinkel passou estudando com Parsons em Harvard (1946-1952) foram os do auge desta controvérsia. Enquanto Talcott Parsons continuava a defender a importância da "nova" teoria europeia pela qual lutava, Homans, também em Harvard, opunha-se a ele, defendendo um enfoque individualista e reducionista. Garfinkel ter-se-ia situado no meio. O Departamento de Harvard rachou literalmente sob a pressão dessas diferenças e Parsons encarregou-se de formar um novo Departamento Interdisciplinar de Relações Sociais em 1946. Pode-se interpretar a criação do novo departamento como uma tentativa de Parsons – seu coordenador permanente e mentor intelectual – de preservar o caráter eclético da teoria e da pesquisa social e, ao mesmo tempo, enfrentar os desafios inerentes a uma definição estrita de sociologia científica. E, em 1946, Parsons passou a representar a AAS na comissão que atuou como interface entre a própria associação, o Congresso dos Estados Unidos e a recém-proposta Fundação Nacional de Ciência (FNC). Nesta condição, Parsons serviu como um importante porta-voz para a comissão.

Enquanto Parsons desempenhava este cargo-chave, Taylor pediu-lhe que preparasse um relatório sobre o papel das ciências sociais na ciência[13]. Entre outras coisas, Parsons afirmou que toda ciência natural ou avanço tecnológico novo acarretava mudança social. Portanto, se a ciência natural recebia verbas públicas, era imperioso que a ciência também as recebesse para estudar as mudanças sociais. Parsons também refutou a crítica que tachava a ciência social de imatura, argumentando que, se ela fosse mesmo imatura, mais importante ainda seria impulsioná-la com fundos do governo para que as mudanças tecnológicas que a sociologia precisaria explicar não ficassem tão à frente. Na opinião de Parsons e de outros cientistas, o grande risco era a possível perda de liberdade acadêmica. A ênfase de Parsons no estudo da relação entre tecnologia e sociedade ressoa com o trabalho de Garfinkel em Princeton a partir de 1951-1953.

Parsons foi presidente da AAS em 1949 e ocupou posição central na disciplina durante a década seguinte, tendo sido secretário da entidade por vários anos no início dos anos de 1960. Entre outras coisas, a proeminência de Parsons teria permitido a Garfinkel o conhecimento em primeira mão e em tempo real dos debates entre líderes da disciplina, o que garantiu a discussão, em aulas que Garfinkel teve em Harvard em 1946-1947, do discurso presidencial da AAS, em que Taylor propôs uma "sociologia de senso comum". A proposta de Taylor é especialmente importante para Garfinkel, cujo enfoque da sociologia tinha tudo a ver com o senso comum – com a contribuição de uma compreensão do senso comum para a ciência – e com o modo pelo qual se chega à ciência por práticas cooperativas de senso comum. No ano seguinte ao da publicação do discurso de Taylor, Garfinkel terminou seu ensaio de 1948, intitulado "Prospectus for an Exploratory Study of Communicative Effort and the Modes of Understanding in Selected Types of Dyadic Relations" (Programa para um estudo exploratório do esforço comunicativo e dos modos de compreensão em determinados tipos de relações diádicas, publicado como *Seing Sociologically* em 2006), em que se delineia uma sociologia da interação e da comunicação, isto é, uma sociologia do senso comum.

• *Narrativa de tempos de guerra* versus *História da disciplina*

Contrastando com os sóbrios relatos oficiais sobre o desenvolvimento lento e metódico de como a Sociologia se tornou uma ciência, quando a Escola de "Colúmbia" supostamente derrotou a Escola de "Chicago", o que se destaca nos discursos presidenciais da AAS dos anos de 1940-1947 é a rapidez com que se deu a transformação no tempo de guerra, a sua carga emocional e a urgência que os oradores lhe atribuíam. O primeiro apelo à ação dirigido aos membros da AAS por seu presidente Robert MacIver da Universidade de Colúmbia no discurso, em dezembro de 1940, intitulado "Algumas reflexões sobre a sociologia durante uma crise", começou com estas palavras estimulantes:

> Quando uma tempestade sacode a casa, nós nos preocupamos com os alicerces. Quando uma crise desafia nossas rotinas, vemo-nos obrigados a recordar os valores em que elas se assentam... temos de reavaliá-los. Isto

> se aplica aos nossos valores intelectuais tanto quanto ao resto. Nosso conhecimento, nosso aprendizado, nossa pesquisa, como eles se apresentam ante o pano de fundo de um tempo em que pequenos e grandes estados se desmoronam, quando a morte grassa nos céus e nos mares...

Garfinkel foi um daqueles que responderam ao chamado à ação. Ele alistou-se no Exército assim que terminou sua dissertação de mestrado na primavera de 1942. Quando as tropas de Hitler varriam a Europa, Garfinkel, intelectual judeu profundamente interessado na justiça social, esforçava-se para colocar suas habilidades de sociólogo a serviço de seu país. Sua ligação com a Força Aérea – que parecia estranha no clima antibelicista dos anos de 1960 – começou com seu patriotismo no tempo da guerra. Envolvido em pesquisas para a Força Aérea entre 1942 e 1946 na Base Aérea Gulfport, e sendo da minoria judaica, Garfinkel estava contribuindo para a luta contra Hitler e o antissemitismo na Europa, mas também reavaliava os meios, pelos quais sua ciência podia se mostrar à altura da crise.

Sendo MacIver o primeiro presidente da AAS no tempo de guerra, sua perspectiva quanto ao avanço da Sociologia como ciência em 1940 era ampla e eclética. Ele advogava estudos de diferenças culturais, bem à maneira do projeto de pesquisa sobre as atitudes dos norte-americanos com respeito à Rússia, no qual Garfinkel trabalharia em 1947 em Harvard junto com Brewster Smith e Jerome Bruner. No contexto da concepção de MacIver, Garfinkel certamente podia considerar que seu trabalho fortalecia e aperfeiçoava a Sociologia. MacIver também propunha fortalecer o que a Sociologia tem de *diferente*: o que ela faz e outras disciplinas *não podem* fazer, afirmando que "cabe às outras ciências evitar" os ídolos socialmente criados da tribo, do mercado e da sala de conferências, "cabe às ciências sociais estudá-los". O enfoque de MacIver não teria excluído sociólogo algum. Ele insistia que era preciso concentrar-se na guerra.

Entretanto, a cada ano, as propostas dos presidentes da AAS tornavam-se mais específicas quanto ao objetivo e aos métodos que se deveriam adotar para fortalecer a sua ciência, de modo que o ponto de vista deles sobre a transformação da disciplina logo começou a ficar mais restrito[14]. Os discursos presidenciais de 1941 (Stuart Queen) e 1942 (Dwight Sanderson) continuavam a empregar a *retórica* de amplos apelos à ação, mas os meios propostos para atingir esses resultados eram cada vez mais específicos. Além do mais, à diferença de MacIver, os presidentes que se seguiram queriam reforçar as características que tornariam a Sociologia mais *parecida* com outras ciências, em lugar de fortalecer o que a fazia *diferente*, e esta tendência ia continuar. As propostas apresentadas nos discursos entre 1943 e 1945 (George Lundberg, Rupert Vance e Kimball Young) foram tão específicas que discordâncias graves eram inevitáveis.

A postura mais extrema foi a de George Lundberg, ao defender a demografia como o melhor modelo para a ciência e alertar quanto às "panaceias do mágico" (i. é, perspectivas qualitativas e qualquer interesse na justiça). Segundo Lundberg (4), um sociólogo ter interesse na justiça era "como se engenheiros passassem a se interessar principalmente na justiça de uma avalanche". Lundberg também fez cruéis críticas religiosas e raciais à influência judaica na Teoria Social. Muitos – se não a maioria – dos sociólogos da época teriam sido excluídos nos termos de Lundberg. Garfinkel, pelo contrário, argumentaria (como Durkheim fizera) que, uma vez que para a realização de fatos sociais (e para a capacidade de comunicar-se) é necessária a cooperação, os processos que sustentam a construção dos fatos sociais têm caráter inerentemente moral. Ignorar esta qualidade inerentemente moral em favor da "objetividade" tem a irônica consequência de permitir que tendências morais permeiem os próprios objetos de dados, uma característica que Garfinkel denominou "etnocentrismo" em seu ensaio de 1946 sobre como melhorar a abordagem de Parsons, "Algumas reflexões sobre a Teoria da Ação" (Arta).

- *A nova Teoria Social europeia: redefinindo os fatos sociais*

No cerne desta controvérsia estava o fato não reconhecido de aquilo que distingue a sociologia ser grande parte do problema. Comte e Spencer haviam distinguido a Sociologia de outras disciplinas ao argumentar a favor da existência de fatos sociais (assim eles denominavam os símbolos, valores e instituições sociais). Todavia, eles mantinham os objetos individuais e epistêmicos, tratando os fatos sociais como resíduos de ações individuais agregadas ao longo do tempo. Isto reafirmava uma semelhança básica entre a Sociologia e muitas outras disciplinas, apesar da sua ênfase no fato social. Durkheim e Weber deram um passo mais avançado ao reconhecer um *status* de criação imediata dos fatos sociais e defini-los como práticas e expectativas reconhecíveis, não como resíduos conceituais, ou de valor, da ação. As críticas e o desentendimento podem explicar-se em grande parte pelo fato de eles terem apresentado este argumento em um contexto cultural que dava muito valor ao individualismo. A Sociologia sempre fora anti-intuitiva, mesmo nas mãos de Comte, mostrando-se crítica de outras disciplinas. O empenho em tornar a Sociologia mais parecida com outras ciências nega não só o legado que a distingue, mas também a sua contribuição epistemológica mais importante: ver os fatos sociais como realizações colaborativas. Esta é a força da Sociologia, dando-lhe um objeto distintivo, e não sua fraqueza, como os líderes da disciplina na metade do século erroneamente consideraram[15].

O argumento inicial de Durkheim em *De la Division du Travail Social* (DTS), em 1893, colocara os "fatos sociais" em oposição ao ponto de partida de fato natural e individualista, que economistas, psicólogos e filósofos tomam como dados. Enquanto ele concordava com Comte na premissa geral de que os fatos sociais são o objeto especial da sociologia, ele, no entanto, discordava quanto ao que os fatos sociais são e como se formam. Comte ressaltara o papel dos valores institucionalizados na conformação do comportamento individual, ao passo que Durkheim adotou o ponto de vista mais radical, através do qual o próprio indivíduo é uma realização social e, portanto, um fato social em si.

Fatos sociais são criados por meio de ações práticas cooperativas, Durkheim sustentava, e não são motivos individuais para atingir valores, tal é o objeto específico da sociologia. Em *As formas elementares*, Durkheim documentou meticulosamente a geração de tais fatos sociais, apresentando o revolucionário argumento epistemológico de que desta maneira pode-se explicar a origem das categorias básicas da razão (cf. RAWLS, 1996, 2004). Em seu livro *O suicídio*, Durkheim incorporou a psicologia diretamente. Outras ciências tomam como dadas– como se fossem fatos naturais – características do indivíduo, situações e mercados econômicos que só existem como resultado de determinadas relações e práticas sociais. Estes são fatos sociais, não fatos naturais. Para muitos sociólogos importantes, portanto, outras ciências são profundamente deficientes. Argumentou-se que a Sociologia é uma disciplina mais nova, porque se baseia na ideia relativamente nova dos fatos sociais. Hoje, alguns aspectos de disciplinas como a Comunicação e os Estudos de Mídia fazem essa distinção.

A ideia de que os fatos sociais são fatos de um tipo especial, que têm de ser observados e analisados de um ponto de vista exclusivamente social, deixou os sociólogos não só em desavença com outras disciplinas, mas também com as crenças de senso comum da cultura ocidental em geral. Embora na sociologia dos Estados Unidos sempre tivesse persistido uma tendência encoberta de individualismo, havia, no entanto, concordância geral sobre a importância dos fatos sociais, ao menos segundo o entendimento de Comte antes da Segunda Guerra Mundial. Isto certamente provocara críticas por parte de outras disciplinas, mas distinguira a Sociologia como uma ciência da Modernidade.

Os anos de 1940, entretanto, testemunharam uma virada brusca dos líderes da Sociologia rumo à Psicologia e à Economia e a uma orientação para os fatos naturais. Isso era uma guinada *contra* o que distinguia a Sociologia enquanto disciplina, mas sintonizava-se com a época. Parsons (1938) atribuiu o início desta virada no final da década de 1920 à ineficácia da tradição teórica de Comte/Spencer. Na opinião dele, a inovação de Durkheim e Weber não sofria da mesma incapacidade de explicar a Modernidade, nem da mesma desvinculação da pesquisa. Só que Parsons defendia a postura europeia mais recente fora de hora. O mito do indivíduo e do individualismo ganharam força na vida dos norte-americanos durante e após a guerra. Os esforços para situar o consenso que a maioria dos sociólogos – que seguiam Comte em lugar de Durkheim – achava necessário na sociedade do Pós-guerra levaram a concentrar o trabalho na "sociedade de massas" e na "comunicação de massas", na falta de um consenso mais significativo. É irônico que o foco no indivíduo leve inevitavelmente ao foco nos grandes agregados. Recusar-se a considerar a justiça uma condição da ordem social e optar, ao invés disso, por situar as questões morais no indivíduo como valores resultou também na preocupação de que parte significativa do caráter moral e da independência perdera-se na Modernidade, porque o consentimento do indivíduo aos valores tradicionais vinha diminuindo e estava erodindo.

Nesse clima, concentrar-se em práticas situadas era visto como trivial. Segundo a visão de prática constitutiva de Durkheim, era preciso que a justiça e a igualdade aumentassem à medida que as sociedades tornavam-se muito mais altamente diferenciadas. A cooperação necessária para sustentar a prática constitutiva exige isso e as práticas constitutivas são necessárias para fazer com que aconteça. Mas a opinião da corrente predominante era que a Modernidade estava minando a moralidade. O argumento de David Reisman em *The Lonely Crowd* (A multidão solitária, 1950) de que o novo individualismo minava a vida em grupo e que a personalidade moderna se tornara amoral e instrumental coincidia com essas preocupações. Odum e outros também associavam a ação prática ou instrumental em geral a uma falta de moralidade. A ideia de que a moralidade requeria profunda história de consenso sobre hábitos culturais informava as preocupações sobre a Modernidade. Não se via em nenhum lugar a ideia de Durkheim de que o contrato social está no cerne da ação social cooperativa e de que mesmo a ação prática mais instrumental se baseava na reciprocidade e na cooperação. Popularizou-se a ideia de que se assistia ao desenvolvimento de um *Organizational Man* (O homem organizacional, Whyte, 1956) e um *Homem unidimensional* (MARCUSE, 1964).

Números e tecnologias numéricas também adquiriram uma mística poderosa, como Porter (1995) detalha em *Trust in Numbers* (*Confiança em números*), um dos livros preferidos de Garfinkel. Ambas as tendências de pensamento – individualismo e números – passaram a reforçar cada vez mais um enfoque de fato natural na sociologia durante a crise da guerra e depois dela. Em 1960, George Homans (também em Harvard) declararia, em seu discurso como presidente da AAS, que não há fenômenos exclusivamente sociológicos – não há fatos sociais. A sociologia é apenas outra forma de psicologia. O ambiente contencioso em Harvard no fim dos anos de 1940, quando Parsons e Homans entraram em confronto para definir a disciplina, teria inspirado o trabalho de Garfinkel.

Garfinkel contestou o crescente pessimismo quanto ao caráter moral e racional do "homem" moderno e a conseguinte atitude pessimista perante a sociedade. Ele não acreditava que as pessoas modernas tivessem passado a ser intrinsecamente imorais, nem que o individualismo estivesse minando a vida em grupo. Ele defendia que os sociólogos chegavam a tais conclusões porque tratavam o ator como um "sedado cultural". Com efeito, Garfinkel via um contrato social no âmago da interação. Seu famoso argumento da "confiança" – cuja origem pode ser vista no ensaio NTAI (1947) – é uma tentativa de documentar isso. O problema era simples. Os sociólogos da corrente predominante procuravam questões morais no lugar errado, em formas sociais tradicionais baseadas em consenso, que Garfinkel chamara de consenso "tribal" em seus trabalhos iniciais. Porque buscavam um consenso antiquado assentados em hábitos culturais, eles não conseguiam enxergar o contrato social presente no compromisso moral cooperativo com os atos sociais de se fazer um mundo de fatos sociais em conjunto, que, então, aconteciam em torno deles.

O argumento sobre razão situada, seus requisitos e efeitos que Garfinkel ([1952] 2008) expôs em seus ensaios de 1952-1953 sobre a informação tem muito em comum com a visão otimista da sociedade contemporânea em Durkheim (1893), que pressupõe serem a liberdade e a democracia tanto o resultado quanto a condição subjacente das modernas relações sociais constitutivas.

Como Durkheim, Garfinkel não via a liberdade como consequência de os indivíduos se libertarem da sociedade. Em sociedades modernas diferenciadas, na ausência de tradição, torna-se impossível manter uma unidade imposta e hegemônica. Em seu lugar, desenvolvem-se práticas constitutivas que demandam cooperação mútua e reciprocidade. O que faz a sociedade moderna funcionar é que, em lugar de um consenso sobre hábitos culturais, a ordem e a coerência passam a depender do compromisso mútuo com as práticas constitutivas. Este processo exigia uma grande dose de reciprocidade e de igualdade. Por sua vez, isto gera liberdade individual. Isto também possibilita a liberdade científica. O embasamento dos fatos sociais na prática cooperativa liberta o pensamento da opinião consensual baseada na crença e permite que a ciência avance à frente dessa crença (cf. palestras de Durkheim sobre pragmatismo e de Rawls, 1997).

Ao invés de fazer a Sociologia mais parecida com outras ciências sociais e naturais, como preferiam os líderes da disciplina, Garfinkel preferia um enfoque que mantivesse a distinção entre a Sociologia e as outras disciplinas, ressaltando os processos geradores do fato social, de modo a sustentar suas percepções mais positivas e democráticas. Parsons já assumia este desafio ao interpretar Durkheim e Weber para a academia norte-americana e refutar Homans. Para contrapor-se à forte tendência de reducionismo na sociologia, porém, seria preciso também demonstrar, de uma vez por todas, que *há* fatos sociais que *não são* fatos naturais e que, portanto, não podem ser estudados fora de seu contexto social. Seria preciso provar para Homans que a disciplina tem mesmo objetos de dados específicos, sobre os quais é importante ter conhecimento.

Do ponto de vista de Garfinkel, seria preciso derrubar alguns pressupostos que ainda se interpunham no caminho. Que a linguagem simplesmente funciona e que nós vemos de fato os mesmos objetos sociais eram dois pressupostos problemáticos que Garfinkel tinha como alvo. Outro alvo era que a pesquisa social devia proceder com base no ponto de vista do ator. Garfinkel propôs-se o desafio de remover estes obstáculos e, a partir de 1946, começou a elaborar o que chamou de uma "teoria dos objetos sociais" para embasar uma sociologia contemporânea da ação, comunicação e interação. Ele empenhou-se em reintroduzir a interação (aquilo que acontece entre as pessoas) na Teoria da Ação. Garfinkel afirmava que as práticas constitutivas, baseadas em condições de confiança recíproca, é que fazem a coerência e o significado serem possíveis. As pessoas compreendem juntas valendo-se de regras (práticas) constitutivas, que Garfinkel denominou de "etnométodos". Para a democracia existir, esta cooperação baseada em práticas e essencialmente igualitária deve substituir a forma "tribal" de consenso que cria fronteiras entre as pessoas.

Enquanto as elites da corrente prevalente, no esforço de serem mais científicas, abandonavam de fato a ideia fundamental de fatos sociais que define a sociologia, Garfinkel lutava para resgatar essa ideia salientando o caráter constitutivo dos fatos sociais e exortava Parsons a fazer o mesmo. A contínua colaboração deles ao longo da década de 1960 sugere que, além de levarem a tarefa a sério, ambos tinham em alta estima pelos esforços um do outro. Todavia, apesar do empenho deles e de a filosofia da ciência ter repudiado a unidade comtiana (consenso) nos anos de 1950, em favor de uma combinação de "comunidades de prática" que se alternam com *insights* revolucionários (que se apresentam em diferentes fases), a corrente predominante na sociologia persistiu na luta contra a mudança. Em 1943, Lundberg chegou a propor uma solução para o problema de alcançar a unidade e conquistar respeito como ciência, submetendo a disciplina ao controle de funcionários públicos sem capacitação para seu exercício. A solução dele para o problema da unidade era impor padrões e "pôr marca registrada no verdadeiro cientista para que o funcionário público possa reconhecê-lo". Com desconcertante descaso pela diferença entre uma ciência e uma profissão, Lundberg observava que "as profissões da medicina e do direito têm padrões estabelecidos sob a supervisão do Estado", e sustentava que a sociologia também deveria tê-las. Com efeito, a Sociologia adotou padrões, mas a disciplina permaneceu sob controle. A proposta de conferir ao governo (ou a qualquer pessoa alheia à disciplina) a tarefa de certificação da competência em uma ciência era atordoante. Lundberg e outros presidentes dessa época dedicavam-se ativamente a desmanchar aquilo que fazia da Sociologia uma ciência e, ironicamente, faziam isso no intuito de torná-la mais científica.

- *Garfinkel como defensor da sociologia*

Os laços de Garfinkel com alguns dos principais estudiosos da sua geração do Pré-guerra, bem como seu trabalho com estudiosos renomados de outras disciplinas, disseminam a imagem de um rebelde a desafiar uma hegemonia estabelecida. A hegemonia que o trabalho de Garfinkel haveria de desafiar depois ainda estava em formação quando as ideias dele tomaram forma. Ainda que a EM seja por certo um enfoque sociológico totalmente novo, ela é mais classicamente sociológica em sua concepção e mais profundamente teórica que a maioria da sociologia contemporânea. A despeito da sua originalidade, suas inovações abordam questões centrais da Teoria Social que estavam sendo postas de lado na metade do século, com base em ideias dos primeiros pensadores, como Émile Durkheim, Max Weber, Talcott Parsons, William James, G.H. Mead, C.S. Pierce, John Dewey, Edmund Husserl, Kenneth Burke, W.I. Thomas e Florian Znaniecki. A EM não deriva dessa sociologia norte-americana procedente de Comte e Spencer, tão evidente nos primeiros trabalhos de Albion Small e Louis Wirth na Escola de Chicago, em que se apresenta a sociedade como resultado de uma soma de ações individuais. O enfoque de Garfinkel insere-se na tradição europeia mais recente, de Durkheim e Weber, ao detalhar as práticas sociais constitutivas auto-organizadas tácitas que compõem a rede de relações sociais que constituem o alicerce de cooperação e coerência na Modernidade (RAWLS, 2012, 2017[16]).

Poder-se-ia argumentar que a crise na sociologia no tempo da guerra estimulou Garfinkel a elaborar uma teoria e um método que preservassem os interesses clássicos da disciplina, mas atendessem também às novas preocupações com a ciência (como ele as redefiniu). Ao longo da sua carreira, Garfinkel se concentraria no trabalho envolvido na mútua orientação e exibição da prática constitutiva em interação. Nesta ideia, sustenta-se a possibilidade de um enfoque novo e promissor para questões de teoria da ação e de ordem social, de modo mais geral. A inovação de Garfinkel, com base na ideia de Durkheim das práticas constitutivas como "métodos dos membros", implica uma considerável mudança de ponto de vista. É uma mudança, que se volta para a ação cooperativa e se afasta da problemática ideia de instituições sociais, valores, motivos e consensos. Ao insistir que os processos constitutivos consistem em seus detalhes empíricos e, portanto, têm de ser estudados em detalhes (o que não é possível reduzir a conceitos, categorias nem tipos), Garfinkel resolve contingências inerentes a outros enfoques.

Em Harvard, Garfinkel dedicou-se a reespecificar uma teoria da ação de modo a incorporar a interação e fortalecer a compra teórica e empírica da sociologia no seu objeto. Ele trabalhou neste projeto em colaboração com Parsons pelo menos até meados dos anos de 1960 (somando Goffman e Sacks à discussão). Entre 1951 e 1953, quando enfoques cibernéticos e cognitivos nas áreas de informação, computação e tomada de decisões começavam a ganhar terreno, Garfinkel organizaria conferências e seminários em Princeton visando elaborar uma abordagem da linguagem natural e do fato social para as mesmas questões. Juntamente com isso, ele escreveu a sua própria teoria sociológica da informação em 1952 (Garfinkel, [1952] 2008), com base em seu próprio esforço de reespecificar uma teoria da ação social e da comunicação. Em Princeton, ele também desenvolveu um interesse em raciocínio prático e na tomada de decisão, estimulado pela amizade que lá entabulou com Herbert Simon.

As perguntas de Garfinkel eram sempre revolucionárias. Todavia, e em um grau que talvez surpreenda àqueles que só conheceram seu trabalho e sua reputação após 1967, até meados da década de 1950 ele certamente colaborou *com outros* líderes da disciplina na formulação dessas perguntas, respondendo aos diversos chamados à ação de presidentes da AAS e outros sociólogos destacados em apoio a seus esforços de guerra e paz, assumindo também diretamente o mandato de "melhorar" a ciência durante e logo após a Segunda Guerra Mundial. O interesse de Garfinkel nos aspectos sociais da tecnologia coincidia com a preocupação que Parsons expôs quanto ao mesmo problema em 1946. Sua abordagem de senso comum na sociologia segue-se ao discurso presidencial que Carl Taylor dirigiu à AAS em 1946 com esse título. O foco de Garfinkel no trabalho de equipe, no conhecimento cumulativo e no senso comum prático ao abordar questões importantes da ordem social também condiz com diversos chamados à ação de líderes da disciplina nos anos de 1940.

O que o próprio Garfinkel anunciava ao elaborar seu ensaio Artas (Algumas reflexões sobre teoria da ação e a teoria dos sistemas sociais), em 1946, era um novo enfoque da Teoria da Ação Social que resolveria os problemas dos enfoques de Parsons e Znaniecki. A perspectiva do ator seria reespecificada como interação, o funcionalismo seria eliminado e acrescentar-se-ia uma peça importante que, ausente em teorias anteriores, Garfinkel denominou de "teoria sociológica do objeto". Pode-se perceber, desde o trabalho inicial dele em Harvard até sua obra da maturidade, a continuidade na busca dessa meta. Uma teoria adequada dos objetos sociais, combinada com a atenção voltada para a interação e as práticas constitutivas (e não para indivíduos que visam a seus objetivos e valores) poderia viabilizar um enfoque da Ação Social que, nas palavras de Garfinkel, pudesse "correr em quatro patas". Em resposta à nova direção "científica" tomada pela disciplina, Garfinkel também adotaria, ao longo da sua carreira, um olhar crítico com relação à prática das ciências naturais e aos cientistas à medida que se empenhava para tornar a observação sociológica mais aprofundada e coerente. Ele almejava que a sociologia fosse científica, mas entendia que, para tanto, primeiro era preciso compreender o que era a ciência e como ela funcionava. Nunca se conseguiria isso impondo uma unidade de consenso nem esclarecendo conceitos. Isso seria religião, e não ciência. Garfinkel trabalhou incansavelmente durante mais de sete décadas, sempre enfrentando a incompreensão, a crítica e a censura, para fortalecer e aperfeiçoar a disciplina, pela qual se apaixonara no verão de 1939, aos 21 anos de idade, quando pela primeira vez teve em suas mãos *A estrutura da ação social*, de Parsons. Como ele próprio escreveu na última linha de sua tese, seu maior defeito talvez fosse também uma espécie de virtude: seu amor à ordem nos detalhes.

2) Início da carreira de Garfinkel: 1939-1954

A primeira fase da carreira de Garfinkel estendeu-se de seu ingresso à pós-graduação na Carolina do Norte em 1939 até sua primeira docência na Ucla, em 1954. Por ser conveniente para organizar a discussão do tema, dividiremos a carreira de Garfinkel em três áreas de interesse, correspondentes a seus períodos na Carolina do Norte, em Harvard e em Princeton. Estas distinções são em certa medida artificiais. Seus interesses nestas três áreas não necessariamente começaram nesses lugares nem acabaram lá, por certo, já que todos prosseguiram até o fim de sua carreira. No entanto, eles correspondem de fato a temas principais de seus textos em cada período, bem como a importantes figuras com quem Garfinkel colaborou enquanto esteve nessas universidades. Não abordaremos aqui outras áreas de interesse que se desenvolveram depois na Ucla, como os estudos de Ciências e Matemática. A primeira área de interesse refere-se a estudos sobre raça e desigualdade social que começaram na Carolina do Norte. As duas primeiras publicações de Garfinkel no período da Carolina do Norte analisam os processos que geram e sustentam a desigualdade racial. Este interesse na justiça social não terminou quando ele deixou a Carolina do Norte, porém a têmpera do seu argumento ganhou complexidade com o tempo. No período inicial, Garfinkel concentrou-se no papel dos relatos institucionalizados e das práticas narrativas institucionalizadas como um recurso para a criação e a manutenção da desigualdade racial (enfoque inspirado em Kenneth Burke). Conforme suas ideias se desenvolviam e sua teoria de "objetos" e "informação" tomava forma, porém, seu interesse por ordens constitutivas mais sutis adicionava ordens de complexidade ao seu interesse na justiça social, que se estenderam ao período seguinte, em estudos sobre a confiança (a condição de reciprocidade da ação concertada estável), as cerimônias de degradação, o estigma contra a "simulação de doença", apresentação do eu com distinção de gênero e nos muitos estudos sobre crime, tribunais e policiamento feitos por seus alunos e associados próximos (Egon Bittner, Aaron Cicourel, David Sudnow, Harvey Sacks, Don Zimmerman, Candy West, Doug Maynard).

A segunda área de interesse abrange a reespecificação de uma teoria da ação social feita por Garfinkel, quando estava em Harvard. Entre 1946 e 1952, ele concatenou uma teoria dos objetos sociais, da identidade e da comunicação (que ele também chamava de interação). Garfinkel via com preocupação que a sociologia tomava como dados seus objetos principais, juntamente com os processos de comunicação e interação que os constituíam. A maior parte da pesquisa sociológica trata a linguagem como dada. Também é típico pressupor a coerência e a mútua inteligibilidade dos objetos sociais, como se fossem dados pela "cultura". Garfinkel desafiou estes pressupostos, preferindo analisar como é que esses fatos sociais são realizados, em cada caso concreto. Este argumento foi desenvolvido em vários ensaios do período de Harvard. Em 1946 ele escreveu o primeiro texto sobre reformulação da Teoria da Ação Social (RTASS). Em 1948, terminou o primeiro de vários ensaios longos em que elucida aspectos sequenciais da interação (publicados como *Seeing Sociologically*, [1948] 2006). Neste trabalho, Garfinkel analisou como as características sequenciais da interação são relevantes para a realização mútua de objetos sociais, identidades e comunicação, bem como considerou as implicações para a teoria e a pesquisa sociais. Dois capítulos de sua tese de doutorado viraram a primeira versão do artigo sobre a confiança em 1952. Depois de chegar à Ucla, em 1954, Garfinkel continuou a trabalhar nessas ideias em aulas que ministrou sob o título "Introdução a Parsons" ao longo da década de 1980.

A terceira área de interesse envolve a pesquisa de Garfinkel sobre os aspectos sociais da informação, do raciocínio situado (tomada de decisão) e de computação. É provável que este interesse tenha começado em discussões com Bruner e Parsons em Harvard, na primavera de 1947, quando Garfinkel aplicou pela primeira vez o Teste de Apercepção de Informação para o projeto de pesquisa em que trabalhava, como pesquisador-assistente, com Jerome Bruner e Brewster Smith. Mas ele só voltou sua atenção para uma teoria da "Informação" com esse nome na pesquisa e no texto quando chegou a Princeton em 1951 e começou a lidar diretamente com as teorias da informação[17]. Assim como ocorreu com as duas primeiras áreas de interesse, Garfinkel continuou nesta ao longo de toda a sua carreira.

O enfoque de Garfinkel para a informação implicava o desenvolvimento de uma teoria sobre como a informação – fatos sociais – é feita nos detalhes empíricos – uma abordagem que ele começara a denominar "etnometodologia", por volta de 1960. Este enfoque baseava-se na sua teoria da comunicação de 1948, bem como no seu interesse anterior em relatos. Para tornar o enfoque fluido era preciso compreender em profundidade como a reciprocidade e o *feedback* são organizados na comunicação, tema este que Garfinkel continuaria a elaborar com Sacks a partir de 1960. Para Garfinkel, a informação era uma realização colaborativa, como todo objeto social significativo. Em Princeton, ele abordou questões de tecnologia, raciocínio técnico e trabalho técnico pela perspectiva da sua teoria de objetos sociais constitutivos, incorporando um enfoque de linguagem natural para a interação e a compreensão. Enquanto o famoso Macy Cybernetics Group reunia-se em Nova York para elaborar um enfoque cognitivo formal da informação, Garfinkel formou um grupo de estudiosos em Princeton para discutir um enfoque alternativo de linguagem natural (e de raciocínio natural) para questões de computação e de tomada de decisões complexas. Muitos estudiosos famosos compareceram, inclusive Oskar Morgenstern, Herbert Simon, Gregory Bateson, Kurt Wolff, Kenneth Burke, Alfred Schultz e Talcott Parsons.

a) Justiça social, desigualdade e exclusão: Garfinkel na Carolina do Norte, 1939-1942

Garfinkel ingressou no mestrado da Universidade da Carolina do Norte – Chapel Hill logo antes da guerra e antes de que as consequentes argumentações para restringir a disciplina começassem a ter efeito. No ano em que Garfinkel entrou para o mestrado, 1939, Edwin Sutherland decepcionou os membros da elite da AAS ao centrar seu discurso presidencial nos crimes do colarinho-branco e ao ignorar a guerra na Europa. Ele seria o último a cometer esse erro. Na opinião de Sutherland, o problema do crime do colarinho-branco era relevante à estabilidade dos negócios internacionais, e ele argumentava que seu descontrole estava contribuindo para a deterioração das relações internacionais. Uma vez que as finanças alemãs tinham sido um fator de peso no desencadeamento da guerra, Sutherland tratava de fato de questões relativas à guerra. Contudo, ainda que sua fala abordasse essas implicações, ele recebeu severas críticas por não ter se referido explicitamente ao conflito nem encorajado seus colegas da AAS a organizarem seus esforços para atender à crise de guerra[18]. Também foi criticado por não aventar a necessidade de a sociologia mudar e de se tornar mais científica.

De fato, é provável que a satisfação de Sutherland com seu controle científico do problema, e seu desafio à crença popular na veracidade das estatísticas, fossem provavelmente tão problemáticos para os líderes da disciplina quanto sua omissão em relação à guerra, o que faz com que a recepção dada ao argumento dele seja importante para se compreender a situação em que Garfinkel se encontrava. Como Sutherland, Garfinkel empenhava-se em questionar pressupostos arraigados e colher dados que demonstrassem que as categorias institucionais e as estatísticas que elas geravam refletem prioridades sociais e institucionais e não correspondem à frequência de coisa alguma no mundo "real". Seu compromisso com o aprofundamento nesse campo de estudo no intuito de desafiar pressupostos perigosos só se intensificaria ao longo de sua carreira. Ele rejeitava a ideia de que desistir do contato direto com situações sociais e optar pela manipulação estatística de abstrações analíticas era um avanço científico. Como Sutherland, ele esforçava-se para expor os falsos pressupostos ocultos em contagens estatísticas, algo que já começara a fazer na sua dissertação de mestrado. E continuaria a criticar pelo resto da vida a ideia de ciência adotada pelas elites da AAS durante a guerra. Para Garfinkel, uma sociologia científica era algo diferente disso. Os estudos sobre ciência feitos por Garfinkel, seus alunos e colegas viriam, nos anos de 1980, a tornar-se instrumentais, inspirando um novo entendimento das práticas científicas (Michael Lynch, Eric Livingston, Karen Knorr-Cetina, Lucy Suchman, Wes Sharrock).

A ideia expressa por muitos líderes da disciplina – de que a Segunda Guerra Mundial não teria acontecido se a sociologia tivesse sido científica o bastante para prescrever um antídoto contra os problemas sociais – era corrente e foi mencionada por vários presidentes da AAS em seus discursos anuais durante a guerra. Analisando-se em retrospectiva, parece muito estranho que a sociologia – quanto mais a sociologia norte-americana – pudesse ser responsável por uma guerra na Europa. Porém, essa ideia foi acolhida com fervor por importantes líderes da disciplina na época. Se, por um lado, parecia claro para muitos que a questão era que a sociologia simplesmente não fora científica o bastante para resolver os problemas, Sutherland, que era um metodologista qualitativo, continuava satisfeito com sua ciência do jeito que ele a praticava. Ele afirmava que *já sabemos quais são os problemas* (crime do colarinho-branco e corrupção nos altos níveis). A questão era que *ninguém fazia nada para resolver esses problemas*[19]. A diferença de perspectiva entre enfoques qualitativos e quantitativos ampliou-se durante a guerra e, infelizmente, confundiu questões de patriotismo e de apoio para a guerra com ciência.

Ao ingressar no Departamento de Sociologia na Carolina do Norte em 1939, quando a guerra era declarada na Europa (em 1º de setembro desse ano), Garfinkel entrava para uma disciplina em que a Escola de Chicago ainda era uma força dominante, com seu foco nos estudos de campo qualitativos e etnográficos. A sociologia, pela qual Garfinkel se apaixonou lá, era uma disciplina multifacetada, com um grande número de teorias e métodos muito divergentes. A Carolina do Norte era bem conhecida como centro de "modelagem", mas o próprio Odum tinha feito um extenso trabalho de campo, coletando narrativas populares dos negros norte-americanos e, sob orientação de Howard Odum, ensinava-se Teoria Social com ênfase na Teoria da Ação de Florian Znaniecki e W.I. Thomas. A perspectiva do ator e a da interação, inspiradas pelo trabalho de Znaniecki, Thomas, Charles Horton Cooley e George Herbert Mead, eram questões sérias[20]. Parsons e Lazarsfeld também foram treinados, e o Departamento de Filosofia oferecia cursos de Psicologia Gestáltica e de Fenomenologia. Questões de justiça social eram objeto de intenso debate e consideradas trabalho científico essencial na Carolina do Norte. Odum e Guy Johnson, em especial, dedicaram-se a documentar a cultura popular e os costumes tradicionais do sul dos Estados Unidos com o propósito de abordar questões de justiça racial. A disciplina ainda não estava sob o domínio da sociologia científica, com sua ênfase na agregação e na generalização e sua insistência em que a ciência "real" era neutra em questões de justiça.

Nos anos seguintes, enquanto a disciplina afastava-se do trabalho de campo, Garfinkel dedicou-se a ele com ainda mais empenho. Enquanto a Teoria Social lançava mão cada vez mais de generalizações teóricas e estatísticas, Garfinkel apresentaria em sua dissertação de mestrado uma demonstração de como e por que generalizações e estatísticas distorcem a compreensão da ordem social e as ordens sociais da atribuição de sentido. Enquanto líderes da disciplina alegavam que justiça social não era assunto científico, Garfinkel desenvolvia seus interesses pela justiça social e demonstrava que ela era uma questão científica imprescindível.

Ironicamente, nos turbulentos anos de 1960 e 1970, quando as questões de justiça social voltaram ao primeiro plano, com frequência dizia-se que Garfinkel havia defendido uma posição de neutralidade moral que era contrária aos interesses de quem tinha um compromisso sério com a sociedade democrática. Contribuíam para esta impressão as interpretações equivocadas da frase "indiferença etnometodológica" (à qual se referia a uma indiferença à definição de questões sociológicas de meados do século XX – e não à neutralidade moral). É bem verdade que Garfinkel estava comprometido com uma sociologia centrada em práticas interacionais, e não em valores. Mas isso ocorria porque ele não achava que os valores desempenhassem o papel crucial na organização da vida social contemporânea. Ao ocupar-se de questões de justiça social, Garfinkel empenhava-se em estudar como se realiza a ação social colaborativa e quais são as suas propriedades morais, e não uma sociologia sobre como os valores sociais influenciam a escolha individual (uma perspectiva que tomam como dados tanto o indivíduo quanto as propriedades racionais da escolha).

Longe de adotar uma postura de neutralidade moral, Garfinkel – como Durkheim antes dele – afirmou que a vida social é inerentemente moral. Para ele, era preciso um compromisso moral subjacente para que a ação social colaborativa coerente fosse possível. Ele sustentava que uma reciprocidade subjacente, que chamou de condições de "confiança", era requisito constitutivo para o uso das práticas sociais que, ele afirmava, eram o alicerce das solidariedades sociais. Era aqui onde ele situava as questões morais na vida contemporânea: nas práticas constitutivas e nas expectativas contextuais. Como a situação de marginalidade pode ter consequências para a aceitação de pessoas dentro da reciprocidade moral, o requisito de confiança sempre foi relevante em questões de justiça social. Mas a EM nunca pergunta "Quantos protestantes escolhem X?" nem "Qual o efeito da renda nas escolhas feitas na vida?" Em vez disso, Garfinkel perguntou o que há na organização das próprias práticas sociais que possa contribuir para excluir alguém. Se a raça é um fator no modo de organização dos procedimentos judiciais, como ele argumentou na sua dissertação de mestrado, então as chances de vida de pessoas identificadas pela raça serão afetadas.

Esses efeitos da raça, ele argumentava, não são problemas de escolha individual, atitude ou preconceito. Eles estão institucionalizados nas expectativas práticas e relatos que compõem o método praticado nos tribunais. A análise feita por Garfinkel na década de 1990 (em *Ethnomethodology's Program*) de como certo modo de fila para o café faz com que para Helen, que é cega, seja difícil receber seu café, é característica de sua maneira de abordar questões de desigualdade e exclusão: ao procurar as propriedades de ordem de situações que causam a exclusão, independentemente do que alguém pretenda ou valorize, Garfinkel apresentou as questões de desigualdade como questões de ordem, e não como questões de motivação. Por alguma razão, para os pensadores convencionais tem sido difícil apreciar este modo de colocar a questão. Todavia, ele vai ao cerne do problema da razão pela qual a justiça social é tão resistente a tentativas de mudança que procuram modificar atitudes individuais e processos institucionais formais, em lugar de tentar compreender os processos de ordem colaborativa da exclusão, processos que nós todos usamos sem perceber no dia a dia e que fazem da desigualdade uma realidade concreta. O enfoque de Garfinkel para questões de raça e desigualdade acompanhava a incipiente percepção de que o racismo age em um nível tácito e de que o enfoque de "indiferenciação de cor" piorou as coisas ao invés de melhorá-las[21].

Nos primeiros anos da década de 1940, Garfinkel trabalhou com importantes pensadores da sociologia comprometidos com questões de moralidade e igualdade social (entre eles, Howard Odum e Guy Johnson) e depois, ao escolher Talcott Parsons, em Harvard, irmanou-se com um dos campeões da democracia mais conhecidos na sociologia de meados do século XX. Sua colaboração com Goffman entre 1953 e 1964 teve um foco similar, pois tratou dos dilemas morais envolvidos no "eu público" e na atribuição de sentido como realizações interacionais.

Embora os dois primeiros trabalhos escritos por Garfinkel em 1940 e 1942 na Carolina do Norte (publicados em 1940 e 1949) examinassem os processos sociais que causavam e mantinham a desigualdade racial no sul dos Estados Unidos, seu foco posterior em processos interacionais – e especialmente no compromisso de reciprocidade, habilidades, regras, práticas e dispositivos sociais que facilitam a cooperação efetiva – ampliou esse interesse para abranger questões teóricas clássicas centrais. Garfinkel refere-se repetidamente em seus primeiros trabalhos (até 1952) às dificuldades com que se defrontam os "judeus", "negros", "vermelhos" e "criminosos", prevendo que, para aqueles que se encontram nestas categorias marginais, mais difícil será o desempenho do eu, mais frágil a condição de confiança e mais graves as consequências da falta de reciprocidade.

Garfinkel dedicou-se com afinco a detalhar os problemas e injustiças sociais decorrentes da falha da sociologia em não analisar as práticas constitutivas em profundidade. Isto é, ele expôs a discriminação por raça, classe e gênero, que era escamoteada pelas estatísticas e pelas categorias reificadas que elas pressupõem. Ele via com preocupação que os enfoques sociológicos convencionais não só não entendiam o ponto, como realmente pioravam as coisas com seu empenho em ser "científicos", ao permitir que categorias institucionalizadas ocultassem o trabalho de racismo (e outro trabalho de categorização) que intervém na criação de registros estatísticos que, cada vez com mais frequência, eram considerados dados "objetivos". Seu compromisso com a análise aprofundada da base moral da sociedade persistiu por muito tempo. Ele apenas não concordava com a sociologia científica recentemente estabelecida e que estava a se tornar o ponto de vista convencional. Para Garfinkel, a corrente predominante na sociologia é que estava negligenciando as questões morais e teóricas essenciais, às quais ele se dedicava.

Embora em geral não se atente para isto nas avaliações de seu trabalho sobre raça, que caracterizam Garfinkel como "branco", é importante reconhecer que ele era judeu e identificado como estudioso das minorias, tendo dedicado boa parte da sua carreira intelectual a problemas de marginalidade e incongruência[22]. No sul dos Estados Unidos, onde Garfinkel viveu de junho de 1939 a janeiro de 1946, os judeus não eram considerados brancos. Arlene Garfinkel disse-me que, quando viajava com Harold, precisavam verificar previamente se os hotéis aceitavam hospedar judeus. A maioria não aceitava. Embora as primeiras publicações de Garfinkel abordem questões de raça de forma concreta, seu famoso argumento sobre a confiança concretizou essas preocupações teoricamente. Ele prosseguiu sem alento na dedicação aos problemas de desigualdade, e não é coincidência que seu estudo de "Agnes" seja um dos primeiros e mais conhecidos trabalhos de pesquisa sobre a realização social de gênero de um indivíduo transgênero.

• *Problema de cor*

A primeira publicação de Garfinkel, *Color Trouble*, apareceu no periódico *Opportunity* (uma publicação da *Urban League*) em maio de 1940 (e foi republicada em 1941 em uma coletânea de contos). Ela apresenta as observações de campo que Garfinkel fez de um incidente ocorrido em um ônibus em que ele viajava, quando passageiros afrodescendentes recusaram-se a ficar na parte de trás do veículo. A análise dele mostra como estruturas de relatabilidade institucional (práticas de relato narrativo) podem permitir que trabalhadores de uma organização (o motorista de ônibus) violem as condições de reciprocidade da interação comum. Posto que o motorista do ônibus tem obrigações a cumprir, entre as quais uma das principais é a do horário, o poder de seu relato racial – que o ônibus tem um "problema de cor" – para transformar um problema moral num problema relatável com o ônibus, que Garfinkel comparou com algo do tipo "o ônibus tem um pneu vazio", permitiu-lhe impor regras injustas sobre raça sem ser humilhado na interação e sem perder o emprego. A cor podia ser apresentada simplesmente como outro tipo de "problema" com o ônibus. Foi o caráter insidioso desses relatos institucionais que minam as condições de confiança que permitiu ao motorista do ônibus criar a aparência de "paciência", ao mesmo tempo em que constituía os passageiros da minoria como "criadores de caso". É assim que os relatos institucionais privilegiam as pessoas "de dentro" em detrimento das "marginais". Essa é uma das razões pelas quais banir o uso de relatos não é só uma questão de ser "politicamente correto", mas porque é por meio deles que se produz a desigualdade. É também por esta razão que não se deve cair na ingenuidade de tratar como um fato a contagem estatística das categorias geradas pelo uso de relatos institucionais. Alguns leitores não captaram a sutileza do argumento e interpretaram que Garfinkel defendia as práticas de relato que estava expondo[23]. Ele não fazia isso.

Este trabalho inicial apresenta uma análise convincente de como as práticas de relato relacionadas a determinados domínios institucionais podem quebrar o compromisso normalmente igualitário que fundamenta a interação social, resultando, assim, em exclusão de pessoas ou de categorias de pessoas de conjuntos democráticos sob outros aspectos. Embora a maioria dos sociólogos dizia que o fenômeno decorria de crenças racistas, Garfinkel ia mais fundo, perguntando o que fazia possível agir com base em crenças racistas, como é que elas acabaram institucionalizadas nas práticas de relato do ônibus sulista como lugar de trabalho. Neste caso concreto, os relatos institucionais disponíveis forneciam uma ferramenta eficaz para estabelecer a desigualdade racial na interação face a face. É muito difícil fazer isso sem tais recursos relatáveis, porque a necessidade de manter a inteligibilidade mútua impõe aos participantes obrigações de reciprocidade que se contrapõem à desigualdade. A relatabilidade institucional viabiliza um procedimento assimétrico que não só é fácil de aplicar – como se torna uma "segunda natureza" (profundamente institucionalizada nas expectativas), a tal ponto que pode ser quase impossível pará-la[24]. O caráter assimétrico é notável. Como Garfinkel apontou em *O vermelho* em 1947, o integrante de uma minoria não precisa concordar com a sua categorização. Dados os aspectos institucionalizados do uso da categoria, a opinião dele é excluída. Para exemplificar isto, Garfinkel contou que, tendo sido categorizado como judeu quando fazia pesquisa no Texas, em 1942, viu frustradas todas as suas tentativas de transcender essa categoria.

Ao longo de sua carreira, Garfinkel desmascarou muitas das instituições sociais que a corrente predominante na sociologia trata como o alicerce da sociedade democrática ao mostrar que elas são fontes de desigualdade. Para Garfinkel, a democracia só podia provir das condições de confiança das práticas cotidianas, da ação social e de seus pressupostos, não de instituições formais e de suas práticas de relato, nas quais as formas de reprodução das desigualdades de situação estão encaixadas. Muitos estudos posteriores de EM (em especial *Telling the Convict Code* [Distinguindo o código dos condenados], de Larry Weider, 1974, e "Normal Crimes" [Crimes normais], de David Sudnow) documentam práticas de relatabilidade institucional, mostrando de que modo elas interferem na produção de relações de confiança recíproca. Minha pesquisa sobre ordens de interação de raça ocupa-se de uma questão similar.

- *Dissertação de mestrado – Relatos racializados no tribunal*

Segundo trabalho importante de Garfinkel, sua dissertação de mestrado sobre homicídio inter-racial e intrarracial (1942), publicada em versão resumida em *Social Forces*, 1949, mostrou que sentenças que pareciam estatisticamente "justas" se baseavam na verdade em relatos racializados produzidos no tribunal como parte do julgamento. Para descobrir isto foi preciso um extenso trabalho de campo nos tribunais. Em um momento em que a disciplina defendia uma guinada para a estatística, Garfinkel expunha as ciladas da abordagem estatística, sobretudo ao tratar problemas de discriminação racial. É simplesmente errado supor que pesquisas baseadas em estatística são objetivas, quando os números em questão referem-se a coisas como, por exemplo, sentenças, às quais se chega mediante processos de relato institucionais, que consideram a raça um fator importante do processo decisório.

Com a orientação e o estímulo de Guy Johnson e Howard Odum, Garfinkel assumiu um ambicioso projeto de dissertação que lhe demandou ampla pesquisa de campo em dez salas de audiência de comarcas da Carolina do Norte. A análise centrou-se em relatos narrativos feitos em audiência por pessoas oficialmente envolvidas nas causas dos acusados (incluindo juízes, promotores, advogados de defesa e testemunhas). Garfinkel escreveu esses relatos a mão. Ele notou que cabia aos relatos elaborados para o tribunal, que eram sumamente racializados, um papel importante na definição dos resultados dos processos. A charada era que a distribuição de penas por raça parecia "justa" do ponto de vista estatístico. Garfinkel percebeu que os resultados de dois conjuntos contrastantes de relatos institucionais tinham o efeito de se neutralizarem um ao outro, de modo tal que, em termos estatísticos, a raça não parecia ser um fator importante na determinação dos processos, embora fosse *de fato* o fator decisivo. Algo parecido podia estar acontecendo em qualquer instituição social para criar uma falsa aparência de imparcialidade ou de equidade.

Isso funcionava de um modo muito simples. Na corte eram apresentadas descrições do caráter moral do réu e da vítima, isto é, avaliações de caráter. Esses relatos de ordem moral baseavam-se em pressupostos culturais compartilhados quanto à raça, em termos de o quão bem ou mal esperava-se que fosse o comportamento de um homem branco ou negro. Assim, juízos racialmente discriminatórios sobre o caráter "bom" ou "mau" passaram a fazer parte do processo judicial. Em termos simples, Garfinkel percebeu que se recompensava "bons" homens brancos (com sentenças lenientes ou soltura) por matarem homens pretos "maus". Do mesmo modo, "bons" homens negros podiam ser recompensados por matar homens negros "maus" e "fazer um favor à comunidade". Estatisticamente, mantendo-se constantes outros fatores, homens brancos e negros, nestes dois tipos de casos, tinham probabilidade estatística similar de receberem sentenças brandas. Em situações inter-raciais, recompensava-se aos homens brancos pelo homicídio. Quando eram da mesma raça, os homens negros *poderiam* ser recompensados. As sentenças mais brandas em ambos os tipos de caso anulavam-se mutuamente na média geral.

De maneira similar, homens negros "bons" *jamais* poderiam ser recompensados por matar homens brancos "maus", ao passo que homens brancos "maus" ainda poderiam ser recompensados por matar homens negros "maus". A análise estatística ocultava que todo o processo era racializado, pois os resultados se anulavam mutuamente. Em consequência disso, uma situação que era discutida em termos sumamente racializados na sala de julgamento parecia ser, do ponto de vista estatístico, o resultado de um processo legal justo e imparcial. É um problema social enorme e persistente que ações sociais explicitamente motivadas pela raça, quando examinadas em detalhe, possam parecer imparciais no agregado. Também é o caso que ações sem motivação racial alguma no particular, quando examinadas em detalhe, podem ter, no entanto, resultados racistas, quando reproduzem a desigualdade, e é isto que se denomina e é a isso que o termo "racismo institucional" se refere[25].

É notável que, diante de tão clara demonstração de que relatos estatísticos podem tornar o racismo invisível, hoje tenha-se tornado um critério legal aceito nos Estados Unidos que as denúncias de discriminação racial ou de gênero devem vir acompanhadas de prova estatística de que uma instituição tem um "padrão" de desvio. Como Garfinkel demonstrou em 1942, isto costuma ser impossível, mesmo nos casos mais explícitos de racismo institucional, porque as estatísticas, que medem os resultados de relatos institucionais, e não fatos no mundo, tendem a mascarar as práticas discriminatórias em questão, de modo que o resultado pareça legal e moralmente "aceitável" (relatável). Por exemplo, a maioria das pessoas aceita as altas taxas de criminalidade como um relato para as altas taxas de investigação e prisão entre as minorias. Entretanto, a alta taxa de criminalidade entre as minorias nada mais é do que um relato produzido pelas altas taxas de investigação e prisão. Os verdadeiros incidentes de crime do mundo "real" de diversos tipos estão, como já foi demonstrado por séries de estudos, igualmente distribuídos entre os grupos. De fato, quando muito, as taxas de criminalidade reais entre brancos são mais altas devido a uma combinação de oportunidade com falta de consequências negativas. Ademais, estudos mostraram que os funcionários das instituições entendem como isto funciona e são capazes de administrar rotineiramente os relatos institucionais, de sorte que uma análise estatística de tais relatos demonstre o cumprimento de diversos objetivos igualitários institucionais e sociais, muito embora as ações em questão não correspondam a esses objetivos e os resultados reproduzam a desigualdade e a exclusão.

b) Teoria da Ação, Comunicação, Interação – Harvard e Princeton, 1946-1952

Garfinkel esteve no centro do debate na Sociologia do tempo de guerra em Harvard, de 1946 a 1952, rodeado pelas elites da disciplina e tendo Talcott Parsons como seu mentor. Além de um contínuo interesse na justiça social, Garfinkel trouxe consigo para Harvard o apreço pelos detalhes cooperativos de práticas de trabalho que ele próprio desenvolvera durante sua pesquisa durante a guerra. Embora o efeito geral da guerra tenha sido o de estreitar o foco da Sociologia como disciplina e desencorajar prévios interesses em justiça social, interação e práticas constitutivas, os esforços de pesquisa realizados por Garfinkel durante a guerra (1942-1946) na base aérea de Gulfport, no Mississippi, aprofundara seu apreço pela relevância das práticas de relato institucional, da interação e da conversa para questões essenciais de igualdade e marginalidade, trabalho, organização institucional, razão prática e comunicação. Seus estudos do tempo da guerra sobre liderança e instrução de pilotos tinham feito com que ele atentasse para a importância dos detalhes do sequenciamento e de questões relativas ao tempo para qualquer apreciação do modo como realmente se utilizavam as práticas constitutivas para criar e sustentar coerências (cf. em anexos a Garfinkel [1952] 2008 um relatório sobre liderança escrito em 1953 e relacionado a essa pesquisa da época da guerra).

Enquanto esteve em Harvard, Garfinkel continuou a gravitar ao redor de e conviver com estudiosos, cujo intuito fosse explicar a possibilidade da democracia e entender os efeitos de influências concorrentes nas sociedades modernas (Talcott Parsons, Jerome Bruner, Robert Bales e Wilber Moore). Interessavam-lhe também os níveis mais altos de incongruência com que se deparavam, na opinião dele, as minorias e as pessoas marginalizadas – um interesse que apareceu na sua dissertação (capítulos 18 e 24) juntamente com os primeiros experimentos com "confiança", que realizou em Harvard, em 1949. Levado por este interesse na incongruência, Garfinkel leu obras de psicólogos gestálticos e outros que se ocuparam da incongruência na percepção, como Adalbert Ames, Kurt Lewin, Egon Brunswik e Aron Gurwitsch. Caberia à incongruência um papel importante no desenvolvimento da EM, tanto como uma forma de expor pressupostos tácitos (conhecida como *violação*) quanto em termos teóricos. As anomalias prendem nossa atenção por muito mais tempo do que os acontecimentos "normais" porque não podemos tomá-las como dadas, como fazemos com as coisas que ocorrem como esperamos que ocorram. As anomalias provocam uma busca pela "normalização"[26].

No seu primeiro ano em Harvard, em 1946-1947, Garfinkel começou a argumentar que uma teoria sociológica adequada dos objetos, seria necessária, antes, para possibilitar uma teoria da ação social. Escreveu um ensaio em 1946 sobre a reespecificação da Teoria da Ação Social onde sustentava, entre outras coisas, que uma teoria da ação precisava analisar de que modo os objetos sociais eram criados e mantidos em contextos sociais não caracterizados pelo que ele chamava de consenso "tribal". Ela também tinha de explicar a possibilidade de comunicação. Além disso, uma teoria da ação precisava levar em consideração o manejo das incongruências, se pretendesse explicar a possibilidade de coerências sustentadas em uma sociedade democrática moderna desprovida de consenso. No estudo desta questão, Garfinkel trabalhou com estudiosos cujo principal interesse era explicar como se sustentava o significado compartilhado, com frequência em face de enormes incongruências (Jerome Bruner, Herbert Simon, Gregory Bateson, Alfred Schutz, Aron Gurwitsch e Kenneth Burke).

Em Harvard, na primavera de 1947, Garfinkel tornou-se assistente de pesquisa de um projeto de investigação das atitudes dos norte-americanos perante a Rússia. Ele escreveu naquela primavera mais dois ensaios, baseados nesta pesquisa (NTAI e "*o Vermelho*"). Fazia parte do projeto o psicólogo Jerome Bruner, que depois conseguiu introduzir na psicologia as implicações sociais, cognitivas e comunicativas da narrativa compartilhada, chamando-as de "psicologia narrativa" (tornando-se presidente da APA – American Psychological Association, em 1974). Bruner estivera na Europa com a inteligência militar logo após o "Dia D" e uma das tarefas que havia desempenhado foi a de lidar com as cidades francesas liberadas da ocupação alemã. Ao entrevistar pessoas das cidades, Bruner percebeu que, muito embora seus relatos forçassem a credulidade, elas não estavam "mentindo". Tentando entender como essa gente podia acreditar no que lhe contava, ele entendeu que um contexto narrativo compartilhado podia ser algo muito poderoso. Para essas pessoas, isso permitia que pessoas vissem seu dia a dia sob o domínio nazista, de modo que muitas coisas parecessem comuns e aceitáveis, que seriam *inconcebíveis* em tempos "normais". A ideia de que uma moldura narrativa do mundo dá forma àquilo que as pessoas realmente percebem e ao seu modo de pensar sobre isso – o fundamento da psicologia "narrativa" de Bruner – repercute no texto inicial de Garfinkel sobre o "estilo cognitivo". Ele denominava de "estilo cognitivo" a uma estrutura de categorias sociais de identidade e ação que é constitutiva da percepção e da compreensão. As anotações que Garfinkel fez em uma caderneta correspondem a uma aula que Bruner lhe deu em Harvard, em 1947. As ideias de Bruner encaixavam com precisão com as de Garfinkel quanto aos relatos – e o nome dele continua a aparecer associado a reuniões e esforços de pesquisa posteriores que Garfinkel organizou e dos quais participou até a década de 1960.

Embora Bruner se alinhasse ao trabalho inicial de Garfinkel sobre relatos, este podia reconhecer no enfoque de Parsons para a sociologia uma tentativa de preservar o foco na ação social, inerente aos enfoques teóricos de Thomas e Znaniecki. Parsons compartilhava com eles a preocupação com a justiça social, ocupando-se também do novo interesse no rigor científico. Desde sua chegada a Harvard, em setembro de 1946, Garfinkel deu início a um contínuo vínculo com Parsons e seu enfoque da Teoria da Ação. Na opinião de Garfinkel, a sociologia necessitava de uma teoria da ação social. Porém, era preciso que essa teoria parasse de se ocupar de abstrações para centrar-se, ao invés disso, no que acontece a cada momento entre as pessoas que se observam umas às outras ativamente, enquanto cooperam na realização conjunta de objetos sociais. O grande problema com o enfoque de Parsons, que Garfinkel postulava, bem como com o de outros teóricos da ação e interacionistas, era que eles formulavam a ação social do ponto de vista do ator, como se eles – ou quem quer que fosse – tivessem acesso a essa perspectiva. O que eles descreviam era a visão que o observador sociológico tinha do ponto de vista do ator, enquadrado por preocupações teóricas abstratas. O indivíduo, segundo a formulação do sociólogo (suas motivações, valores e metas), passou a ser o objeto de discussão e a interação em si não era visível em parte alguma. Garfinkel afirmava, durante a interação, que não temos acesso ao ponto de vista, à atitude ou aos motivos dos outros. Temos apenas o que eles fazem, uma sequência orquestrada de iniciações e reações. Portanto, a explicação de como produzimos coerências juntos deve estar nas nuanças dessas sequências empíricas externas, não em nossas mentes. Ironicamente, a Teoria da Ação não perdeu de vista apenas a interação. Ela também perdeu o ator como participante ativo da interação. No lugar do ator foi inserido um simulacro, inventado pelo sociólogo, que Garfinkel chamava de um "sedado cultural". Pelo contrário, Garfinkel concebia a ação social como interação: o que acontece entre pessoas – os detalhes disso que acontece – teriam de ser preservados.

Garfinkel empenhou-se para persuadir Parsons de que a Teoria da Ação Social requeria uma correção, e os dois discutiram opções, quando Parsons tentou reformular as suas "variáveis-padrão" para atender a esse desafio. Apesar das revisões, contudo, as variáveis de padrão continuaram a estar fortemente centradas em motivos e valores individuais. Todavia, é importante ressaltar que Parsons levou a sério as ideias de Garfinkel. Pediu-lhe que trabalhasse com ele em sua "response to Dubin on Pattern Variables" (*Resposta a Dubin sobre variáveis de padrão* [1960]) e os dois mantiveram reuniões de discussão que foram gravadas[27] durante o ano acadêmico de 1959-1960. Nessas fitas pode-se ouvir Parsons explicando as revisões que estava fazendo no argumento da variável-padrão. A terminologia proposta por Garfinkel no que se refere ao ator (p. ex., "ator identificado" e "ator orientado") aparece na versão final do texto de Parsons (que foi editado por Garfinkel). Parsons reconheceu na primeira nota de rodapé que esse ensaio tinha sido escrito com assessoria e conselho editorial de Garfinkel (entre outros), agradecendo-lhe por isso.

A imagem aceita de Garfinkel tem sido que ele adotou uma abordagem fenomenológica e rejeitou Parsons e a sociologia de modo mais geral. Não é bem assim. De fato, Garfinkel afirmava que Parsons era melhor fenomenologista do que Schutz, e dizia isto com frequência. O que Garfinkel necessitava, além de uma teoria da ação reespecificada e de uma teoria dos objetos, era de um jeito de lidar com a organização da percepção. Tanto a fenomenologia como a psicologia gestáltica ofereciam *insights* importantes. Onde o enfoque de Parsons contrastava com Husserl quanto a *esta* questão, Garfinkel preferia Husserl (e muitas vezes tratava Schutz como um substituto de Husserl). O que Schutz fez melhor do que Parsons foi levar em conta a perspectiva do observador do ponto de vista do ator. As aulas de Garfinkel, chamadas de *Introdução a Parsons* e ministradas na Ucla durante muitos anos, aprofundam-se nas transformações que se deram na sua reinterpretação da posição de Parsons.

No período em que Garfinkel estava trabalhando com Parsons (1959-1960) e desenvolvendo suas modificações à Teoria da Ação, ele, Goffman e Sacks passaram um ano em Harvard com bolsas de estudo na área de estudos legais. Ao longo desse ano, Garfinkel instou os outros dois a participarem das discussões com Parsons – há gravações de reuniões dos quatro em 1959 e 1960. Às reuniões de 1959 em Harvard compareceram vários dos alunos de pós-graduação de Parsons, e o tema foi o argumento da variável-padrão. Parsons e seus alunos de pós-graduação explicaram o que ele propunha, e Garfinkel, Goffman e Sacks examinaram essa proposta em detalhe.

No Arquivo Garfinkel há gravações de diversas outras reuniões de Garfinkel e Parsons nos anos de 1950 e 1960 (às vezes com a presença de Goffman e Sacks). Haveria no arquivo de Parsons uma carta, onde ele diz que todos se surpreenderiam ao ver o quão próximo o pensamento de Garfinkel era do seu[28]. Garfinkel devolveu o elogio no prefácio aos *Estudos*, dedicando a Parsons um elogio especial: "O trabalho de Parsons, particularmente, ainda impressiona pela profundidade penetrante e a precisão infalível de seu raciocínio sociológico prático sobre as tarefas constitutivas do problema da ordem social e de suas soluções". A razão pela qual este relacionamento não é mais amplamente conhecido é mais um dos muitos mistérios que rodeiam estes dois gigantes do pensamento social[29].

Desde seus primeiros dias em Harvard, Garfinkel começou a delinear uma teoria dos objetos sociais que pudesse sustentar uma versão da Teoria da Ação modificada para sanar as imperfeições da teoria e do método existentes. Ele estava *com* Parsons na tentativa de concretizar esse trabalho, não *contra* ele. Havia a esperança de que tal revisão de postura concordasse o bastante com aspectos do novo rumo científico da disciplina para ser aceitável para seus líderes, embora Garfinkel e Parsons fossem críticos da concepção de ciência (conceitos científicos e o observador científico) que se estava adotando. Do mesmo modo que a tentativa de Garfinkel de reespecificar a Teoria da Ação (e sua Teoria da Comunicação e da Informação) evidencia seu respeito por Parsons, o interesse deste no processo democrático também teria atraído Garfinkel. O intuito de Garfinkel não era rejeitar a teoria, mas consertá-la, ainda que as mudanças que ele propôs fossem substanciais.

• *Os três ensaios*

Os três ensaios escritos por Garfinkel no seu primeiro ano em Harvard assinalam o início de sua tentativa de reespecificar a Teoria da Ação. Eles também documentam o desenvolvimento de seus *insights* quanto à importância da reciprocidade e são, portanto, precursores de seus primeiros experimentos com a confiança em Harvard, em 1949, bem como do desenvolvimento do próprio argumento da confiança, entre 1947 e 1963[30]. Estes três ensaios marcam uma interseção entre o interesse inicial de Garfinkel nos relatos e sua crescente preocupação com aspectos constitutivos dos processos perceptuais, interacionais e comunicativos (e semióticos) em detalhes empíricos, bem como sua relação com temas de ordem social. Neste ponto inicial, Garfinkel reconhece que questões de reciprocidade, oportunidade, sequência e percepção são constitutivas da coerência, como meios reconhecíveis que indivíduos identificados possuem de fazer coerências uns dos outros. Associações desenvolvidas posteriormente (em Princeton 1951-1953, na Ucla 1956-1958, e no MIT 1967-1968) com Herbert Simon e teóricos da informação, cibernética, tomada de decisão e Teoria dos Jogos estenderiam o escopo de Garfinkel nos aspectos constitutivos, interacionais e de linguagem natural das coerências sociais, junto com sua teoria (em desenvolvimento) dos objetos sociais, para a área de sistemas projetados (computadores) de jogos e de tomada de decisão, na medida em que eles se relacionam com esses sistemas projetados.

- *O primeiro ensaio de 1946*

O primeiro ensaio do primeiro ano em Harvard, "Some Reflections on Action Theory and the Theory of Social Systems" (Algumas reflexões sobre a Teoria da Ação e a Teoria dos Sistemas Sociais), apresenta uma clara e concisa exposição de ideias sobre a Teoria da Ação Social que Garfinkel continuaria a elaborar por décadas. Nesse ensaio ele tenta construir uma teoria da ação operatória e reconciliá-la com a ideia de um sistema social. Garfinkel creditava a Parsons uma divergência radical com o empirismo convencional, mas argumentava que, ao manter uma teoria correspondentista da realidade, bem como categorias invariantes, Parsons baseara-se inadvertidamente em pressupostos não analisados, perdendo o ponto epistemológico do argumento do fato social e, por consequência, mantendo o que Garfinkel chamava de "etnocentrismo" no seu argumento. Garfinkel propõe uma reespecificação da Teoria da Ação para lidar com esses problemas, afirmando que o funcionalismo de Parsons sofre de uma circularidade debilitadora, e que, se o funcionalismo estrutural fosse eliminado, seria possível fundamentar uma teoria adequada da ação social nos processos cooperativos de interação.

Garfinkel preparou o ensaio para um seminário, de que participou no seu primeiro ano como aluno de doutorado em Harvard. Mesmo levando-se em consideração a relativa maturidade de Garfinkel à época, há muitas coisas notáveis no ensaio. Em quinze páginas com espaçamento simples entre linhas, Garfinkel expôs uma avaliação da Teoria da Ação Social com impressionante abrangência e concisão. Ele descreveu os problemas da Teoria da Ação de Parsons, mas também disse acreditar que seria possível reespecificá-la, de modo a resolver esses problemas.

Segundo Garfinkel, a Teoria da Ação comete o erro básico de adotar a perspectiva do ator, quando a ação social real envolve sempre 1) as respostas do outro, a antecipação e a avaliação do ator dessa resposta e 2) o que Garfinkel chama de o papel do objeto na estrutura da ação, com o qual ele quer dizer que os objetos sociais estão para a estrutura da ação assim como as pessoas estão para os papéis sociais. A grande barreira é a sociologia não ter uma teoria do objeto. A percepção de Garfinkel de que uma teoria da correspondência da realidade era problemática prenuncia Wittgenstein. Munido de uma teoria dos objetos sociais adequada (e de como se chega a eles mediante um processo de interação cooperativa), Garfinkel propõe a possibilidade de reespecificar-se a Teoria da Ação Social.

Há três questões teóricas fundamentais da Teoria Social, que começam, segundo Garfinkel, com o reconhecimento de que a "realidade" tem pouco a ver com explicar e compreender o significado da ação. Ele reconta a história do cavaleiro que cruzou o Lago de Genebra e caiu morto de medo, quando lhe disseram o que tinha feito, como metáfora da disjunção entre significado e realidade. A realidade está ali, mas nós agimos sobre ela apenas na forma como ela tem significado para nós e conforme este significado. Nas palavras de Garfinkel, nós a "tratamos". Ele afirma que há três preocupações que se iniciam com esse reconhecimento: 1) a necessidade de uma teoria do comportamento com sentido relevante; 2) a necessidade de uma teoria dos objetos; e 3) a necessidade de uma teoria da mudança. Poderíamos dizer que Wittgenstein abordou a primeira ao reconhecer a disjunção significado/referência – e ao adotar o "uso" como constitutivo do significado. Mas só os psicólogos gestálticos se ocupavam do problema dos objetos, que tratavam como se fosse um assunto principalmente cognitivo, ao invés de abordar a coerência dos objetos na percepção como uma realização social, como Garfinkel estava fazendo.

Os problemas que surgem de não se examinar pressupostos fundamentais também são apresentados como sendo três, que correspondem às três questões acima. A primeira questão (como significamos) resolve-se supondo a existência de categorias invariantes e que a linguagem (ou a comunicação) funciona. A segunda questão (objetos) é resolvida tratando-se os objetos e a ação como coisas existentes, ao invés de se reconhecer o seu *status* de objetos ou significados sociais que precisam ser constituídos. A maioria dos problemas que a Teoria Social teve com estas questões resulta de lançar mão de pressupostos não analisados para sua solução. O argumento é consistente com os fatos sociais constitutivos de Durkheim e é semelhante com Wittgenstein. Neste primeiro ensaio, Garfinkel substitui o objeto epistêmico pelas idas e vindas da interação. Ele reafirma que seu propósito não é observar o comportamento, mas sim a criação de significado. As coisas não "existem", mas "significam".

A importância que Parsons e a corrente predominante na sociologia atribuíam ao problema da mudança e ao tema da motivação, Garfinkel tratava como artefatos dos pressupostos não analisados em relação às duas primeiras questões. A mudança não é um problema para uma teoria da ação que não dependa de categorias invariantes, do consenso nem de objetos epistêmicos. Um mundo de coerências, que consiste em objetos e categorias constitutivos realizados, está em constante mudança sem problemas.

Na visão de Garfinkel, pode-se equiparar aproximadamente o "comportamento concernente ao significado" com o termo "ação" e, então, a Teoria da Ação é uma teoria do comportamento concernente ao significado, de como nós "tratamos" as coisas. Garfinkel (1) entendeu que Parsons tentou algo radical, que, nas palavras dele, "uma pessoa que seguisse a 'rigorosa' tradição empirista deste país acharia estranho". Esta interpretação de Parsons é incomum. Se o argumento era radical no sentido que Garfinkel sugere, parece que ele estava certo ao achar que o pensamento convencional dos Estados Unidos impediria as pessoas de apreciar esse caráter radical. Por certo, Parsons nunca foi visto como radical. Garfinkel elogia Parsons por ter adotado ante estas questões uma abordagem radical que vai além de teorias anteriores. Todavia, ele adverte que persistem problemas graves, porque Parsons não foi radical o bastante e ainda havia pressupostos não analisados no seu argumento. Garfinkel manifesta-se esperançoso de que Parsons esteja disposto a reconsiderar a sua opinião a respeito de diversos pontos e se diz encorajado neste sentido pelos comentários que Parsons fizera no seminário sobre esta questão. Essa reconsideração é necessária, segundo ele, porque Parsons admitiu que a linguagem funciona e que há categorias invariantes sem ter analisado estes pressupostos. Com efeito, Parsons afirma que não é possível analisar as categorias.

O terceiro problema é, segundo Garfinkel, que Parsons se baseia na noção de sociedade como "preocupação contínua", segundo a qual partes muito separadas afetam diretamente umas às outras, para lidar com problemas com a análise funcional estrutural que a ideia não pode sustentar. Por meio de uma análise do funcionalismo de Cannon e da comparação com Parsons, Garfinkel mostra como Parsons gera problemas ao adicionar mais elementos ao seu modelo funcionalista do que este pode comportar. Esta análise é complexa e cheia de ideias.

• *Segundo ensaio – Primavera de 1947*

O segundo ensaio, "Notas sobre o teste de apercepção de informação" (NTAI), analisa um teste de apercepção de informação que Garfinkel aplicara como assistente no projeto de pesquisa com Jerome Bruner, Brewster Smith e Robert White. Parece que o ensaio foi escrito como contribuição para o relatório final do projeto. Embora não tenha sido mencionado no livro publicado sobre o projeto (Smith et al., 1956), o ensaio vem acompanhado de uma longa série de comentários de Brewster Smith. Como relato detalhado de uma situação de teste e das implicações teóricas relativas a reciprocidades constitutivas entre participantes que o esquema de pesquisa tomou como dadas, ele é notável. Ideias sobre os pressupostos tácitos (expectativas contextuais constitutivas) que devem vigorar entre entrevistador e entrevistado para o diálogo ser mutuamente inteligível relacionam-se diretamente com o argumento de Garfinkel, que ganhou fama na sua versão de 1963 do ensaio sobre "confiança", de que para a realização de objetos sociais mutuamente coerentes é preciso o preenchimento de condições de confiança também recíprocas. O teste inicial do próprio Garfinkel com relação a este argumento começou em 1949-1950 com a participação de alunos de cursos de Química de Harvard. O argumento final é reconhecível em um rascunho de 1952[31].

No ensaio NTAI, Garfinkel desenvolve o projeto de pesquisa, avaliando as atitudes dos norte-americanos quanto à Rússia e os diversos correlatos psicológicos e sociológicos dessas atitudes. Houve dez participantes, todos homens adultos casados, que colaboraram em um processo de entrevistas em profundidade durante um ano. Havia 17 cientistas sociais envolvidos nas entrevistas. Cada participante foi submetido a um total de 28 entrevistas e/ou testes, que demandaram quinze sessões semanais de duas horas. Garfinkel aplicou nesse projeto o Teste de Apercepção de Informação (Teste TAI), que foi o procedimento de número 25. Isto significa que no momento em que ele aplicou este teste os participantes já tinham sido entrevistados 24 vezes por outros membros do projeto, e a equipe de pesquisa manteve reuniões para formular uma avaliação do caso. A tarefa de Garfinkel foi testar a avaliação do caso que já fora formulada. Para isto foi preciso criar certa ansiedade na entrevista, no intuito de ver a reação dos participantes, bem como desafiar algumas das opiniões deles. O 27º procedimento foi uma entrevista de "estresse", e depois o assunto foi encerrado.

Garfinkel não aplicou o Teste de Estresse, mas sua participação no processo envolveu gerar ansiedade e ele teria ouvido os outros discutirem esse teste em reuniões do grupo. Ele não projetou o estudo, e os textos que escreveu então indicam que se sentia incomodado com o método de indução de ansiedade (possível referência às afirmações confrontadoras que teve de fazer ou, talvez, ao teste de "estresse" – que ele não aplicou – no fim da série de entrevistas). As condições estressantes provocadas por algumas das perguntas que Garfinkel foi solicitado a fazer são objeto de muita análise no seu relatório sobre suas atividades de teste. Interessavam-lhe as condições tácitas que possibilitavam tais testes. O que se pressupunha e, portanto, ficava sem ser analisado? Quais pressupostos sobre reciprocidade estaria ele violando?

As afirmações feitas por Garfinkel para confrontar participantes no TAI foram escolhidas pelo comitê geral do projeto de pesquisa. Eram dez afirmações, entre as quais "Praticamente não há desemprego na Rússia. Há empregos para todos", "A Igreja russa celebra missas na União Soviética, mas a maioria dos fiéis é de pessoas mais velhas" e "Na Rússia, gerentes de fábrica e supervisores de planta ganham salários de cerca de 10.000 dólares por ano".

Embora se diga que as afirmações foram tiradas de forma mais ou menos aleatória de diversas publicações, os participantes da pesquisa foram informados de que "até onde sabemos, as afirmações são verdadeiras". A ideia era desafiar as atitudes dos norte-americanos com relação à Rússia, confrontando os participantes com afirmações inesperadas sobre esse país para as quais se pudesse dar alguma sustentação "factual" nominal. Qualquer afirmação publicada com este potencial podia ser escolhida. Por exemplo, a afirmação de que "na Rússia, gerentes de fábrica e supervisores de planta ganham salários de cerca de 10.000 dólares por ano" não diz que todos os gerentes de planta russos ganhavam 10.000 dólares por ano, embora o sugira. É provável que, de fato, alguns gerentes de planta russos ganhassem altos salários. Isto seria perturbador para norte-americanos que acreditavam que a livre-empresa resulta em salários mais altos para os gerentes.

O texto do volume publicado (SMITH et al., 1956, p. 56) explica que, durante o teste, "em geral foi preciso perguntar muito para revelar toda a reação do participante ante a afirmação". Como estas entrevistas foram efetuadas em fase avançada do processo de pesquisa, o caráter desafiador das questões permitiu analisar a exatidão das avaliações de personalidade feitas pela equipe de pesquisa e suas previsões de como diferentes participantes reagiriam diante de desafios e/ou incongruências. Em muitos casos, as atitudes dos participantes na pesquisa com relação à Rússia ficaram definidas com as reações aos pontos deste teste, além de material do teste TAI aparecer muitas vezes com destaque na análise dos casos no livro. As entrevistas foram gravadas para que todos pudessem escutá-las, e o livro contém exemplos transcritos de afirmações e respostas (em todas estas transcrições, o teste foi aplicado por Garfinkel).

Enquanto o resto da equipe de pesquisa concentrava-se na análise do material colhido em sua bateria de 28 testes, Garfinkel ocupou-se de sua experiência com o teste TAI. Ele perguntou o que a situação de teste pressupunha, qual era o trabalho de aplicar o teste e de submeter-se a ele. Observou a assimetria entre o conhecimento do testador e o do testado. Como eles conseguem compreender um ao outro? Quais os pressupostos implícitos necessários? No ensaio NTAI, Garfinkel detalha os critérios tácitos que os outros cientistas sociais envolvidos no projeto tomaram como dados ao analisarem as respostas às questões do teste. Como fizera no primeiro ensaio sobre teoria da ação, Garfinkel afirmou que o que se tomava como dado mascarava aspectos essenciais do processo social. Para ele, o que estava acontecendo era mais do que uma avaliação de personalidade e opinião. Havia profundas questões de criação de significado envolvidas na própria situação do teste.

Garfinkel abre suas "Notas" com a observação de que há alguns pressupostos teóricos muito básicos envolvidos no projeto do teste. Esses pressupostos são, segundo ele, que "os fatos de percepção social, dinâmica de personalidade e estrutura social, uma vez que se referem a um determinado indivíduo, estão relacionados entre si por uma teoria geral da ordem social". Os pressupostos básicos por trás do projeto do teste de modo algum consideram a situação do teste em si como constitutiva de seus resultados. Garfinkel afirma, ao contrário, que ela é, sim, constitutiva dos resultados do teste. Se a situação do teste é constitutiva dos resultados, em que sentido eles implicam a personalidade e/ou a estrutura social?

Neste ensaio, de uma maneira característica do detalhe com que ele observava tudo e qualquer coisa, Garfinkel descreve o objetivo e o esquema do teste TAI. Esta discussão é interessante por muitas razões – mas especialmente como réplica ao livro de Smith et al., de 1956. Enquanto Brewster Smith descreve os *objetivos* de cada teste, Garfinkel descreve o procedimento do teste e os pressupostos teóricos nele implícitos. Para Garfinkel a questão não é realmente a Rússia nem coisas russas. A questão é "se e como os tipos de objetos vistos, as relações entre eles e as diferentes reações do participante a eles variarão, onde os materiais em questão propõem uma gama de objetos de caráter privado, embora institucionalizado". A discussão de Garfinkel trata dos objetos sociais e do modo e caráter de sua constituição.

Como ocorreu com sua pesquisa anterior para Wilbert Moore, a versão de Garfinkel sobre a pesquisa é tão distinta das dos outros que eles não valorizam o desafio que ele lhes propõe. Isto é evidente em especial nos comentários de Brewster Smith sobre o relatório de Garfinkel (no arquivo). Brewster Smith rejeita uma das principais observações de Garfinkel quanto à importância da sequencialidade, que "qualquer coisa pode significar qualquer coisa", com o seguinte comentário: "Pode qualquer coisa significar qualquer coisa? Por acaso o significado não é parte essencial da experiência?" Garfinkel entende que o significado é alcançado por meio da coerência da experiência de submeter-se ao teste. Como em qualquer experiência, a coerência é, neste caso, uma criação que se deve alcançar ou constituir. A coerência pode falhar. O significado pode mudar. Algo que significava uma coisa *pode* de repente significar alguma outra coisa da próxima vez. O ciclo de realimentação está em funcionamento. Logo, sim, qualquer coisa pode mesmo significar qualquer coisa e, portanto, o fato de significar uma determinada coisa qualquer requer explicação. Esta passará a ser a premissa central da EM desenvolvida por Garfinkel.

- *Terceiro ensaio – Primavera de 1947*

O terceiro ensaio, "The 'Red' as an Ideal Object" (O "Vermelho" como objeto ideal) aprimora ideias sobre categorias/símbolos que aparecem no ensaio TAI, mais extenso. O objeto ideal do título é o russo (*o vermelho*) como objeto social, cujo significado pode constituir-se de muitas formas, com resultados bem diferentes. As observações de Garfinkel são notáveis e detalhadas. Assim como sua pesquisa amadurecida, o ensaio não é uma resenha de literatura, mas uma proposta de um novo modo de tratar símbolos como objetos sociais. A principal distinção proposta é aquela entre objetos científicos (que ele chama de símbolos referentes específicos, SRE) e símbolos expressivos (SE) na comunicação cotidiana. Garfinkel propõe uma tipologia dos objetos sociais e de como eles podem "significar" e ser "tratados". A linguagem que ele usa quanto a isto continuou por muitos anos. A sua tipologia faz importantes distinções entre os objetos sociais e os naturais, relacionando-se diretamente à tentativa de Durkheim de estabelecer as diferenças epistemológicas entre esses dois tipos de objetos e a tentativa de Parsons de apresentar esse argumento à sociologia norte-americana.

Uma característica distintiva dos objetos sociais é, segundo Garfinkel, a "necessidade". Os parâmetros constitutivos fixam os limites para os objetos. Ao distinguir o caráter opcional dos objetos científicos (SRE) – que podem ser definidos pelo cientista – da "necessidade" dos objetos constituídos no curso de ação social comum, Garfinkel sugere que esta desconexão entre ciência e uso de linguagem natural deveria ser uma preocupação. Ele observa isto de várias maneiras diferentes.

O ensaio de Garfinkel sobre o "Vermelho" (1947) contém muitas frases que se referem a "judeus", "negros" e "criminosos" como categorias marginais. A questão de Garfinkel foi pontuar que todas estas categorias constituem condições marginais, mas que as práticas sociais, por meio das quais esta marginalidade é realizada, são diferentes em cada caso e, portanto, resultam em um diferente posicionamento de possibilidades de cada grupo minoritário em face da maioria. Isto poderia ser muito importante para entendermos por que distintas categorias de pessoas excluídas vivenciam a discriminação de maneira diferente, e não veem uma causa comum. Muitos anos depois, em 1952, a tese de doutorado de Garfinkel propôs que minorias judias altamente motivadas e bem-sucedidas seriam mais negativamente impactadas por *feedback* negativo do que outros alunos (o grupo de comparação não incluía à época pessoas de outras minorias, mas apenas bem poucas da minoria judaica)[32]. Os achados de seu estudo com alunos de graduação de Harvard em 1949 corroboraram esta ideia. Ele continuou pela vida afora a estudar de que modo as práticas constitutivas e seus requisitos de reciprocidade impactavam diferentemente a membros de minorias e pessoas marginais. Iniciado em 1959, seu estudo sobre "Agnes", uma pessoa transexual, também amplia esses interesses iniciais (*Estudos*, capítulo 5 e apêndice).

Mesmo sendo crítico, Garfinkel enfrentava a discussão na disciplina passo a passo. Depois da guerra, quando as elites sociológicas pressionavam para a disciplina tornar-se mais científica, Garfinkel trazia à baila a questão do que a ciência é realmente e o que são objetos científicos, quando distinguidos dos objetos sociais comuns. Ele sugeria que a nova sociologia "científica", praticada pelos sociólogos na década de 1940, constituía seus objetos muito diferentemente de como os objetos sociais são constituídos no mundo social comum. Se esse for o caso, cabia perguntar como uma ciência que estuda objetos criados por ela própria poderia jogar luz sobre problemas sociais do mundo "real". Talvez suas "descobertas" só sejam pertinentes no mundo analítico formal dos objetos que ela constituiu. Depois de ter aceitado uma abordagem baseada no indivíduo, a corrente predominante na sociologia persiste em usar conceitos definidos e modelos teóricos como substitutos de ações do mundo real. Para Garfinkel, pelo contrário, os requisitos constitutivos das ações do mundo real possuem propriedades de ordem real que são diretamente observáveis. Nisto ele seguiu Durkheim quanto aos fatos sociais. Garfinkel ainda se ocuparia até o fim da sua carreira da questão do que a ciência é e do que a ciência social poderia e deveria ser, se quiser ser científica. Obviamente, se é possível observar os fatos sociais diretamente, a ciência deveria observá-los.

Em forma de artigo, o "Vermelho" foi apresentado a diversos periódicos de sociologia e, como a maioria dos textos de Garfinkel após 1946, foi rejeitado várias vezes e permaneceu inédito até 2012. Herbert Blumer rejeitou o artigo em nome do *The American Journal of Sociology* em 1947, com o comentário de que aquilo não era sociologia e Garfinkel deveria tentar em publicações de psicologia. E foi isto o que ele fez nos anos seguintes, e há diversos trabalhos em periódicos de psicologia não porque Garfinkel se dedicasse à psicologia, mas porque esta área publicava seu trabalho.

O argumento teria causado controvérsia de várias maneiras. Ele não só questiona a ideia sobre o que a ciência é como também se concentra nas atitudes com relação à Rússia em um momento da história dos Estados Unidos, em que o sentimento antissoviético se fortalecia. O argumento também lida de forma explícita com a opressão a negros, judeus e criminosos na sociedade norte-americana, e esta não era uma mensagem popular em 1947. *White Collar Crime* (O crime do colarinho-branco), de Edwin Sutherland, foi censurado em 1949 por sugerir que os brancos cometem muitos crimes que não são tratados como crimes. O fato de Garfinkel considerar os "criminosos" como uma categoria oprimida provavelmente tenha sido ainda mais controverso do que seu interesse nas outras categorias. Talvez ainda o seja. Considerar "criminoso" como uma categoria a ser usada com os oprimidos é sinal de que o interesse permanente de Garfinkel na questão de crime e policiamento tinha relação direta com seu interesse pela justiça social para as minorias. A dificuldade com que Garfinkel se deparou para publicar seu trabalho a partir de 1946 contrasta com seu sucesso anterior na publicação de seus textos de 1940 e 1942, que não foram menos francos ao tratar de assuntos polêmicos, mas o fez quando o pensamento social era menos conservador. Também era menos complicado. A incorporação do foco em uma teoria dos objetos e na comunicação como prática social continuaria a complicar seu trabalho depois de 1946. Trata-se de ideias transformadoras, mas que não podem ser compreendidas em um quadro de teoria social convencional.

- *O ensaio de 1948*

Em 1948 Garfinkel escrevera um ensaio sobre comunicação e interação, do tamanho de um livro, intitulado "Prospectus for an Exploratory Study of Communicative Effort and the Modes of Understanding in Selected Types of Dyadic Relations" (Prospecto de um estudo exploratório de pesquisa sobre o esforço comunicativo e os modos de compreensão em determinados tipos de relações diádicas). Esse ensaio foi publicado pela primeira vez em 2006 sob o título "Vendo sociologicamente" (*Seeing Sociologically* – GARFINKEL, [1948] 2006). Este "Ensaio de 1948" delineou a abordagem de Garfinkel para uma sociologia da narrativa, da interação e da razão situada. Ele contém uma teoria dos objetos sociais e descreve um enfoque inovador sobre a comunicação. Escrito como um projeto de tese, o ensaio é interessante por diferir tanto dos ensaios de 1946-1947 quanto da tese concluída quatro anos depois. (Há comentários mais extensos sobre esse ensaio na introdução a *Seeing Sociologically*.)

O ensaio de 1948 aborda aspectos cruciais da Teoria da Ação, apresenta uma teoria dos objetos sociais e da comunicação e formula a necessidade de um compromisso com ordens de reciprocidade sequencial, compromisso este que é requerido pelas reciprocidades inerentes aos processos que constituem mutuamente os objetos sociais. À diferença de seus ensaios de 1946-1947, Garfinkel inicia o de 1948 pela análise do ator, pois esta ordem era mais congruente com as expectativas da época. Ao mesmo tempo, ele explicou – tanto nas primeiras frases quanto ao longo do texto – que o ponto de vista do ator *não* era seu foco e que não importava onde o argumento começava. Garfinkel trata das opiniões de Parsons e Schutz, com quem estava se reunindo na época, com certo detalhe e procura combinar aspectos das duas para trazer aspectos críticos do pensamento de Parsons diretamente à arena da interação.

Na primeira parte do ensaio de 1948 há uma seção sobre o papel do observador científico que funciona através de comparações de Parsons e Schutz. Esta seção foi elaborada para a tese de Garfinkel. O ensaio também esboçava aspectos do que viria a ser a etnometodologia e a análise da conversa. Garfinkel escreve sobre a reflexividade do significado em sequências de fala. Refere-se a sequências de turnos de A e B, nas quais turnos anteriores projetam obrigações e relevâncias para turnos seguintes, ao passo que turnos seguintes refletem-se sobre turnos anteriores mudando seu significado. Esta discussão amplia a análise da interação feita por ele em "O vermelho como objeto ideal", em 1947. Nesse texto, ele se valeu deste movimento para trás e para frente dos turnos para definir o que entendia por interação. Em 1948, a concepção de interação de Garfinkel inclui as ideias de retorno circular, sequencialidade, turnos e relevância da posição do turno para a realização do significado.

O ensaio de 1948 desenvolve uma teoria da ação social, objetos e comunicação que constitui uma base epistemológica para objetos sociais mutuamente inteligíveis. Ele também especifica uma ordem sequencial de interpretação em atos de comunicação que torna possível o sentido em contextos sociais, mesmo que os objetos (e palavras) sociais em si não sejam claros. A certeza deles é uma realização sequencial colaborativa. O argumento faz importantes transformações nos temas do pragmatismo (ao modificar as concepções do eu e da ação), bem como sintetiza questões da psicologia gestáltica, da fenomenologia e da teoria linguística das prestações de contas, de Burke. Garfinkel também esboça nesse ensaio uma concepção do eu como "*performance*" e como "ator identificado", ideias que surgirão depois, tanto no trabalho de Goffman (1959) quanto no de Parsons (1960). Os dois tinham lido esse ensaio no início da década de 1950 e haviam comentado e discutido o texto com Garfinkel. Trata-se de um argumento claro e vigoroso sobre a importância da interação, de momentos e de sequências de interação, e o papel que a interação deveria ter na formação da teoria sociológica geral.

As modificações do pragmatismo (em especial de Mead e Dewey) propostas por Garfinkel são significativas e resultam em uma abordagem sociológica minuciosa dos problemas epistemológicos, mais próxima de Durkheim (que também discordava de James) do que do pragmatismo clássico[33]. O pragmatismo não incorpora a ideia de conjuntos de regras ou práticas constitutivas como alicerce da ordem e do ordenamento. Por consequência, ele mantém seu foco na interpretação na maioria das variações, bem como na "negociação" do significado (mediante símbolos). Já para Garfinkel, ao contrário, o ser humano é um "tratador" de símbolos, e são as propriedades de ordem do tratamento sequencial e mutuamente organizado de símbolos que criam significado compartilhado. Não é um processo de negociação do significado das coisas mediante o uso de símbolos. Esta última visão pressupõe uma postura estabelecida, a partir da qual se pode negociar, e significados simbólicos estabelecidos para negociar, coisas que Garfinkel rejeita.

O argumento de Garfinkel nesse ensaio assemelha-se às posições de Herbert Simon e Jerome Bruner em pormenores importantes, ao mesmo tempo em que difere nos fundamentos. Por exemplo, Garfinkel, como fazem Simon e Bruner, embasa as coerências sociais em processos sociais. Todavia, ele situa os processos sociais relevantes nos aspectos sequenciais constitutivos da criação de objetos sociais, informação e identidade, ao invés de em instituições sociais, grupos ou narrativa de grupo, sendo esta uma inovação que lhe permite evitar as limitações das teses de racionalidade "limitada" de Simon e de consenso "narrativo" de Bruner. Uma vez que o enfoque de Garfinkel sobre uma teoria de objetos sociais não precisa de fronteiras consensuais ou narrativas, sua abordagem da realização colaborativa de objetos sociais fornece uma base para a razão situada nas reciprocidades da prática constitutiva de modo mais geral. Ela é especialmente adequada para explicar as coerências de espaços públicos modernos. Garfinkel compartilhou esta harmonia entre a teoria e os requisitos da Modernidade com Durkheim, para quem as práticas constitutivas eram o meio pelo qual se poderia chegar ao significado em sociedades modernas que já não conseguem o consenso.

- *A tese de Garfinkel – 1952*

Concluída em junho de 1952, a tese de doutorado de Garfinkel – "The Perception of the Other: A Study in Social Order" (A percepção do outro: Um estudo da ordem social) – compõe-se de três partes. Na Parte I Garfinkel considera Hobbes como o caso canônico de homem racional que teoriza, sobre o qual escreve um capítulo, comparando Parsons e Schutz no que se refere ao que ele chama de quatro pressupostos pré-teóricos. Em primeiro lugar, Garfinkel precisa estabelecer os pressupostos, o que faz por meio de uma análise de Hobbes. O que ele mostra nessa seção é que o conflito ou a competição entre indivíduos que Hobbes postula – que para Hobbes explica o fato de as pessoas precisarem celebrar um contrato social antes de tudo – não poderia acontecer, se já não houvesse um contrato social. Nas palavras de Garfinkel, para competir é preciso ser capaz de ver o "mesmo" objeto, o que requer cooperação, para torná-lo o mesmo objeto. Assim, ele estabelece um tema principal da tese: não pode haver conflito sem ordem. Portanto, ao pressupor os objetos sociais (inclusive o indivíduo), o pensamento social pressupôs a ordem que lhe caberia explicar. Garfinkel afirma que a sociologia precisa concentrar-se no contrato implícito, em que o conflito se baseia, e não nas formas explícitas de contrato, que vêm depois e dependem desse contrato implícito. As formas explícitas variam de uma sociedade para outra. O contrato implícito, ao contrário, deve preencher a condição de comunicação e, portanto, tem aspectos de invariabilidade.

O cerne da "prova" de Garfinkel é que o conflito demanda que um seja capaz de ver o que o outro está para fazer – isto requer a habilidade de ser capaz de ver que o outro "busca o mesmo objeto". Sem ser capaz de ver dessa forma, não poderia haver conflito sobre os objetos. Garfinkel considera várias abordagens desse problema – incluindo o lenhador de Weber – e argumenta que a "visão" da outra pessoa requer a coordenação de expectativas sociais. Isso requer ver a identidade da outra pessoa – porque identidades diferentes produzem ações diferentes. Isso também requer ser capaz de ver a produção de objetos sociais em relação às identidades encaixadas em sequências específicas, situadas no espaço e no tempo.

A simples visão da coisa como "incongruência" requer ter antes a expectativa que ela viola – a competição requer a capacidade de ver que "buscamos o mesmo objeto". Posto que para Garfinkel todos os objetos com sentido são fatos sociais que devem ser realizados, ser capaz de "ver" o "mesmo" objeto – e que nós dois estamos em busca dele – é uma realização social que requer prévia coordenação de expectativa e ação. Hobbes simplesmente pressupõe que podemos ver que os objetos são os mesmos e que nós procuramos fazer assim. Para Garfinkel, porém, isso não é óbvio de modo algum.

Garfinkel mostra o que Hobbes pressupôs: que deve haver, por certo, maneiras de ver objetos como os "mesmos" objetos – tanto social quanto cognitivamente. Logo, Garfinkel argumentava na sua tese que uma teoria do objeto – que, segundo ele próprio vem dizendo desde 1946, é a peça que falta na teorização – é um pressuposto não admitido em Hobbes. Garfinkel sugere várias maneiras de resolver o problema – inclusive o pressuposto de Kant de uma razão *a priori* –, mas todas implicam uma prévia concordância quer na estrutura das mentes (como em Kant), quer entre mentes e coisas (o que requeria de uma teoria correspondentista do significado). Esta discussão assemelha-se à introdução de Durkheim a *Da divisão do trabalho social*, em que, primeiro, ele sustenta que a Teoria Social foi tolhida pelo pressuposto não reconhecido de individualismo e, depois, mostra como questionar esse pressuposto faz vários pensadores clássicos parecerem sem sentido.

Uma vez que o "problema hobbesiano da ordem" era nos anos de 1940 – e ainda é – tido como a exposição canônica do problema da ordem social, a crítica de Garfinkel a Hobbes é importante. Enquanto o ensaio de 1946 limitava-se a analisar os problemas do funcionalismo estrutural de Parsons, esta análise, incluída na tese, assume os pressupostos que alicerçam a visão sociológica comtiana clássica. Garfinkel está dizendo: não, Hobbes não definiu o problema da ordem social; aliás, ele deu o problema da ordem social como dado, como tem feito a maioria dos pensadores sociais depois dele. A questão de Garfinkel é que está na hora de concentrarmo-nos realmente no problema da ordem social. A questão aqui é que qualquer entendimento mútuo que envolva linguagem, objetos com sentido ou ver os "mesmos" objetos sociais requer cooperação, e que esse processo cooperativo é necessariamente social. Ele pressupõe um contrato social implícito.

Na visão de Garfinkel, nenhuma sociologia anterior propusera submeter esse processo cooperativo à pesquisa empírica detalhada. Tampouco se tinha investigado o que o contrato social implícito envolvia. É nisto que, para Garfinkel, o trabalho da sociologia deveria consistir. Durkheim teorizara sobre isto como Garfinkel o fizera, mas não tinha pesquisado o tema em detalhe empírico.

Não só o conflito precisa de consentimento prévio; de acordo com Garfinkel, o uso significativo da linguagem requer também consentimento prévio, a habilidade para tratar um e outro em termos de identidade social, e entender "atores identificados" e "ação identificada" requer prévio consentimento.

Quanto a isso, o argumento de Garfinkel traz para o problema de conflito *versus* ordem na Teoria Social uma contribuição que concorda com Durkheim e desafia quase todos os demais. Nos anos de 1960 os teóricos sociais tinham começado a insistir que poderiam escolher entre uma teoria social baseada no conflito, e outra, baseada na ordem. Passaram a considerar Marx um teórico do conflito e Durkheim, um teórico do consenso. Todavia, Garfinkel entende que o conflito precisa de ordem. Para ele, portanto, a escolha é impossível. Mas, ao mesmo tempo, Durkheim não pode ser um teórico do consenso, porque ele afirmava que a ordem social das sociedades modernas não pode chegar ao consenso e, pelo contrário, requer o direito, não só de "conflito", como de "combate" (porque, para Durkheim, o contrato implícito no cerne das relações sociais ordenadas necessita de uma igualdade e de uma reciprocidade, as quais as pessoas precisam ter condições de contestar, para conseguir manter).

A tese apresenta praticamente a mesma estrutura do ensaio de 1948. Contudo, entre a escrita do prospecto (ensaio de 1948) e a tese acontece algo que muda o tom de alguns dos argumentos. A elaboração sobre o que seja teoria e como ser teórico fica mais extensa. Muitas das seções permanecem, mas os conteúdos são mais elaborados e mais extensos. A comparação de Parsons e Schutz sobre os pressupostos pré-teóricos é nova, embora Garfinkel desenvolva a ideia de que se estabelecem pressupostos sobre estas questões em 1946. As 100 primeiras páginas do prospecto viraram quase 400, na tese. Elas mantêm os mesmos títulos de seção – que se tornam capítulos – com alguns acréscimos. Porém, as 362 páginas que vêm antes de Garfinkel retomar o argumento do prospecto original não são totalmente coerentes com as páginas que vêm depois, fundamentando o que virá a ser o argumento da confiança.

É como se tivessem dito a Garfinkel que tinha de fazer concessões, como, de fato, o fez nas primeiras 362 páginas, mas depois ele deixou seu argumento original intactamente encaixado no final. Ele não comenta nada sobre isto, nem sobre os conflitos entre o que vem depois e o que vem antes. Tenho, para mim, que Parsons e Schutz deram-lhe suas opiniões sobre o prospecto. Talvez tenham-lhe dito que não podia fazer um experimento, baseado na sua própria teoria original para sua tese, que tinha de escolher um. Logo, ele escolheu Schutz. Também tendo a pensar que ele estava fazendo um comentário sobre os comentários deles, e não tomando o partido de um dos dois, mesmo que às vezes diga que toma o partido de Schutz em uma questão. Às vezes também diz tomar o partido de Parsons em um assunto.

Em razão disso, é preciso ler o argumento com muita atenção. A meu ver, a análise de Parsons e Schutz é uma explicação da razão, pela qual Garfinkel não pode concordar com nenhum deles: porque ele não adota nenhum desses pressupostos. Ele não se coloca na perspectiva do ator, nem na do observador, como às vezes diz que faz. Eu avalio que ele "toma cuidado" para não discordar na tese, o que o deixa em situação difícil. Há algumas frases irônicas e passagens em que ele parece parodiar o que diz estar fazendo.

Ao ler o ensaio, percebi que estava à espera do lugar, em que ele ia dizer: "Tudo bem, pessoal, agora acabou a brincadeira e vou lhes dizer o que estou fazendo". O primeiro lugar aparece na página 362. Está escrito em termos mais sutis, mas não menos explícitos. Eis o que ele diz nessa página: "Tendo dedicado algum tempo a desenvolvermos um vocabulário de ação, agora temos de pedir ao leitor que neutralize a sua visão desses termos, ao mesmo tempo em que nós lhes conferimos um tom um pouco diferente". Seguem-se dois parágrafos intermediários, os quais, extraídos do início do ensaio de 1948, apresentam o problema da comunicação. Depois, 28 páginas, que compunham as seções originais de 1948 sobre comunicação, táticas e estratégias de estilo de comunicação, no prospecto original (a última parte sobre grupos fica de fora ou é desenvolvida de maneira muito diferente).

Há várias coisas estranhas nisto. A transição começa após 12 páginas de um capítulo intitulado "Um vocabulário experimental de ação", e não tem seção de introdução. As outras seções de introdução do prospecto viraram capítulos, e as subseções foram conservadas e ampliadas. A parte sobre estilo, táticas e estratégias traz o título "Estilo". O capítulo sobre comunicação, no entanto, o qual representa seu argumento mais original e importante (que eu reproduzi na capa da versão publicada do ensaio de 1948 para transmitir sua importância), e que começa o "verdadeiro" argumento, está oculto em 12 páginas, em um capítulo, intitulado "Um vocabulário experimental da ação", sem seção introdutória própria. Na página 362 desse capítulo sobre vocabulários de ação nos é dito que agora temos de "neutralizar" esses vocabulários e pensar de outro jeito. *Todavia, nada assinala esta transição.* As páginas seguintes à página 362 não apresentam um "vocabulário de ação", mas sim uma teoria da comunicação. Esta seção mantém sua posição original no argumento como última coisa, antes da exposição do problema experimental. A mesma posição que aqui. Mas, no prospecto original, essa posição estava claramente indicada.

Já na tese, sem aviso algum de que vamos mudar de direção, pedem-nos que mudemos totalmente de direção. Vejo nisto uma estratégia para conseguir que Parsons aprovasse a tese sem reparar muito nos desafios. Mas sendo assim, isto torna o resto da tese confuso, já que Garfinkel parece estar dizendo coisas que não está dizendo.

Por exemplo, tanto Parsons quanto Schutz tomam a perspectiva do ator, embora adotem diferentes pressupostos básicos, e estes mudem os problemas com que eles se defrontam. Schutz reconhece o papel do observador, Parsons, não. Quanto a isto Garfinkel adota a posição de Schutz ao reconhecer o papel do observador. Contudo, Garfinkel não adota a perspectiva do ator nem a do observador, de modo que sua pretensão de alinhamento com Schutz é enganosa. O que ele quer é centrar o foco na interação – as condições necessárias à comunicação, como já a explicara nos ensaios de 1946 e 1948.

Logo, a análise de Garfinkel sobre Schutz e sua aparente concordância com ele pode confundir. Tendo dito ao longo de toda a tese que adota a perspectiva do observador acerca da perspectiva do ator, Garfinkel volta-se, na página 362, para uma discussão, em que não faz isso de modo algum. O observador desapareceu. O ator vai embora, desapareceu, e o que temos agora é a interação dos ensaios de 1946 e 1948, nos quais temos falantes e ouvintes (comunicadores e ouvintes): ou seja, participantes – não atores, mas atores identificados – e as sequências de turnos que vão e vêm entre eles, e com as quais eles têm obrigações cooperativas, dadas por suas identidades e posições sequenciais na interação. Aqui, o observador deve ser um participante, no sentido posterior de Garfinkel – de adequação singular – e "ver" a interação como os atores identificados a veem, enquanto participantes, no seu curso, na plenitude das obrigações e relevâncias da interação que decorrem da participação.

Embora a exposição dos quatro problemas pré-teóricos seja uma crítica profunda, tanto a Parsons quanto a Schutz, e, nesse sentido, ela completa a crítica da Teoria Social iniciada no ensaio de 1946, Garfinkel não tenciona adotar nenhuma dessas posições. O argumento da tese quanto a isso começa na página 362 e é muito importante. As páginas a partir dali, juntamente com o resumo, bastante sucinto, expressam a verdadeira posição de Garfinkel.

Por esses motivos, a tese não é totalmente congruente com os ensaios precedentes, nem posteriores, e deve ser lida com cuidado, para não se ter uma impressão errada do que Garfinkel pretende.

O mais importante na tese é que Garfinkel desenvolve nela a Teoria da Interação (comunicação) social que já esboçara nos ensaios de 1946 e 1948, ligando-a aqui a uma clara exposição preliminar do argumento da confiança. Ao mesmo tempo em que mantinha forte ligação com questões de justiça social, ao embasar os fatos sociais em condições de confiança para a interação coerente, Garfinkel propôs não só que essas condições de confiança eram necessárias à realização de objetos sociais com sentido, como também que as incongruências geradas pelos experimentos de confiança seriam mais complicadas para pessoas com identidades marginais (neste caso, estudantes judeus altamente motivados). Os resultados confirmaram esta hipótese. No entanto, a assimetria e o desvio com relação às expectativas causaram mais desconforto do que Garfinkel previra.

A versão do ensaio sobre confiança surgida em 1963 estende o argumento a todos os participantes que fazem sentido colaborativamente. A violação das condições de confiança interfere na mútua inteligibilidade em todos os casos. A primeira versão deste ensaio, como tal, que pode ser datada em 1951-1952, com base na correspondência de Garfinkel com William Goode, consiste em dois capítulos da tese (18 e 24), acrescidos de uma introdução, que trata especificamente da pertinência dos experimentos com relação à confiança. Uma versão do ensaio preparada para apresentação na AAS, no verão de 1956, é a primeira a recorrer amplamente a Schutz. (Há no Arquivo Garfinkel, junto a uma cópia desse ensaio, uma carta, na qual o autor explica a Schutz que se valeu do trabalho dele para preparar esta versão do argumento e que espera contar com seu consentimento.) As versões anteriores e posteriores não se baseiam tão maciçamente em Schutz. A linha delas é bem mais empírica, como completamente empírica também foi a experiência com o Teste TAI, que parece ter dado início a tudo.

c) Informação, razão e tomada de decisão – Princeton, Ohio, Wichita, 1951-1953

Em 1951, Wilbert Moore convidou Garfinkel a participar do Organizational Behavior Project (Projeto de comportamento organizacional), financiado pela Fundação Ford, na Universidade Princeton. O projeto empregaria bom número de sociólogos e outros cientistas sociais durante quatro anos (1951-1955), para estudar as questões organizacionais enfrentadas pela sociedade moderna[34]. Entre estas questões organizacionais estavam a preparação das organizações de negócios, políticas e de alta tecnologia para a nova era da informação e o desenvolvimento de novas teorias sobre a pertinência da relação entre informação e sociedade. O estudo sobre Bastrop (Texas) que Garfinkel realizou, em 1942, fazia parte do estudo monumental de Moore a respeito da mudança industrial nos Estados Unidos (MOORE, 1946). A colaboração deles em Princeton foi a segunda. Além de escreverem diversos relatórios de pesquisa e de trabalharem em conjunto com o grupo de estudiosos, Garfinkel e Elliott Mishler (colega de pós-graduação em Harvard, também contratado por Moore) organizaram uma série de seminários e duas importantes conferências sobre questões de informação e desenho, que reuniu muitos estudiosos influentes (entre eles, Gregory Bateson, Herbert Simon, Paul Lazarsfeld, Oskar Morgenstern, Kenneth Burke, Talcott Parsons e Alfred Schultz).

É surpreendente que, apesar de o grupo formado por Garfinkel em Princeton incluir várias personalidades muito importantes e da presença de estudiosos renomados entre seus colaboradores desde então, seus esforços iniciais para organizar, entre os cientistas sociais, o interesse em uma abordagem da informação, computação e tomada de decisão com base na linguagem natural e no raciocínio natural continuaram, em grande parte, desconhecidos. Hoje, os cientistas influenciados pelo trabalho dele estão entre os mais importantes nas novas áreas de CSCW (Lucy Suchman), estudos sobre lugar e ambientes de trabalho (Christian Heath, Paul Luff, Jon Hindmarsh) e estudos da interface de tecnologia humana, seres humanos e a tecnologia (Wes Sharrock, Randall, John Hughes, Jack Whalen, Richard Harper). Mas seus estudos e colaborações com líderes nas áreas de informação, cibernética, computação e engenharia são pouco conhecidos.

A este respeito, o trabalho de Garfinkel em Princeton, entre 1951 e 1953[35], é de especial interesse. Nesta terceira fase inicial da sua carreira, Garfinkel aplicou ao estudo da informação e da tecnologia a sua teoria dos objetos sociais e seu enfoque da comunicação como interação e das instituições como contexto de relatabilidade. Se, nos sistemas técnicos, os objetos têm de ser constituídos e são, portanto, objetos sociais (o que Garfinkel sustentava que deviam ser), então a compreensão dos processos sociais cooperativos de constituição de objetos (e coerências) sociais tinha muito a oferecer ao campo da informação e dos sistemas projetados de coerências.

Ainda que a dedicação de Garfinkel à Teoria da Informação só tenha se tornado um objetivo explícito depois da chegada dele a Princeton, os primeiros contatos com a ideia da informação e seu caráter social tiveram evidente início na sua análise do teste TAI, em 1947. O propósito desse experimento havia sido tratar a informação (sobre a Rússia) como de caráter social e observar os efeitos das diferenças de personalidade e narrativas culturais sobre a informação. A análise de Garfinkel centrara-se, porém, em questões interacionais relacionadas à percepção coerente da informação e à maneira de processá-la (tratá-la). Parsons também encorajara um interesse social na informação, quando desempenhou o papel de representante da AAS perante a comissão do Congresso dos Estados Unidos que analisou a proposta de criação de uma nova Fundação Nacional da Ciência (FNC). Nesta função, ele ressaltou a necessidade de os sociólogos estudarem a tecnologia em seus aspectos sociais (cf. PARSONS, 1947). Mais uma vez, vemos Garfinkel topar o desafio. As aulas e conferências que ele e Mishler organizaram em Princeton examinariam a pertinência de um enfoque de linguagem natural de informação, raciocínio organizacional, tomada de decisão e computação para uma teoria da informação.

- *As aulas de Princeton*

Garfinkel deve ter estado a par das discussões que se deram entre 1946 e 1953 no seio do famoso Grupo de Cibernética da Fundação Macy (cf. HEIMS, 1991), ao qual coube papel importantíssimo no rumo das ciências de computação e informação (com participantes notáveis como Margaret Mead, Gregory Bateson, Paul Lazersfeld, Norbert Weiner, Claude Shannon e John von Neumann). Diversos membros do Grupo Macy (inclusive Bateson e Lazarsfeld) aceitaram o convite de Garfinkel para apresentar e discutir seu trabalho em Princeton, no intuito de examinarem uma diferente perspectiva sociológica e de linguagem natural sobre as mesmas questões, em março de 1952 e, novamente, em junho do mesmo ano.

O objetivo das aulas e conferências de Princeton, sob a direção de Garfinkel, era bem diferente daquele do Grupo Macy[36]. Enquanto o Grupo Cibernético Macy visava uma concepção abstrata de objetos claramente definidos que pudessem ser manipulados isolados da relação à sociedade (ou protegidos contra a contaminação da sociedade), Garfinkel, Mishler e outros participantes das aulas e das conferências em Princeton estavam trabalhando voltados para uma posição no campo da comunicação, da informação, dos objetos sociais e da identidade, que tratava a informação como fatos realizados socialmente. Como tais, os objetos de informação de Garfinkel não podiam ser separados das condições situadas em que foram criados. Garfinkel afirmava que, ao invés de definir objetos claros em isolamento, a clareza dependia, em cada caso, de processos sociais: a informação adquiriria clareza como fatos sociais que dependiam de práticas sociais constitutivas, para ser coerentes e reconhecíveis.

Ao preparar-se para as aulas e as conferências de Princeton, Garfinkel voltou sua inicial Teoria dos Objetos Sociais para o problema da informação e abordou diretamente questões de informação, computação e tecnologia com sua própria perspectiva. Em seu ensaio sobre a informação, Garfinkel examinou os trabalhos de Claude Shannon, Warren Weaver, G.A. Miller, Gregory Bateson e Jürgen Ruesch, Norbert Wiener, Karl Deutsch e John von Neumann e Oskar Morgenstern, antes de apresentar a sua própria abordagem. O resultado é um argumento sobre o caráter social constitutivo da informação, que ainda hoje é "novo", a despeito da aceitação – cada vez maior nos últimos anos – da ideia de que a informação tem um caráter social que precisa ser levado em conta[37]. O problema é que se interpreta isso como se significasse que a informação tem fins, usos e interpretações sociais, mas a existência de informação ainda é dada como certa. Para Garfinkel, todavia, a informação – como outros objetos sociais – deve ser constituída cooperativamente em e por meio de processos sociais, nos quais as regras constitutivas sejam mutuamente orientadas, antes que se possa dizer que ela existe ou "significa". Do ponto de vista dele, não há outra maneira de se conseguir a coerência (possibilidade de reconhecimento) da percepção nem do significado.

Garfinkel ministrou dois cursos em conjunto com o Projeto de Comportamento Organizacional. O primeiro curso ocorreu no outono de 1951 e analisou o enfoque dele para a comunicação e a interação. Houve dois memorandos escritos para este seminário: o n. 1, "Uma exposição do problema de estratégias de comunicação em sistemas de atividade autossustentáveis" (sem data), e o n. 2, "Alguns aspectos problemáticos no estudo do trabalho comunicativo" (4 de outubro de 1951). Estes memorandos resumem, focalizam e atualizam o ensaio de Garfinkel de 1948. Realizado na primavera de 1952, o segundo seminário abordou o problema da informação e seu caráter social. Para este curso, Garfinkel escreveu o memorando n. 3, "Notas para uma teoria sociológica da informação" (17 de abril de 1952). Estes três memorandos estão incluídos em *Toward a Sociological Theory of Information* (Garfinkel, [1952] 2008), obra que toma seu título do memorando n. 3, que constitui o corpo do livro (os memorandos 1 e 2 aparecem como anexos 1 e 2)[38]. Esses ensaios foram analisados em uma longa introdução a esse livro.

- *As conferências de Princeton*

As duas conferências que Garfinkel e Mishler organizaram sob os auspícios do Projeto de Comportamento Organizacional foram "Problems of model Construction in the Social Sciences" (Problemas da construção de modelos em ciências sociais, em março de 1952), e "Theory of Organization" (Teoria da Organização, em 18 e 19 de junho de 1952). A segunda foi patrocinada em conjunto com o The Social Science Research Council (Conselho de Pesquisa em Ciências Sociais)[39]. Entre as figuras notáveis que compareceram a pelo menos uma dessas conferências e apresentaram teses estiveram Gregory Bateson, Herbert Simon, Kenneth Burke, Paul Lazarsfeld, Talcott Parsons, Alfred Schutz, Philip Selznick, Marion Levy, Kurt Wolff e Wilbert Moore[40].

Oskar Morgenstern assistiu à conferência, mas não apresentou um trabalho. Herbert Simon compareceu e participou, embora seu nome não conste dos relatos publicados. Ganhador de um Prêmio Nobel (1978) por seu trabalho sobre "Bounded Rationality" (Racionalidade limitada), Simon é conhecido por um enfoque da economia que tem afinidade com Garfinkel: tratar os valores financeiros como fatos sociais que respondem ao modo como são tratados.

No curso dessas conferências, Garfinkel desenvolveu uma relação com Simon e os dois passaram a se corresponder e a intercambiar trabalhos. A correspondência trocada ao longo dos dois anos seguintes aprofundou as discussões iniciadas em Princeton a respeito das questões polêmicas que eles estavam investigando. Simon refere-se ao problema em que "nós" estamos trabalhando. Para Simon, como para Garfinkel, a informação é socialmente limitada, e os objetos informativos são objetos sociais e, portanto, mutáveis. Mas Simon não se valeu de uma teoria dos objetos sociais constituídos das propriedades sequenciais e situadas da teoria de Garfinkel. Ao contrário, os objetos sociais de Simon baseavam-se no consenso e eram institucionalmente definidos, e, portanto, a tomada de decisão ocorria dentro dos limites do consenso social institucionalmente definido (de limitação similar sofria a resolução de Saul Kripkie para o problema de Wittgenstein de especificar o significado de "uso" em termos de "lógica limitada"). Do interesse recíproco no trabalho do outro resultou um plano para Garfinkel passar um semestre com Simon no Carnegie Mellon, em 1953-1954, se ele ainda não tivesse emprego, entretanto ele obteve cargos no Ohio Personnel Research Board (Conselho de Pesquisa de Ohio em Recursos Humanos), no *The Chicago Jury Study* (Estudos do Tribunal do Júri de Chicago) e depois na Ucla, e esse semestre com Simon nunca se concretizou[41].

Assim como Simon, Morgenstern e outros, Garfinkel dedicou-se ao que poderia considerar-se pesquisa de teoria de jogos no seu período em Princeton e continuou interessado nas propriedades constitutivas dos jogos durante toda a sua carreira. Mas, para ele, tratava-se de uma teoria dos jogos de ordens constitutivas, em que a informação era incompleta e a cooperação mútua necessária, para se constituir a coerência dos objetos (jogos como "Kriegsspiel"); este enfoque contestava a visão da escolha racional. Garfinkel nunca enunciou as práticas constitutivas como um jogo explícito com racionalidade e informação definidas de antemão. Seus "jogos" envolviam aspectos de razão prática, extraídos da conversa e de outras interações cotidianas. Embora as ações dentro desses jogos fossem constituídas, em algum sentido, por "regra", a questão importante para Garfinkel era o que se entendia por regra e/ou por seguir uma regra – uma questão impossível de decidir por regra ou consenso, mas que deve ter características constitutivas reconhecíveis. Por consequência, os "jogos" dele eram extensões das práticas envolvidas no raciocínio de senso comum, e não domínios limitados nos quais se pressupõe a razão, como na

Teoria dos Jogos. Nos anos de 1970 Garfinkel deu uma série de palestras sobre regras, em que esclareceu a diferença entre jogos e ordens constitutivas, argumento este que ele continuou a elaborar pelo resto da vida.

- *Práticas constitutivas* versus *o enfoque cibernético*

O enfoque adotado por Garfinkel para explicar a coerência dos objetos sociais conflita diretamente com a abordagem cibernética. No início da década de 1950, ainda não prevalecera nenhuma dessas perspectivas, e havia figuras importantes nos dois lados. No fim dessa década, no entanto, a abordagem cibernética já era a predominante. Só recentemente houve um ressurgimento do interesse no enfoque de prática de linguagem natural/constitutiva à medida que as limitações do enfoque cibernético (semântico) começaram a ficar evidentes (cf. RAWLS, 2015, em uma análise das limitações do enfoque cibernético para o Projeto de Sistemas de Informação).

Garfinkel continuou com seu trabalho sobre a pertinência de regras constitutivas, linguagem natural e raciocínio para a computação, a informação e tomada de decisão técnica (ainda inédito em sua maior parte) ao longo de toda a sua carreira. Em 1956, colaborou com Robert Boguslaw, Warren Pelton e Myron Robinson, da System Development Corporation (uma equipe de teóricos e projetistas de sistemas de computação de Los Angeles) em um projeto de pesquisa intitulado "Decision Making in Complex Situations: an Analysis of One Chess Tournament" (Tomada de decisão em situações complexas: análise de um torneio de xadrez). A pesquisa consistiu na análise de decisões no jogo de xadrez, relacionadas ao "estado atual do jogo". O ensaio redigido em coautoria foi apresentado na reunião anual da American Association for the Advancement of Science, em 1958, e aparece como referência no livro de Boguslaw *The New Utopians: a Study of System Design and Social Change* (1965), ganhador do Prêmio C. Wright Mills de sociologia.

A colaboração considerou a pertinência do raciocínio humano real situado em um enfoque projetado para a tomada de decisão em situações complexas. Boguslaw também tinha afinidade com Simon e com a pesquisa embasada na opinião dele, segundo a qual não é preciso as escolhas serem ótimas, mas apenas boas o bastante para fornecer o seguinte passo. O próprio Garfinkel vinha trabalhando, desde meados da década de 1940, com a ideia de que a razão e a informação não precisam ser completas. Na opinião de Garfinkel, as pertinências de uma sequência de movimentos – ou turnos – entre participantes de uma sequência de passos, combinadas com o *feedback* circular, possibilitavam a coerência em um contexto de informação incompleta, sob condições de confiança. O movimento seguinte sempre mudaria a pertinência dos passos anteriores e futuros. Portanto, os critérios projetados não exigem que este seja capaz de especificar a escolha ótima, o que é problemático, mas apenas uma escolha adequada à necessidade de dar um movimento seguinte que atenda às demandas de ação (prosseguir o jogo), ao mesmo tempo em que mostra competência e empenho. No ensaio, a noção de Garfinkel sobre práticas constitutivas, reciprocidade e sequencialidade (que passos seguintes dão fundamento não só a outros passos futuros, como também a passos anteriores) combina-se com a ideia de Simon sobre um passo adequado dentro de um campo de razão limitado, para formular uma teoria do raciocínio no jogo de xadrez.

• *Pesquisas posteriores*

Em 1968, um ano após a publicação dos *Estudos*, Garfinkel colabora (mais uma vez com Mishler) com Steve Lorch e Mike McGuire (assistentes do Projeto Eliza, de Joseph Weizenbaum, no MIT) no estudo sobre a relevância da interação da linguagem natural na computação, com referência concreta ao programa de computação Eliza. A pesquisa teve lugar durante um ano sabático que Garfinkel passou em Cambridge (Massachusetts) e foi realizada simultaneamente a um curso, ministrado por Mishler, na Escola de Medicina de Harvard (Programa de Instrução para Pesquisa em Psiquiatria Social), no qual Lorch, McGuire e Garfinkel estiveram presentes, juntos com Garfinkel[42]. Uma análise dos então recentemente publicados *Estudos* forneceu os parâmetros para as discussões sobre o Eliza com Lorch e McGuire. Garfinkel falou extensamente sobre "Agnes" em especial. Estas colaborações foram gravadas e há no arquivo notas sobre uma série de testes com o Eliza, planejados por Garfinkel e aplicados por Lorch e McGuire.

Em 1953, depois de Princeton, Garfinkel passou a fazer pesquisa para o Ohio Personnel Research Board, a convite de Kurt Wolff, e, ainda na mesma primavera, foi a Chicago para trabalhar no famoso projeto do Júri de Wichita, onde aplicaria diretamente suas ideias sobre tomada de decisão e métodos internos de raciocínio prático a uma situação em que o raciocínio prático das pessoas acarretava sérias consequências para a justiça. Fred Strodbeck dirigiu a equipe no estudo do júri, que incluía Garfinkel e Saul Mendlovitz[43]. Garfinkel cunhou o termo "etnométodos" quando eles preparavam a apresentação sobre os métodos de raciocínio dos jurados que fariam nas reuniões da AAS naquele verão. Tal como seu amigo em sua pesquisa anterior em Harvard, "Jerry" Bruner, que cogitou o termo "etno"psicologia, para denominar a sua psicologia cultural (cf. *Acts of Meaning*, BRUNER, 1990), Garfinkel pesquisou todos os "etno" nos arquivos de pesquisa intercultural de Yale – etnobotânica, etnomedicina, etnomusicologia etc. – e teve a ideia de "etno" e "métodos" para descrever os procedimentos que os jurados aplicavam para chegarem a suas decisões. A parte "logia" foi acrescentada por volta de 1960 (etno-metodo-logia), para denominar o estudo da socio-logia desses métodos de membros por parte de sociólogos pesquisadores.

3) A Sociologia norte-americana após 1954 – e a recepção a Garfinkel

Em meados dos anos de 1950, a sociologia dos Estados Unidos viu-se às voltas com um dilema. De um lado, as condições sociais nos Estados Unidos, após a Segunda Guerra Mundial, tinham contribuído para o enorme crescimento da disciplina, pois a rápida mudança social e a inédita mobilidade ascendente fizeram com que os norte-americanos se interessassem mais pelas questões sociais, de modo geral. As salas de aula das faculdades estavam repletas de alunos bancados pela G.I. Bill[44]. Mais alunos faziam cursos de Sociologia e muitos departamentos dessa disciplina foram fundados em todo o país na década de 1950. Depois da guerra, portanto, a disciplina de Sociologia viu-se energizada pelas possibilidades de uma nova ordem mundial democrática e pela pergunta de como poderia melhor contribuir. Por outro lado, o *status* da Sociologia como ciência – ou mesmo como uma disciplina identificável – havia piorado depois de ela ser objeto de intenso debate durante a guerra. A tentativa de impor conformidade de ideias em busca de unidade científica tivera o inevitável resultado oposto: a disciplina ficara irremediavelmente fragmentada. Além disso, em um contexto político cada vez mais conservador, a sociologia continuava centrada na justiça social. Persistia a frustração dos sociólogos com a sua falta de influência nas políticas, e repetiam-se os apelos em prol de uma sociologia mais científica.

A publicação de *Idea of a Social Science*, de Peter Winch, em 1958, seguida de *Structure of Scientific Revolutions*, de Thomas Kuhn, em 1962, representou um vigoroso desafio ao pensamento na disciplina. A noção de que as ciências se desenvolviam em fases – as fases "normais" formulavam detalhes de teorias existentes, e as fases "revolucionárias" geravam novas descobertas – teve consequências na reavaliação da situação da Sociologia como ciência[45]. O problema dos paradigmas científicos foi abordado de imediato no debate entre elites sociológicas, e a linguagem de paradigmas passou a ser um elemento central da Teoria Social. Já o argumento de Winch, focado nas práticas constitutivas da linguagem, foi visto como uma ameaça à sociologia e recebeu duras críticas (cf. GELLNER, 1959). Um exame de discursos presidenciais da AAS, desde os anos de 1950 aos de 1970, revela uma profunda preocupação com ambas as questões. Por um lado, os líderes da disciplina levavam a sério o receio de que a Sociologia deveria ser uma ciência paradigmática ou nem fosse uma ciência, o que seria um problema. Houve uma série de tentativas de definir a Sociologia como ciência e o que deveria ser a Teoria Social, dividindo a Sociologia em campos opostos. Por outro lado, a ideia de Winch de que a Sociologia deveria ocupar-se de questões epistemológicas relacionadas à linguagem (e a ideia de que a sociologia deveria concentrar-se nos mecanismos ou convenções sociais necessários à compreensão ou ao conhecimento) foi encarada, em geral, como uma ameaça à disciplina. Em vista da identificação de Garfinkel com as questões levantadas por Winch, ele ficou em desacordo com a maioria dos sociólogos da época, apesar da pertinência de seu argumento para os principais temas sociológicos (e sua óbvia ligação com a tese de fato social de Durkheim/Weber).

A rejeição ao argumento de Winch era sintoma de uma tendência geral entre os sociólogos de negligenciarem questões importantes cujas raízes remontavam a Durkheim e Weber: questões sobre a coerência dos fatos sociais, sobre como as pessoas compreendiam e a importância da interpretação em qualquer explicação da sociedade. Estas questões ressurgiriam com mais êxito no fim da década de 1960, e novamente na virada do século XXI. No início dos anos de 1950, entretanto, o objetivo era suprimi-las da Teoria Social.

Ironicamente, o uso das ideias de Kuhn para defender terreno entre diferentes enfoques da sociologia tendia a ser prejudicial em vez de esclarecedor: cada nova tentativa de unificar a sociologia em torno de uma ideia definia um novo paradigma próprio a concorrer com os outros. A preocupação de que os paradigmas talvez impedissem a "livre-circulação" de conhecimento novo parece ter acentuado, paradoxalmente, a tendência a refrear a oposição, tornando a desejada circulação de conhecimento novo impossível.

O que, em última análise, aconteceu com a sociologia norte-americana nos anos de 1950 e 1960 foi a consolidação de uma perspectiva bastante reacionária, que pressupunha a existência de objetos epistêmicos e de linguagem, e a necessidade de um amplo consenso social tanto para a prática científica quanto para a estabilidade da sociedade, além de considerar o indivíduo como existente em si (ou fato natural). Tentativas promissoras de examinar o caráter constitutivo e interativo dos objetos sociais (incluindo o eu individual ou eu social) e sua criação mediante ação social cooperativa foram rejeitadas. Uma estranha situação emergiu, na qual os sociólogos que levantavam essas questões (incluindo Garfinkel, Goffman, Sacks, Gouldner, Foucault e Bourdieu) tornaram-se muito populares entre pensadores mais jovens, enquanto o *establishment* os rechaçava.

Esta é uma parte importante, embora ausente, da história da disciplina. No recente livro, encomendado pela AAS para registrar a história da sociologia norte-americana no século XX (CALHOUN, 2009), mal faz-se referência a Garfinkel (ele é mencionado por Neil Gross, em uma breve seção sobre a introdução da fenomenologia na sociologia, mas está totalmente ausente dos capítulos sobre a sociologia nos anos de 1960 e 1970). Goffman ganhou várias menções a mais que Garfinkel, mas nenhuma que considere sua obra substancial.

A omissão de Garfinkel do cânone sociológico demanda explicação. As questões teóricas essenciais que Garfinkel levantou nos anos de 1940 sobre a condição constitutiva dos objetos sociais tinham sido cruciais no argumento de Durkheim (em 1893 e de novo em 1912) e fundamentais para sua noção da Sociologia como disciplina. Winch voltou a levantar estas questões, se bem que fossem ideias novas e não clássicas[46]. No entanto, por importantes que sejam estas questões sobre a condição constitutiva dos fatos sociais, há muitas décadas que figuras-chave da disciplina consideram-nas banais e incompatíveis com o caráter científico da Sociologia. Pouca coisa mudou desde que sociólogos da Escola de Chicago leram pela primeira vez e logo abandonaram Durkheim, nos anos de 1890 (como foi publicado no *American Journal of Sociology*). Dada a declarada dedicação dessas elites ao enfoque científico, é espantoso o caráter frequentemente emocional, ideológico e nada científico de sua resposta a Garfinkel, bem como a sua omissão de questões fundamentais da sociologia (e sua persistência na interpretação errada de Durkheim).

Há um eco disso nas críticas posteriores ao "frenesi" do tempo de guerra. Há também uma inquietante conotação racial em alguns dos comentários mais notáveis e influentes. A advertência de Lundberg (1943) contra as teorias sociais de "charlatões" e "judeus" foi ecoada três décadas depois (agosto de 1975) por Lewis Coser em sua diatribe contra o que chamou de "ruminações esotéricas sectárias", que ele identificava com Garfinkel e a EM. No seu discurso presidencial à AAS[47], Coser (p. 692) usou outros termos que fazem lembrar Lundberg: com base em um erro de interpretação elementar do que Garfinkel queria dizer com métodos dos membros, ele manifesta preocupação com um estreito foco na metodologia que identifica com a EM, que chama de "falácia de precisão descabida" (p. 692). Segundo Coser disse aos membros da corporação, a EM é "agressiva e programaticamente desprovida de conteúdo teórico de importância sociológica" (p. 696). De fato, o foco no método sem teoria seria preocupante. Poder-se-ia dizer que boa parte da sociologia predominante tem incorrido nessa tendência. Todavia, mesmo uma olhada sumária nos textos de Garfinkel deixa claro que sua obra é teórica.

Coser equivocou-se, ao ver na EM um método sem teoria. Garfinkel estudou os "métodos de membros" para criar objetos sociais e o fez por razões muito sofisticadas do ponto de vista teórico. Métodos de membros não são métodos de pesquisa, e a precisão com relação a eles mantém suas propriedades constitutivas, não a orientação metodológica do pesquisador. Em grau muito maior do que Coser, Garfinkel tratava os métodos de pesquisa problematicamente. Com tal foco, o observador e seus métodos podiam mascarar os processos de produção de fatos sociais. Os métodos de membros não são métodos de pesquisa. São práticas reais utilizadas por membros de situações sociais para realizarem a coerência dos fatos sociais mutuamente reconhecíveis. Os detalhes empíricos dos métodos de membros são teoricamente essenciais.

Ao que parece, Coser foi vítima da mesma preocupação prejudicial com a "unidade" que rachou a disciplina nos anos de 1940. Como o conjunto da obra de Garfinkel lidava com problemas que estavam no cerne do debate dessa época, não surpreende que ele tenha virado alvo de críticas, já que as consequências desse debate repercutiram durante décadas. Surpreendente é o grau daquilo que os psicólogos chamam de "transferência" envolvido no ataque ao trabalho de Garfinkel. Isto é, quando os líderes da disciplina pretendem criticar Garfinkel, o que na verdade fazem é descrever defeitos de seus próprios enfoques. Em alguns trechos do discurso de Coser, o argumento é tão destorcido que ele parece descrever sua própria fala. Por exemplo, ao afirmar (p. 696) que, em condições de falta de unidade, "uma comunidade de estudiosos há de se desmanchar gradativamente e dividir-se em diversos campos de seitas cada vez mais restritas e especializadas, brigando invejosamente entre elas e proclamando-se possuidoras exclusivas das chaves do reino, enquanto as outras estão não só em erro, mas em pecado..."

Lá estava Coser, e não Garfinkel, proclamando que os outros estavam errados. Coser, e não Garfinkel, falando de pecado; Coser fazendo o que parece ser juízo religioso. Garfinkel não só se absteve de tais juízos, como também de responder às críticas ao longo das muitas décadas de controvérsia quanto a sua obra. Coser, no entanto, assim como Lundberg, em 1943, viu-se vociferando contra a "mágica" e os "cultos" em decorrência de seus esforços unificadores. É óbvio que Coser é culpado de ser anticientífico. Sua referência ao foco da EM na linguagem como "doença da linguagem", característica de "comunidades de crentes autênticos" (696-697) é descabida em qualquer análise científica, mas característica do debate em torno de Winch e Garfinkel. Havia também conotações de tom religioso (antissemita). Coser disse concretamente que "há de se reconhecer que as características que descrevi lembram mais as de uma seita do que as de um campo de especialização". Mais uma vez, eis a transferência: quem prega o pecado e a danação de cima do púlpito é Coser, não Garfinkel.

Vale a pena voltar ao assunto, porque, apesar do teor antiprofissional e anticientífico das críticas a Garfinkel e à EM, os estereótipos persistem. Diante da importância das ideias de Garfinkel, o problema tem consequências. Ironicamente, uma releitura do texto do discurso de Coser mostra que as atividades que ele descreve como de "seita" e características da EM consistem, na verdade, em coisas como "trabalhar em equipe" e "desenvolver uma nova linguagem para descobertas". Pode-se verificar que, em estudos de ciência, estas atividades são características do que ocorre, quando cientistas que trabalham em equipes fazem descobertas científicas. Thomas Kuhn aborda a importância de tais comunidades de prática na segunda edição de seu famoso livro. O discurso presidencial de Carl Taylor para a AAS em 1946 ressaltara a importância do trabalho em equipe.

O que Garfinkel fez foi estudar o importante campo de investigação sociológica que envolve o modo como coerências mútuas são criadas e modificadas entre pessoas. Ele conseguiu formar grupos de pessoas muito prestigiosas e inteligentes para analisarem a questão com ele. O enfoque é especialmente adequado ao estudo da cooperação social em espaços públicos modernos e tem origem na ênfase de Durkheim na crescente importância das práticas constitutivas nas sociedades modernas.

A verdadeira barreira à aceitação era – e ainda é – o fato de o enfoque não abordar as questões preferidas de Coser e outros líderes da disciplina, que, como ele, dão os fatos sociais como dados. Também pode ter ofendido Lundberg, por tratar a justiça em contextos sociais cooperativos como uma questão científica. Mas entender como os fatos sociais se realizam e a relação entre esta realização e a justiça social é de fundamental transcendência. Na visão de Durkheim, a questão residia na base de todas as ciências modernas (não apenas da Sociologia). Ao interpretá-lo sem reconhecerem a importância das práticas constitutivas para seu argumento, muitos estudiosos têm tido a impressão de que Durkheim (como Garfinkel) apresenta uma postura contraditória. Uma reavaliação da análise de Durkheim das práticas constitutivas e do papel crucial delas na discussão da Modernidade em *A divisão do trabalho social* (1893) ressaltaria a importância teórica do foco de Garfinkel em estudos empíricos de práticas constitutivas.

Nos anos de 1960, a resistência à unidade imposta atingira proporções críticas na disciplina, e a hegemonia da elite fraquejava. *Coming Crisis in Western Sociology* (1970), de Gouldner, foi apenas uma das muitas previsões dos problemas que viriam, embora uma das mais notáveis; como uma sociologia amputada de seus enfoques mais penetrantes tentava corrigir-se em um mundo pós-moderno, onde finalmente se reconhecera que havia desigualdades de todo tipo e que elas eram inaceitáveis em princípio. Mais uma vez, era necessária uma sociologia disposta e capaz de tratar questões de justiça social e igualdade.

O fato de a linha predominante hegemônica impulsionada por Homans, Coser, Lundberg e outros proponentes da nova "sociologia científica" ter surgido na Segunda Guerra Mundial explica de certa forma a carga emocional do debate que se seguiu por décadas, embora ela ainda impressione, sobretudo por suas conotações étnicas e religiosas[48]. Aliás, a crítica à ciência predominante era considerada antipatriótica, como se o país ainda estivesse em guerra. Neste contexto volátil, a persistência de Garfinkel em enfatizar percepções críticas mostrava heroica dedicação à disciplina que ele amava. Como ele (602) disse na última linha de sua tese, seu principal vício era "amar demais as complexidades dos fenômenos de ordem em si mesmas".

4) Conclusão

Na maioria das situações contemporâneas, já não é necessário, nem possível, o que Garfinkel chama em seu ensaio sobre Teoria da Ação Social de 1946 de consenso "tribal", conceito do qual muitos estudiosos se valem para explicar a possibilidade de um mundo compartilhado de objetos, valores e ideias. O mundo em que vivemos é diverso demais para o consenso ser base eficaz para seja lá o que for. Aliás, como Durkheim afirmou, em sociedades verdadeiramente democráticas o consenso seria um empecilho à transposição das fronteiras entre grupos. Garfinkel procurou, desde o início, analisar de que maneira as reciprocidades da prática situada poderiam gerar a solidariedade e a coerência da ação social e dos atores em sociedades modernas que carecem de consenso. Esta posição é congruente com a tão mal-interpretada proposta de Durkheim em *The Division of Social Labor* (1893), sobre a necessidade de um novo enfoque na sociologia, centrado nas práticas autorreguladas, substituir o anterior enfoque de Comte e Spencer, baseado no consenso. Para Durkheim, só este enfoque pode explicar as coerências sociais, a coexistência da liberdade individual com a ordem social e a tendência ao desenvolvimento da justiça que caracteriza as sociedades modernas[49]. Embora historicamente importante, a interpretação de Durkheim feita por Parsons (1937, 1938) para a sociologia norte-americana não preservou, infelizmente, o caráter constitutivo das práticas modernas ocupacionais e científicas, essenciais ao argumento de Durkheim. A obra de Garfinkel – aluno e colega de Parsons – o fez. Contudo, mesmo sendo congruente em aspectos essenciais com a interpretação de Durkheim, a especificação de Garfinkel das reciprocidades de prática, por meio das quais se produzem fatos sociais, vai muito além do que Durkheim e Parsons imaginaram.

Mudar o contexto em que se observa a contribuição de Garfinkel, voltando dos anos de 1960 para os de 1940, esclarece a relação entre a obra dele e questões sociológicas essenciais. O país a que Garfinkel serviu entre 1942 e 1946 lutava pela libertação da Europa e a de seus cidadãos judeus dos campos da morte de Hitler. Sendo um judeu norte-americano dedicado a assuntos de justiça racial e étnica, Garfinkel concentrou seu trabalho nesse período no treinamento e na pesquisa para tempo de guerra. A primeira versão do experimento de confiança foi elaborada nos anos seguintes à guerra, prevendo que o problema da ansiedade seria mais acentuado nos membros de uma minoria da população, a dos judeus, do que na população branca majoritária (como de fato foi em um aspecto muito significativo). As boas relações de Garfinkel com a Força Aérea sustentaram sua pesquisa na Ucla por muitos anos. Com efeito, os primeiros congressos de etnometodologia foram realizados em 1962 e 1963 com o apoio da Força Aérea, o que testemunha o grande valor atribuído à contribuição de Garfinkel nos tempos da guerra[50].

Ao longo dos anos de 1940 e nos primeiros da década de 1950, vemos Garfinkel trabalhar junto – e não contra – importantes líderes da disciplina de Sociologia e das ciências sociais em geral. Seus estudos sobre "liderança", "rotulação" e instrução de pilotos durante a guerra evidenciam seu compromisso com resultados práticos. Após a guerra, com seu trabalho junto a Jerome Bruner e Talcott Parsons, em Harvard, e a Wilbert Moore, Elliott Mishler e Herbert Simon, em Princeton, Garfinkel envolveu-se ainda mais com as questões centrais e os estudiosos mais notáveis da época em muitas disciplinas (Psicologia, Economia, Filosofia, Ciências da Informação, Teoria de Jogos, Computação, Criminologia e Sociologia). Ele empenhou-se em integrar estudiosos europeus judeus à academia norte-americana (em especial Alfred Schutz, Aron Gurwitsch e Egon Bittner). Nos anos de 1960, suas colaborações com Erving Goffman, Joseph Schneidman, Harvey Sacks, Talcott Parsons, Egon Bittner, Elliott Mishler, Lindsey Churchill, Ed Rose, David Sudnow, Robert Boguslaw, Warren Pelton e a equipe de pesquisadores de Joseph Weizenbaum, no MIT, envolveram-no, mais uma vez, em importantes estudos interdisciplinares de interação e raciocínio prático. Estes foram momentos que definiram o desenvolvimento do pensamento social, e Garfinkel esteve no centro deles. Ironicamente, a disciplina de Sociologia, tendo ignorado cada vez mais as questões que ele expôs, beneficiou-se do seu trabalho muito menos do que outras disciplinas.

Do ponto de vista de Garfinkel, uma pretensa sociologia "científica", baseada em dados secundários abstratos, só pode medir as práticas de trabalho das pessoas que trabalham nas instituições que geram os dados. Não há relação direta com acontecimentos sociais. Ademais, em que pesem as afirmações "científicas" em contrário, os resultados nunca podem ser politicamente desinteressados. As estatísticas são feitas mediante os métodos motivados de funcionários institucionais cujos empregos dependem de eles manterem a aparência de cumprimento de requisitos institucionais de relatabilidade. Por consequência, a maior parte da pesquisa estatística confirma o *status quo*. Isso talvez explique a popularidade dos estudos estatísticos de dados secundários. Porque a manipulação estatística de conjuntos de dados secundários é uma forma de raciocínio circular, ela quase inevitavelmente confirma crenças existentes[51].

Logo, ela é confortante. Por sua vez, a EM, geralmente considerada indiferente a questões de estrutura e política, adota, na verdade, uma postura crítica, recusando-se a tratar relatos institucionais como fatos que têm relação referencial com os acontecimentos no mundo. A EM procura revelar os métodos que as pessoas usam para criar a aparência de que diversos "fatos" existem, independentemente desses métodos. Ela é uma "desconstrução" de natureza sumamente importante.

A reorganização do tempo de guerra fez com que a sociologia perdesse seu objeto. Garfinkel procurou restabelecer esse objeto. No seu discurso presidencial de 1959, Kingsley Davis argumentaria que análise funcional era um sinônimo de sociologia e que todo sociólogo era um funcionalista, quer admitisse, quer não. No ano seguinte, em 1960, George Homans respondeu, no seu discurso presidencial, que nunca tinha havido argumento funcionalista algum. Com efeito, como presidente da AAS, Homans declarou que não existia nenhum objeto sociológico especial – nem fato social – e nunca tinha existido. Era tudo psicologia. Parsons tentara rascunhar uma postura intermediária, mas teve limitado sucesso e foi alvo de críticas crescentes. Seu enfoque estrutural – bem como o funcionalismo, de modo mais geral – acabou sobrepujado pela crítica, no final da década de 1960. Desde então, ensina-se a Sociologia como uma ciência de paradigma com diferentes enfoques teóricos, agrupados em diversos temas e categorias. A própria Teoria Social costuma ser tratada como uma simples questão de técnica de categorias e tipos, como se não houvesse o que se chama de argumento, e livros-texto de sociologia ainda trazem a definição dada por Homans, para quem a Teoria Social é um conjunto de proposições dedutivas.

Curiosamente, ao contrário de Homans, de muitas outras autoridades da disciplina e de seus críticos pós-estruturalistas e pós-modernistas, Garfinkel abordava questões teóricas clássicas a respeito da produção colaborativa de fatos sociais (objetos e atores sociais), da comunicação, da interação em pequenos grupos, da informação e da prática científica, enfim, daquilo que ele chamou de "rede comunicativa" em 1948. Essas questões tinham mais em comum com Parsons, Durkheim e Weber – e com a preocupação deles com a coerência e a justiça social em sociedades modernas – do que com os novos modernos, cujas ideias vinham, em muitos casos, das humanidades, da psicologia, da economia e da antropologia. Garfinkel havia trabalhado com Parsons no momento em que a crise na disciplina se agravava. Explicou as variáveis de padrão de Parsons em sua tese como um modo de abordar as questões que lhe interessavam, e os dois trabalharam juntos na revisão do argumento da variável de padrão em 1959-1960 para *Response to Dubin on Pattern Variables*, obra de Parsons (1960). Garfinkel incorporou Goffman e Harvey Sacks a estas discussões em Harvard, em 1959. Os três reuniram-se de novo em um congresso sobre desvio no Instituto de Estudo Avançado de Stanford. Parsons juntou-se a eles cinco anos depois, em Los Angeles, para analisar a pesquisa que estava em andamento no The Suicide Prevention Center (Centro de Prevenção do Suicídio), em 1964. O que se poderia ter conseguido com a colaboração entre eles é assunto para se pensar. Uma teoria da ação social que lidasse adequadamente com a interação e suas reciprocidades e contingências, agregada a uma teoria adequada dos objetos sociais – e afastada do funcionalismo estrutural, ou seja, uma teoria social das coerências mútuas conseguidas em sociedades modernas.

Embora Garfinkel tivesse o privilégio de trabalhar com um insólito número de estudiosos brilhantes, seu trabalho é original em sua significação. A grande inovação dele foi ressaltar que a coerência dos fatos sociais faz-se momento a momento, e movimento a movimento e precisa de constante e atenta cooperação mútua. Neste contexto, temporalidade, posição e sequência importam. A identidade dos participantes determina o significado e também muda conforme o tempo, o lugar e a sequência. Os objetos sociais coerentes não só existem, como precisam ser constituídos, o que por sua vez demanda cooperação e confiança. Em sua característica de "movimento a movimento", o argumento tem afinidades com Alan Turing e Herbert Simon. Para Garfinkel, porém, a coerência e a estabilidade da vida social são *mais* certas, e não *menos*, por consequência. A racionalidade não é limitada, embora seja situada, mas, sim, provida de recursos constitutivos para se fazer sentido, que transcendem a maioria das situações. Esta posição tem alguma semelhança com o argumento apresentado por Searle em 1964 com relação ao *status* constitutivo especial dos fatos sociais em atos da fala, embora seja mais forte. O requisito de confiança de Garfinkel também assemelha-se, em certos aspectos, às pressuposições que estão no cerne do argumento de Habermas[52]. Mas, porque a Teoria dos Objetos de Garfinkel considera que todos os objetos e ações com sentido precisam de cooperação e reciprocidade constantes com relação a um conjunto de regras/práticas mutuamente orientado para sua consecução, o requisito de confiança não é hipotético, como na teoria de Habermas. As condições de confiança devem ser efetivamente mantidas e expostas. Além disso, enquanto Searle propusera um número limitado de objetos sociais, Garfinkel afirmou que todos os objetos e informações pertinentes são objetos sociais, e não apenas alguns deles. Consequentemente, o processo constitutivo é de indispensável importância. Além disso, este processo de constituição de objetos sociais é social (e não cognitivo) e realiza-se mediante o uso cooperativo de práticas sociais especificáveis em detalhe.

Garfinkel esboçou este argumento entre 1946 e 1952. Sua elaboração de como esse processo funciona, e da forma de reciprocidade e sequencialidade que ele requer, ocupou-o até o fim da sua carreira, e reorienta a compreensão *teórica* da solidariedade social e da coerência mútua. A pergunta convencional sobre a razão pela qual as pessoas fazem as escolhas que fazem – a eterna questão da "motivação" – pressupõe que existem objetos, entre os quais escolher, e identidades a manter, enquanto se escolhe, e a posse de raciocínio prático, independente do contexto em que se vá entrar. Ela pressupõe também que é possível compreender as escolhas independentemente de um mútuo encaixe em práticas sociais constitutivas. O problema muda consideravelmente quando se reconhece que as pessoas necessitam, em primeiro lugar, constituir mutuamente os objetos entre os quais escolherão e as identidades com base nas quais farão a escolha. O argumento fortalece-se com o reconhecimento de que a razão é situada e a escolha está socialmente encaixada. Além das implicações teóricas, a importância dos detalhes sequenciais envolvidos nos processos constitutivos essenciais torna necessária uma metodologia que preserve esses detalhes[53]. Os muitos e bem conhecidos estudos inspirados na EM sobre interação homem-computador, trabalho cooperativo com apoio de computador, lugar de trabalho e lugar de trabalho em contexto de alta tecnologia emanam da noção de Garfinkel da importância das práticas sociais para constituir o caráter reconhecível da possibilidade de reconhecimento, clareza e significado da informação.

Notas

1. Embora esta ideia esteja de fato presente em Durkheim, ninguém reparara nisso ainda na época em que Garfinkel escreveu.

2. Ao criticar Durkheim, Merton incorreu no erro básico de pressupor que os fatos sociais de Durkheim eram pensados como construções ideais e, depois, criticá-lo por não os tratar como tais (MERTON. Durkheim's Division of Labour in Society. *American Journal of Sociology*, vol. 40, n. 3, nov./1934, p. 319-328).

3. "O vermelho" foi publicado em *Etnografia e Ricerca Qualitativa*, 2012, acompanhado de uma análise de minha autoria.

4. O ensaio pode ter sido escrito para dois cursos. Um deles foi um pré-seminário no último trimestre de 1946 ministrado em conjunto por membros de departamento no qual Parsons lecionava, e o outro foi um curso de teoria no segundo trimestre de 1947, que Parsons ministrou sozinho. No ensaio há comentários sobre a participação de Parsons que indicam que ele foi escrito e distribuído aos participantes do seminário anterior. Portanto, eu o datei em 1946.

5. Pode-se achar uma discussão do trabalho de Garfinkel durante a guerra em *Seeing Sociologically* ([1948] 2006). Dois estudos baseados em sua pesquisa na guerra foram reproduzidos no Anexo de *Toward a Sociological Theory of Information* ([1952] 2008).

6. Os textos deste período compreendem *Toward a Sociological Theory of Information* ([1952] 2008).

7. Os primeiros ensaios: 1) "Color Trouble". In: *Opportunity*, mai./1940. • 2) *Inter and Intra Racial Homicide*. Chapel Hill, 1942 [houve uma versão resumida publicada em *Social Forces*, 27, 1949, p. 370-381. • 3) "O Bastrop Study", 1942 [publicado como anexo em GARFINKEL, 2008]. • 4) Ao menos três estudos do Exército, 1943-1945 (dois deles publicados como anexos em GARFINKEL, 2008). • 5) "Some Reflections on Action Theory and the Theory of Social Systems", 1946 (publicado como anexo a este livro). • 6) "Notes on the Information Apperception Test", 1947. • 7) "The red as an Ideal Object", 1947 (publicado em *Ethnographia e Ricerciva*, 2012). • 8) O manuscrito de 1948 ("Prospectus for an Exploratory Study of Communicative Effort and the Modes of Understanding in Selected Types of Dyadic Relations", publicado como *Seeing Sociologically*, 2006). • 9) "Memorandum, n. 1: Notes on the Sociological Attitude" [inédito, Princeton, jan./1951]. • 10) Primeira versão do ensaio sobre confiança, 1951 [original não titulado, inédito, encontrado nos arquivos de Garfinkel]. • 11) Memorando do projeto Organization Behavior Project Memo 1 [s.d., publicado em anexo, 2008]. • 12) "Organizational Behavior Project Manuscript, n. 3" [datado de 17/04/1952; publicado em GARFINKEL. *Toward a Sociological Theory of Information*, 2008]. • 13) Tese doutoral em Harvard: "The Perception of the Other: A Study in Social Order", jun./1952. Garfinkel também rascunhou um livro sobre criminologia em 1951 e escreveu um memorando (n. 2) sobre o mesmo tema quando estava em Princeton; ambos os textos permanecem inéditos.

8. Inclui-se o ano de 1947 porque, embora a guerra tivesse terminado, a desmobilização e a volta à paz ainda eram motivos de preocupação. O discurso presidencial de 1947 mostra preocupação com o espectro do governo totalitário no Pós-guerra combinado com o medo da "bomba". Só em 1948 a associação retomou suas atividades habituais, como o próprio Parsons observou então.

9. Discursos presidenciais da AAS, 1940-1947. Chicago, 27/12/1940. • Robert M. MacIver. Nova York: Universidade de Colúmbia, 28/12/1941. • Stuart A. Queen. Universidade de Washington; cancelado, 1942. • Dwight Sanderson. Nova York: Universidade Cornell, 04/12/1943. • George A. Lundberg. Bennington College; cancelado, 1944. • Rupert B. Vance. Cleveland (Ohio): Universidade da Carolina do Norte, 01/03/1945. • Kimball Young. Chicago: Queens College, 28-30/12/1946. • Carl C. Taylor. Departamento de Agricultura dos Estados Unidos e Nova York, 28-30/12/1947. • Louis Wirth. Universidade de Chicago [os dois seguintes foram em Chicago, 27-30/12/1948]. • E. Franklin Frazier. Howard University e Nova York, 28-30/12/1949. • Talcott Parsons. Universidade de Harvard.

10. Há uma análise aprofundada de como essas narrativas influíram nesse período em RAWLS. *The Elite Sociological Narrative 1940-1947*: Abandoning Social Interaction, Culture and Social Facts in a Frenzied Wartime Quest for "Scientific Advancement", 2012 [inédito].

11. Cf. em Rawls, 2012, uma ampla análise do argumento da prática constitutiva de Durkheim. Nos anos de 1890, sociólogos de Chicago interpretaram que Durkheim concordara com Comte, o que ele não fez. Isto gerou confusão na recepção às ideias de Durkheim nos Estados Unidos e, em razão do predomínio norte-americano na sociologia durante a Segunda Guerra Mundial, também impediu que a concepção de ordem social como prática fosse valorizada no mundo inteiro. Ironicamente, talvez o fato de a Escola de Chicago ter sido incapaz de apreciar a nova linhagem do fato social constitutivo tenha causado em definitivo o que os livros-texto chamam de triunfo da Escola de Colúmbia sobre a de Chicago. Mesmo sob a influência da exaltação do tempo de guerra, como Parsons afirmou em 1938, a Escola de Chicago tolheu-se profundamente ao persistir na sua adesão a Comte.

12. A National Social Workers' Exchange foi constituída em 1917 e tornou-se American Association of Social Workers em 1921. Antes disso os trabalhadores sociais faziam parte da American Sociological Society

(nome da AAS até depois da Segunda Guerra Mundial). Em 1955, seis associações de trabalhadores sociais uniram-se para formar a The National Association of Social Workers, hoje com 132.000 membros. A saída do setor do trabalho social reduziu muito o número de membros da American Sociological Society.

13. O relatório de Parsons intitulado "The Science Legislation and the Role of the Social Sciences" foi publicado em ASR, 11, 1946, p. 653-666.

14. Discursos presidenciais da AAS 1940-1947: Chicago, 27 de dezembro de 1940 – Robert M. MacIver, Universidade de Columbia; Nova York, 28 de dezembro de 1941 – Stuart A. Queen, Universidade de Washington; cancelado, 1942 – Dwight Sanderson, Universidade Cotrnell; Nova York, 4 de dezembro de 1943 – George A. Lundberg, Bennington Colleg; cancelado, 1944 – Rupert B. Vance, Universidade da Carolina do Norte; Cleveland (Ohio), 1º de março de 1945 – Kimball Young, Queens College; Chicago, 28-30 de dezembro de 1946 – Carl C. Taylor, Departamento da Agricultura dos Estados Unidos; e Nova York, 28-30 de dezembro de 1947 – Louis Wirth, Universidade de Chicago; dos dois seguintes foram em Chicago, de 27 a 30 de dezembro de 1948 – E. Franklin Frazier, Howard University e Nova York, 28-30 de dezembro de 1949 – Talcott Parsons, Universidade de Harvard.

15. O empenho para "melhorar" a sociologia, tornando-a mais parecida com outras disciplinas, prosseguiu até o fim do século XX. Meu comentário sobre Coleman traz uma análise mais ampla.

16. RAWLS. *Developing a Sociological Theory of Justice*: Durkheim's Forgotten Introduction to The Division of Social Labor, 2017 [Trad. francesa de Francesco Callegaro e Philip Chanial. Paris: Le Bord de l'Eeau].

17. Quero agradecer especialmente a Tristan Thielmann por perguntar se Garfinkel já se interessava pela informação antes de chegar a Princeton. Logo veio à tona a relação entre a pesquisa inicial em Harvard e o projeto de Princeton. Estou em dívida com Tristan por me fazer rever material antigo e estimular-me a contatar Eliot Mishler e Jerome Bruner, que concordaram em falar comigo extensamente sobre Garfinkel.

18. O argumento de Sutherland de que as classes profissionais incorriam em muitos crimes que não eram avaliados (e nem punidos como crimes) resultou na censura de seu livro *White Collar Crime*, de 1949. O texto completo só foi publicado em 1983 pela Yale University Press.

19. No caso de Sutherland, isto significava que, mesmo sabendo muito bem que os crimes de colarinho-branco dos ricos estão aumentando, nós não só continuamos a concentrar nossos esforços em punir os crimes dos pobres como, na verdade, intensificamos esses esforços e punições. É uma tendência que persiste.

20. É curioso que em muitas discussões do embate entre as escolas de Colúmbia e Chicago, que incluem descrições do que se passava em outros departamentos destacados na época, se omitem discussões sobre Carolina do Norte, com o comentário de que esse departamento é tão conhecido que dispensa discussão. Isto é curioso. Se a postura do departamento era mesmo tão conhecida assim, sem dúvida acabou perdida com essas avaliações tomadas como certas. Mas eu suspeito que o pretenso conhecimento nunca foi nada além de "reputação" e que as reais condições na Carolina do Norte eram bem mais complicadas e ecléticas do que essa reputação indicaria.

21. Cf. FEAGIN, J. *The White Racial Frame*: Centuries of Racial Framing and Counter Framing. Nova York: Routledge, 2013. • TIM, W. *Colorblind*: The Rise of Post-Racial Politics and the Retreat from Racial Equity, 2010. • BONILLA-SILVA, E. *Racism without Racists*: Color-Blind Racism and the Persistence of Racial Inequality in America. Barnes and Noble, 2003.

22. Este é um assunto que vale a pena considerar ao avaliar como a disciplina tem tratado o trabalho de Garfinkel. Os anos de 1940 foram um período de intenso antissemitismo no mundo inteiro. Lundberg até chegou a dizer que os judeus eram um problema, no seu discurso presidencial de 1943, porque eles estavam interessados na justiça. Já Coser, em seu discurso presidencial de 1974, critica Garfinkel com referência à Bíblia e refere-se a seus alunos e colegas como seus apóstolos. Muitos dos primeiros sociólogos norte-americanos mais destacados eram filhos de pastores protestantes (havia poucas mulheres nos primeiros tempos). Alguns judeus norte-americanos tornaram-se sociólogos nos anos de 1930 e 1940, mas isto era a exceção à regra. Durante a guerra, sociólogos e filósofos sociais judeus fugiram da Europa para os Estados Unidos. O país pode ter sido um refúgio seguro contra Hitler, mas não acolheu bem os judeus, de modo algum. Heims (1991, p. 49) cita uma carta escrita em nome de um professor judeu de Harvard contra sua demissão, em 1943, alegando que ele "tem nome judeu, mas sua ascendência judaica é remota. Ele não tem nenhuma das características desagradáveis às vezes atribuídas aos judeus". Nós esquecemos que tais ideias predominaram tão recentemente. Não é improvável que a evidente ascendência judaica de Garfinkel tenha afetado a sua carreira. Talvez tenha influenciado também o que nós sabemos sobre os

relacionamentos dele. Por exemplo, as cartas de Gurwitsch a Schutz estão repletas de referências a seus esforços para arrumar empregos para si próprios e outros estudiosos judeus europeus. É penoso ler sobre os esforços de Gurwitsch para conseguir ao menos um emprego no nível de estudante de pós-graduação. Ele menciona a arrecadação de fundos planejada de Brandeis como uma solução para este problema. Seria uma universidade judaica e um lugar onde estudiosos judeus poderiam achar emprego. A Nova Escola para a Pesquisa Social desempenhou um papel similar em Nova York. Embora Gurwitsch e Schutz reuniam-se com Garfinkel com certa frequência à época, não há menção a ele nas cartas, a não ser que as referências a "nosso amigo" em diversas cartas digam respeito a Garfinkel, o que nos leva a perguntar por que era preciso manter esse relacionamento em segredo. É fácil não atentar para a influência que o fato de ser judeu pode ter tido na carreira de Garfinkel. Ele formou-se na Universidade de Newark com um grupo de amigos judeus e, com efeito, foram eles que o salvaram, quando finalmente lhe asseguraram o emprego na Ucla. Mas eles não dominavam o mundo, em que ele tentava participar, e a surpreendente omissão dos "narradores" da história da disciplina ao não reconhecerem seus trabalhos nesse mundo bem pode ter tido laivos racistas. A história de Du Bois foi assinalada por circunstâncias similares. Também se faz referência à sensibilidade diante desta questão na correspondência Schutz-Gurwitsch sobre a proposta de publicação de um trabalho de Husserl, que foi rejeitada pela família, porque o nome da editora soava "judeu demais". O próprio Husserl tinha nascido em uma família judia, mas fora batizado como luterano. Como Garfinkel escreveria em 1948, "se alguém trata você como judeu, para os fins práticos, você é um judeu, sejam quais forem os "fatos". Manter distância era muitas vezes questão de sobrevivência. Quanto a isto, Garfinkel jamais evitou correr riscos. Já no seu trabalho inicial encarou os problemas de raça destemidamente. Essa questão continua a desempenhar um papel importante em discussões e relações posteriores.

23. O incidente acabou envolvendo por acaso duas pessoas conhecidas como ativistas dos direitos civis. Uma delas era uma "mulher travesti". Os ativistas reconheceram a descrição da sua experiência feita por Garfinkel na coletânea de contos e, portanto, o relato de campo que ele escreveu no seu primeiro ano de pós-graduação acabou associado a esse incidente na história do movimento pelos direitos civis. Em seu livro de 2008 (*Defying Dixie*: The Radical Roots of Civil Rights, 1919-1950. W.W. Norton) Glenda Gilmore escreveu sobre o incidente e sobre o relato que Garfinkel fez dele, fazendo-lhe críticas. Entre outras coisas, Gilmore reprova Garfinkel por não esclarecer que o incidente era verídico e não ficção. Contudo, é uma crítica injusta. Como os pesquisadores de campo de toda parte são ensinados a fazer, Garfinkel não revelou as verdadeiras identidades dos participantes. Os pesquisadores de campo em ciências sociais geralmente tomam essa precaução para garantir o anonimato das pessoas observadas. Mas não está claro que ele tenha dito que se tratava de ficção. Se o texto acabou incluído numa coletânea de contos foi provavelmente em razão de um acordo entre a Urban League e o editor. Nos anos de 1940, pouquíssima gente que não fosse afrodescendente ligava para a discriminação racial nos ônibus. Já Garfinkel prestava muita atenção ao problema.

24. Cf. FRAGAN, J. *The White Racial Frame*, 2014.

25. P. ex., o fato de homens negros terem sempre maior probabilidade de ser presos indica que, no tribunal, manter "outros fatores" (como prisão anterior) constantes cria taxas de condenação com viés racial do que convicções motivadas pela raça e índices de sentenciamento, no entanto, que parecem ser racialmente imparciais.

26. Isso se relaciona com uma importante pesquisa recente que sugere agir a percepção de raça inconscientemente (WISE, 2010).

27. Essas e outras gravações estão no arquivo de Garfinkel.

28. Quanto a isso, minha fonte é Giuseppe Sciortino, da Universidade de Trento.

29. Houve outra reunião entre Parsons e Garfinkel em 1959, por ocasião de uma pequena conferência no Instituto para Estudos Avançados de Palo Alto, na qual os dois apresentaram ensaios e discutiram pesquisas sobre o tema de desvio e crime (a reunião foi gravada, com a presença de Egon Bittner e Erving Goffman). Eles reuniram-se novamente durante vários dias em 1964, em Los Angeles, para discutir a pesquisa que Garfinkel e Goffman faziam no The Suicide Prevention Center (Centro de Prevenção do Suicídio) com James Schneidmen, Erving Goffman, Harvey Sacks e Ed Rose. Nos quatro dias que dedicaram à questão do suicídio, eles cobriram um leque de problemas teóricos e metodológicos importantes. Ouvindo as fitas, pode-se constatar que Parsons e Garfinkel têm profunda compreensão da opinião um do outro. Isto é interessante, uma vez que Parsons nunca conseguiu incorporar a interação ao seu modelo. No entanto,

pode-se ouvi-lo explicar a Goffman aspectos difíceis da proposição de Garfinkel. As discussões refletem o profundo respeito que estes dois estudiosos tinham um pelo outro.

30. Há muitas versões do ensaio sobre a confiança. O primeiro rascunho aparece em 1947 no ensaio sobre TAI. Os primeiros experimentos tiveram lugar em 1949. A versão inicial inclui dois capítulos (18 e 24) da dissertação com material introdutório. Foi apresentada a William Goode para uma conferência em 1952. Houve uma versão muito diferente, com abundantes referências a Schutz, preparada para uma conferência em 1956. A versão mais famosa foi publicada em 1963. Outra versão aparece como capítulo nos *Estudos*. Há várias outras versões do fim da década de 1960 e início da década de 1960 no Arquivo Garfinkel.

31. Em 1952 foi enviada uma versão do rascunho para William Goode de Colúmbia, que a solicitou para apresentá-la em reuniões de sociologia naquele ano.

32. Recente pesquisa minha e de Waverly Duck sobre problemas que os afro-americanos ainda enfrentam na interação com brancos sustenta e é iluminada pelo argumento de Garfinkel. O problema está na opinião negativa, isto é, em não receber dos outros a avaliação positiva que se espera e se acredita merecer. No caso das minorias, isto acontece com tanta frequência na interação com brancos que se recorre a estratégias especiais de comunicação para lidar com o problema. É claro que estas estratégias retiram os participantes das relações de confiança, mas têm a vantagem de proteger o eu de danos adicionais. Nós chamamos o fenômeno de "reflexos fragmentados" da resposta do outro durante a interação (RAWLS & DUCK, 2015).

33. Cf. Rawls, 2012, e a introdução a *Seeing Sociologically*.

34. Fizeram parte do projeto, nos primeiros três anos, Wilbert Moore (Sociologia), Harold C. Passer (Economia), Richard C. Snyder (Política), Henry W. Bruck (Sociologia), J.L. Freeman (Política), Harold Garfinkel (Sociologia), James M. Hund (Economia), Elliott Mishler (Psicologia), Burton M. Sapin (Política), Gordon Turner (História), Edward O. Edwards (Economia), Marin J. Levy Jr. (Sociologia), Peter Nemenyi (Matemática), Gresham M. Sykes (Sociologia). No quarto ano, o sociólogo David Matza trabalhou como pesquisador auxiliar com Wilbert Moore.

35. Estes interesses estenderam-se nos últimos anos de 1950 à colaboração com Robert Boguslaw, Warren Pelton e Myron Robinson em Los Angeles e, em 1968, com Elliott Mishler e à equipe de Steve Lorch e Mike McGuire, com o Projeto Eliza no MIT.

36. Enquanto Garfinkel e Mishler organizaram pessoalmente os seminários e conferências, o grupo fez muitas outras coisas durante seus quatro anos de andamento. É evidente, contudo, como indicam outros trabalhos que surgiram do projeto – como o famoso trabalho *The Society of Captives* (A sociedade de cativos) de Gresham Sykes –, que, em muitos casos, integrantes do projeto trabalhavam com outro ponto de vista.

37. Segundo Elliott Mishler, as aulas destinavam-se a alunos de graduação de Princeton que, com frequência, se viam assoberbados pelo material e pelos palestrantes visitantes. Edward Tiryakian, aluno de graduação em Princeton naqueles anos, assistiu a essas aulas e fez sua tese com Garfinkel. Depois, Tiryakin publicaria uma versão do famoso trabalho de Garfinkel sobre a confiança, intitulada "A Conception of and Experiments with 'Trust' as a Condition of Stable Concerted Actions" em uma coletânea por ele editada com O.J. Harvey em *Motivation and Social Interaction*.

38. Há outros memorandos e ensaios do período de Princeton: um memorando sobre Teoria Social, outro sobre criminologia e o esboço para um livro sobre este tema. Há, também, extensas ementas de cursos.

39. Relatos dessas conferências foram publicados na *American Sociological Review* (vol. 15, n. 5, out./1952, p. 622-625) e na *American Political Science Review* (vol. 46, n. 3, set./1952, p. 930-931.

40. Compareceram também James Sykes, Frederick Mosteller, James Duesenberry, George Lombard, William Starbuck, Floyd Mann, Nancy Morse, Carroll Shatler, E. Wright Bakke, Harold Stein, Robert Bush, Neil Chamberlain.

41. A pesquisa sobre tomada de decisão complexa, desenvolvida por Garfinkel com Boguslaw, Robinson e Pelton em 1956 baseou-se na ligação entre Boguslaw e Simon. Há, nela, remissão a Simon. Os dois trataram dos esforços de Garfinkel para dar expressão matemática às ordens sequenciais constitutivas, algo que Garfinkel vinha experimentando à sua maneira, pelo menos desde 1948. Simon encorajou-o e chegou a fazer uma enorme contribuição para a Teoria da Organização. Há uma cópia inicial do ensaio de Simon sobre "racionalidade limitada", que, carimbada com data de 1953, traz também anotações marginais feitas por

Garfinkel nesse ano. O interesse de Garfinkel em Simon é esclarecido pela análise a respeito deste último em *The Myth of the Rational Market* (O mito do mercado racional), de Justin Fox, onde esse autor explica o complexo enfoque (de fato social) constitutivo, adotado por Simon, para tratar o valor dos mercados.

42. Elliott Mishler teve a gentileza de entregar-me as anotações que fez para este curso, com resumos do curso e transcrições parciais destas reuniões. Para o seminário, os participantes leram também "Making Sense of Making Sense", de Zimmerman e Pollner, "Normal Crimes" e "Passing On" de Sudnow, e um artigo de Bittner sobre o policial de bairros pobres, além dos *Estudos*. Durante o curso, em 28 de novembro e em 5 e 19 de dezembro de 1967, Garfinkel comentou seu livro *Estudos*, então recentemente publicado. Com a participação de Steve Lorch e Mike McGuire do MIT, a discussão do Projeto Eliza aconteceu em 9 e 16 de janeiro de 1967. Houve mais cinco reuniões entre Lorch, McGuire, Garfinkel e Mishler em 19 e 25 de março, e em 1º, 15 e 29 de abril de 1968. Lorch e McGuire prepararam uma série de "testes" de interação com Eliza, envolvendo a participação de Garfinkel.

43. O projeto do júri provocou um escândalo e posteriormente resolveu-se proibir a gravação de discussões de júri. Alguns puseram a culpa em Garfinkel. Mas ele incorporou-se ao projeto mais tarde e não foi responsável por preparar as autorizações. Cf. CORNWELL, 2010. • "Opening and Closing a Jury Room Door: A Socio-historical Consideration of the 1955 Chicago Jury Project Scandal. *Justice System Journal*, vol. 31, n. 1, p. 49-73.

44. Lei de ajuda aos soldados [N.T.].

45. Kuhn diria depois que respeitava muito a ciência normal e não a considerava menos importante do que as descobertas revolucionárias. Com efeito, afirmou que ressaltava a importância da prática científica corrente e acrescentou um capítulo sobre a importância das *comunidades de prática*, em posteriores edições do livro. Mesmo assim, essa interpretação prevaleceu.

46. Remissão a meu ensaio "Wittgenstein, Durkheim, Garfinkel and Winch: Constitutive Orders of Sensemaking". *Journal for the Theory of Social Behavior*, dez./2011.

47. COSER, L. "Two Methods in Search of a Substance". *American Sociological Review*, 40 (6), 1975, p. 691-700.

48. Vários presidentes da AAS do início da década de 1940 associaram a sociologia com o cristianismo e execraram a influência de estudiosos judeus (em especial, Sanderson em 1942 e Lundberg em 1943).

49. O título de *Division du Travail Sociale*, de Durkheim, mencionado neste texto, é o que aparece na nova tradução inglesa publicada pela Paradigm Publishers. O livro foi traduzido ao inglês pela primeira vez em 1933, com o título *The Division of Labor in Society*. O novo título é uma tradução mais exata.

50. Este apoio pode ter feito Garfinkel parecer conservador nos anos de 1960, quando as relações entre acadêmicos e o governo se deterioraram devido à Guerra do Vietnã. Mas o compromisso de Garfinkel com seu país vinha desde o esforço da Segunda Guerra Mundial. Como participante dedicado nesse esforço anterior, Garfinkel continuou a solicitar e receber fundos para custear sua pesquisa nas décadas de 1960 e 1970.

51. De recente popularidade, "Big Data" e "dados grandes" não padecem deste problema, já que lidam com "rastros" diretos deixados por gente que usa a internet e outras mídias sociais.

52. É interessante a interpretação errônea que Habermas faz de Garfinkel, em especial considerando a semelhança óbvia no modo de seus argumentos basearem-se em fundamentos constitutivos para a comunicação.

53. Uma razão pela qual a maioria dos estudiosos não atentou para as propriedades de ordem a que Garfinkel se refere, e interpretou equivocadamente seu argumento, por consequência, é que, de modo geral, os dados e observações em que esses estudiosos baseiam sua análise, reduzem os detalhes empíricos essenciais a conceitos gerais, e, com isso, perdem justamente o que fez deles objeto (e significado) sociais, que eram em primeiro lugar. Isto ocorre porque os estudiosos têm sido propensos a pressupor que se necessita de algum tipo de generalização (e consenso) para fazer sentido. Garfinkel adota uma posição bem diferente, argumentando que fazer sentido mutuamente requer incorporar detalhes implícitos em sequências de práticas constitutivas. Ele não conquistou simpatias ao mencionar isso.

Prefácio (1967)

Ao fazermos sociologia, leiga ou profissional, toda referência ao "mundo real", mesmo quando essa referência é a eventos físicos ou biológicos, é uma referência às atividades organizadas da vida cotidiana. Assim, em contraste com determinadas versões de Durkheim, que ensinam que a realidade objetiva dos fatos sociais é o princípio fundamental da sociologia, a lição que tiramos, ao invés disso, e que usamos como uma política de estudo, é que a realidade objetiva dos fatos sociais *como* uma realização contínua de atividades concertadas da vida diária, como formas comuns e engenhosas dessa realização, conhecidas pelos membros, usadas, e por eles tomadas como dadas, é, para os membros que fazem sociologia, um fenômeno fundamental. Por isso, da mesma forma que esse é fenômeno fundamental da sociologia prática, esse é o tema predominante para o estudo etnometodológico. Estudos etnometodológicos analisam atividades cotidianas como métodos dos membros para fazer as mesmas atividades visivelmente-racionais-e-reportáveis-para-todos-os-fins práticos, isto é, "relatáveis", como organizações de atividades cotidianas comuns. A reflexividade desse fenômeno é uma característica singular das ações e circunstâncias práticas, do conhecimento do senso comum das estruturas sociais e do raciocínio sociológico prático. A reflexividade desse fenômeno, ao nos permitir localizar e examinar a sua ocorrência, estabelece seu estudo.

O estudo dos etnometodólogos é direcionado para as tarefas de aprender como as atividades reais e cotidianas dos membros consistem em métodos para tornar analisáveis as ações e as circunstâncias práticas, o conhecimento de senso comum das estruturas sociais e o raciocínio sociológico prático; e em descobrir as propriedades formais dos lugares-comuns, das ações práticas do senso comum, "a partir de dentro" das situações reais como realizações contínuas dessas situações reais. As propriedades formais não obtêm suas garantias de nenhuma outra fonte, e de nenhuma outra forma, porque isto é assim, as nossas tarefas de estudo não podem ser realizadas por invenção livre, por teorização analítica construtiva, por modelos, ou por revisão bibliográfica, e dessa forma nenhum interesse especial é dado a isso, além de um interesse em suas variedades como métodos organizacionalmente situados de raciocínio prático. Similarmente, não pode haver nada para se disputar, ou para se corrigir no raciocínio sociológico prático, e assim, porque as investigações sociológicas profissionais são inteiramente práticas, excetuando-se que as disputas entre aqueles que fazem sociologia profissional e a etnometodologia podem ter interesse como fenômenos para estudos etnometodológicos, essas disputas não precisam ser levadas a sério.

Os estudos etnometodológicos não são direcionados para formular ou sustentar corretivos. Eles são inúteis quando são feitos como ironias. Embora sejam dirigidos para a preparação de manuais de métodos em sociologia, eles não são, de *forma alguma*, suplementos de procedimentos "padronizados", mas, sim, diferentes deles. Eles não formulam uma solução para as ações práticas, como se estivessem descobrindo sobre as ações práticas que elas pudessem ser melhores ou piores do que geralmente parecem ser. Não estão em busca de argumentos humanistas, nem se envolvem, ou encorajam, discussões permissivas de teoria.

Ao longo dos últimos dez anos, um grupo crescente vem fazendo estudos etnometodológicos com interesse cotidiano: Egon Bittner, Aaron V. Cicourel, Lindsey Churchill, Craig MacAndrew, Michael Moerman, Edward Rose, Harvey Sacks, Emmanuel Schegloff, David Sudnow, D. Lawrence Wieder, e Don Zimmerman. Harvey Sacks deve ser particularmente mencionado, porque seus extraordinários escritos e palestras têm servido de recursos críticos.

Através desses estudos foram disponibilizados métodos, cujo uso tem estabelecido um domínio do fenômeno sociológico: as propriedades formais das atividades do senso comum como uma realização organizacional prática. O início de um corpo de trabalho de tamanho considerável está agora impresso ou no prelo. Este volume é uma parte desse *corpus* inicial. Um conjunto muito grande de materiais mais antigos estava circulando antes de ser publicado. Os resultados e os métodos estão tornando-se disponíveis a uma taxa crescente, e não faz sentido duvidar por mais tempo de que um imenso, e até agora desconhecido, domínio dos fenômenos sociais foi descoberto.

Os estudos deste volume foram escritos ao longo dos últimos doze anos. Lamento uma certa unidade na coleção, que foi obtida ponderando e reorganizando os textos. Fico triste com essa prática, no sentido de que, ao assegurar aos artigos recolhidos um "bom-senso" no geral, ela vai, certamente, sacrificar informações atuais. Os artigos originaram-se dos meus estudos sobre os escritos de Talcott Parsons, Alfred Schutz, Aron Gurwitsch e Edmund Husserl. Durante vinte anos, seus escritos me forneceram diretrizes inesgotáveis para o mundo das atividades cotidianas. O trabalho de Parsons, particularmente, continua impressionante pela profundidade de penetração e precisão infalível de seu raciocínio sociológico prático nas tarefas que constituem o problema da ordem social e as suas soluções.

A concretização desses estudos foi feita materialmente possível através das seguintes subvenções e bolsas. Os estudos reportados nos artigos sobre fundamentos rotineiros, o método documentário e o processo de passagem foram apoiados pela bolsa de pesquisa sênior, SF-81, do Serviço de Saúde Pública dos Estados Unidos. As investigações sobre o entendimento comum e as práticas de codificação foram apoiadas pela bolsa de pesquisa sênior, SF-81, do Serviço de Saúde Pública dos Estados Unidos, pela bolsa Q-2 da Seção de Pesquisa do Departamento de Higiene Mental do Estado da Califórnia, e pelo Projeto AF-AFOSR-757-65 da Divisão de Ciências Comportamentais do Instituto de Investigação Científica da Força Aérea.

O trabalho, no qual o capítulo sobre as racionalidades está baseado, foi iniciado enquanto o autor era membro do Projeto de Organização do Comportamento, da Universidade de Princeton, e foi concluído com a ajuda da bolsa de pesquisa sênior, SF-81, do Serviço de Saúde Pública dos Estados Unidos. O autor agradece ao Programa Interdisciplinar em Ciências Comportamentais da Universidade do Novo México, no verão de 1958, no âmbito do Projeto AF 49 (638)-33 da Divisão de Ciências Comportamentais do Instituto de Investigação Científica da Força Aérea, ARDC, e à Sociedade para Investigação da Ecologia Humana.

Eu tive o privilégio de passar o ano letivo de 1963-1964 como membro do Centro para o Estudo Científico do Suicídio do Centro de Prevenção ao Suicídio de Los Angeles. Estou em dívida com os Drs. Edwin S. Shneidman, Norman L. Farberow e Robert E. Litman por sua hospitalidade.

As investigações sobre o trabalho do Ambulatório de Psiquiatria Clínica do Instituto Neuropsiquiátrico da Ucla foram apoiadas pelas bolsas A-7 e Q-2 da Seção de Pesquisa do Departamento de Higiene Mental do Estado da Califórnia, pela bolsa de pesquisa sênior, SF-81, do Serviço de Saúde Pública dos Estados Unidos.

A investigação dos usos pelos funcionários dos prontuários clínicos foi apoiada pela bolsa Q-2 da Seção de Pesquisa do Departamento de Higiene Mental do Estado da Califórnia, pela bolsa de pesquisa sênior, SF-81, do Serviço de Saúde Pública dos Estados Unidos, e pelas conferências sobre etnometodologia com a bolsa AF-AFOSR-278-62 da Divisão de Ciências Comportamentais do Escritório de Investigação Científica da Força Aérea. Harry R. Brickman, MD, e Eugene Pumpian-Mindlin, MD, ex-diretores do Ambulatório de Psiquiatria do Instituto de Neuropsiquiatria da Universidade da Califórnia, em Los Angeles, facilitaram muito as investigações. Os doutores Leon Epstein e Robert Ross incentivaram os estudos clínicos e administraram as bolsas A-7 e Q-2 do Departamento de Higiene Mental da Califórnia quando dirigiram a sua Seção de Pesquisa.

Tenho particular gratidão pelo Dr. Charles E. Hutchinson, chefe da Divisão de Ciências Comportamentais, Escritório de Investigação Científica da Força Aérea, cuja Divisão apoiou as conferências sobre etnometodologia com a bolsa AF-AFOSR-278-62 para Edward Rose e eu, e também apoiou os estudos de tomada de decisão em situações de senso comum com as bolsas AF-AFOSR-757-65, e AF-757-66-AFOSR a Harvey Sacks, Lindsey Churchill e eu.

O estudo sobre adequação metodológica beneficiou-se de várias maneiras importantes das críticas dos doutores Richard J. Hill, Elliot G. Mishler, Eleanor B. Sheldon, e Stanton Wheeler. Devo agradecimentos a Egon Bittner, quando ele era o meu assistente de pesquisa para a codificação dos casos, e a Michael R. Mend pelos cálculos. O artigo requereu os conselhos do Prof. Charles F. Mosteller do Departamento de Estatística da Universidade de Harvard, e a inventividade do Prof. Wilfred J. Dixon, da Escola de Saúde Pública da Universidade da Califórnia, em Los Angeles. O Prof. Dixon desenvolveu o método para o uso do qui-quadrado para avaliar dados que envolvem probabilidades condicionais. Com sua permissão, o método é relatado no Anexo I. Eu sou responsável pelas deficiências do artigo.

Agradeço aos meus alunos Michael R. Mend e Patricia Allen por sua assistência com os estudos clínicos e de confiabilidade. Peter McHugh, quando era um estudante de pós-graduação na Universidade da Califórnia, ajudou-me na experiência "aconselhamento". David Sudnow trabalhou até os limites de sua paciência para melhorar a escrita. Robert J. Stoller, Egon Rittner e Saul Mendlovitz colaboraram nos estudos que os citam como coautores. O estudo dos jurados é baseado em entrevistas com jurados feitas por Mendlovitz e eu, quando estávamos participando do Projeto Júri da Faculdade de Direito da Universidade de Chicago.

Agradeço, por fim, a algumas pessoas em especial: a James H. Clark, amigo e editor; e a velhos amigos: William C. Reckwith, Joseph Rensman, Heinz e Ruth Ellersieck, Erving Goffman, Evelyn Hooker, Duncan MacRae Jr., Saul Mendlovitz, Elliot G. Mishler, Henry W. Riecken Jr., William S. Robinson, Edward Rose, Edwin S. Shneidman, Melvin Seeman e Eleanor R. Sheldon.

Minha adorável esposa conhece este livro comigo.

Harold Garfinkel

***

Créditos

Os capítulos 1 (em parte), 2, 3 e 8 foram anteriormente publicados. O capítulo 1 inclui material do artigo "Raciocínio sociológico prático: algumas características do trabalho do Centro de Prevenção ao Suicídio de Los Angeles". In: SHNEIDMAN, E.S. (ed.). *Essays in Self Destruction*. Science Press International, 1967. O capítulo 2 é reeditado com revisões de *Social Problems*, vol. 11, n. 3, inverno de 1964, p. 225-250. O capítulo 3 é reimpresso com a permissão da Macmillan Company a partir de SCHER,

J.M. (ed.). *Theories of the Mind*. Nova York: Free Press, 1962, p. 689-712. O capítulo 8 originalmente apareceu em *Behavioral Science*, vol. 5, n. 1, jan./1960, p. 72-83. Ele também apareceu em WASHBUME, N.F. (ed.). *Decisions, Values, and Groups*. Vol. 2. Nova York: Pergamon Press, 1962, p. 304-324. Sou grato a essas fontes pela sua permissão para reimprimir. Eu também gostaria de agradecer a Rand Corporation pela permissão para reimprimir o trecho detalhado da monografia por Olaf Helmer e Nicholas Rescher (*Sobre a epistemologia das ciências inexatas* (P-1.513). Santa Monica, Cal.: Rand Corporation, 13/10/1958, p. 8-14.

O capítulo 7, "Adequação metodológica no estudo quantitativo dos critérios e práticas de seleção em clínicas psiquiátricas ambulatoriais", foi elaborado em março de 1960. Nenhuma atualização da lista de estudos foi feita depois de a lista original ter sido montada em março de 1960 e, assim, vários estudos estão conspicuamente ausentes, *e.g.*, Elliot Mishler, como também de Nancy E. Waxier's ("Processos de decisão em hospitalização psiquiátrica". *American Sociological Review*, vol. 28, n. 4, ago./1963, p. 576-587) e a longa série feita por Anita Bahn e seus colaboradores no Instituto Nacional de Saúde Mental. Uma revisão dos estudos foi feita originalmente, a fim de descobrir "parâmetros" do problema de seleção e para enriquecer a discussão. Na época em que o capítulo foi escrito a tarefa de relatar o que havia sido descoberto sobre admissões em clínicas psiquiátricas era de interesse secundário, e é agora irrelevante.

H.G.

1 O que é etnometodologia?

Os estudos a seguir buscam tratar atividades práticas, circunstâncias práticas e raciocínio sociológico prático como tópicos de estudo empírico e, ao dedicarem às atividades mais comuns do cotidiano a atenção usualmente dispensada a eventos extraordinários, procuram estudá-las como fenômenos em si. A recomendação central desses estudos é a de que as atividades pelas quais os membros produzem e gerenciam situações de afazeres cotidianos organizados são idênticas aos procedimentos empregados pelos membros para tornar essas situações relatáveis. O caráter "reflexivo" ou "encarnado" de práticas de relato e dos próprios relatos forma o cerne da recomendação. Quando falo de relatável, meus interesses direcionam-se para questões como as seguintes: eu quero dizer observável-e-relatável, ou seja, disponível para os membros como práticas situadas de olhar-e-dizer. Quero dizer, também, que tais práticas consistem em uma realização sem fim, contínua, contingente; que elas são conduzidas e feitas acontecer sob os auspícios dos mesmos afazeres ordinários que, ao organizá-las, as descrevem; que as práticas são realizadas pelas partes daquelas situações, de cuja habilidade, conhecimento e direito ao funcionamento detalhado daquela realização (sua competência) elas obstinadamente dependem, reconhecem, usam e tomam como dados; e o fato de que aceitam sua competência sem questionar em si fornece às partes as características distintivas e específicas de uma situação e, é claro, fornece também recursos, problemas, projetos e todo o resto.

Helmer e Rescher[1] resumiram algumas características estruturalmente equivocadas dos métodos e resultados obtidos por pessoas que fazem sociologia, leigas e profissionais, para tornarem observáveis atividades práticas. Os autores observam que as prescrições são "como-lei", restritas espaçotemporalmente e "frouxas", quando os relatos dos membros de atividades cotidianas são usados como prescrições para localizar, identificar, analisar, classificar, e para tornar reconhecível ou orientar-se em ocasiões comparáveis. Por "frouxa", entende-se que, embora sejam intencionalmente condicionais em sua forma lógica, "a natureza das condições é tal que, frequentemente, não podem ser completa ou inteiramente explicadas". Os autores citam como exemplo uma declaração do século XVIII sobre táticas de navegação a vela. Eles apontam que a declaração, como condição de teste, faz referência ao estado da artilharia naval.

> Ao elaborar as condições (sob as quais tal declaração se sustentaria) o historiador delineia o que é típico do lugar e do período. As implicações completas de tal referência podem ser vastas e inesgotáveis; por exemplo... a artilharia logo se ramifica, via tecnologia de trabalhar metal, em metalurgia, mineração etc. Assim, as condições que são operativas na formulação de uma lei histórica podem, apenas, ser indicadas de uma forma geral, e não são, necessariamente, articuladas de forma exaustiva; na maioria das vezes, na verdade, não se pode esperar de fato que o sejam. Essa característica de tais leis é aqui designada como *frouxidão*...
>
> Uma consequência da frouxidão de leis históricas é não serem universais, mas meramente quase-gerais, no sentido de que admitem exceções. Uma vez que as condições que delimitam a área de aplicação da lei são frequentemente não articuladas de forma exaustiva, uma suposta violação da lei pode ser explicável pela demonstração de que uma precondição legítima, mas até então não formulada, não é satisfeita no caso em consideração.

Considere-se que isso vale em qualquer caso *específico*, e vale não por causa do sentido da "quase-lei", mas por causa das práticas específicas e reais dos investigadores.

Além disso, Helmer e Rescher apontam que:

> Pode-se considerar que as leis contêm uma advertência tácita do tipo "usualmente" ou "mantendo-se constantes todos os outros fatores". Uma lei histórica não é, assim, estritamente universal, visto que deveria ser considerada aplicável a todos os casos dentro do alcance de suas condições explicitamente formuladas ou formuláveis; pelo contrário, pode-se considerar que ela formula relações que prevalecem em geral, ou melhor, que prevalecem "como regra".
>
> Chamaremos tal "lei" de *quase-lei*. Para que a lei seja válida não é necessário que nenhuma exceção aparente ocorra. É necessário apenas que, se uma exceção aparente ocorrer, seja apresentada uma explicação adequada, que demonstre a característica excepcional do caso em questão e que estabeleça a violação de uma condição apropriada, até então não formulada, da aplicabilidade da lei.

Essas e outras características podem ser citadas pela força com que descrevem práticas de relato dos membros. Assim: (1) Sempre que um membro precisa demonstrar que determinado relato analisa uma situação real, ele invariavelmente faz uso de práticas de "*et cetera*", "a menos que" e "deixa pra lá" para demonstrar a racionalidade de sua realização. (2) O caráter preciso e sensato da questão que está sendo relatada é estabelecido por uma indicação que narrador e ouvinte fazem um ao outro de que cada um dará ao outro quaisquer entendimentos não declarados que se façam necessários. Muito, portanto, do que é realmente narrado não é mencionado. (3) Durante o tempo de sua produção, os relatos podem exigir que o "ouvinte" esteja disposto a aguardar por aquilo que será dito, para que a significância presente do que foi dito torne-se clara. (4) Tal como conversas, reputações e carreiras, as particularidades dos relatos são construídas, passo a passo, a partir de seus usos reais e as referências a eles. (5) Para adquirir sentido, os materiais de um relato dependem fortemente de seu posicionamento serial, de sua relevância para os projetos de quem ouve ou do desenrolar das ocasiões organizacionais de seu uso.

Em resumo, o sentido (ou o fato) *reconhecível*, ou o caráter metódico, ou a impessoalidade, ou a objetividade dos relatos não são independentes das ocasiões socialmente organizadas de seus usos. Suas características racionais *consistem* no que os membros fazem com os relatos, no que "entendem" deles nas ocasiões reais socialmente organizadas de seus usos. Os relatos dos membros estão reflexiva e essencialmente vinculados, pelas suas características racionais, às ocasiões socialmente organizadas de seus usos, visto que são *características* das ocasiões socialmente organizadas de seus usos.

Esse vínculo estabelece o tópico central de nossos estudos: a relatabilidade racional das ações práticas enquanto realização prática contínua. Quero especificar o tópico revisando três de seus fenômenos problemáticos constituintes. Sempre que estudos de ação prática e raciocínio prático estão em questão, eles consistem no seguinte: (1) na distinção programática não satisfeita e na substituibilidade entre expressões objetivas (livres de contexto) e expressões indexicais; (2) na reflexividade essencial "desinteressante" de relatos de ações práticas; e (3) na analisabilidade de ações-em-contexto enquanto realização prática.

A distinção programática não satisfeita entre expressões objetivas e expressões indexicais e sua substituibilidade

As propriedades exibidas por relatos (por serem elas características das ocasiões socialmente organizadas de seus usos) estão disponíveis em estudos de lógica como propriedades de expressões e sentenças indexicais. Husserl[2] falava de expressões cujo sentido não pode ser decidido por quem ouve sem que, necessariamente, este saiba ou presuma algo sobre a biografia e os propósitos do usuário da expressão, sobre as circunstâncias da elocução, sobre a trajetória prévia da conversa ou a relação específica de interação real ou potencial que existe entre quem se expressa e quem ouve. Russel[3] observou que as descrições que as envolviam aplicavam-se, em cada ocasião de uso, a apenas uma coisa, porém a coisas diferentes em ocasiões diferentes. Tais expressões, escreveu Goodman[4], são usadas para fazer proposições inequívocas cujo valor de verdade, não obstante, parece mudar. Cada uma de suas elocuções, "expressões", constitui uma palavra e se refere a uma determinada pessoa, tempo ou lugar, nomeia algo não nomeado por alguma réplica da palavra. Sua denotação é relativa ao falante.

Seu uso depende da relação do usuário com o objeto do qual a palavra trata. O tempo, para uma expressão indexical temporal, é relevante para aquilo que nomeia. De forma semelhante, a região exata que uma expressão indexical espacial nomeia depende da localização de sua elocução. Expressões indexicais e proposições que as contêm não podem ser livremente repetidas; em um dado discurso, nem todas as réplicas são também traduções delas. A lista pode ser estendida indefinidamente.

Existe uma concordância virtualmente unânime entre estudantes do raciocínio sociológico prático, leigos e profissionais, sobre as propriedades de expressões e de ações indexicais. Existe também uma concordância impressionante (1) que, embora expressões indexicais "tenham enorme utilidade", elas são "incômodas para um discurso formal"; (2) que a distinção entre expressões objetivas e indexicais não é procedimentalmente apropriada, mas é inevitável para qualquer um que faça ciência; (3) que sem a distinção entre as expressões objetivas e indexicais, e sem o uso preferencial de expressões objetivas, os êxitos de investigações científicas rigorosas e generalizantes – lógica, matemática, algumas das ciências físicas – são ininteligíveis, as vitórias iriam fracassar, e as ciências inexatas teriam que abandonar suas esperanças; (4) que as ciências exatas são distinguíveis das ciências inexatas pelo fato de que, no caso das ciências exatas, a distinção entre expressões objetivas e indexicais, e a substituição de umas pelas outras para a formulação de problema, métodos, achados, demonstração adequada, evidência adequada e todo o resto é tanto uma tarefa real quanto uma realização real, enquanto que, no caso das ciências inexatas, a disponibilidade da distinção e da substituibilidade de tarefas, práticas e resultados reais permanecem imperceptivelmente programática; (5) que a distinção entre expressões objetivas e indexicais, na medida em que essa distinção é composta pelas tarefas do investigador, seus ideais, suas normas, recursos, realizações e todo o resto, descreve a diferença entre as ciências e as artes, por exemplo, entre a bioquímica e o documentarismo cinematográfico; (6) que termos e sentenças podem ser distinguidos reciprocamente de acordo com o procedimento de avaliação, que torna seus caracteres decidíveis como expressões indexicais ou objetivas; e (7) que, em qualquer caso específico, apenas dificuldades práticas impedem a substituição de uma expressão objetiva por uma expressão indexical.

As características das expressões indexicais motivam estudos metodológicos incessantes, direcionados a sua solução. De fato, as tentativas de livrar as práticas científicas desses incômodos conferem, a cada ciência, seu caráter distintivo de preocupação e produtividade em relação a questões metodológicas. Estudos empreendidos por pesquisadores profissionais das atividades práticas de uma ciência qualquer lhes proporcionam ocasiões incontáveis de lidar, de forma rigorosa, com expressões indexicais.

São incontáveis as áreas nas ciências sociais em que a prometida distinção e a prometida substituibilidade ocorrem. As prometidas distinção e substituibilidade são sustentadas por imensos recursos (e elas próprias os sustentam) direcionados a desenvolver métodos para análises robustas de ações práticas e de raciocínio prático. As aplicações e os benefícios prometidos são imensos.

Não obstante, *sempre que ações práticas são tópicos de estudo*, a prometida distinção e substituibilidade de expressões objetivas por indexicais permanece programática em todo caso *específico* e em toda ocasião *real*, na qual a distinção ou a substituibilidade devem ser demonstradas. Em todo caso real, sem exceção, serão mencionadas condições, cujo reconhecimento demandará um investigador competente, tal que, *naquele* caso específico, os termos da demonstração possam ser relaxados e, contudo, a demonstração ainda será considerada adequada.

Aprendemos com lógicos e linguistas, que concordam de forma virtualmente unânime sobre certas condições, quais são algumas dessas condições. Para textos "longos" ou "longos" cursos de ação, para eventos em que as ações dos membros são características dos eventos que suas ações estão realizando, ou sempre que expressões não são usadas ou não são apropriadas como substitutas de expressões indexicais, as demonstrações reivindicadas pelo programa são satisfeitas como questão de gerenciamento social prático.

Sob tais condições, expressões indexicais, por causa de sua prevalência e outras propriedades, apresentam imensos, obstinados e irremediáveis transtornos às tarefas de lidar, de forma rigorosa, com fenômenos de estrutura e de relevância em teorias de provas de consistência e de computabilidade, e às tentativas de recuperar a conduta real, quando esta é comparada à conduta suposta e à fala comum, com todas as suas particularidades estruturais. Valendo-se de suas experiências com o uso de pesquisas por amostragem e do desenho e aplicação de mensurações de ações práticas, de análises estatísticas, de modelos matemáticos e de simulações por computador de processos sociais, sociólogos profissionais conseguem documentar incessantemente os modos como a distinção e a substituibilidade programáticas são satisfeitas e dependentes das práticas profissionais de demonstração socialmente gerenciadas.

Em resumo, sempre que estudos de ações práticas estão envolvidos, a distinção e substituibilidade é sempre realizada *apenas* para todos os fins práticos. Por conseguinte, recomenda-se que o primeiro fenômeno problemático seja composto pela reflexividade das práticas e resultados das ciências nas e das atividades organizadas da vida cotidiana, sendo isso uma reflexividade essencial.

A reflexividade essencial "desinteressante" dos relatos

Para membros engajados em raciocínio sociológico prático – como veremos em estudos recentes, para o quadro de funcionários no Centro de Prevenção ao Suicídio de

Los Angeles, para equipes que usam prontuários clínicos psiquiátricos na Universidade da Califórnia em Los Angeles (Ucla), para alunos de pós-graduação codificadores de registros psiquiátricos, para jurados, para indivíduos intersexuados gerenciando mudança de sexo, para sociólogos pesquisadores profissionais – seus interesses direcionam-se para o que é decidível "para fins práticos", "à luz desta situação", "dada a natureza real das circunstâncias", e coisas semelhantes. Circunstâncias e ações práticas referem-se, para eles, a muitas questões sérias e organizacionalmente importantes: a recursos, objetivos, desculpas, oportunidades, tarefas e, é claro, a bases para discutir ou predizer a adequação dos procedimentos e dos achados que produzem. Uma questão, contudo, é excluída de seus interesses: ações e circunstâncias práticas não são, em si, *um* tópico, muito menos um tópico exclusivo de suas investigações; nem são suas investigações, voltadas a tarefas da teorização sociológica, realizadas para formular o que compõe essas tarefas enquanto ações práticas. Em nenhum caso a investigação das ações práticas é realizada de modo que a equipe possa ser capaz, antes de tudo, de reconhecer e descrever o que está sendo feito. Menos ainda são as ações práticas investigadas de modo a explicar aos praticantes sua própria fala sobre o que estão fazendo. Por exemplo, a equipe do Centro de Prevenção ao Suicídio de Los Angeles achou completamente incongruente considerar de forma séria que eles estivessem tão engajados em seu trabalho de certificar a *causa mortis* quanto uma pessoa que tenta cometer suicídio, e eles poderiam combinar seus esforços para garantir um reconhecimento inequívoco do "que realmente aconteceu".

Dizer que eles "não estão interessados" no estudo de ações práticas não é reclamar, nem apontar uma oportunidade que eles deixam escapar, nem é uma revelação de erro, nem um comentário irônico. Também não é o caso que, por "não estarem interessados", os membros estejam "excluídos" da teorização sociológica. Nem suas investigações impedem o uso da regra da dúvida, nem estão eles impedidos de tornar as atividades organizadas da vida cotidiana cientificamente problemáticas, nem seu comentário insinua que haja uma diferença entre interesses "básicos" e "aplicados" em pesquisa e em teorização.

O que significa, então, dizer que eles "não estão interessados" em estudar ações práticas e raciocínio sociológico prático? E qual a importância de uma tal declaração?

Existe uma característica dos relatos dos membros que, para eles, é de uma relevância tão singular e predominante que controla outras características em seu caráter específico, enquanto características reconhecíveis e racionais de suas investigações sociológicas práticas. Tal característica é a seguinte. A respeito do caráter problemático de ações práticas e da adequação prática de suas investigações, os membros tomam como dado que um membro deve, desde o início, "conhecer" as situações nas quais ele deve operar, caso suas práticas devam servir de medida para transformar as características específicas e localizadas dessas situações em um relato reconhecível. Eles tratam como a questão mais passageira o fato de que os relatos dos membros, de todos os tipos, em todos os seus modos lógicos, com todos os seus usos e para todo método de reuni-los, sejam características constituintes das situações que tornam observáveis. Os membros conhecem essa reflexividade, exigem-na, contam com ela e dela fazem uso para produzir, realizar, reconhecer ou demonstrar a adequação-racional-para-todos-os-fins-práticos de seus procedimentos e achados.

Não somente os membros – os jurados e os outros – tomam essa reflexividade como dada, mas reconhecem, demonstram e tornam observáveis, uns para os outros, o caráter racional de suas práticas reais (e isso significa: de suas práticas ocasionais), enquanto consideram tal reflexividade como uma condição inalterável e inevitável de suas investigações.

Quando proponho que os membros "não estão interessados" em estudar ações práticas, não quero dizer que eles terão nenhum, um pouco ou muito desse interesse. Que "não estão interessados" tem a ver com práticas razoáveis, com argumento plausível e com descobertas razoáveis. Tem a ver com tratar "relatável-para-todos-os-fins-práticos" como uma questão a ser descoberta, exclusivamente, unicamente e completamente. Para os membros, estar "interessado" consistiria no seu empreendimento de tornar observável o caráter "reflexivo" de atividades práticas; examinar as práticas engenhosas de investigação racional como fenômenos organizacionais sem pensar em corretivos ou ironia. Os membros do Centro de Prevenção ao Suicídio de Los Angeles agem como membros sempre que se engajam em investigações sociológicas práticas: mesmo que quisessem, eles não poderiam ter essa reflexividade.

A analisibilidade de ações-em-contexto como uma realização prática

De formas infinitamente variáveis, as investigações dos membros são características constituintes das situações que analisam. Da mesma forma, suas investigações tornam-se reconhecíveis para os membros como adequadas-para-todos-os-fins-práticos. Por exemplo, no Centro de Prevenção ao Suicídio de Los Angeles são realizações organizacionais práticas que as mortes tornem-se relatáveis-para-todos-os-fins-práticos. Organizacionalmente, os procedimentos do Centro de Prevenção ao Suicídio visam a realizar a relatabilidade racional de mortes por suicídio como características reconhecíveis das situações nas quais a relatabilidade ocorre.

Nas ocasiões reais de interação, tal realização é, para os membros, onipresente, não problemática e lugar-comum. Para os membros que fazem sociologia, transformar tal realização em um tópico de investigação sociológica prática parece inevitavelmente exigir que eles tratem as propriedades racionais das atividades práticas como "antropologicamente estranhas". Com isso, quero chamar a atenção para práticas "reflexivas", tais como as seguintes: em suas práticas de relato, o membro torna familiar atividades comuns da vida cotidiana reconhecíveis como atividades familiares e comuns; em cada ocasião em que um relato de atividades comuns é usado, elas são reconhecidas como "uma outra primeira vez"; o membro trata os processos e resultados da "imaginação" como contínuos em relação a outras características observáveis das situações, nas quais elas ocorrem; proceder de tal forma que, ao mesmo tempo em que o membro, "no meio" das situações reais testemunhadas, reconhece que as situações testemunhadas têm um sentido realizado, uma facticidade realizada, uma objetividade realizada, uma familiaridade realizada, uma relatabilidade realizada, para o membro, os "comos" organizacionais dessas realizações são não problemáticos, são vagamente conhecidos e são conhecidos apenas no fazer, que é feito de forma habilidosa, confiável, uniforme, com uma enorme padronização e como uma questão não relatável.

Essa realização consiste em os membros fazerem, reconhecerem e usarem etnografias. Essa realização é, para os membros, um fenômeno normal, e não percebido. E da mesma forma não conhecida que a realização é comum, ela é, para nossos interesses, um fenômeno impressionante, pois, em suas formas não conhecidas, ela consiste em (1) usos pelos membros de atividades cotidianas concertadas como métodos com os quais pode-se reconhecer e demonstrar as propriedades isoláveis, típicas, uniformes, a repetição potencial, a aparência conexa, a consistência, equivalência, substituibilidade, direcionalidade, anonimamente descritível e engenhosa – em resumo, as propriedades racionais de expressões indexicais e ações indexicais. (2) O fenômeno consiste, também, na analisabilidade de ações-em-contexto, dado que não só não existe um conceito de contexto-em-geral, mas também todo uso de "contexto" é por si, sem exceção, essencialmente indexical.

As propriedades reconhecidamente racionais de suas investigações de senso comum – seu caráter reconhecidamente consistente, ou metódico, ou uniforme, ou engenhoso etc. – são, de alguma forma, resultado das atividades concertadas dos membros. Para a equipe do Centro de Prevenção ao Suicídio, para codificadores, para jurados, as propriedades racionais de suas investigações práticas consistem, de alguma forma, no trabalho concertado de tornar evidente (a partir de fragmentos, de provérbios, de observações passageiras, de rumores, de descrições parciais, de catálogos de experiência "codificados", porém essencialmente vagos e coisas semelhantes) como uma pessoa morreu na sociedade ou por quais critérios pacientes foram selecionados para tratamento psiquiátrico, ou quais dentre os veredictos alternativos estavam corretos. O que de alguma forma é o ponto crucial da questão.

O que é etnometodologia?

A marca registrada do raciocínio sociológico prático, onde quer que ocorra, é que ele busca solucionar as propriedades indexicais da fala e da conduta dos membros. Inúmeros estudos metodológicos são voltados para a tarefa de fornecer aos membros uma solução para expressões indexicais nas tentativas permanentes dos membros, com o uso rigoroso de idealizações para demonstrar a observabilidade das atividades organizadas nas ocasiões reais por meio de particularidades situadas de fala e conduta.

As propriedades de expressões e de ações indexicais são propriedades ordenadas. Estas consistem em um sentido organizacionalmente demonstrável, ou em facticidade, ou em uso metódico, ou em concordância entre "membros de uma mesma cultura". Suas propriedades ordenadas são compostas por propriedades racionais demonstráveis de expressões e ações indexicais. Essas propriedades ordenadas são realizações contínuas das atividades comuns concertadas dos investigadores. A racionalidade demonstrável das expressões e das ações indexicais mantém, ao longo da trajetória de sua produção gerenciada pelos membros, o caráter de circunstâncias práticas tornadas rotineiras, familiares e ordinárias. Enquanto processo e resultado, a racionalidade produzida de expressões indexicais consiste em tarefas práticas, sujeitas a todas as exigências da conduta organizacionalmente situada.

Eu uso o termo "etnometodologia" para me referir à investigação das propriedades racionais de expressões indexicais e outras ações práticas como realizações contínuas e contingentes de práticas engenhosas da vida cotidiana. Os capítulos deste volume tratam essa realização como o fenômeno de interesse. Eles buscam especificar suas características problemáticas, recomendar métodos para seu estudo, mas, acima de tudo, considerar o que nós podemos aprender de forma definitiva sobre elas. Meu propósito no restante deste capítulo é caracterizar a etnometodologia, o que faço apresentando três estudos do funcionamento dessa realização, seguidos de um conjunto conclusivo de políticas de estudo.

Raciocínio sociológico prático: fazendo relatos em "situações de escolha de senso comum"

O Centro de Prevenção ao Suicídio de Los Angeles (CPS) e o Gabinete de Médicos Examinadores e Legistas de Los Angeles juntaram forças em 1957 para conferir *status* científico às certidões de óbito dos legistas "dentro dos limites das certezas práticas impostas pelo estado da arte". Os casos selecionados de "morte súbita não natural", sobre os quais havia dúvida quanto a serem "suicídio" ou outras modalidades de morte, foram encaminhados pelo médico examinador-legista ao CPS, com o pedido de que fosse feita uma investigação, chamada "autópsia psicológica"[5].

As práticas e interesses da equipe do CPS, para realizar suas investigações em situações de escolha de senso comum, repetiam as características das investigações práticas encontradas em outras situações: em estudos de deliberações do júri com casos de negligência; na seleção de pacientes para tratamento psiquiátrico ambulatorial feita pelas equipes das clínicas; na codificação de conteúdos de prontuários clínicos em uma planilha de codificação seguindo instruções de codificação detalhadas, feita por alunos de pós-graduação em Sociologia; e em incontáveis procedimentos profissionais na condução de investigação antropológica, linguística, sociopsiquiátrica e sociológica. As seguintes características no trabalho do CPS foram reconhecidas e francamente admitidas, por uma equipe, como condições predominantes de seu trabalho e como questões a serem consideradas na avaliação da eficácia, eficiência ou inteligibilidade de seu trabalho – e somaram o testemunho do CPS ao de jurados, pesquisadores e todos os demais:

(1) Um interesse permanente de todas as partes pela concertação temporal das atividades; (2) um interesse pela questão prática *par excellence*: "O que fazer agora?"; (3) um interesse da parte do investigador em evidenciar sua compreensão de "O que qualquer um sabe" sobre como as situações, nas quais teve que realizar suas investigações, funcionam e seu interesse em fazê-lo nas ocasiões reais, nas quais as decisões seriam tomadas pela sua conduta exibível na escolha; (4) questões que, na fala, podem ser consideradas como "programas de produção", "leis de conduta", "regras de tomada de decisão racional", "causas", "condições", "teste de hipóteses", "modelos", "regras de inferência indutiva e dedutiva", na situação real foram tomadas como dadas e dependeram de serem formadas por receitas, provérbios, *slogans* e planos de ação parcialmente formulados; (5) exigia-se dos investigadores que tivessem conhecimento e habilidades para tratar da situação "do mesmo tipo", para as quais "regras de tomada de decisão racional" e todo o resto eram destinados de modo a "ver" (ou eram requisitados por aquilo que faziam para garantir) as características objetivas, efetivas, consistentes, completa e empiricamente adequadas, ou seja, as características racionais de receitas, profecias, provérbios, descrições parciais em uma ocasião real do uso das regras; (6) para aquele que toma as decisões práticas, a "ocasião real", enquanto um fenômeno em si, exercia prioridade esmagadora de relevância, à qual "regras de decisão" (ou teorias de tomada de decisão) estavam, sem exceção, subordinadas, de modo a avaliar suas características racionais, e não o contrário; (7) finalmente, e talvez de forma mais peculiar, todas as características precedentes (junto com um "sistema" de alternativas do investigador, seus métodos de "decisão", suas informações, suas escolhas e a racionalidade de seus relatos e ações) eram partes constituintes das mesmas circunstâncias práticas nas quais os investigadores faziam o trabalho de investigação – uma característica que os investigadores, se fossem reivindicar e reconhecer a praticidade de seus esforços, conheceriam, exigiriam, com a qual contariam, tomariam como dada, usariam e glosariam.

O trabalho de investigação realizado pelos membros do CPS era parte integrante de seu ofício diário. Reconhecidas pelos membros da equipe como características constituintes de seu trabalho diário, suas investigações eram, por isso, intimamente conectadas às condições de trabalho, a diversas séries internas e externas de relatório, supervisão e revisão, e a "prioridades de relevâncias" similares, fornecidas organizacionalmente para avaliações do que era "realisticamente", "praticamente" ou "razoavelmente" necessário fazer ou do que poderia ser feito, o quão rapidamente, com quais recursos, vendo quem, falando sobre o quê, por quanto tempo, e assim por diante. Tais considerações forneciam a "Nós fizemos o que podíamos e, para todos os interesses razoáveis, aqui está o que encontramos" suas características de sentido, de fato organizacionalmente apropriado, de impessoalidade, de anonimato, de finalidade, de reprodutibilidade – ou seja, de um relato *apropriada* e *visivelmente* racional da investigação.

Era necessário que os membros, em suas competências ocupacionais, formulassem relatos do que ocorreu-realmente-para-todos-os-fins-práticos. "Realmente" fazia referência inevitável às tarefas ocupacionais diárias e ordinárias. Apenas os membros tinham o direito de invocar tais tarefas como fundamentos apropriados para tornar aceitável o caráter razoável do resultado sem necessidade de especificação. Em ocasiões de desafio, tarefas ocupacionais ordinárias eram citadas, explicitamente, na "parte relevante". Do contrário, tais características eram descartadas do produto. Em seu lugar, um relato de como a investigação foi feita preenchia o como-isso-foi-feito-realmente da forma apropriada para demandas, resultados e práticas usuais, e também a fala usual da equipe do CPS dizendo como profissionais *bona fide* sobre demandas, resultados e práticas usuais.

Um dentre diversos títulos (relacionados à *causa mortis*) tinha de ser atribuído a cada caso. A coleção consistia em combinações legalmente possíveis de quatro possibilidades elementares – morte natural, acidente, suicídio e homicídio[6]. Todos os títulos eram aplicados de forma a não apenas resistir às variedades de equívoco, ambiguidade e improviso que surgiam em toda ocasião real de seu uso, mas esses títulos eram aplicados de forma a levar àquela ambiguidade, ao equívoco e à improvisação. Fazia parte do trabalho não apenas que o equívoco é um problema – é talvez um problema –, mas também que os praticantes eram direcionados para aquelas circunstâncias de modo a levar à ambiguidade ou ao equívoco, ou à improvisação ou à temporalização e a todo o resto. Não que o investigador, tendo uma lista de títulos, realizasse uma investigação que prosseguia gradualmente para estabelecer os fundamentos para a escolha dentre eles. A fórmula não era "Aqui está o que fizemos e, dentre os títulos-meta de nossa pesquisa, este título interpreta, finalmente, e de uma forma melhor, o que descobrimos". Em vez disso, os títulos eram continuamente confirmados e prognosticados. A investigação era fortemente guiada pelo uso que o investigador fazia de situações imaginadas, nas quais o título seria "usado" por uma ou outra parte interessada, incluindo o falecido, e isso era feito pelos investigadores de modo a decidir, usando quaisquer "dados" que fossem descobertos, que aqueles "dados" podiam ser usados para disfarçar, caso fosse necessário disfarçar, ou equivocar, ou explicar, ou guiar, ou exemplificar, se necessário fosse. A característica predominante de uma investigação era o fato de que nada sobre ela permanecia garantido, a não ser as ocasiões organizadas de seus usos. Assim, uma investigação de rotina era aquela em que o investigador usava contingências específicas para realizar, e dependia de contingências específicas para reconhecer e tornar aceitável a adequação prática de seu trabalho. Quando avaliada por um membro, ou seja, examinada a respeito de práticas reais para fazê-la acontecer, uma investigação de rotina não é aquela realizada pelas regras ou de acordo com elas. Parecia consistir muito mais em uma investigação abertamente reconhecida como insuficiente, mas da mesma forma que é insuficiente, sua adequação é reconhecida e, para ela, ninguém está particularmente oferecendo ou pedindo explicações.

O que os membros estão fazendo em suas investigações é sempre de interesse dos outros, no sentido de que tais pessoas em particular, localizadas organizacionalmente e localizáveis, adquirem interesse à luz do relato feito pelo membro do CPS sobre o que quer que seja relatado como tendo "realmente acontecido". Tais considerações contribuíram fortemente para a característica percebida das investigações, que foram direcionadas, no seu curso, por um relato, para o qual a reivindicação será antecipada de que, para todos os fins práticos, ele é correto. Assim, durante o curso de sua investigação, a tarefa do investigador consistia em fazer um relato sobre como uma pessoa específica morreu em sociedade, um relato que fosse contado adequadamente, suficientemente detalhado, claro etc., para todos os fins práticos.

"O que realmente aconteceu", durante o curso da investigação para se chegar até aí, bem como após esse "o que realmente aconteceu" ter sido inserido no arquivo e ser decidido o título, pode ser constantemente revisto, bem como constantemente prognosticado, à luz do que podia ter sido feito, ou do que poderá ser feito com essas decisões. Quase não é novidade que, no curso de uma decisão, o seu resultado era sempre revisto e prognosticado à luz das consequências antecipadas dessa decisão. Após uma indicação ter sido feita e o médico legista ter assinado o atestado de óbito, o resultado pode ser ainda, como eles dizem, "revisado". Pode ainda ser tomada uma decisão que precisa ser revisada "mais uma vez".

Os investigadores queriam muito ser capazes de garantir que poderiam aparecer, no final, com um relato de como a pessoa morreu, que permitisse ao médico legista e a sua equipe defenderem-se de acusações de que aquele relato era incompleto, ou de que aquela morte acontecera de forma diferente de, ou em contraste com ou em contradição com aquela que os membros envolvidos "alegaram". A referência não é nem exclusiva nem completamente relativa às reclamações dos sobreviventes. Tais questões são tratadas como uma sucessão de episódios, a maioria delas sendo estabelecida bem rapidamente. As grandes contingências consistiam em processos persistentes, que se assentavam no fato de o gabinete de médicos legistas ser uma repartição estatal. As atividades do gabinete de legistas produzem relatórios contínuos das atividades do gabinete. Esses relatórios são sujeitos a revisão como produtos de trabalho científico do médico legista, sua equipe e seu consultor. As atividades do gabinete são métodos para realizar relatórios que sejam científicos-para-todos-os-fins-práticos. Isso envolvia "escrever" como um procedimento de garantia para que um relatório, por ter sido escrito, fosse colocado em um arquivo. O fato de que um investigador "faz" um relatório é por isso transformado em uma questão para registro público para o uso de outras pessoas apenas parcialmente identificáveis. Seus interesses em porquê, ou como, ou o que fez o investigador teriam, em algum aspecto relevante, a ver com a sua habilidade e direito como profissional. Mas os investigadores sabem também que outros interesses vão informar a "revisão", pois o trabalho do investigador será escrutinado para ver a adequação-científica-para-todos-os-fins-práticos como reivindicações socialmente gerenciadas dos praticantes. Não apenas para os investigadores, mas para todas as partes, é relevante "o que foi realmente descoberto para-todos-os-fins-práticos?" que consiste inevitavelmente em o quanto você pode descobrir, o quanto você pode revelar, o quanto você pode explicar, o quanto você pode esconder, o quanto você pode sustentar como não sendo do interesse de algumas pessoas importantes, incluindo investigadores. Todos eles adquiriram um interesse por causa do fato de que investigadores, por conta de um dever ocupacional, estavam surgindo com relatórios escritos de como, para-todos-os-fins-práticos, pessoas-realmente-morreram-e-estão-realmente-mortas-na-sociedade.

As decisões têm uma consequencialidade inevitável. Com isso quer-se dizer que investigadores precisavam dizer em tantas palavras "o que realmente aconteceu?" As palavras importantes eram os títulos que eram atribuídos a um texto para recuperar esse texto como a "explicação" do título. Mas em que um título atribuído consiste como um título "explicado" não é, a qualquer tempo específico, para alguém dizer com qualquer finalidade, mesmo quando é proposto "em tantas palavras". De fato, que ele seja proposto "em tantas palavras", que, por exemplo, um texto escrito fosse inserido "no arquivo do caso", fornece fundamentos de direito que podem ser invocados de modo a aproveitar as "tantas palavras" que terão sido usadas como relato da morte. Vistos em relação a padrões de uso, os títulos e os textos que os acompanham possuem um conjunto aberto de consequências. Em qualquer ocasião de uso dos textos, pode restar para ser visto o que pode ser feito com eles, ou o que eles irão alcançar, ou o que permanece feito "por enquanto", ficando pendentes as maneiras pelas quais o ambiente daquela decisão pode organizar-se para "reabrir o caso", ou "registrar uma queixa" ou "encontrar um problema", e assim por diante. Tais maneiras são, para a equipe do CPS, como padrões, indubitáveis; mas, enquanto processos específicos para fazê-las acontecer, são, em toda ocasião real, imprecisas.

As investigações do CPS começam com uma morte que o médico legista acha duvidosa quanto à *causa mortis*. Essa morte eles usam como um precedente, através do qual várias formas de viver em sociedade que poderiam terminar com essa morte são descobertas e lidas "no que restou"; nos fragmentos disto ou daquilo, como o corpo e seus pertences, vidros de remédio, bilhetes, pedaços e peças de roupa, e outros *memorabilia* – coisas que podem ser fotografadas, coletadas e embaladas. Outros "restos" também são coletados: rumores, observações passageiras e histórias – materiais dos "repertórios" de quem quer que possa ser consultado via trabalho comum de conversas. Esses pedaços e peças quaisquer que uma história ou uma regra ou um provérbio podem tornar inteligível são usados para formular um relato reconhecivelmente coerente, padrão, típico, necessário, uniforme, engenhoso, ou seja, um relato profissionalmente defensável e por isso, para os membros, um relato reconhecivelmente racional de como a sociedade trabalhou para produzir aqueles restos. Esse ponto de vista ficará mais defensável se o leitor consultar qualquer manual padrão de patologia forense. Nele será encontrada a inevitável foto de uma vítima com a garganta cortada. Fosse o legista usar tal "visão" para indicar a equivocidade da *causa mortis*, ele diria algo como: "Nos casos em que o corpo parece com aquele da fotografia, você está diante de uma morte por suicídio porque a ferida mostra os 'cortes hesitantes' que acompanham a ferida maior. Pode-se imaginar que esses cortes sejam os restos de um procedimento pelo qual a vítima fez primeiro diversas tentativas preliminares de um tipo hesitante e, então, desferiu o golpe mortal. Outros cursos de ação são imagináveis também, e, assim, cortes que parecem cortes hesitantes podem ser produzidos por outros mecanismos. É preciso começar pela imagem real e imaginar como diferentes cursos de ação poderiam ter sido organizados de tal forma que aquela fotografia seria com ela compatível. Pode-se pensar na imagem fotografada como uma fase-da-ação. Em qualquer imagem real há um curso de ação com o qual essa fase é exclusivamente compatível? Essa é a pergunta do médico legista".

O legista (e a equipe do CPS) pergunta isso com respeito a cada caso específico, e, por isso, seu trabalho de chegar a uma decidibilidade prática quase inevitavelmente exibir a seguinte característica predominante e importante. A equipe do CPS deve realizar essa decidibilidade com respeito aos "estes": devem começar com este tanto; esta visão; esta nota; esta coleta do que quer que esteja ao alcance da mão. E o que quer que esteja lá é bom o bastante, no sentido de que o que quer que esteja lá não apenas servirá como serve. Faz-se com que o que quer que esteja lá sirva. Não quero dizer com "fazer servir" que um investigador do CPS contente-se facilmente, ou que ele não busque mais quando deve. Em vez disso, quero dizer: o que quer que seja com o qual ele tem que lidar, isso é o que terá sido usado para se ter descoberto, para se ter tornado decidível, a maneira como a sociedade operou para ter produzido aquela fotografia, para ter alcançado aquela cena como seu resultado final. Dessa forma, os restos na lâmina servem não apenas como um precedente, mas como uma meta para as investigações do CPS. O que quer que os membros do CPS tenham que encarar deve servir como o precedente com o qual ler os restos, de modo a ver como a sociedade podia ter operado para ter produzido o que é que o investigador tem "no final", "na análise final" e "em qualquer caso". O que a investigação pode alcançar é o que a morte alcançou.

Raciocínio sociológico prático: seguindo instruções de codificação

Muitos anos atrás, meus colegas e eu empreendemos a análise do experimento da Clínica Ambulatorial da Ucla, de modo a responder à questão "Por quais critérios são seus candidatos selecionados para tratamento?" Para formular e responder a essa questão, utilizamos uma versão de um método de análise de grupo utilizado por Kramer e associados[7] para descrever características de ingresso e fluxo de pacientes em hospícios. (Os capítulos 6 e 7 narram outros aspectos dessa pesquisa.)

Sucessivas atividades de "primeiro contato", "entrevista de admissão", "teste psicológico", "reunião de admissão", "internação" e "alta" foram concebidas com o uso do diagrama de árvore da Figura 1. Qualquer caminho entre o primeiro contato e o término era chamado de "trajetória".

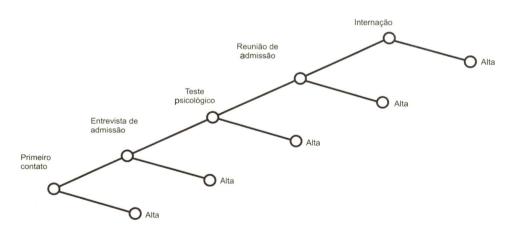

FIGURA 1. Trajetórias de pacientes numa clínica psiquiátrica

Desejávamos saber quais características dos pacientes, da equipe clínica, de suas interações e da árvore estavam associadas com cada carreira. Os registros clínicos foram nossas fontes de informação, dentre os quais os mais importantes eram os formulários de inscrição para admissão e os conteúdos dos prontuários de caso. De modo a obter um registro contínuo de casos de transações paciente-clínica, desde o momento do contato inicial de um paciente até sua alta, um "Formulário de carreira clínica" foi criado e inserido nas pastas de caso. Uma vez que os prontuários clínicos contêm relatórios fornecidos pela equipe clínica de suas próprias atividades, praticamente todas essas fontes de dados resultaram de procedimentos de autorrelatório.

Dois alunos de pós-graduação de Sociologia da Ucla examinaram as informações de 1.582 prontuários clínicos para preencher os itens da planilha de codificação. Um procedimento convencional de confiabilidade foi criado e conduzido com o objetivo de determinar a quantidade de concordância entre codificadores e entre tentativas sucessivas de sua codificação. De acordo com o raciocínio convencional, a quantidade de concordância fornece um conjunto de fundamentos para conferir crédito aos eventos codificados de eventos clínicos reais. Uma característica crítica de avaliações de confiabilidade é que a concordância entre codificadores consiste na concordância sobre os resultados finais.

Ninguém se surpreendeu quando o trabalho preliminar mostrou que, de modo a realizar a codificação, os codificadores estavam presumindo um conhecimento das mesmas formas organizadas da clínica, das quais os procedimentos de codificação deveriam produzir descrições. Mais interessante ainda, tal conhecimento pressuposto parecia necessário e foi consultado de forma muito deliberada sempre que, por quaisquer razões, os codificadores precisassem ser convencidos de que haviam codificado "o que realmente aconteceu". Isso se dava independente de haverem ou não encontrado conteúdos "ambíguos" nos prontuários. Tal procedimento punha abaixo qualquer reivindicação de que métodos atuariais de interrogar os conteúdos dos prontuários haviam sido usados, não importando o quão aparentemente claras fossem as instruções de codificação. A concordância sobre os resultados da codificação estava sendo produzida por um procedimento contrastante com características desconhecidas.

Para descobrir mais sobre o procedimento que nossos alunos usaram, o procedimento de confiabilidade foi tratado como uma atividade problemática em si mesma. A "confiabilidade" dos resultados codificados foi testada perguntando-se como os codificadores trouxeram realmente os conteúdos dos prontuários sob a jurisdição dos itens da planilha de codificação. Por meio de quais práticas foi atribuído aos conteúdos reais dos prontuários o *status* de respostas às perguntas dos pesquisadores? Quais atividades reais compunham as práticas dos codificadores chamadas de "seguindo as instruções de codificação"?

Foi criado um procedimento que produzia informações de confiabilidade convencionais, de forma que os interesses originais do estudo fossem preservados. Ao mesmo tempo, o procedimento permitia o estudo de como qualquer quantidade de concordância ou discordância havia sido produzida pelas maneiras reais como os dois codificadores estavam tratando os conteúdos dos prontuários como respostas às questões formuladas pela planilha de codificação. Porém, em vez de presumir que os codificadores, não importa como procedessem, pudessem estar errados em maior ou menor quantidade, a suposição era a de que o que quer que os codificadores fizessem poderia ser considerado como procedimento correto em algum "jogo" de codificação. A pergunta era: O que eram esses "jogos"? O que quer que os codificadores fizessem era suficiente para produzir o que encontravam. Como procediam para encontrar o que encontravam?

Logo descobrimos a relevância essencial para os codificadores, em seu trabalho de interrogar os conteúdos dos prontuários em busca das respostas às suas questões, de considerações como "*et cetera*", "a menos que", "deixa pra lá" e "*factum valet*" (ou seja, uma ação, que do contrário é proibida por uma regra, é considerada correta após realizada). Por conveniência, deixe-me chamar a essas considerações de "*ad hoc*" e a sua prática de "*ad hocação*". Os codificadores usaram as mesmas considerações *ad hoc* de modo a reconhecer a relevância das instruções de codificação para as atividades organizadas da clínica. Apenas quando essa relevância era clara, os codificadores ficavam convencidos de que as instruções de codificação analisadas realmente encontravam os conteúdos dos prontuários, de modo a permitir que os codificadores tratassem os conteúdos dos prontuários como relatórios de "eventos reais". Por fim, as considerações *ad hoc* foram características invariantes das práticas de "seguir as instruções de codificação". Tentativas de suprimi-las e de, ao mesmo tempo, reter um sentido inequívoco para as instruções produziam confusão por parte deles.

Várias facetas do "novo" estudo de confiabilidade foram desenvolvidas, a princípio de modo a verificar se esses resultados poderiam ser estabelecidos solidamente e, após estar claro, para minha satisfação, que eles o poderiam, para explorar as consequências para o caráter sociológico geral dos métodos de interrogação dos codificadores (assim como de métodos contrastantes) e também para o trabalho envolvido em reconhecer ou reivindicar que algo fora feito por regra – que uma ação havia seguido ou sido "governada" pelas instruções.

Considerações *ad hoc* são considerações invariavelmente relevantes para decidir o ajuste entre o que podia ser lido nos prontuários clínicos e o que o codificador inseria na planilha de codificação. Não importando o quão definitiva e elaboradamente as instruções haviam sido escritas, e a despeito do fato de que regras de codificação atuariais estritas[8] poderiam ser formuladas para cada item, e com as quais os conteúdos dos prontuários podiam ser mapeados para a planilha de codificação, contanto que fosse levada adiante a reivindicação de que as entradas dessa planilha relatavam eventos reais das atividades dos clínicos, então, em cada caso, e para cada item, "*et cetera*", "a menos que", "deixa pra lá" e "*factum valet*" acompanhavam a compreensão do codificador sobre as instruções de codificação enquanto formas de se analisar os conteúdos reais dos prontuários. Seus usos tornavam possível, também, que o codificador lesse os conteúdos de uma pasta como um relatório sobre os eventos que a planilha de codificação fornecia e formulava como eventos do diagrama de processamento.

Normalmente, pesquisadores tratam tais procedimentos *ad hoc* como modos imperfeitos de escrever, reconhecer e seguir as instruções de codificação. A visão predominante sustenta que um bom trabalho requer que pesquisadores, ao estender o número e a clareza de suas regras de codificação, minimizem ou mesmo eliminem as ocasiões em que "*et cetera*" e outras práticas de *ad hocação* seriam usados.

Tratar as instruções como se as características *ad hoc* em seu uso fossem uma amolação, ou tratar sua presença como fundamento para reclamar sobre a incompletude das instruções, é muito parecido com reclamar que, se as paredes de um prédio fossem simplesmente retiradas do caminho, seria possível ver melhor o que estava sustentando o telhado. Nossos estudos mostraram que considerações *ad hoc* são características essenciais de procedimentos de codificação. A *ad hocação* é necessária se o pesquisador quiser captar a relevância das instruções para a situação específica e real que pretende analisar. Para cada ocasião específica e real de busca, detecção e atribuição de conteúdos dos prontuários a uma categoria "própria" – o que quer dizer, na trajetória da real codificação – tais considerações *ad hoc* têm prioridade irremediável sobre os tão falados critérios "necessários e suficientes". Não é o caso de os critérios "necessários e suficientes" serem procedimentalmente definidos pelas instruções de codificação. Nem é o caso de práticas *ad hoc*, tais como "*et cetera*", ou "deixa pra lá", serem controladas ou eliminadas em sua presença, uso, número ou ocasiões de uso, tornando instruções de codificação tão precisas quanto possível. Em vez disso, considerações *ad hoc* são consultadas pelos codificadores e práticas de *ad hocação* são utilizadas de modo a reconhecer aquilo sobre o que as instruções estão definitivamente falando. Considerações *ad hoc* são consultadas pelos codificadores, de modo a reconhecer instruções de codificação como "definições operacionais" de categorias de codificação. Elas operam como fundamentos e como métodos para apresentar e assegurar que as reivindicações dos pesquisadores foram codificadas de acordo com critérios "necessários e suficientes".

A *ad hocação* ocorre (sem, acredito eu, qualquer possibilidade de solução) sempre que o codificador assume a posição de membro socialmente competente do arranjo cujo relato ele busca montar, e quando, a partir dessa "posição", ele trata os conteúdos reais dos prontuários como postos em uma relação de significação de confiança para com o "sistema" nas atividades clínicas. É por assumir a "posição" de membro competente em relação aos arranjos cujo relato ele busca realizar que o codificador pode "ver o sistema" no conteúdo real do prontuário. Isso ele faz de um jeito algo parecido com o de alguém precisar conhecer as formas metódicas do uso do inglês, de modo a reconhecer uma elocução como uma palavra-em-inglês ou saber as regras de um jogo para entender um movimento-em-um-jogo, dado que maneiras alternativas de entender uma elocução ou um jogo de tabuleiro são sempre imagináveis. Por isso, o codificador reconhece o conteúdo do prontuário por "aquilo que ele realmente é" ou pode "ver sobre o que uma nota na pasta 'está verdadeiramente falando'".

Isso posto, se o codificador deve ser convencido de que ele detectou uma verdadeira ocorrência clínica, ele deve tratar os conteúdos reais dos prontuários como representantes permanentes da ordem-social-nas-e-das-atividades-clínicas. Os conteúdos reais dos prontuários se apresentam, para as maneiras ordenadas das atividades clínicas, como *representações* deles; eles não descrevem a ordem, nem são evidências da ordem. É o uso que o codificador faz dos documentos do prontuário como *funções-de-sinais* para o que quero chamar a atenção ao dizer que o codificador deve conhecer a ordem das atividades dos clínicos para as quais ele está olhando, de modo a reconhecer o conteúdo real como uma aparência-de-ordem. Uma vez que o codificador pode "ver o sistema" no conteúdo, é possível para o codificador estender e, fora isso, interpretar as instruções de codificação – para *ad hocá-las* – de forma a manter a relevância das instruções de codificação para os conteúdos reais e, dessa maneira, formular o sentido do conteúdo real de forma que seu significado, mesmo que transformado pela codificação, seja preservado aos olhos do codificador como um evento verdadeiro das atividades reais da clínica.

Há diversas consequências importantes:

(1) De forma característica, os resultados codificados seriam tratados como se fossem descrições desinteressadas de eventos clínicos, e as regras de codificação, presumidamente, sustentam a reivindicação de descrição desinteressada. Mas se o funcionamento da *ad hocação* é necessário para tornar tais reivindicações inteligíveis, pode-se sempre argumentar – e até agora não vi uma resposta defensável – que os resultados codificados consistem em uma versão persuasiva do caráter socialmente organizado das operações da clínica, independente de qual seja a ordem real, e mesmo sem que o investigador tenha detectado a ordem real. Em vez de nosso estudo das carreiras clínicas dos pacientes (assim como de grande quantidade de estudos dos vários arranjos sociais que têm sido realizados de forma igualmente convencional) ter descrito a ordem das operações da clínica, pode-se argumentar que o relato consiste em uma maneira socialmente inventada, persuasiva e própria de falar sobre a clínica como um empreendimento ordenado, já que "afinal de contas" o relato foi produzido por "procedimentos científicos". O relato seria ele próprio parte da ordem real das operações da clínica, de maneira muito semelhante à de alguém que trata o relato de uma pessoa sobre suas próprias atividades como uma característica de suas atividades. *A ordem real ficaria por ser descrita.*

(2) Outra consequência aparece quando perguntamos o que deve ser feito do cuidado que, não obstante, é tão assiduamente exercido no desenho e no uso de instruções de codificação para interrogar os conteúdos reais e transformá-los em linguagem da

planilha de codificação? Se o relato resultante é ele próprio uma característica das atividades dos clínicos, então talvez não se deva ler as instruções de codificação como uma maneira de obter uma descrição científica das atividades dos clínicos, já que esta presume que a linguagem de codificação, naquilo *sobre* o que está falando, é independente dos interesses dos membros que estão sendo servidos ao usá-la. As instruções de codificação devem ser lidas, em vez disso, como consistindo em uma gramática de retórica; elas fornecem uma maneira à la "ciência social" de falar, de forma a induzir consenso e ação dentro das circunstâncias práticas das atividades diárias organizadas da clínica, cuja compreensão espera-se que os membros tenham por costume. Ao se referir a um relato da clínica que foi obtido seguindo-se as instruções de codificação, é possível para membros com interesses diferentes persuadirem uns aos outros e reconciliar suas falas sobre os acontecimentos da clínica de maneira impessoal, enquanto as questões *sobre* as quais se está verdadeiramente falando retêm seu sentido, para os "debatedores", como um estado de acontecimentos legítimo ou ilegítimo, desejável ou indesejável, vantajoso ou desvantajoso para os "participantes da discussão" em suas vidas ocupacionais. Ele fornece uma maneira impessoal de caracterizar seus acontecimentos, sem que os membros renunciem a importantes interesses organizacionalmente determinados sobre aquilo que o relato, aos seus olhos, é "afinal de contas". Aquilo do que trata é a ordem clínica cujas características verdadeiras, como qualquer membro sabe que todo o mundo sabe, nunca são da conta de mais-ninguém-naquela-organização.

Raciocínio sociológico prático: entendimento comum

Os sociólogos distinguem entre os significados do "produto" e do "processo" de um entendimento comum. Enquanto "produto", compreende-se que um entendimento comum consiste em uma concordância compartilhada sobre questões substantivas; enquanto "processo", ele consiste em vários métodos pelos quais algo que uma pessoa diz ou faz é reconhecido como estando de acordo com uma regra. Com seus conceitos de *Begreifen* e *Verstehen*, cada qual com seu caráter distinto enquanto método e conhecimento, Weber deu aos sociólogos a autoridade para essa distinção.

Uma análise das experiências de estudantes ao relatar conversas comuns sugere que, para qualquer dos casos, para "produto" ou "processo", um entendimento comum consiste em uma trajetória intratemporal de trabalho interpretativo. Suas experiências sugerem algumas consequências estranhas dos fatos de que, *em qualquer dos casos*, um entendimento comum tem necessariamente uma estrutura operacional.

No capítulo 2 é apresentada uma pesquisa, na qual estudantes deveriam relatar conversas comuns, escrevendo, no lado esquerdo de uma folha de papel, o que as partes realmente disseram e, no lado direito, o que eles e seus colegas entenderam que eles estavam falando. A seguinte conversa é relatada aqui.

MARIDO	Dana conseguiu pôr uma moeda no parquímetro hoje sem precisar ser levantado.	*Esta tarde, ao trazer Dana, nosso filho de 4 anos, da creche para casa, ele conseguiu alcançar alto o suficiente para pôr uma moedinha dentro de um parquímetro, quando estacionamos numa zona de parquímetros, enquanto que antes ele sempre tinha que ser levantado para conseguir alcançar aquela altura.*
ESPOSA	Você levou ele à loja de discos?	*Já que ele pôs um centavo no parquímetro, isso quer dizer que você parou enquanto ele estava com você. Eu sei que você parou na loja de discos no caminho de ida para a creche ou no caminho de volta. Foi no caminho de volta, de forma que ele estava com você, ou você parou lá a caminho da creche e em outro lugar no caminho de volta?*
MARIDO	Não. Ao sapateiro.	*Não. Parei na loja de discos a caminho da creche e parei no sapateiro a caminho de casa, quando ele estava comigo.*
ESPOSA	Para quê?	*Conheço uma razão pela qual você poderia ter parado no sapateiro. Qual foi o motivo, de fato?*
MARIDO	Comprei cadarços novos para os meus sapatos.	*Como você deve lembrar, eu arrebentei um dos cadarços dos meus sapatos marrons no outro dia, então eu parei lá para comprar cadarços novos.*
ESPOSA	Seus mocassins precisam de saltos novos urgentemente.	*Pensei em outra coisa que você poderia ter feito lá. Poderia ter levado seus mocassins pretos que precisam urgentemente de novos saltos. É melhor cuidar logo disso.*

 Os estudantes preencheram o lado esquerdo da folha, rápida e facilmente, mas acharam o lado direito incomparavelmente mais difícil. Quando a tarefa foi passada, muitos perguntaram o quanto eu queria que eles escrevessem. À medida que eu progressivamente impunha precisão, clareza e distinção, a tarefa ia se tornando cada vez mais laboriosa. Finalmente, quando pedi que eles presumissem que eu saberia do que eles realmente estavam falando apenas lendo literalmente o que escreveram, eles desistiram de reclamar que a tarefa era impossível.

 Embora suas reclamações tivessem a ver com a laboriosidade de se ter que escrever "mais", o frustrante "mais" não era composto do grande trabalho de ter que reduzir uma montanha com baldes. Eles não reclamavam que aquilo sobre o que se falava consistia em conteúdos amarrados, tornados tão vastos pelo pedantismo, que lhes faltaria tempo, força, papel, garra, bom-senso suficientes para escrever "tudo sobre o assunto". Ao invés disso, a reclamação e suas circunstâncias pareciam consistir no seguinte: *se*, para o que quer que um estudante escrevesse, eu fosse capaz de persuadi-lo de que aquilo não estava ainda preciso, distinto ou claro o bastante, e *se* ele continuasse querendo consertar a ambiguidade, então ele voltaria à tarefa com a reclamação de que a escrita em si desenvolvia a conversa como uma textura ramificada de questões relevantes. A própria *maneira* de realizar a tarefa multiplicava suas características.

Que tarefa tinha eu passado para eles que requeria que eles escrevessem "mais", tal que a imposição progressiva de precisão, clareza e literalidade tornava-a cada vez mais difícil e finalmente impossível, e tal que a maneira de realizar a tarefa multiplicava suas características? Se um entendimento comum consistisse em concordância compartilhada sobre questões substantivas, a tarefa deles teria sido idêntica à de sociólogos profissionais. A tarefa teria sido resolvida, como a solução que sociólogos profissionais estão aptos a propor, como se segue:

Os estudantes iriam primeiro distinguir entre *o que* foi dito e sobre *o que* se estava falando, e ajustar os dois conteúdos numa correspondência entre signo e referente. *O que as partes disseram* seria tratado como uma versão esboçada, parcial, incompleta, mascarada, elíptica, escondida, ambígua ou enganosa *do que as partes falavam*. A tarefa consistiria em preencher o esboço do que foi dito. Aquilo que foi falado consistiria em conteúdos elaborados e correspondentes daquilo que as partes disseram. Assim, o formato das colunas da esquerda e da direita estaria de acordo com o "fato" de que os conteúdos do que foi dito eram registráveis, ao se escrever o que o gravador captasse. A coluna da direita exigiria que algo "mais" fosse "adicionado". Por ser o esboço do que foi dito o seu defeito, seria necessário para os estudantes que olhassem para algum outro lugar diferente do que foi dito de modo a: (a) encontrar os conteúdos correspondentes e (b) encontrar os fundamentos para discutir – porque eles precisariam discutir – a correção da correspondência. Por estarem relatando a conversa real de pessoas específicas, eles buscariam esses outros conteúdos naquilo que os interlocutores tinham "em mente", ou naquilo que eles estavam "pensando", ou naquilo em que "acreditavam", ou o que eles "tencionavam". Além disso, eles precisariam ter certeza (alguém precisaria dar-lhes a certeza) de que haviam detectado o que os interlocutores realmente, e não suposta, hipotética, imaginada ou possivelmente tinham em mente. Quer dizer, eles precisariam citar ações observadas – maneiras observadas por meio das quais – de modo a fornecer fundamentos para a reivindicação de "realmente". Essa segurança seria obtida buscando-se estabelecer a presença, no relacionamento dos interlocutores, de virtudes garantidoras tais como eles terem falado honesta, aberta, cândida e sinceramente, e outras coisas semelhantes. Tudo isso para dizer que os estudantes invocariam seus conhecimentos da comunidade de entendimentos e seus conhecimentos das concordâncias compartilhadas para indicar a adequação de seus relatos do que as partes estavam falando, ou seja, o que as partes entendiam em comum. Então, para qualquer coisa que os estudantes escrevessem, eles poderiam presumir que eu, enquanto comembro competente da mesma comunidade (as conversas eram afinal de contas comuns), deveria ser capaz de enxergar a correspondência e seus fundamentos. Se eu não enxergasse a correspondência ou se eu compreendesse os conteúdos de forma diferente da deles, então, contanto que eles pudessem continuar a presumir minha competência – ou seja, contanto que minhas interpretações alternativas não destruíssem meu direito de reivindicar que tais alternativas precisavam ser levadas a sério por eles e por mim –, os estudantes poderiam compreender que eu estava insistindo para que me fornecessem detalhamento mais refinado do que as considerações práticas pediam. Nesse caso, eles teriam me acusado de pedantismo cego e deveriam ter reclamado que, porque "qualquer um pode enxergar" quando, para todos os fins práticos, bastante é o bastante, ninguém é tão cego quanto aqueles que não querem enxergar.

Essa versão da tarefa deles explica a razão de suas reclamações de ter que escrever "mais". Isso também explica a razão da crescente laboriosidade, quando clareza e coisas semelhantes foram progressivamente impostas. Mas isso não explica muito bem a razão da impossibilidade final, pois explica uma faceta da "impossibilidade" da tarefa como a relutância dos estudantes em ir adiante, mas não explica o sentido concomitante, qual seja, o de que os estudantes viam de alguma forma que sua tarefa era, em princípio, irrealizável. Finalmente, essa versão da tarefa deles não explica de forma alguma a reclamação que faziam de que a maneira de realizar a tarefa multiplicava suas características.

Uma concepção alternativa da tarefa pode nos servir melhor. Embora a princípio possa parecer estranho fazê-lo, suponha que descartemos a suposição de que, de modo a descrever um uso como uma característica de uma comunidade de entendimentos, devamos logo de início saber em que os entendimentos comuns substantivos consistem. Junto com isso, descarte a Teoria dos Signos que acompanha a suposição, de acordo com a qual um "signo" e um "referente" são, respectivamente, propriedades de algo dito e algo falado, e que, dessa forma, propõe que signo e referente estão relacionados como conteúdos correspondentes. Ao descartar tal Teoria dos Signos, nós descartamos também, por consequência, a possibilidade de que uma concordância compartilhada sobre questões substantivas explique seu uso.

Se essas noções forem descartadas, então aquilo sobre o que as partes falaram não poderia ser distinguido de *como* as partes estavam falando. Uma explicação sobre o que as partes estavam falando consistiria completamente, então, em descrever como as partes estavam falando; em fornecer um método para dizer o que quer que deva ser dito, como falar usando sinônimos, falar ironicamente, falar metaforicamente, falar de forma crítica, falar narrativamente, falar de uma maneira questionadora ou como resposta, mentir, explicar, jogar com as palavras, e todo o resto.

Em vez de, e em contraste com, um interesse pela diferença entre *o que* foi dito e *sobre o que* foi falado, a diferença apropriada é entre o reconhecimento de uma comunidade linguística de que uma pessoa está dizendo algo, ou seja, de que estava *falando*, de um lado, e de *como* estava, de outro lado. Então, o sentido reconhecido do que uma pessoa disse consiste apenas e completamente em reconhecer o método de sua fala, em *ver como ela falou*.

Sugiro que não se leia a coluna da direita como conteúdos correspondentes da coluna da esquerda, e que a tarefa dos alunos de explicar o que os interlocutores falaram não os envolva na elaboração dos conteúdos do que os interlocutores disseram. Sugiro, em vez disso, que suas explicações escritas consistiam em suas tentativas de me instruir sobre como usar aquilo que as partes disseram como um método para enxergar o que os interlocutores disseram. Sugiro que eu tenha pedido aos estudantes para me fornecer instruções para reconhecer o que as partes estavam real e certamente dizendo. Ao persuadi-los de "interpretações alternativas", ao insistir que havia ainda ambiguidade, eu os persuadira de que eles tinham demonstrado a mim apenas o que as partes estavam supostamente – ou provavelmente, ou imaginavelmente, ou hipoteticamente – dizendo. *Eles entenderam que isso queria dizer que suas instruções estavam incompletas; que suas demonstrações falharam na medida em que suas instruções estavam incompletas; e que a diferença entre reivindicações de "realmente" ou "supostamente" dependiam da completude de suas instruções.*

Vemos agora qual foi a tarefa que exigiu que eles escrevessem "mais", que achassem que ela era cada vez mais difícil e, finalmente, impossível, e que se tornou elaborada em suas características pelos mesmos procedimentos empregados para fazê-la. Eu lhes havia passado a tarefa de formular essas instruções de modo a torná-las "cada vez mais" precisas, claras, distintas e, finalmente, literais, onde os significados de "cada vez mais" e de clareza, precisão, distinção e literalidade foram supostamente explicados em termos das propriedades das instruções em si e apenas das instruções. Eu havia solicitado deles que aceitassem a tarefa impossível de "reparar" a incompletude essencial de qualquer conjunto de instruções, não importando o quão cuidadosa ou elaboradamente elas pudessem ter sido escritas. Eu havia solicitado deles que formulassem um método que as partes tinham usado ao falar como regras de procedimento a seguir, de modo a dizer aquilo que as partes disseram, regras que resistiriam a todas as exigências de situação, imaginação e desenvolvimento. Eu havia pedido que descrevessem os métodos de falar empregados pelas partes como se esses métodos fossem isomórficos, com ações em estrita conformidade com a regra de procedimento que formulou o método como questão passível de instrução. Reconhecer o que é dito significa reconhecer como a pessoa está falando, ou seja, reconhecer que a esposa, ao dizer "seus sapatos estão precisando urgentemente de saltos", estava falando narrativa, ou metafórica, ou eufemisticamente, ou em sentido duplo.

Eles se defrontaram com o fato de que a questão de como uma pessoa está falando, a tarefa de descrever os métodos de fala de uma pessoa não é satisfeito por, e não é o mesmo que, mostrar que o que ela fala está de acordo com a regra de demonstrar a consistência, compatibilidade e coerência de significados.

Para a conduta de seus afazeres cotidianos, as pessoas tomam como dado que o que é dito será compreendido de acordo com métodos que as partes usam para compreender o que elas estão dizendo em razão do seu caráter claro, consistente, coerente, compreensível ou engenhoso, ou seja, como sujeito a alguma jurisdição de regras – em uma palavra, como racional. Ver o "sentido" do que é dito é estar de acordo com o caráter "de regra" do que foi dito. "Acordo compartilhado" refere-se aos vários métodos sociais para lograr o reconhecimento do membro de que algo foi dito-de-acordo-com-uma-regra, e não conforme um acordo demonstrável sobre questões substantivas. A imagem apropriada de um entendimento comum é, assim, uma operação, mais do que a interseção comum de conjuntos que se sobrepõem.

Uma pessoa fazendo sociologia, seja sociologia leiga ou profissional, pode tratar um entendimento comum como dado concordância compartilhada sobre questões substantivas ao tomar como dado que, aquilo que é dito será compreendido de acordo com métodos que não precisam ser especificados, o que quer dizer que precisam apenas ser especificados em ocasiões "especiais".

Dado o caráter de descoberta daquilo que o marido e a esposa estavam falando, seu caráter reconhecível para ambos acarretava o uso pelos dois e a atribuição de um para o outro de trabalho pelo qual o que era dito é ou terá sido entendido como tendo estado de acordo com sua relação na interação como uma regra invocável de sua concordância, como um esquema gramatical utilizado intersubjetivamente para analisar a fala um do outro, cujo uso estabelecia que eles iam entender um ao outro, de forma que eles seriam entendidos. Tal regra estabelece que nenhum dos dois tinha o direito de evocar o outro para especificar como isso era feito; nem que um dos dois podia reivindicar que o outro necessitava de se explicar.

Em resumo, um entendimento comum, acarretando tal como faz uma trajetória temporal "interna" de trabalho interpretativo, necessariamente possui uma estrutura operacional. Para o analista, desconsiderar essa estrutura operacional é usar conhecimento de senso comum da sociedade exatamente da mesma forma como membros o utilizam quando precisam decidir o que as pessoas estão verdadeiramente fazendo ou sobre o que elas estão realmente "falando", ou seja, usar conhecimento de senso comum das estruturas sociais tanto como um tópico quanto como um recurso de investigação. Uma alternativa seria atribuir prioridade exclusiva ao estudo dos métodos de ações combinadas e dos métodos de entendimento comum. Não um método de entendimento, mas incontáveis métodos de entendimento são fenômenos próprios do sociólogo profissional e, até o momento, não estudados e críticos. Sua grande quantidade é indicada na lista interminável de maneiras pelas quais as pessoas falam. Alguma indicação de seu caráter e de suas diferenças aparece nos entendimentos socialmente disponíveis de uma grande quantidade de funções do signo, tais como quando marcamos, rotulamos, simbolizamos, emblematizamos, fazemos criptogramas, analogias, indicações, miniaturizações, imitações, zombarias, simulações – em resumo, quando reconhecemos, utilizamos e produzimos as maneiras metódicas das situações culturais a partir de "dentro" dessas situações[9].

Políticas

Que ações práticas são problemáticas de maneiras até agora não vistas; como elas são problemáticas; como torná-las acessíveis a estudo; o que podemos aprender com elas – estas são as tarefas propostas. Eu uso o termo "etnometodologia" para me referir ao estudo de ações práticas de acordo com políticas tais como as seguintes, e aos fenômenos, questões, achados e métodos que acompanham seus usos.

(1) Um domínio infinitamente amplo de situações apropriadas pode ser estabelecido se for utilizada uma política de pesquisa, que, *não importa qual ocasião*, seja examinada pela característica de que "escolha", dentre alternativas de sentido, de facticidade, de objetividade, de causa, de explicação, de comunalismo *de ações práticas* é um projeto das ações dos membros. Tal política estabelece que investigações de todo tipo que se possa imaginar, da adivinhação à física teórica, reivindicam nosso interesse enquanto práticas engenhosas socialmente organizadas. Que as estruturas sociais das atividades cotidianas forneçam contextos, objetos, recursos, justificações, tópicos problemáticos etc. às práticas e produtos das investigações estabelece a elegibilidade de nosso interesse por toda maneira de fazer investigações, sem exceção.

Nenhuma investigação pode ser excluída, não importa onde ou quando ocorra, não importa o quão vasto ou trivial seja seu alcance, organização, custo, duração, consequências, quaisquer que sejam seus sucessos, sua reputação, sua filosofia ou seus filósofos. Os procedimentos e resultados de feitiçaria, adivinhação, matemática, sociologia – sejam feitos por leigos ou profissionais – são tratados de acordo com a política de que toda característica de sentido, de fato, de método, para todo caso específico de investigação, sem exceção, é a realização gerenciada de situações organizadas de ações práticas, e de que determinações específicas nas práticas dos membros de consistência, engenhosidade, relevância ou reprodutibilidade de suas práticas e resultados – da feitiçaria à topologia – são adquiridas e asseguradas apenas por meio de organizações específicas e localizadas de práticas engenhosas.

(2) Os membros de um arranjo organizado estão continuamente engajados em ter que decidir, reconhecer, induzir ou tornar evidente o caráter racional, isto é, coerente, ou consistente, ou escolhido, ou engenhoso, ou efetivo, ou ordenado, ou instruído de atividades de suas investigações, tais como contar, criar gráficos, interrogar,

colher amostras, registrar, relatar, planejar, tomar decisão e todo o resto. Não é satisfatório descrever como procedimentos investigativos reais, enquanto características dos afazeres ordinários e organizados dos membros, são realizados pelos membros como ações reconhecidamente racionais *em ocasiões reais* de circunstâncias organizacionais dizendo que os membros invocam alguma regra para com ela definir o caráter coerente ou consistente ou engenhoso, ou seja, racional de suas atividades reais. Nem é satisfatório propor que as propriedades racionais das investigações dos membros são produzidas pela conformidade desses membros com as regras de investigação. Em vez disso, "demonstração adequada", "relatório adequado", "evidência suficiente", "fala simples", "dar muita importância ao registro", "inferência necessária", "quadro de alternativas restritas", em resumo, todo tópico de "lógica" e "metodologia", incluindo também estes dois títulos, são explicações para fenômenos organizacionais. Esses fenômenos são realizações contingentes de organizações de práticas comuns e, enquanto realizações contingentes, estão disponíveis de várias maneiras para os membros como normas, tarefas, problemas. Apenas dessa forma, mais do que como categorias invariantes ou princípios gerais, eles definem "a investigação e o discurso adequados".

(3) Assim, uma política condutora *é* recusar considerações sérias à proposta predominante de que eficiência, eficácia, efetividade, inteligibilidade, consistência, engenhosidade, tipicalidade, uniformidade, reprodutibilidade de atividades – ou seja, as propriedades racionais de atividades práticas – sejam avaliadas, reconhecidas, categorizadas, descritas pela utilização de uma regra ou de um padrão obtido fora de situações reais dentro das quais tais propriedades são reconhecidas, utilizadas, produzidas e comentadas por membros das situações. Todos os procedimentos pelos quais propriedades lógicas e metodológicas das práticas e resultados de investigações são avaliados em suas características gerais são, por regra, de interesse enquanto *fenômenos* para o estudo etnometodológico, mas não o contrário. Atividades práticas organizadas estruturalmente discrepantes da vida cotidiana devem ser encontradas e examinadas em busca da produção, origens, reconhecimento e representações das práticas racionais. Todas as propriedades "lógicas" e "metodológicas" da ação, toda característica de sentido, facticidade, objetividade, relatabilidade, comunalismo de uma atividade devem ser tratadas como realização contingente de práticas comuns socialmente organizadas.

(4) É recomendada a política de que qualquer situação social seja vista como auto-organizadora com respeito ao caráter inteligível de seus próprios aparecimentos, tanto como representações ou como evidências-de-uma-ordem-social. Qualquer situação organiza suas atividades para tornar suas propriedades, enquanto ambiente organizado de atividades práticas, detectável, contável, registrável, narrável, historiável, analisável – em resumo, *relatável*.

Arranjos sociais organizados são compostos por vários métodos para realizar a relatabilidade das formas organizacionais de uma situação como um empreendimento concertado. Toda reivindicação feita por praticantes de efetividade, clareza, consistência, engenhosidade ou eficiência, e toda consideração por evidência, demonstração, descrição ou relevância adequadas obtêm seu caráter como um *fenômeno* da busca corporativa desse empreendimento e das maneiras pelas quais vários ambientes organizacionais, por causa de suas características enquanto organizações de atividades, "sustentam", "facilitam", "resistem" etc. a esses métodos para tornar seus afazeres questões-relatáveis-para-todos-os-fins-práticos.

Exatamente da mesma forma como uma situação é organizada, ela *consiste* nos métodos dos membros para tornarem evidentes as formas dessa situação como conexões claras, coerentes, engenhosas, consistentes, escolhidas, conhecíveis, uniformes, conexões reproduzíveis – ou seja, conexões racionais. Exatamente da mesma forma como pessoas são membros de acontecimentos organizados, elas estão engajadas em trabalho sério e prático de detectar, demonstrar, persuadir por meio de imagens nas ocasiões ordinárias de suas interações os aparecimentos de arranjos consistentes, coerentes, claros, escolhidos, engenhosos. Exatamente da mesma maneira como uma situação é organizada, ela *consiste em* métodos pelos quais seus membros são abastecidos com relatos da situação como eventos contáveis, historiáveis, proverbiais, comparáveis, imagináveis, representáveis – ou seja, relatáveis.

(5) Todo tipo de investigação, sem exceção, consiste em práticas engenhosas organizadas pelas quais as propriedades racionais de provérbios, conselhos parcialmente formulados, descrições parciais, expressões elípticas, observações passageiras, fábulas, contos morais e coisas semelhantes são tornados evidentes, são demonstrados. As propriedades racionais demonstráveis de expressões e de ações indexicais são uma realização contínua das atividades organizadas da vida cotidiana. Aqui está o cerne da questão. A produção gerenciada desse fenômeno em todos os aspectos, a partir de todas as perspectivas e em todos os estágios, retém o caráter, para os membros, de tarefas práticas sérias, sujeitas a todas as exigências da conduta organizacionalmente situada. Cada um dos capítulos, neste volume, de uma maneira ou de outra, recomenda aquele fenômeno para a análise sociológica profissional.

Notas

1. HELMER, O. & RESCHER, N. *On the Epistemology of the Inexact Sciences* [P-1513]. Santa Monica, Cal.: Rand Corporation, 13/10/1958), p. 8-14.
2. Apud FARBER, M. *The Foundation of Phenomenology*. Cambridge, Mass.: Harvard University Press, 1943, p. 237-238.
3. RUSSELL, B. *Inquiry into Meaning and Truth*. Nova York: W.W. Norton, 1940, p. 134-143.
4. GOODMAN, N. *The Structure of Appearance*. Cambridge, Mass.: Harvard University Press, 1951, p. 287-298.
5. As referências a seguir contêm relatórios sobre o procedimento de "autópsia psicológica" desenvolvido no Centro de Prevenção ao Suicídio de Los Angeles: CURPHEY, T.J. "The Forensic Pathologist and the

Multi-Disciplinary Approach to Death". In: SHNEIDMAN, E.S. (ed.). *Essays in Self-Destruction*. International Science Press, 1967. • CURPHEY, T.J. "The Role of the Social Scientist in the Medico-Legal Certification of Death from Suicide". In: FARBEROW, N.L. & SHNEIDMAN, E.S. (ed.). *The Cry for Help*. Nova York: McGraw-Hill. • SHNEIDMAN, E.S. & FARBEROW, N.L. "Sample Investigations of Equivocal Suicidal Deaths". In: *The Cry for Help*. • LITMAN, R.E.; CURPHEY, T.J.; SHNEIDMAN, E.S.; FARBEROW, N.L. & TABACHNICK, N.D. "Investigations of Equivocal Suicides". *Journal of the American Medical Association*, 184, 1963, p. 924-929. • SHNEIDMAN, E.S. "Orientations Toward Death: A Vital Aspect of the Study of Lives". In: WHITE, R.W. (ed.). *The Study of Lives*. Nova York: Atherton, 1963 [reimpr. em *International Journal of Psychiatry*, 2, 1966, p. 167-200].

6. As combinações possíveis incluem as seguintes: morte natural; acidente; suicídio; homicídio; possível acidente; possível suicídio; possível morte natural; (entre) acidente ou suicídio, não determinado; (entre) morte natural ou suicídio, não determinado; (entre) morte natural ou acidente, não determinado; e (entre) morte natural ou acidente ou suicídio, não determinado.

7. KRAMER, M.; GOLDSTEIN, H.; ISRAEL, R.M. & JOHNSON, N.A. "Applications of Life Table Methodology to the Study of Mental Hospital Populations". *Psychiatric Research Reports of the American Psychiatric Association*, jun./1956, p. 49-76.

8. O modelo de David Harrah de um jogo de combinar-informações foi usado para definir o significado de "método atuarial estrito de interrogatório. Cf. HARRAH, D. "A Logic of Questions and Answers". Philosophy of Science, 28, n. 1, jan./ 1961, p. 40-46.

9. Esta nota foi provocada pela observação de Monroe Beardsley em "The Metaphorical Twist" ("A virada metafórica"), 1962, dando a entender que não decidimos que uma palavra é usada metaforicamente porque sabemos o que uma pessoa está pensando; antes, sabemos o que ela está pensando porque vemos que uma palavra é usada metaforicamente. Tomando a poesia como base, Beardsley aponta que "as pistas desse fato devem de alguma forma estar no próprio poema, ou raramente seríamos capazes de ler poesia".

2 Estudos dos fundamentos rotineiros das atividades cotidianas

O problema

Para Kant, a ordem moral "interior" era um impressionante mistério; para os sociólogos, a ordem moral "exterior" é um mistério técnico. Do ponto de vista da teoria sociológica, a ordem moral consiste nas atividades cotidianas regidas por regras. Os membros de uma sociedade encontram e conhecem a ordem moral como cursos de ação percebidos como normais – cenas familiares de afazeres cotidianos, o mundo da vida cotidiana, conhecido junto com os outros e com eles tomado como dado.

Eles se referem a este mundo como "os fatos naturais da vida", os quais, para os membros, são, do princípio ao fim, os fatos morais da vida. Para os membros, não só é assim para as cenas familiares, mas é assim porque é moralmente certo ou errado que eles sejam assim. As cenas familiares das atividades cotidianas, tratadas pelos membros como "fatos naturais da vida", são uma massa de fatos da existência diária dos membros, tanto como um mundo real quanto como um produto de atividades em um mundo real. Elas fornecem o "remendo", o "é isso" através dos quais se retorna ao estado de vigília, e elas são o ponto de partida e de retorno para cada modificação do mundo da vida cotidiana, que é realizado no jogo, no sonho, no transe, no teatro, na teorização científica ou em grandes cerimônias.

Em cada disciplina, humanística ou científica, o mundo familiar do senso comum da vida cotidiana é uma questão de interesse contínuo. Nas ciências sociais e na sociologia, especialmente, é um objeto de preocupação essencial. Esse mundo constitui o objeto problemático da sociologia, ele entra na própria constituição da atitude sociológica e exerce uma estranha e obstinada soberania sobre as reivindicações dos sociólogos de explicá-lo adequadamente.

Apesar da centralidade desse tópico, a imensa literatura contém poucos dados e poucos métodos através dos quais as características essenciais das "cenas familiares" socialmente reconhecidas podem ser detectadas e relacionadas a dimensões da organização social. Embora os sociólogos tomem cenas estruturadas da vida cotidiana como ponto de partida, eles raramente veem[1], como tarefa de investigação sociológica em si, a questão geral de como é possível um tal mundo de senso comum. Ao invés disso, a possibilidade do mundo cotidiano ou é estabelecida por representação teórica, ou meramente assumida. Como tópico e base metodológica para investigações sociológicas, a definição do mundo de senso comum da vida cotidiana tem sido negligenciada, apesar de ser um projeto apropriado para a investigação sociológica. Meus propósitos, neste capítulo, são demonstrar a relevância essencial, para as investigações sociológicas, do interesse pelas atividades de senso comum como tópico de estudo em si, e, ao relatar uma série de estudos, conclamar sua "redescoberta".

Tornando visíveis as cenas comuns

Para relatarem as características estáveis das atividades cotidianas, é comum os sociólogos selecionarem cenários familiares, tais como casas de família ou locais de trabalho, e indicarem as variáveis que contribuem para suas características estáveis. Assim como de costume, um conjunto de considerações não é examinado: as características contextuais socialmente padronizadas e padronizantes, "vistas, mas não notadas", esperadas das cenas cotidianas. O membro da sociedade usa as expectativas contextuais como esquema de interpretação. Ao usá-las, as aparências reais são reconhecidas e entendidas por eles como sendo aparências-de-eventos-familiares. É possível demonstrar que o membro responde a esse contexto, mas, ao mesmo tempo, não consegue dizer especificamente em que consistem essas expectativas. Quando o perguntamos sobre elas, ele tem pouco ou nada a dizer.

Para que essas expectativas contextuais se tornem visíveis, é necessário, ou estranhar o caráter de "vida normal" das cenas cotidianas, ou tornar-se estranho a essas cenas. Como Alfred Schutz mostrou, é necessário que haja um "motivo especial" para fazê-las se tornarem problemáticas. No caso dos sociólogos, esse "motivo especial" consiste na tarefa programática de se tratar como questão de interesse teórico as circunstâncias práticas de um membro da sociedade, o que inclui o caráter moralmente necessário, do ponto de vista do membro, de muitas das características contextuais dessas circunstâncias. Os contextos vistos, mas não notados das atividades cotidianas, são tornados visíveis e descritos a partir de uma perspectiva em que as pessoas vivem as vidas que vivem, têm os filhos que têm, sentem os seus sentimentos, pensam os seus pensamentos, iniciam as relações que iniciam, tudo de modo a permitir que o sociólogo solucione seus problemas teóricos.

Praticamente sozinho entre os teóricos da sociologia, o último Alfred Schutz, em uma série de estudos clássicos[2] da fenomenologia constitutiva do mundo da vida cotidiana, descreveu muitas dessas expectativas contextuais vistas, mas não notadas. Ele as chamou de a "atitude da vida cotidiana". Ele se referia aos seus atributos cênicos, como o "mundo percebido em comum e tomado como dado". O trabalho fundamental de Schutz nos possibilita avançar mais nas tarefas de esclarecer sua natureza e seu modo de operação, de relacioná-las aos processos envolvidos nas ações concertadas e de atribuir-lhes o lugar em uma sociedade empiricamente imaginável.

Os estudos relatados neste capítulo tentam detectar algumas expectativas que dão às cenas comuns seu caráter familiar, de vida-como-de-costume, e também tentam relacioná-las às estruturas sociais estáveis das atividades cotidianas. Quanto aos procedimentos, prefiro começar com cenas familiares e perguntar o que pode ser feito para lhes causar perturbação. As operações que uma pessoa teria de executar para multiplicar as características sem sentido dos ambientes percebidos; para produzir e manter um estado de perplexidade, consternação e confusão; para produzir os afetos socialmente estruturados de ansiedade, vergonha, culpa e indignação; e para produzir uma interação desorganizada devem nos dizer algo sobre como as estruturas das atividades cotidianas são normal e rotineiramente produzidas e mantidas[3].

Deixo aqui um alerta. Apesar de sua ênfase em procedimentos, meus estudos não são, propriamente falando, experimentais. São demonstrações, criadas, nas palavras de Herbert Spiegelberg, como "apoio para a imaginação preguiçosa". Tenho constatado que eles produzem reflexos através dos quais a estranheza de um mundo obstinadamente familiar pode ser detectada.

Algumas características essenciais dos entendimentos comuns

Várias considerações indicam ser impossível que os entendimentos comuns sejam uma quantidade definida de concordância compartilhada entre pessoas sobre certos tópicos. Mesmo se os tópicos forem limitados em número e extensão e for perdoada cada dificuldade prática de avaliação, a noção de que estamos lidando com uma certa quantidade de concordância compartilhada permanece essencialmente incorreta. Isso pode ser demonstrado da seguinte forma.

Pediu-se que alunos relatassem conversas comuns, escrevendo do lado esquerdo de uma folha aquilo que as partes realmente falaram, e do lado direito aquilo que eles e os seus interlocutores entenderam sobre o que eles estavam dizendo. Um aluno relatou a seguinte conversa entre ele e a esposa.

MARIDO	Dana conseguiu pôr uma moeda no parquímetro hoje sem precisar ser levantado.	*Esta tarde, ao trazer Dana, nosso filho de 4 anos, da creche para casa, ele conseguiu alcançar alto o suficiente para pôr uma moedinha dentro de um parquímetro, quando estacionamos numa zona de parquímetros, enquanto que antes ele sempre tinha que ser levantado para conseguir alcançar aquela altura.*
ESPOSA	Você levou ele à loja de discos?	*Já que ele pôs um centavo no parquímetro, isso quer dizer que você parou enquanto ele estava com você. Eu sei que você parou na loja de discos no caminho de ida para a creche ou no caminho de volta. Foi no caminho de volta, de forma que ele estava com você, ou você parou lá a caminho da creche e em outro lugar no caminho de volta?*
MARIDO	Não. Ao sapateiro.	*Não. Parei na loja de discos a caminho da creche e parei no sapateiro a caminho de casa, quando ele estava comigo.*
ESPOSA	Para quê?	*Conheço uma razão pela qual você poderia ter parado no sapateiro. Qual foi o motivo, de fato?*
MARIDO	Comprei cadarços novos para os meus sapatos.	*Como você deve lembrar, eu arrebentei um dos cadarços dos meus sapatos marrons no outro dia, então eu parei lá para comprar cadarços novos.*
ESPOSA	Seus mocassins precisam de saltos novos urgentemente.	*Pensei em outra coisa que você poderia ter feito lá. Poderia ter levado seus mocassins pretos que precisam urgentemente de novos saltos. É melhor cuidar logo disso.*

Um exame do diálogo revela o seguinte: (a) houve muitas questões, sobre as quais os interlocutores entenderam o que estavam falando, mas que não chegaram a mencionar; (b) muitas questões entendidas pelos interlocutores foram entendidas com base não só naquilo que foi realmente dito, mas também naquilo que se deixou de dizer; (c) muitas questões foram entendidas por meio de um processo de se tratar a série temporal de elocuções como evidências documentais de uma conversa em desenvolvimento, ao invés de uma sequência de termos; (d) questões que ambos entenderam em comum só foram entendidas dentro de e através de um fluxo de tentativas de entendimento, que consistia em tratar um evento linguístico real como o "documento de", como "apontando para", como representando um padrão subjacente de questões que cada um dos interlocutores já havia suposto serem as questões sobre as quais a outra pessoa, pelo que havia dito, poderia estar falando. O padrão subjacente não só foi derivado de um fluxo de evidências documentárias individuais, mas as evidências documentárias, por sua vez, foram interpretadas com base "naquilo que era conhecido" e antecipadamente conhecível sobre os padrões subjacentes[4]. Um foi usado para elaborar o outro; (e) ao tratar as elocuções como eventos-na-conversa, cada parte fez referências à biografia e perspectivas da interação atual, os quais cada um usou e atribuiu ao outro como um esquema em comum de interpretação e expressão; (f) cada um esperava que algo a mais fosse dito, para que pudessem escutar o que havia sido conversado anteriormente, e cada um parecia disposto a esperar.

Os entendimentos comuns consistiriam em uma quantidade definida de concordância compartilhada, se os entendimentos comuns consistissem em eventos coordenados com as posições sucessivas dos ponteiros do relógio, ou seja, em eventos no tempo padrão. Os resultados anteriores, por lidarem com as falas no diálogo como eventos-na-conversa, requerem que mais de um parâmetro de tempo, no mínimo, seja necessário: o papel do tempo como sendo constitutivo da "questão sobre a qual se fala", como um evento em desenvolvimento e desenvolvido ao longo do curso da ação que o produziu, como se ambos, o processo e o produto, fossem conhecidos pelas partes *a partir do interior* deste desenvolvimento, por ambas as partes, cada uma por si, assim como uma em nome da outra.

O diálogo revela características adicionais. (1) Muitas de suas expressões são tais que seu sentido não pode ser decidido por um ouvinte, a não ser que ele saiba, ou presuma, algo sobre a biografia e os propósitos do falante, as circunstâncias da elocução, o curso anterior da conversa, ou a relação específica da interação real ou potencial que existe entre o usuário e o ouvinte. As expressões não têm um sentido que permanece idêntico ao longo das ocasiões mutáveis de seu uso. (2) Os eventos sobre os quais conversaram eram especificamente vagos. Eles não só deixam de enquadrar claramente um conjunto restrito de determinações possíveis, mas os eventos descritos incluem, como características essencialmente pretendidas e sancionadas, uma "franja" de determinações, que estão abertas no tocante a relações internas, relações com outros eventos e relações com possibilidades retrospectivas e prospectivas. (3) Para que uma expressão fosse razoável, cada um dos interlocutores, como ouvinte, tanto de suas próprias produções quanto das do outro, no momento em que elas ocorriam, tinham que assumir, para qualquer ponto atual alcançado da conversa, que, ao esperar por aquilo que ele ou a outra pessoa poderiam dizer depois, o significado presente daquilo que já havia sido dito seria esclarecido. Assim, muitas falas tinham a propriedade de serem realizadas e realizáveis progressivamente ao longo do curso posterior da conversa. (4) Dificilmente é necessário apontar que o sentido das expressões dependia do lugar onde a expressão ocorreu em ordem serial, do caráter expressivo dos termos que a compunham e da importância para os interlocutores dos eventos descritos.

Essas propriedades dos entendimentos comuns contrastam-se com as características que teriam, se desconsiderássemos seu caráter temporalmente constituído e, ao invés disso, as tratássemos como entradas pré-codificadas em um disco de memória, a serem consultadas como um conjunto definido de significados alternativos dentre os quais se escolheria, sob condições decididas anteriormente, que especificassem como, dentre um conjunto de formas alternativas, deveria se entender a situação na ocasião em que ocorresse a necessidade de se tomar uma decisão. Essas últimas propriedades pertencem estritamente ao discurso racional, uma vez que são idealizadas nas regras que definem uma prova lógica adequada.

Para *conduzirem suas atividades cotidianas*, as pessoas se recusam a permitir umas as outras que entendam "aquilo do que realmente estão falando" dessa forma. A antecipação de que as pessoas *irão* entender, a ocasionalidade das falas, a especial vagueza das referências, o sentido retrospectivo-prospectivo de uma ocorrência presente, a espera de algo posterior para se entender o que foi dito antes, são propriedades sancionadas do discurso comum. Elas fornecem um contexto de características vistas, mas não notadas do discurso comum, através do qual falas reais são reconhecidas como eventos de uma conversa comum, razoável, compreensível e simples. As pessoas necessitam dessas propriedades do discurso como condições, sob as quais a elas mesmas é concedido o direito e concedem aos outros o direito de afirmarem que conhecem aquilo sobre o que estão conversando e que aquilo que eles estão dizendo é compreensível e deve ser compreendido. Em resumo, a presença vista, mas não notada das propriedades é usada para dar às pessoas o direito de conduzirem suas conversas sem interferência. Afastamentos desse uso provocam tentativas imediatas de se restaurar o estado correto das coisas.

O caráter sancionado dessas propriedades é demonstrado da seguinte forma. Os alunos foram instruídos a iniciar uma conversa normal com um conhecido ou um amigo e, sem indicar que aquilo que o experimentador estava perguntando era de alguma forma incomum, insistir que a pessoa esclarecesse o sentido das observações de lugar-comum. Vinte e três alunos relataram vinte e cinco exemplos de conversas desse tipo. A seguir temos excertos típicos de seus relatos.

Caso 1

O sujeito estava contando ao experimentador, um membro do grupo de caronas do sujeito, sobre um pneu que havia furado a caminho do trabalho no dia anterior.

(S) Tive um pneu furado.

(E) Como assim, teve um pneu furado?

Ela pareceu ficar momentaneamente atordoada. Então, respondeu com hostilidade: "Como assim 'como assim'? Um pneu furado é um pneu furado. É exatamente isso o que eu quis dizer. Nada demais. Que pergunta maluca!"

Caso 2

(S) Olá, Ray. Como está sua namorada?

(E) Como assim, "como ela está"? Você quer dizer física ou mentalmente?

(S) Quero dizer 'como ela está se sentindo'? O que há com você? (Ele pareceu irritado.)

(E) Nada. Só explique melhor o que você quer dizer?

(S) Esquece. Como está indo seu processo de admissão para a faculdade de medicina?

(E) Como assim, "como está indo"?

(S) Você sabe o que quero dizer.

(E) Realmente não sei.

(S) O que há com você? Está doente?

Caso 3

"Na sexta à noite meu marido e eu estávamos assistindo televisão. Meu marido observou que estava cansado. Perguntei, 'Cansado como? Fisicamente, mentalmente ou está apenas entediado?"

(S) Não sei. Acho que é mais fisicamente.

(E) Você quer dizer que seus músculos ou seus ossos estão doendo?

(S) Acho que sim. Não seja tão técnica.

(Depois de assistir TV por mais algum tempo)

(S) Todos esses filmes antigos têm o mesmo tipo de cama feita de ferro.

(E) Como assim? Você quer dizer todos os filmes antigos, alguns deles, ou apenas os que você já viu?

(S) O que há com você? Você sabe o que quero dizer.

(E) Gostaria que você fosse mais específico.

(S) Você sabe o que quero dizer! Vá para o inferno!

Caso 4

Durante uma conversa (com a noiva do experimentador E), E questionou o significado de várias palavras usadas pelo sujeito...

> Durante o primeiro minuto e meio, o sujeito respondeu às perguntas como se fossem legítimas. Depois respondeu com "Por que está fazendo essas perguntas?" e repetia isso duas ou três vezes após cada pergunta. Ficou nervosa e agitada, sem conseguir... controlar os movimentos do rosto e das mãos. Ela

pareceu desnorteada e reclamou que eu a estava fazendo ficar nervosa e exigiu que eu "parasse"... O sujeito pegou uma revista e cobriu o rosto dela. Ela abaixou a revista e fingiu estar absorta. Quando perguntei por que ela estava olhando a revista, ela se calou e se negou a dizer qualquer coisa a mais.

Caso 5

Meu amigo me disse: "Apresse-se ou vamos chegar tarde". Perguntei a ele o que ele quis dizer com tarde e de que ponto de vista ele estava se referindo à palavra. Havia um olhar de perplexidade e cinismo no rosto dele. "Por que está fazendo perguntas tão tolas? Certamente não vou ter que explicar uma frase dessas. O que há de errado com você hoje? Por que eu deveria ter que parar e analisar uma frase dessas? Todo mundo entende o que eu digo e você não deveria ser nenhuma exceção!"

Caso 6

A vítima acenou alegremente.

(S) Como vai?

(E) Como vou em relação a quê? A minha saúde, as minhas finanças, aos meus trabalhos de escola, ao meu equilíbrio mental, ao meu...?

(S) (Com o rosto vermelho e subitamente descontrolado) Olhe aqui! Só estava tentando ser educado. Francamente, não ligo a mínima para como você vai.

Caso 7

Meu amigo e eu estávamos conversando sobre um homem, cuja atitude dominadora nos irritava. Meu amigo expressou o que estava sentindo.

(S) Estou de saco cheio dele.

(E) Você poderia me explicar o que deu em você para estar de saco cheio?

(S) Você está brincando? Você sabe o que quero dizer.

(E) Por favor, explique seu mal-estar.

(S) (Ele me ouvia com um olhar intrigado) O que deu em você? Nós nunca nos falamos assim, falamos?

Entendimentos contextuais e o reconhecimento "adequado" de eventos comuns

Que tipo de expectativas compõem um contexto "visto, mas não notado" de entendimentos comuns e como elas se relacionam com o reconhecimento de uma pessoa dos cursos estáveis de transações interpessoais? Algumas informações podem ser obtidas se primeiro nos perguntarmos de que forma uma pessoa irá olhar uma cena ordinária e familiar e o que ela irá ver nessa cena se pedirmos que ela não faça mais nada além de olhar a cena, como se ela fosse algo que, para a pessoa, ela "obviamente" e "realmente" não é.

A alunos de graduação foi atribuída a tarefa de ficarem de quinze minutos a uma hora observando as atividades em suas casas, enquanto fingiam que eram hóspedes. Foram instruídos a não demonstrarem que estavam representando um personagem. Trinta e três alunos relataram suas experiências.

Nos seus relatórios escritos os alunos "comportamentalizaram" as cenas domésticas. Aqui está um trecho de um dos relatos para ilustrar o que quero dizer.

> Um homem baixo e corpulento entrou na casa, me beijou no rosto e perguntou: "Como foi na escola"? Respondi educadamente. Ele entrou na cozinha, beijou a mais nova das duas mulheres, e disse olá para a outra. A mulher mais nova me perguntou: "O que você quer para o jantar, querida"? Respondi, "nada". Ela deu de ombros e não disse mais nada. A mulher mais velha andava pela cozinha murmurando. O homem lavou as mãos, sentou à mesa e pegou o jornal. Ele leu o jornal até as duas mulheres terminarem de pôr a comida à mesa. Os três se sentaram. Eles conversaram trivialmente sobre os acontecimentos do dia. A mulher mais velha disse algo em uma língua estrangeira que fez os outros rirem.

Pessoas, relações e atividades foram descritas sem considerar a sua história, o lugar que a cena tinha em um conjunto de circunstâncias de vida em desenvolvimento, ou as cenas como texturas de eventos relevantes para as partes envolvidas. Foram omitidas referências a motivos, à adequação, à subjetividade em geral e ao caráter socialmente padronizado dos eventos. As descrições podem ser consideradas como se fossem fornecidas por alguém que olha pelo buraco da fechadura, que ignora muito do conhecimento que ele tem em comum com os sujeitos sobre as cenas que ele está observando, como se quem escreveu as descrições tivesse presenciado as cenas sob os efeitos de uma amnésia branda, que afetasse seu conhecimento de senso comum das estruturas sociais.

Os alunos se surpreenderam de ver o quanto a forma como os membros se tratavam uns aos outros era pessoal. Os assuntos de um eram tratados como os assuntos dos outros. Quando uma pessoa que era criticada era incapaz de manter a linha, os outros a impediam de se ofender. Uma aluna relatou que ficou surpresa, ao perceber o quão livre era o seu acesso a casa. Manifestações de sentimentos e de condutas ocorreram sem nenhuma preocupação aparente em gerenciar as impressões causadas. Os modos à mesa eram ruins, e os membros da família demonstravam pouca polidez uns com os outros. Um acidente ocorrido pouco antes na cena foi a notícia do dia da família, que virou uma conversa trivial.

Os alunos relataram que essa forma de ver era difícil de sustentar. Objetos familiares – as pessoas, obviamente, mas também os móveis e disposição na sala – resistiam aos esforços dos alunos de pensar em si mesmos como estranhos. Muitos ficaram desconfortavelmente cientes de como movimentos habituais estavam sendo realizados, de *como* usavam os talheres de prata, de *como* se abria a porta ou se cumprimentava o outro membro. Muitos relataram ser a atitude difícil de sustentar, porque, com isso, discussões, brigas e motivações hostis tornavam-se patentemente visíveis. Com frequência, um relato que narrasse problemas recentemente visíveis era acompanhado pela afirmação do estudante de que seu relato dos problemas da família não traduzia a imagem "verdadeira"; a família era *realmente* uma família muito feliz. Diversos alunos relataram um sentimento moderadamente opressivo de "adequar-se a um papel". Diversos alunos tentaram formular o "verdadeiro eu" como atividades governadas pelas regras de conduta, mas desistiram por acharem que não valia a pena. Acharam mais convincente imaginar-se em circunstâncias "comuns" como "sendo seu verdadeiro eu". Não obstante, um aluno ficou intrigado com o tanto que ele, de forma deliberada e bem-sucedida, conseguia predizer as respostas dos outros às suas ações. Ele não se sentiu incomodado por esse sentimento.

Muitos relatos apresentaram uma variação do tema: "eu ficava feliz quando a hora do experimento terminava e eu podia retornar ao meu eu verdadeiro".

Os alunos estavam convencidos de que a visão a partir da atitude de hóspede não era seu verdadeiro ambiente familiar. A atitude de hóspede produziu impressões que eles desconsideravam por serem incongruências interessantes, de pouca e enganadora importância prática. Como foram alteradas as maneiras familiares de ver no ambiente de seus lares? Como o seu olhar diferia do olhar comum?

A partir de seus relatos, detectaram-se diversos contrastes entre o modo "comum" de ver e o "requerido" pelo experimento. (1) Ao olhar para seus lares como hóspede, eles substituíram a textura mutuamente reconhecida dos eventos por uma regra de interpretação que exigia que essa textura mútua fosse *temporariamente* desconsiderada. (2) A textura mutuamente reconhecida foi trazida sob a jurisdição da nova atitude como uma definição das estruturas essenciais dessa textura. (3) Isso foi feito por meio do engajamento na interação com os outros com uma atitude sobre cuja natureza e propósito apenas o usuário sabia, que permaneceu oculta, que podia tanto ser adotada ou colocada de lado no momento em que o usuário bem entendesse, e era uma questão de escolha voluntária. (4) A atitude como intenção foi sustentada como uma questão de submissão pessoal e voluntária a uma regra única e explícita, (5) na qual, como em um jogo, o objetivo da intenção era o mesmo que ver as coisas sob os auspícios da própria regra. (6) Acima de tudo, o olhar não estava condicionado a nenhuma necessidade de guiar seus próprios interesses no interior da atitude para com as ações dos outros. Essas foram as questões que os alunos acharam estranhas.

Quando os alunos usaram essas expectativas contextuais, não só como formas de ver as cenas familiares, mas também como base para agirem dentro delas, as cenas explodiram com perplexidade e raiva dos membros da família.

Em outro procedimento, pediu-se que os alunos passassem de quinze minutos a uma hora em suas casas imaginando que fossem hóspedes e também agindo como se fossem. Foram instruídos a agirem de forma circunspecta e educada. Deviam evitar intimidades, usar uma linguagem formal e falar apenas quando alguém falasse com eles.

Em nove dos quarenta e nove casos, os alunos ou se recusaram a fazer a tarefa (cinco casos), ou sua tentativa foi "infrutífera" (quatro casos). Quatro dos alunos que "não quiseram tentar" disseram que tinham medo de fazê-lo; o quinto disse que preferia evitar a possibilidade de perturbar sua mãe, que tinha problemas cardíacos. Em dois dos casos "infrutíferos", a família, desde o começo, agiu como se fosse uma piada, e se recusou a mudar de opinião, apesar das tentativas contínuas do aluno. A terceira família assumiu a visão de que havia algum problema que não estava sendo revelado pelo aluno, mas que, o que quer que fosse, não era de sua conta. Na quarta família, o pai e a mãe comentaram que a filha estava sendo "exageradamente gentil" e sem dúvida ela queria alguma coisa que revelaria em breve.

Nos restantes quatro quintos dos casos, os membros das famílias ficaram estupefatos. Eles buscavam vigorosamente tornar inteligíveis as estranhas ações do aluno e restaurar as aparências normais da situação. Os relatórios foram preenchidos com relato de surpresa, perplexidade, choque, ansiedade, vergonha e raiva e de acusações feitas por vários membros da família de que o aluno era mau, não tinha consideração, era egoísta, desagradável ou mal-educado. Os membros das famílias exigiram explicações: Qual é o problema? O que há com você? Você foi despedido? Está doente? Por que está sendo tão arrogante? Por que está zangado? Você perdeu a cabeça ou é apenas idiota? Um aluno envergonhou muito sua mãe na frente de suas amigas, ao perguntar se ela se importaria se ele pegasse um lanche da geladeira. "Se eu me importo com você pegar um lanchinho? Você tem lanchado aqui durante anos sem pedir permissão. O que deu em você"? Uma mãe, enfurecida pelo fato de sua filha lhe falar apenas quando ela lhe dirigia a palavra, começou a gritar furiosa, acusando a filha de desrespeito e insubordinação e recusou-se a se deixar acalmar pela irmã da aluna. Um pai repreendeu a filha por não se preocupar o suficiente com o bem-estar dos outros e por agir como uma criança mimada.

Ocasionalmente, os membros da família tratavam primeiro as ações do aluno como sendo uma desculpa para entrarem em uma cena cômica, que era rapidamente substituída por irritação e raiva exasperada dirigidas ao aluno, por este não saber quando parar. Os membros da família debochavam da "polidez" dos alunos – "Claro, Senhor Herzberg!" – ou acusavam o aluno de estar agindo como um sabichão e geralmente demonstravam sua reprovação da "polidez" do aluno com sarcasmo.

Buscavam-se explicações em motivos anteriores, que poderiam ser compreensíveis: o aluno estava "trabalhando demais" na escola, o aluno estava "doente", tinha "brigado de novo" com a noiva. Quando as explicações sugeridas pelos membros da família não foram validadas, seguia-se uma retração do membro ofendido, um isolamento do culpado, retaliação e denúncia. "Não o incomode, ele está de mau humor de novo"; "Então, não ligue, espere só até ele me pedir alguma coisa"; "Você está me ignorando, tudo bem, vou ignorar você também"; "Por que você está sempre causando atritos na nossa harmonia familiar"? Muitos relatos contaram versões do confronto seguinte. Um pai seguiu seu filho até o quarto. "Sua mãe está certa. Você não parece bem e não está falando coisa com coisa. É melhor arrumar outro emprego que não exija que você trabalhe até tão tarde." A isso, o aluno respondeu que ele ficaria feliz com a consideração deles, mas que ele se sentia bem e apenas queria um pouco de privacidade. O pai respondeu enfurecido: "Eu não quero ouvir mais *isso* de *você* e, se você não consegue tratar sua mãe de forma decente, então é melhor sair de casa"!

Não houve casos em que a situação não voltasse à normalidade depois de o aluno explicar as coisas. No entanto, a maioria dos membros das famílias não achou divertido, e apenas raramente acharam a experiência instrutiva, conforme o aluno argumentava que deveria ter sido. Depois de ouvir a explicação do aluno, uma irmã respondeu friamente, em nome de toda a família de quatro pessoas: "Por favor, não faça mais dessas experiências. Não somos ratos, sabe?" Ocasionalmente, a explicação foi aceita, mas, mesmo assim, ofendia. Em vários casos, os alunos relataram que as explicações dadas deixaram, tanto eles quanto as suas famílias, ou ambos, se perguntando o quanto do que o aluno havia dito foi "representando o personagem" e o quanto era "o que ele queria realmente dizer".

Os alunos acharam a tarefa difícil de cumprir. Mas, diferentemente dos relatos dos que apenas observavam, era comum os alunos relatarem que as dificuldades estavam relacionadas a não serem tratados como se fossem o personagem que estavam tentando representar e serem confrontados com situações em que não sabiam como um hóspede agiria.

Houve vários resultados inteiramente inesperados. (1) Apesar de muitos alunos relatarem ensaios mentais extensos, muito poucos mencionaram medo antecipado ou embaraço. (2) Por outro lado, apesar de frequentemente acontecerem evoluções inesperadas e desagradáveis, em apenas um caso o aluno relatou arrependimento profundo. (3) Pouquíssimos alunos relataram alívio profundo quando o experimento terminou. Foi muito mais frequente relatarem alívio parcial. Muitas vezes, relataram que, em resposta à raiva dos outros, eles também ficaram com raiva e facilmente deslizavam para sentimentos e ações subjetivamente reconhecíveis.

Contrastando com os relatórios dos "hóspedes" observadores, pouquíssimos relatórios "comportamentalizaram" a cena.

Entendimentos contextuais e afetos sociais

Apesar do interesse pelos afetos sociais que prevalece nas ciências sociais, e apesar da atenção extensa que a psiquiatria clínica dá a eles, surpreendentemente pouco tem sido escrito sobre as condições socialmente estruturadas para sua produção. O papel que um contexto de entendimentos comuns desempenha na sua produção, controle e reconhecimento é, entretanto, praticamente *terra incognita*. Essa falta de atenção da parte de investigadores experimentais é ainda mais notável se considerarmos que é precisamente com essa relação que as pessoas se preocupam nas suas representações de senso comum de como conduzir seus afazeres cotidianos de forma a incentivar o entusiasmo e a amizade ou a evitar a ansiedade, a culpa, a vergonha ou o tédio. A relação entre entendimentos comuns e afetos sociais pode ser ilustrada quando se considera a atuação dos alunos que agiram como hóspedes como um procedimento que envolveu a produção de perplexidade e raiva quando se trata uma situação importante como algo que ela "obviamente", "naturalmente" e "realmente" não era.

A existência de uma relação forte e definida entre entendimentos comuns e afetos sociais pode ser demonstrada, e algumas de suas características exploradas pela demonstração deliberada de desconfiança, um procedimento que produziu, para nós, efeitos altamente padronizados. O raciocínio foi o seguinte:

Uma das expectativas contextuais descrita por Schutz diz respeito ao uso sancionado da dúvida como uma característica constituinte de um mundo que está sendo entendido em comum. Schutz propôs que, para *conduzir seus afazeres diários*, uma pessoa presume, presume que a outra pessoa também presume, e presume que, se ela presume algo sobre a outra pessoa, a outra pessoa também presume o mesmo a respeito dela, que uma relação de correspondência indubitável é a relação sancionada entre a aparência real de um objeto e o objeto intencionado que parece de uma forma específica. Para a pessoa que está conduzindo seus afazeres cotidianos, os objetos são para ela, e ela espera que também para os outros, como aparentam ser. Tratar essa relação sob uma *regra* de dúvida requer que a necessidade e a motivação para tal regra seja justificada.

Antecipávamos que, por causa da relação diferenciada, quando se exibia uma regra de dúvida (desconfiança)[5] que a outra pessoa era como aparentava ser para a textura legítima de expectativas comuns, deveria haver um estado afetivo diferente para aquele que duvidava e para aquele que era objeto da dúvida. Da parte da pessoa objeto da dúvida, deveria haver a exigência de uma justificativa e, quando esta não era dada, na medida em que "qualquer um poderia ver" que ela não ocorreria, haveria irritação. Para o experimentador, esperávamos que houvesse um embaraço resultante da disparidade, sob o olhar fixo de sua vítima, entre o ser inferior, no qual seus desafios de "o que qualquer um acharia" o transformavam, e a pessoa competente que ele e outros sabiam que ele era, "apesar de tudo", mas que o procedimento exigia que ele não reivindicasse.

Assim como o relógio de Santayana[6], essa formulação não estava nem errada, nem certa. Apesar de o procedimento ter produzido aquilo que esperávamos, ele também deu a nós e aos experimentadores mais do que havíamos pedido.

Os alunos foram instruídos a envolverem alguém em uma conversa e imaginarem e agirem como se aquilo que a outra pessoa dissesse fosse orientado por motivos ocultos, que eram os motivos verdadeiros. Deveriam presumir que a outra pessoa estava tentando enganá-los ou levá-los ao erro.

Em apenas dois de trinta e cinco relatos, os alunos tentaram realizar a tarefa com estranhos. A maioria dos alunos ficou com medo de que uma situação assim ficasse fora de controle, então selecionaram amigos, colegas de quarto e familiares. Mesmo assim, relataram um volume considerável de ensaios mentais, muitas revisões das possíveis consequências, e escolhas deliberadas entre as pessoas.

A atitude era difícil de sustentar e manter até o final. Os alunos relataram uma percepção aguçada de estarem "em um jogo artificial", de serem incapazes de "viver o personagem" e de frequentemente ficarem "sem saber o que fazer a seguir". Enquanto ouviam a outra pessoa, experimentadores esqueciam da tarefa. Uma aluna falou por vários alunos, quando disse que não conseguiu resultado algum, porque estava fazendo tanto esforço para manter uma atitude de desconfiança, que não conseguiu acompanhar a conversa. Ela disse que foi incapaz de imaginar como seus interlocutores poderiam estar enganando-a, porque estavam falando de assuntos tão inconsequentes.

Com muitos alunos, a presunção de que a outra pessoa não era o que aparentava ser, e que deveriam desconfiar dela, era o mesmo que presumir que a outra pessoa estava com raiva deles e os odiavam. Por outro lado, muitas vítimas, apesar de reclamarem que o aluno não tinha razão para estar zangado com elas, faziam tentativas não solicitadas de explicação e conciliação. Quando isso não funcionava, seguiam-se demonstrações francas de raiva e "repugnância".

Um embaraço agudo e antecipado materializou-se rapidamente para os dois alunos que tentaram o procedimento com estranhos. Depois de insistir com um motorista de ônibus para que este confirmasse se o ônibus passaria na rua que ela queria e, após ele garantir várias vezes que, de fato, o ônibus passaria na rua desejada, o motorista, exasperado, gritou para que todos os passageiros pudessem ouvir: "Olhe, senhora, eu já disse uma vez, não disse? Quantas vezes vou ter que lhe dizer"! Ela relatou: "Eu me encolhi no fundo do ônibus para me afundar o tanto quanto pudesse no assento. Fiquei com os pés gelados, o rosto em chamas, e senti uma antipatia forte pela tarefa que me tinha sido passada".

Houve pouquíssimos relatos de vergonha ou embaraço da parte de alunos que tentaram o procedimento com amigos ou familiares. Ao invés disso, ficaram surpresos, e nós também, ao descobrirem, como foi relatado por um aluno, que "uma vez que comecei a interpretar o papel de uma pessoa odiada, eu realmente comecei a me sentir um tanto odiado, e quando deixei a mesa já estava com muita raiva". Foi mais surpreendente ainda para nós quando vários relataram que acharam o procedimento divertido e incluíam nisso a raiva verdadeira, tanto deles quanto dos outros.

Apesar de as explicações dos alunos facilmente restaurarem a maioria das situações, alguns episódios "ficaram sérios" e deixaram um resquício de perturbação para uma ou as duas partes envolvidas, que a explicação dada não conseguiu resolver. Isso pode ser ilustrado no relato de uma aluna, dona de casa, que, ao final do jantar, e com alguma apreensão, questionou seu marido sobre ele ter trabalhado até tarde na noite anterior e levantou uma dúvida sobre ele realmente ter jogado pôquer, como havia afirmado em uma noite da semana anterior. Sem perguntar o que ele havia realmente feito, ela indicou que era necessária uma explicação. Ele respondeu sarcasticamente: "Você parece estar incomodada com alguma coisa. Você sabe o que poderia ser? Sem dúvida essa conversa faria mais sentido se eu também soubesse". Ela o acusou de deliberadamente evitar o assunto, apesar de o assunto não ter sido mencionado. Ele insistiu que *ela* dissesse *a ele* qual era *o assunto*. Quando ela não disse, ele perguntou diretamente: "Está bem, qual é a piada?" Em vez de responder, "eu lancei-lhe um olhar magoado". Ele ficou visivelmente perturbado, tornou-se muito solícito, gentil e persuasivo. Em resposta a isso, ela revelou o experimento. Ele saiu de perto, obviamente infeliz, e durante o resto da noite permaneceu mal-humorado e desconfiado. Ela, enquanto isso, permaneceu à mesa, ressentida e agitada, por causa das respostas provocadas pelas suas afirmações de que ele não estava entediado no trabalho, "com todas as insinuações que isso poderia ou não significar", particularmente a insinuação de que ele não estava entediado no trabalho, mas sim que *estava* entediado com ela e em casa. Ela escreveu: "Eu realmente fiquei incomodada com suas observações... Eu fiquei mais perturbada e preocupada do que ele durante o experimento... com como ele aparentou permanecer imperturbável". Nenhum dos dois tentou nem quis discutir mais a questão. No dia seguinte, o marido confessou que tinha ficado consideravelmente perturbado e que teve as reações a seguir, na seguinte ordem: determinação de se manter calmo; choque com a "natureza desconfiada" de sua mulher; surpresa de saber que traí-la seria provavelmente difícil; uma determinação de fazer ela descobrir suas próprias respostas às suas próprias perguntas, sem ele negar ou ajudar; alívio extremo, quando ela revelou que a conversa tinha sido tramada como um experimento; mas, finalmente, um resquício de incômodo, que ele caracterizou como "suas ideias abaladas sobre a natureza da minha mulher, que continuaram pelo resto da noite".

Entendimentos contextuais e perplexidade

Anteriormente, argumentamos que a possibilidade de um entendimento comum não consiste em medidas demonstradas de conhecimento compartilhado da estrutura social, mas, ao invés disso, consiste inteiramente no caráter obrigatório de ações realizadas conforme as expectativas da vida cotidiana como uma moralidade. O conhecimento de senso comum dos fatos da vida social, para os membros da sociedade, é o conhecimento institucionalizado do mundo real. Não só o conhecimento de senso comum retrata uma sociedade real para os membros, mas, à maneira de uma profecia que se autocumpre, as características da sociedade real são produzidas pela obediência motivada de uma pessoa a essas expectativas contextuais. Daí, a estabilidade das ações concertadas deveria variar diretamente em função de quaisquer que fossem as condições reais de organização social que garantam a adesão motivada de uma pessoa a essa textura contextual de relevâncias como uma ordem legítima de crenças sobre a vida em uma sociedade vista "do interior" da sociedade. Visto do ponto de vista da pessoa, seu comprometimento com a obediência motivada consiste em sua compreensão e aceitação dos "fatos naturais da vida em sociedade".

Tais considerações sugerem que, quanto mais firme for a compreensão que um membro da sociedade tem "daquilo que qualquer um de nós necessariamente conhece", mais severa deveria ser sua perturbação, quando os "fatos naturais da vida" lhe fossem impugnados como descrição de suas circunstâncias reais. Para testar essa sugestão, um procedimento teria que modificar a estrutura *objetiva* daquilo que é familiar e conhecido em comum, quando torna inoperantes as expectativas contextuais. Especificamente, essa modificação consistiria em sujeitar uma pessoa a uma quebra das expectativas contextuais da vida cotidiana, ao: (a) dificultar que a pessoa interpretasse a situação como um jogo, um experimento, uma mentira, uma brincadeira, ou seja, como algo diferente daquilo que é conhecido conforme a atitude da vida cotidiana como sendo uma questão de moralidade obrigatória e ação, (b) tornar necessário que ele reconstruísse os "fatos naturais", mas dar tempo insuficiente para ele gerenciar essa reconstrução em relação a ter o domínio necessário das circunstâncias práticas, para o qual ele precisaria usar seu conhecimento dos "fatos naturais" e (c) requerer que ele administrasse a reconstrução dos fatos naturais por si só e sem a validação consensual.

Presumivelmente, ele não teria outra alternativa a não ser tentar normalizar as incongruências resultantes no interior da ordem dos eventos da vida cotidiana. Através do esforço do desenvolvimento em si, os eventos deveriam perder seu caráter perceptivelmente normal. O membro deveria ser incapaz de reconhecer o *status* de um evento como típico. Julgamentos de probabilidade deveriam lhe falhar. Ele deveria ser incapaz de relacionar ocorrências presentes a ordens similares de eventos que ele já conheceu no passado. Ele deveria ser incapaz de definir, menos ainda de "ver prontamente" as condições sob as quais o evento poderia ser reproduzido. Ele deveria ser incapaz de ordenar esses eventos em termos de relações meios-fins. Deveria ser minada a convicção de que a autoridade moral da sociedade familiar obriga a sua ocorrência. Ligações estáveis e "realísticas" entre intenções e objetos deveriam ser dissolvidas, e com isso quero dizer que deveriam se tornar obscuras as formas, do contrário familiares para ele, pelas quais o ambiente objetivo percebido serve como a base motivadora de sentimentos e é motivado por sentimentos direcionados a esse ambiente. Em resumo, o ambiente real percebido pelos membros, ao perder seu contexto conhecido-em-comum, deveria tornar-se "especificamente sem sentido"[7]. Idealmente falando, os comportamentos direcionados a tal ambiente sem sentido deveriam ser os de perplexidade, incerteza, conflito interno, isolamento psicossocial, ansiedade aguda e sem razão, junto com vários sintomas de despersonalização aguda. As estruturas de interação deveriam ser, de igual modo, desorganizadas.

Isso é esperar bastante de uma quebra nas expectativas contextuais. Obviamente, nos contentaríamos com menos se os resultados de um procedimento que causasse essa quebra fossem pelo menos um pouco encorajadores a respeito dessa formulação. Como acontece, o procedimento produziu perplexidade e ansiedade convincentes e facilmente detectadas.

Para começar, é necessário especificar com quais expectativas exatamente estamos lidando. Schutz relatou que a característica de uma cena "conhecida em comum com outras pessoas" era múltipla e era composta por vários elementos constituintes. Por terem sido discutidos em outro lugar[8], irei restringir a discussão a uma breve enumeração.

De acordo com Schutz, uma pessoa presume, presume que a outra pessoa também presume, e presume que, tal como ela presume sobre a outra pessoa, a outra pessoa presume sobre ela:

1) Que as determinações atribuídas a um evento pela testemunha são questões necessárias que se sustentam em fundamentos que especificamente desconsideram a opinião pessoal ou as circunstâncias socialmente estruturadas de qualquer testemunha em particular, ou seja, que as determinações são necessárias como questões de "necessidade objetiva" ou "fatos da natureza".

2) Que uma relação de indubitável correspondência é a relação sancionada entre a aparência-apresentada-do-objeto e o objeto-pretendido-que-se-apresenta-na--perspectiva-daquela-aparência-particular.

3) Que o evento que é conhecido da forma que é conhecido pode real e potencialmente afetar a testemunha e pode ser afetado pela sua ação.

4) Que os significados dos eventos são produtos de um processo socialmente padronizado de nomeação, reificação e idealização do fluxo de experiência do usuário, ou seja, são os produtos de uma linguagem.

5) Que as determinações presentes de um evento, quaisquer que sejam, são determinações que foram imaginadas em ocasiões anteriores e que podem ser imaginadas novamente, de forma idêntica, em um número indefinido de ocasiões futuras.

6) Que o evento imaginado é retido como o evento temporalmente idêntico ao longo do curso da experiência.

7) Que o evento tem como seu contexto de interpretação: (a) um esquema de interpretação comumente usado, que consiste em um sistema padronizado de símbolos; e (b) "aquilo que qualquer um sabe", ou seja, um corpo preestabelecido de conhecimentos socialmente autorizados.

8) Que as determinações reais que o evento tem para as testemunhas são as determinações potenciais que ele teria para a outra pessoa se eles trocassem de posição.

9) Que para cada evento há determinações correspondentes que se originam na biografia particular da testemunha e na da outra pessoa. Do ponto de vista da testemunha, tais determinações são irrelevantes para os propósitos de ambos, e ambos, ele e o outro, selecionaram e interpretaram as determinações atuais e potenciais dos eventos de forma empiricamente idêntica e que é suficiente para todos seus fins práticos.

10) Que há uma disparidade característica entre as determinações publicamente reconhecidas, e as determinações pessoais e reservadas dos eventos, e esse conhecimento pessoal mantido em segredo, ou seja, que o evento significa para ambos, a testemunha e o outro, mais do que a testemunha pode dizer.

11) Que as alterações nessa disparidade característica permanecem dentro do controle autônomo da testemunha.

Não é o caso que aquilo que um evento exibe como determinação distintiva seja condição para o seu pertencimento a um ambiente-conhecido-à-maneira-do-senso-comum. Ao invés disso, as condições de seu pertencimento são as atribuições de que suas determinações, *não importa em que substantivamente elas consistam*, poderiam ser vistas pela outra pessoa se trocassem de posição, ou que suas características não são atribuídas como questões de preferência pessoal, mas podem ser vistas por qualquer um, ou seja, as características anteriormente enumeradas. Estas, e apenas estas, características enumeradas, *independente* de quaisquer outras determinações que um evento possa ter, definem o caráter de senso comum de um evento. Quaisquer outras determinações que um evento da vida cotidiana possa exibir – quer essas determinações sejam motivos pessoais, sua história de vida, as distribuições de renda na população, obrigações de parentesco, a organização de uma indústria, ou aquilo que fantasmas fazem quando anoitece – se, e somente se, o evento tiver para a testemunha as determinações enumeradas, será um evento em um ambiente "conhecido em comum com outros".

Tais atribuições são características de eventos testemunhados, que são vistas sem serem notadas. Elas são demonstravelmente relevantes para o senso comum que o autor constrói sobre o que está acontecendo com ele. Elas informam a testemunha sobre qualquer aparência particular de um ambiente interpessoal. Elas informam a testemunha sobre os objetos reais dos quais as aparências reais são aparências, mas sem essas características atribuídas serem necessariamente reconhecidas de forma deliberada ou consciente.

Já que cada uma das expectativas que compõem a atitude da vida cotidiana atribui uma característica esperada ao ambiente do ator, deveria ser possível quebrar essas expectativas, modificando-se deliberadamente os eventos cênicos de forma a frustrar essas atribuições. Por definição é possível que haja surpresa com cada uma dessas características esperadas. O quanto a surpresa será desagradável irá variar em razão diretamente proporcional à intensidade com que a pessoa, como uma questão de necessidade moral, aceita seu uso como um esquema para atribuir às aparências testemunhadas seu *status* de eventos em um ambiente percebido como normal. Em resumo, a compreensão realística que um membro de uma coletividade tem dos fatos naturais da vida e o seu comprometimento com o conhecimento sobre eles como condição de autoestima para se considerar um membro competente e de boa-fé daquela coletividade[9] é a condição de que precisamos para maximizar sua confusão, aproveitando a ocasião em que os fundamentos em que essa compreensão se baseia se tornam uma fonte de incongruência irredutível.

Eu desenhei um procedimento que quebraria essas expectativas, ao mesmo tempo em que satisfaria as três condições, sob as quais essa quebra presumivelmente causaria confusão, ou seja, que a pessoa não poderia fazer a situação virar uma brincadeira, uma piada, um experimento, uma farsa, ou coisa parecida, ou, na terminologia lewiniana[10], que ela não poderia "sair de campo"; que ela teria tempo insuficiente para fazer uma redefinição de suas circunstâncias reais; e que ela seria privada de apoio consensual para uma definição alternativa da realidade social.

Vinte e oito alunos aspirantes a uma vaga na Faculdade de Medicina foram submetidos, individualmente, a uma entrevista experimental de três horas. Como parte da solicitação aos sujeitos, bem como também no início da entrevista, o experimentador se identificava como um representante de uma faculdade de medicina do leste, que estava tentando entender por que a entrevista de seleção para a Faculdade de Medicina era uma situação tão estressante. Esperava-se que apresentar o experimentador como uma pessoa que tivesse ligações com uma faculdade de medicina tornaria mais difícil ocorrer a possibilidade de o aluno "sair de campo" após ser iniciado o procedimento de quebra de expectativa. Como conseguimos satisfazer as outras duas condições [as de (a) gerenciar uma redefinição em um tempo insuficiente e (b) não poder contar com apoio consensual para uma definição alternativa de realidade social] é algo que se esclarecerá na descrição a seguir.

Durante a primeira hora da entrevista o aluno fornecia ao "representante da Faculdade de Medicina" os fatos-da-vida de uma entrevista médica, ao responder a questões tais como: "Quais fontes de informação sobre o candidato estão disponíveis para as faculdades de medicina?"; "Que tipo de pessoa as faculdades de medicina estão procurando?"; "O que um bom candidato deveria fazer durante a entrevista?"; e "O que ele deveria evitar?" Feito isso, o aluno era informado de que os interesses de pesquisa do representante tinham sido satisfeitos. Então, perguntava-se ao aluno se ele se incomodaria de ouvir uma gravação de uma entrevista real. Todos os alunos quiseram muito ouvir a gravação.

Era uma gravação de uma falsa entrevista entre "um entrevistador de uma faculdade de medicina" e um "candidato". O candidato era tosco, sua linguagem era agramatical e cheia de coloquialismos; ele era evasivo, contradizia o entrevistador e era cheio de si; falava mal de outras faculdades e profissões e insistia em saber como tinha ido na entrevista. Imediatamente após o término da gravação, obtinham-se opiniões detalhadas dos outros alunos sobre o candidato gravado.

Dava-se, então, ao aluno informações da "ficha oficial" do candidato. Informações sobre seu desempenho e sua personalidade foram fornecidas, nessa ordem. Informações sobre desempenho, relacionadas às atividades do candidato, suas notas, histórico familiar, cursos, trabalhos de caridade, e coisas semelhantes. Informações sobre sua personalidade consistiam em avaliações de personalidade feitas pelo "Dr. Gardner, o entrevistador da Faculdade de Medicina", por "seis membros da comissão de seleção que tinham treinamento psiquiátrico e que haviam apenas ouvido a gravação da entrevista" e por "outros alunos".

A informação foi deliberadamente elaborada para contradizer os pontos principais da avaliação feita pelo aluno. Por exemplo, se o aluno dizia que o candidato deve ter vindo de uma família de classe baixa, dizia-se a ele que o pai do candidato era vice-presidente de uma firma que fabricava portas pneumáticas para trens e ônibus. O candidato era ignorante? Então ele teve êxito em cursos como "A poesia de Milton" e "Dramas de Shakespeare". Se o aluno dizia que o candidato não sabia se relacionar com as pessoas, então dizia-se que o candidato tinha trabalhado como arrecadador voluntário de doações para o Hospital Sydenham de Nova York, que tinha conseguido arrecadar US$ 32.000,00 de trinta "grandes doadores". A fala de que o candidato era estúpido e não se daria bem em um campo científico era refutada com os conceitos "A" que ele havia tirado em Química Orgânica e Física e com o desempenho condizente com o de um aluno de pós-graduação em um curso de iniciação à pesquisa na graduação.

Os alunos queriam muito saber o que "os outros" pensavam sobre o candidato e se ele havia sido selecionado. Dizia-se aos alunos que o candidato havia sido selecionado e que ele não havia decepcionado o entrevistador da Faculdade de Medicina e os "seis psiquiatras", que tinham recomendado o candidato enfaticamente pela sua personalidade, e lia-se essa recomendação para o aluno. Quanto às avaliações dos outros alunos, dizia-se ao aluno, por exemplo, que trinta outros alunos tinham feito avaliações e que vinte e oito concordavam plenamente com a avaliação do entrevistador, e os outros dois restantes tinham tido algumas dúvidas, mas que depois que viram as primeiras informações passaram a ver o candidato da mesma forma que os outros o haviam visto.

Depois disso, convidava-se o aluno a ouvir a gravação uma segunda vez, após a qual pedia-se que ele avaliasse o candidato novamente.

Resultados: Vinte e cinco dos vinte e oito alunos se deixaram levar pelo experimento. O que se segue não se aplica aos outros três, que estavam convencidos de que havia uma farsa. Dois desses casos são discutidos na conclusão desta seção.

Os alunos gerenciaram as incongruências dos dados sobre o desempenho com tentativas vigorosas de fazê-las factualmente compatíveis com suas avaliações originais e muito depreciativas. Por exemplo, muitos disseram que o candidato parecia ser ou era uma pessoa de classe social baixa. Quando souberam que seu pai era vice-presidente de uma empresa nacional que fabricava portas pneumáticas para trens e ônibus, eles respondiam desta forma:

"Ele deveria ter dito que *tinha* dinheiro".
"Isso explica por que ele disse que tinha que trabalhar. Provavelmente seu pai o obrigava a trabalhar. Isso tornaria infundadas muitas de suas reclamações, já que a situação não estava tão ruim assim."
"O que isso tem a ver com valores"?

Quando souberam que a média dele era "A" em cursos de Ciências Naturais, os alunos começaram a demonstrar abertamente sua perplexidade.

"Ele fez uma variedade de cursos... Estou confuso. A entrevista provavelmente não espelhou muito bem sua personalidade."
"Ele, de fato, parecia ter feito alguns cursos esquisitos. Eles parecem ser razoavelmente normais. Não normais... mas... não me surpreende, nem de um jeito, nem de outro."
"Bem! Acho que a gente pode analisar da seguinte forma. Em termos psicológicos. Veja... uma forma possível... agora, posso estar totalmente *enganado*, mas é desse jeito que eu vejo *isso*. Ele provavelmente sofria de um complexo de inferioridade, e isso é uma supercompensação pelo seu complexo

de inferioridade. Suas notas *ótimas*... suas notas *boas* são uma compensação pelo seu fracasso... no âmbito social talvez, não sei."
"Opa! Sua terceira alternativa foi a Universidade de Georgia. (Suspiro profundo.) Posso entender por que ele se ressentiria de não ter sido admitido na sociedade acadêmica de honra Phi Bet"[11].

Tentativas de solucionar as incongruências provocadas pela avaliação de personalidade de "Gardner" e dos "outros seis juízes" foram muito menos frequentes do que tentativas de normalizar as informações sobre desempenho. Manifestações abertas de perplexidade e ansiedade misturadas com ruminações silenciosas foram usuais:

(Risada) Meu Deus! (Silêncio.) Eu acharia que as coisas seriam todas ao contrário. (Muito baixo.) Talvez esteja completamente errado... minha orientação está toda errada. Estou completamente confuso.
Não era educado. Autoconfiante, ele certamente era. Mas não educado. Não sei. Ou o entrevistador era meio maluco, ou eu estou maluco. (Pausa longa.) Isso é meio chocante. Me faz duvidar da minha forma de pensar. Talvez meus valores de vida estejam todos errados, não sei.
(Assobios) Eu – Eu não acho que ele parecia ser bem-educado, de forma alguma. Aquele tom de voz!! Eu... talvez você notou, quando ele disse "Você deveria ter dito isso logo de cara", *antes*, ele (o entrevistador da Faculdade de Medicina da gravação) tinha aceitado isso com um sorriso. Mas mesmo assim! Não, não consigo ver isso. "Você deveria ter dito isso antes". Mas talvez ele estava tentando ser engraçado. Exercendo um... Não! Me pareceu impertinente!
Irc... Bem, isso certamente me dá uma visão diferente da minha concepção de entrevistas. Nossa... isso... me confunde mais ainda.
Bem... (risada)... Hum! Irc! Bem, talvez ele parecesse ser um bom garoto. Ele conseguiu... se fazer entender. Talvez... ver a pessoa faria uma grande diferença. Ou talvez eu nunca seria um bom entrevistador. (Reflexivamente e quase inaudível.) Eles não mencionaram nenhuma das coisas que eu mencionei. (Experimentador: Hein?) (Mais alto.) Eles não mencionaram nenhuma das coisas que eu mencionei, então eu me sinto como um fracasso completo.

Pouco depois de os dados sobre o desempenho do candidato terem provocado consternação, os alunos ocasionalmente perguntaram como os outros alunos o haviam avaliado. Somente depois de ter sido entregue a eles a avaliação do "Dr. Gardner" e eles terem reagido a isso é que as opiniões dos "outros alunos" foram dadas. Em alguns casos dizia-se ao sujeito "Trinta e quatro em trinta e cinco antes de você", às vezes quarenta e três em quarenta e cinco, dezenove em vinte, cinquenta e um em cinquenta e dois. Todos os números eram grandes. Para dezoito dos vinte e cinco alunos, aquilo que foi dito quase não se desviou dos protocolos a seguir:

143

(34 em 35) Eu não sei... Ainda vou ficar com as minhas convicções originais. Eu... Eu... você pode *me* dizer o que... eu vi de errado. Talvez eu... eu... tive a impressão errada – a atitude errada o tempo todo. (Você pode me dizer? Acho interessante que tenha havido tal disparidade.) Definitivamente... eu... acho... que definitivamente seria o contrário. Não consigo ver sentido nisso. Estou completamente confuso, acredite. Eu... eu não consigo entender como posso ter errado tanto. Talvez as minhas impressões – minhas avaliações das pessoas estejam simplesmente erradas. Quero dizer, talvez tive as impressões erradas... Talvez meus valores... estejam... errados... ou sejam diferentes... dos outros trinta e três. Mas eu não acho que esse seja o caso... porque geralmente... digo isso com toda a modéstia... eu... eu consigo julgar as pessoas. Quero dizer, na aula, nas organizações às quais eu pertenço... Eu geralmente as julgo corretamente. Então eu não entendo, de *forma alguma*, como eu posso ter errado tanto. Eu não acho que eu estava sob algum tipo de estresse ou tensão... aqui... hoje à noite, mas... eu não entendo.

(43 em 45) (Risos) Eu não sei o que dizer agora. Estou perturbado pela minha incapacidade de julgar o cara melhor do que isso. (Baixo) Eu vou dormir hoje, certamente (muito baixo), mas isso com certeza me incomoda. Perdão por não... Bem! Uma questão que surge... Posso estar errado... (Você consegue entender como eles podem tê-lo visto?) Não. Não, eu não consigo, não. Claro, com todo aquele histórico dele, sim, mas eu não consigo ver como o Gardner conseguiu sem o histórico. Bem, acho que é isso que faz o Gardner ser Gardner, e eu ser eu. (Os outros 45 alunos não tiveram acesso ao histórico.) Sim, sim, sim. Quero dizer, não estou negando, de forma alguma. Quero dizer por mim mesmo, não tem sentido em dizer... É claro! Com o histórico deles eles teriam sido selecionados, especialmente o segundo cara, meu Deus! Está bem, o que mais?

(36 de 37) Eu voltaria atrás na minha opinião anterior, mas não muito. Eu simplesmente não entendo. Por que eu teria padrões diferentes? As minhas opiniões estavam mais ou menos parecidas? (Não.) Isso me deixa pensativo. É engraçado. A não ser que os outros trinta e seis fossem pessoas muito incomuns. Eu não consigo entender. Talvez seja a minha personalidade. (Faz alguma diferença?) Faz uma diferença, se eu presumir que eles estão certos. O que eu acho certo, eles não acham. É a minha atitude... mesmo assim, um cara desse tipo me azedaria, um tipo sabichão a ser evitado. É claro que você pode falar assim com outros colegas... mas em uma entrevista?... Agora estou mais confuso do que estava no começo da entrevista. Acho que devo ir para casa, me olhar no espelho e conversar comigo mesmo. Você tem alguma ideia? (Por quê? Isso te incomoda?) Sim, incomoda *sim*! Me faz pensar que as minhas habilidades em julgar as pessoas e os meus valores são muito diferentes do normal. Não é uma situação saudável. (Que diferença isso faz?) Se eu ajo da forma que ajo, me parece que estou simplesmente colocando minha cabeça na boca do leão. Eu tinha preconceitos, mas estão todos destruídos. Me faz ficar pensando sobre mim mesmo. Por que eu teria esses padrões diferentes? Tudo aponta para mim.

Dos vinte e cinco sujeitos que foram considerados, sete foram incapazes de resolver a incongruência de terem errado tanto sobre uma questão tão óbvia e foram incapazes de "enxergar" a alternativa. Seu sofrimento foi dramático e sem alento. Outros cinco resolveram a questão com a visão de que a faculdade tinha selecionado um bom homem; cinco outros, com a visão de que ela havia selecionado um tosco. Apesar de mudarem, eles não abandonaram suas opiniões anteriores. Para eles, a opinião de Gardner podia ser entendida "no geral", mas isso era um entendimento sem convicção. Quando dirigiam sua atenção aos detalhes, o quadro geral evaporava. Esses sujeitos estavam dispostos a considerar e usar o quadro "geral", mas sofriam sempre quando detalhes indigeríveis do mesmo retrato entravam em cena. A aceitação do quadro "geral" era acompanhada de uma enumeração das características, que não só eram o contrário daquelas que estavam na avaliação inicial do sujeito, mas eram intensificadas por adjetivos superlativos, de forma que, onde o candidato anteriormente havia sido desajeitado, ele agora era "extremamente" equilibrado; onde ele havia sido tosco, ele era "muito" natural; onde ele havia sido histérico, ele era "muito" calmo; além disso, eles viam as novas características através de uma nova apreciação da forma como o examinador médico havia ouvido. Eles *viram*, por exemplo, que o examinador *estava sorrindo*, quando o candidato esqueceu-se de oferecer um cigarro a ele.

Três outros sujeitos estavam convencidos de que havia uma farsa, e agiram conforme essa crença durante toda a entrevista. Eles não demonstraram perturbação alguma. Dois deles demonstraram um sofrimento agudo assim que a entrevista parecia estar terminada e estavam sendo liberados sem se darem conta da farsa.

Outros três, ao sofrerem em silêncio, confundiram o experimentador. Sem darem indicação alguma ao experimentador, eles consideraram a entrevista como uma entrevista experimental, na qual eles deveriam resolver alguns problemas, e, portanto, pensaram que deveriam fazer isso tão bem quanto pudessem e que não deveriam mudar nada nas suas opiniões, pois somente assim estariam contribuindo para o estudo. Foi difícil para o experimentador entendê-los durante a entrevista, porque eles demonstraram grande ansiedade, ainda que suas respostas fossem tranquilas e não tocassem nas questões que estavam provocando a ansiedade.

Finalmente, três outros sujeitos contrastaram com o resto. Um deles insistiu que as avaliações de personalidade eram "semanticamente ambíguas" e, por haver informação insuficiente, não era possível ter uma "opinião de alta correlação". Um segundo, o único da série, de acordo com o que relatou, achou o segundo retrato tão convincente quanto o original. Quando a farsa foi revelada, ele ficou perturbado com o fato de ter podido ficar tão convencido como ficou. O terceiro, em face de tudo, demonstrou apenas uma leve perturbação, que durou muito pouco. Entretanto, apenas ele, entre todos os sujeitos, já havia sido entrevistado para a Faculdade de Medicina e tinha contatos excelentes. Apesar de ter uma média menor que C, ele estimava que suas chances de ser selecionado eram boas e manifestou sua preferência por uma carreira diplomática em vez de uma carreira na medicina.

Como observação final: vinte e dois dos vinte e oito sujeitos manifestaram um grande alívio – dez deles com expressões explosivas – quando a farsa foi revelada. Foram unânimes em dizer que saber da farsa os permitiu retornarem aos seus pontos de vista anteriores. Sete dos sujeitos tiveram que ser convencidos de que tinha havido uma farsa. Quando a farsa foi revelada, eles perguntaram no que deveriam acreditar. O experimentador estava dizendo que houve uma farsa só para fazê-los se sentirem melhor? Não poupamos esforços, e quaisquer verdades ou mentiras que precisaram ser contadas foram ditas de modo a estabelecer a verdade de que tinha havido uma farsa.

Porque a obediência motivada às expectativas que compõem as atitudes da vida do dia a dia consiste, do ponto de vista de uma pessoa, em sua apreensão e comprometimento com os "fatos naturais da vida", as variações nas condições organizacionais da obediência motivada, para os diferentes membros de uma coletividade, consistiria nos diferentes graus de apreensão e adesão aos "fatos naturais da vida" desses membros. Portanto, a severidade dos efeitos descritos acima deveriam variar diretamente em função do comprometimento obrigatório dos membros com a apreensão dos fatos naturais da vida. Além disso, por causa do caráter *objetivo* da ordem moral comum apreendida dos fatos da vida coletiva, a severidade deveria variar de acordo com sua apreensão comprometida dos fatos naturais da vida, independentemente de "características de personalidade". Por características de personalidade entendo todas as características pessoais que os investigadores usam metodologicamente para explicarem os cursos de ação de uma pessoa, ao relacionarem essas ações a variáveis motivacionais e de "vida interior", que são mais ou menos sistematicamente concebidas, enquanto desconsideram os efeitos dos sistemas sociais e culturais. Os resultados da maioria dos métodos convencionais de avaliação de personalidade e dos procedimentos psiquiátricos satisfazem essa condição.

Portanto, o fenômeno a seguir deveria ser passível de ser descoberto. Imagine um procedimento, através do qual uma avaliação convincente pode ser feita do grau de apreensão comprometida que uma pessoa tem dos "fatos naturais da vida". Imagine um outro procedimento, através do qual o grau de confusão de uma pessoa possa ser avaliado, variando nos graus e misturas dos comportamentos descritos anteriormente. Para um conjunto de pessoas que não foram previamente selecionadas e independentemente de determinações de personalidade, a relação inicial entre o comprometimento em "apreensão dos fatos naturais" e "confusão" deveria ser aleatória. Submetidos à quebra de expectativas da vida cotidiana, dadas as condições para a produção otimizada de perturbação, as pessoas deveriam variar no grau de confusão apresentado, em quantidade que se coordena com a extensão original de sua apreensão dos "fatos naturais da vida".

O tipo de fenômeno que eu proponho como sendo passível de ser descoberto é retratado nas figuras 1 e 2, que estão baseadas no estudo dos vinte e oito alunos aspirantes a uma vaga na Faculdade de Medicina, relatado acima. Antes da introdução de material incongruente, a extensão do comprometimento dos alunos com uma ordem moral comum dos fatos da vida de um aluno aspirante a uma vaga na Faculdade de Medicina e a ansiedade dos alunos estavam correlacionadas – 0,026. Depois que o material incongruente foi introduzido e não conseguiram normalizá-lo, e antes de a farsa ser revelada, a correlação era de 0,751. Devido aos procedimentos de avaliação serem extremamente primários, devido a erros sérios no desenho e no procedimento e devido ao argumento *post hoc*, esses resultados não fazem mais do que ilustrar aquilo de que estou falando. Em nenhuma circunstância eles devem ser considerados achados científicos.

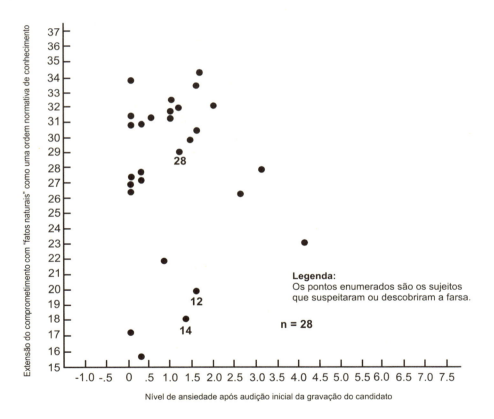

FIGURA 1. Correlação do grau de apreensão do sujeito com "os fatos naturais" como uma ordem institucionalizada de conhecimento sobre as circunstâncias envolvendo alunos aspirantes a uma vaga na Faculdade de Medicina e o nível de ansiedade inicial (r = 0,026)

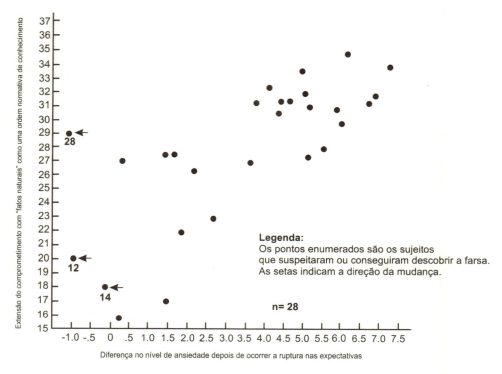

FIGURA 2. Correlação do grau de apreensão do sujeito com "os fatos naturais" como uma ordem institucionalizada de conhecimento sobre as circunstâncias envolvendo aspirantes a uma vaga na Faculdade de Medicina e o nível de ansiedade relativa (r = 0,751)

A relevância dos entendimentos comuns para o fato de modelos do homem na sociedade o retratarem como uma pessoa de juízo sedado

Muitos estudos têm documentado a descoberta de que a padronização social dos entendimentos comuns, independentemente daquilo que é padronizado, orienta as ações de uma pessoa em eventos cênicos e fornece às pessoas a base, a partir da qual desvios percebidos do curso normal das coisas são detectáveis, a restauração da ordem é feita e um esforço de ação é mobilizado.

Os teóricos em ciências sociais – especialmente os psiquiatras sociais, os psicólogos sociais, os antropólogos e os sociólogos – têm usado a padronização para conceber o caráter e as consequências das ações que obedecem às expectativas padronizadas. Em geral, eles têm reconhecido, mas também negligenciado, o fato de que é por meio destas mesmas ações que as pessoas descobrem, criam e sustentam essa padronização. Uma consequência importante e dominante dessa negligência é enganar-se sobre a natureza e as condições das ações estáveis. Isso ocorre, ao considerar-se o membro da sociedade como uma pessoa de juízo sedado do tipo cultural ou psicológico, ou ambos, com o resultado de que os resultados *não publicados* de qualquer estudo concluído sobre a relação entre ações e expectativas padronizadas irão, invariavelmente, conter uma quantidade suficiente de material incongruente para instar uma revisão essencial.

Por "sedado cultural" refiro-me ao homem-na-sociedade-do-sociólogo que produz as características estáveis da sociedade, ao agir de acordo com alternativas preestabelecidas e legítimas de ação, fornecidas pela cultura comum. O "psicologicamente sedado" é o homem-na-sociedade-do-psicólogo que produz as características estáveis da sociedade ao escolher entre cursos alternativos de ação, aos quais ele é compelido, com base na sua biografia psiquiátrica, história condicionante e nas variáveis do funcionamento mental. A característica comum no uso desses "modelos de homem" é o fato de os fluxos das racionalidades de senso comum[12] dos julgamentos que envolvem o uso pela pessoa do conhecimento de senso comum das estruturas sociais, ao longo da "sucessão" temporal de situações de aqui e agora, serem tratados como epifenômenos.

O caráter enganoso do uso do juízo sedado, para retratar a relação entre expectativas padronizadas e cursos de ação, leva ao problema de a explicação adequada como a consideração que controla a decisão do investigador de levar em conta ou não as racionalidades de senso comum, quando decide as relações necessárias entre os cursos de ação, dadas considerações problemáticas, tais como a escolha de perspectiva, subjetividade e tempo interior. Uma solução preferível é retratar o resultado a que as ações dos membros chegaram, usando estruturas estáveis – ou seja, aquilo a que *chegaram* – como um ponto de partida teórico, a partir do qual se pode retratar o caráter necessário dos caminhos pelos quais o resultado final é construído. Hierarquias de disposições de necessidades e cultura comum como regras impostas de ação são dispositivos privilegiados para se resolver o problema da inferência necessária, embora isso se dê ao custo de se transformar a pessoa-em-sociedade em uma pessoa de juízo sedado.

Como um investigador *faz* isso quando considera o membro de uma sociedade como uma pessoa de juízo sedado? Vários exemplos fornecerão algumas particularidades e consequências.

Eu atribuí aos alunos a tarefa de barganhar o preço de uma mercadoria de preço padronizado. A expectativa padronizada relevante é a "regra do preço único institucionalizado", um elemento constituinte, de acordo com Parsons[13], da instituição do contrato. Por causa do caráter "internalizado" da regra, esperava-se que os alunos-clientes ficassem com medo e vergonha da tarefa prevista, e com vergonha de tê-la realizado. Reciprocamente, esperava-se que fossem relatadas com frequência ansiedade e raiva dos vendedores.

Foi passada a sessenta e oito alunos a tarefa de fazer uma única tentativa com qualquer item que não custasse mais do que dois dólares, sendo que deveriam oferecer muito menos do que o preço cobrado. Para outros sessenta e sete alunos foi passada a tarefa de realizar uma série de seis tentativas: três com itens que custavam dois dólares ou menos, e três com itens que custavam cinquenta dólares ou mais.

Resultados: (a) Os vendedores podem ser dispensados, ou por terem agido de juízo sedado de forma diferente daquela que as teorias atuais de expectativas padronizadas fornecem, ou por não terem agido de juízo sedado o suficiente. Alguns demonstraram um pouco de ansiedade; ocasionalmente um deles ficou zangado. (b) 20% dos alunos incumbidos de fazer uma tentativa única se recusaram a tentar ou abortaram a tentativa, em comparação com 3% daqueles que tinham a tarefa de realizar uma série de seis tentativas. (c) Quando o episódio da barganha foi analisado como se constituindo em uma série de passos – antecipar a tentativa, abordar o vendedor, fazer, de fato, a oferta, conduzir a interação em seguida, concluir o episódio, e o que se seguir a isso – constatou-se que os medos ocorreram com maior frequência, em ambos os grupos, quando os alunos anteciparam *a tarefa* e quando abordaram o vendedor *na primeira tentativa*. Dentre aqueles que fizeram uma tentativa única, o número de pessoas que relataram desconforto diminuiu a cada passo sucessivo da sequência. A maioria dos alunos que barganharam duas ou mais vezes relatou que, a partir do terceiro episódio, eles começaram a gostar da tarefa. (d) A maioria dos alunos relatou menos desconforto quando barganharam mercadorias com preço alto do que quando pechincharam as com preço baixo. (e) Depois dos seis episódios, muitos alunos relataram que tinham aprendido, para sua "surpresa", que era possível barganhar em situações que tinham preços padronizados e ter alguma chance real de se conseguir um resultado vantajoso e que planejavam fazer isso no futuro, especialmente com relação a mercadorias caras.

Tais resultados sugerem que se pode considerar o membro da sociedade como uma pessoa culturalmente sedada (a) ao retratar um membro da sociedade como alguém que age conforme as regras, quando, na verdade, se está falando sobre a ansiedade antecipatória que o impede de permitir que uma situação se desenvolva, muito menos que confronte uma situação na qual ele tem a alternativa de agir ou não conforme a regra; ou (b) ao negligenciar a importância prática e teórica de dominar os medos. (c) Se, ao surgirem sentimentos perturbadores, as pessoas evitam mexer com essas expectativas "padronizadas", a padronização poderia consistir em uma padronização *atribuída*, que é apoiada pelo fato de as pessoas evitarem as próprias situações, nas quais poderiam aprender alguma coisa sobre elas.

Tanto o conhecimento leigo quanto o profissional sobre a natureza das ações governadas por regras e as consequências de quebrar as regras é baseado proeminentemente em procedimentos exatamente desse tipo. De fato, quanto mais importante a regra, maior é a probabilidade de o conhecimento ser baseado em tentativas evitadas.

Qualquer um que examine as expectativas que compõem os contextos rotineiros das atividades comuns se defrontará certamente com resultados estranhos, porque eles raramente têm sido expostos pelos investigadores, mesmo a uma revisão tão básica como a que seria produzida por um ensaio mental de sua quebra.

Uma outra forma pela qual o membro da sociedade pode ser transformado em alguém de juízo sedado é usando qualquer uma das teorias disponíveis sobre as propriedades formais dos signos e símbolos usados para retratar a forma como as pessoas interpretam a organização do ambiente como significativa. A pessoa sedada pode ser considerada de diversas formas. Irei mencionar duas.

(a) Caracteristicamente, as investigações formais têm se preocupado ou com elaborar teorias normativas de usos simbólicos, ou, enquanto procuram teorias descritivas, aceitam teorias normativas. Em qualquer um dos dois casos é necessário instruir o membro que irá interpretar a agir de acordo com as instruções dos investigadores, de modo a garantir que o investigador poderá estudar seus usos como exemplos dos usos que o investigador tem em mente. Mas, de acordo com Wittgenstein[14], os usos reais de uma pessoa são usos racionais em *algum* "jogo de linguagem". Qual é o jogo *deles*? Enquanto essa questão programática for negligenciada, é inevitável que os usos de uma pessoa sejam insuficientes. Quanto mais isso for assim, maior os interesses do sujeito nos usos ditados por considerações práticas, diferentes daquelas do investigador.

(b) As teorias disponíveis têm muitas coisas importantes a dizer sobre tais funções dos signos, como marcas e indicações, mas não dizem nada sobre funções muito mais comuns, tais como glosas, sinédoques, representação documentada, eufemismo, ironia e duplo sentido. As referências ao conhecimento de senso comum das atividades ordinárias podem ser desconsideradas seguramente, quando se detectam e se analisam as marcas e as indicações como sendo funções do signo, *porque* os usuários também as desconsideram. Entretanto, a análise da ironia, do duplo sentido, das glosas, e coisas semelhantes, impõe exigências diferentes. Qualquer tentativa de se considerar a relação entre elocuções, significados, perspectivas e ordens necessariamente requer que se faça referência ao conhecimento de senso comum de atividades ordinárias.

Apesar de os investigadores terem negligenciado esses usos "complexos", eles não negligenciaram completamente seu caráter problemático. Em vez disso, eles os glosavam, quando retrataram os usos do membro de uma comunidade linguística como sendo ligados à cultura ou compelidos por uma necessidade, ou quando interpretaram os pares de aparências e objetos pretendidos – os pares de "signo" e "referente" – como sendo uma associação. Em cada caso, uma descrição procedimental de tais usos simbólicos é impedida quando se negligencia o trabalho de julgamento do usuário.

Foi justamente esse trabalho de julgamento, junto com o seu apoio em e referência ao conhecimento de senso comum das estruturas sociais, que se impuseram a nós em todos os casos, em que incongruências foram induzidas. Exigiam nossa atenção porque nossos sujeitos tinham precisamente que lidar com seus julgamentos e seu conhecimento de senso comum como sendo questões que as incongruências apresentavam a eles como problemas práticos. Cada procedimento que envolvia desvios de um curso antecipado de acontecimentos ordinários, independentemente de o desvio ser grande ou pequeno, provocava nos sujeitos a ideia de que o experimentador estava fazendo uso de duplo sentido, de ironia, de interpretações, de eufemismo ou de mentiras. Isso ocorreu repetidamente nos desvios do jogo de comportamento cotidiano.

Os alunos foram instruídos a jogarem o jogo da velha e a formarem duplas de acordo com a idade, sexo e o grau de proximidade do aluno. Depois de desenharem a grade do jogo da velha, eles convidavam o jogador a fazer o primeiro movimento. Depois que o jogador o fazia, o experimentador apagava o símbolo que o jogador havia escrito, movia-o para outro quadrado e escrevia seu próprio símbolo, mas sem dar indicação alguma de que havia algo de incomum na jogada. Em metade das 247 tentativas, os alunos relataram que os sujeitos trataram a jogada como um gesto com um significado oculto, porém definido. Os sujeitos estavam convencidos de que o experimentador estava "atrás de algo" que ele não estava revelando, e o que quer que fosse que ele estava "realmente" fazendo, não tinha nada a ver com jogo da velha. Ele estava fazendo uma insinuação sexual; ele estava comentando sobre a estupidez do sujeito; ele estava fazendo um gesto de desprezo, ou de insolência. Efeitos idênticos ocorreram quando os alunos barganharam mercadorias de preço padronizado, ou quando pediram que o outro explicasse suas observações de lugar-comum, ou quando se juntaram sem serem convidados a uma conversa entre um grupo de desconhecidos, ou quando usaram um olhar que, durante uma conversa ordinária, percorria "aleatoriamente" vários objetos no ambiente.

Uma outra forma ainda de se considerar a pessoa como uma pessoa culturalmente sedada é simplificar a textura comunicativa de seu ambiente comportamental. Por exemplo, quando se dá maior *status* a eventos físicos, podemos teorizar até à exaustão o modo em que a cena de uma pessoa, como uma textura de eventos potenciais e reais, contém não só aparências e atribuições, mas também os estados internos de vida da pessoa. Deparamo-nos com isso no procedimento a seguir:

Os alunos foram instruídos a escolherem alguém que não fosse um membro de sua família e, durante uma conversa ordinária e sem indicar que algo fora do normal estava acontecendo, mover seu rosto para perto do rosto do sujeito até seus narizes quase se tocarem. De acordo com a maioria dos 79 relatos, independentemente de o sujeito ser do mesmo sexo ou de sexo diferente, de serem conhecidos ou amigos íntimos (foi proibido fazerem a experiência com estranhos), e independentemente de diferenças de idade (exceto quando crianças estavam envolvidas), o procedimento motivou em *ambos*, o experimentador e o sujeito, atribuições de intenção sexual da parte do outro, apesar da confirmação dessa intenção ser impedida pelo próprio caráter do procedimento. Tais atribuições ao outro foram acompanhadas pelos impulsos da própria pessoa, que também se tornaram parte da cena, como sendo não só desejados, mas também desejantes. O convite não confirmado para escolher foi acompanhado pela hesitação conflituosa sobre reconhecer a escolha e sobre ter sido escolhido. As reações características foram: tentativas de evitação, perplexidade, embaraço agudo, dissimulação e, acima de tudo, incerteza sobre tudo isso e também incerteza sobre o sentimento de medo, de esperança e de raiva. Esses efeitos foram mais acentuados entre pessoas do sexo masculino. Caracteristicamente, os experimentadores foram incapazes de fazer a situação voltar ao normal. Os sujeitos aceitavam apenas parcialmente a explicação do experimentador de que aquilo tinha sido feito como "uma experiência para um curso de Sociologia". Frequentemente reclamavam: "Tudo bem, foi uma experiência, mas por que você tinha que *me* escolher?" Na maioria das vezes, tanto o sujeito quanto o experimentador queriam alguma outra solução do que aquela fornecida pela explicação, mas não tinham certeza sobre o que poderia ou deveria ser.

Por fim, o membro pode ser considerado como uma pessoa de juízo sedado, quando retrata ações rotineiras como sendo governadas por acordos preestabelecidos e quando faz a probabilidade de que o membro reconhecerá o desvio depender da existência de um acordo preestabelecido. Pode-se ver que isso é uma questão de mera preferência teórica, cujo uso nos faz teorizar até os fenômenos essenciais deixarem de existir, quando consideramos o fato lugar-comum de que as pessoas irão se ater ao cumprimento de acordos, cujos termos nunca foram realmente estipulados. Essa propriedade negligenciada dos entendimentos comuns tem consequências importantes quando é explicitamente aplicada à descrição da natureza dos acordos.

Aparentemente, não importa o quanto os termos dos entendimentos comuns são específicos – um contrato pode ser considerado o protótipo –, eles alcançam o *status* de um acordo para as pessoas apenas enquanto as condições estipuladas carregam consigo uma cláusula *et cetera*[15] não dita, mas entendida. Estipulações específicas são formuladas sob a regra de um acordo quando são trazidas sob a jurisdição da cláusula *et cetera*. Isso não ocorre de uma vez por todas, mas está essencialmente ligado ao curso temporal interno e externo das atividades e, desse modo, ao desenvolvimento progressivo das circunstâncias e de suas contingências. Portanto, é tanto enganoso quanto incorreto pensar em um acordo como um mecanismo atuarial através do qual as pessoas podem predizer as atividades futuras umas das outras em qualquer situação aqui e agora. Mais precisamente, entendimentos comuns que foram formulados sob a regra de um acordo são usados pelas pessoas para normalizarem suas atividades reais, quaisquer que sejam. Não só pode surgir contingências, mas as pessoas sabem que, em qualquer situação aqui e agora, as contingências podem se materializar, ou ser inventadas, a qualquer hora em que se tem que decidir, se o que as partes realmente fizeram satisfez o acordo ou não. A cláusula *et cetera* contribui para a certeza de que condições desconhecidas estão ao alcance de todos e, em termos da qual um acordo pode ser, em qualquer momento específico, retrospectivamente reinterpretado para se descobrir, à luz das circunstâncias práticas presentes, em que o acordo "realmente" consistia "em primeiro lugar" e "o tempo todo". O fato de que o trabalho de tornar presentes as circunstâncias sob a regra de atividades previamente acordadas seja às vezes contestado não deveria mascarar o fato de que seu uso pervasivo e rotineiro é uma característica contínua e essencial das "ações acordadas com entendimentos comuns".

Esse processo, a que chamarei um método para descobrir acordos por meio da provocação ou imposição de que a regra das circunstâncias práticas seja respeitada, é uma versão da ética prática. Apesar de ter recebido pouca, senão nenhuma, atenção dos cientistas sociais, trata-se da questão mais permanente e comum nas atividades cotidianas e nas teorias de senso comum sobre essas atividades. A perícia na manipulação deliberada de considerações *et cetera* para se conseguir vantagens específicas é um talento ocupacional dos advogados e é especificamente ensinado a alunos de Direito. Não se deve supor, entretanto, que, por ser uma habilidade dos advogados, somente eles tenham habilidade nisso, ou que somente aqueles que a usam deliberadamente a usam. Esse método existe de forma generalizada no fenômeno da sociedade como um sistema de atividades governadas por regras[16]. Ele está disponível como um dos mecanismos através dos quais os sucessos e a sorte inesperada, potenciais e reais, por um lado, e os desapontamentos, as frustrações e os fracassos, por outro lado, com os quais as pessoas inevitavelmente se deparam quando procuram seguir os acordos, podem ser gerenciados ao mesmo tempo em que mantêm a racionalidade percebida das atividades reais socialmente organizadas.

Um exemplo em pequena escala desse fenômeno, mas exato, foi produzido consistentemente por um procedimento, no qual o experimentador envolvia outros em uma conversa com um gravador por baixo do casaco. Durante a conversa, o experimentador abria a jaqueta de forma a revelar o gravador, dizendo: "Está vendo o que eu tenho?" Uma pausa inicial quase invariavelmente era seguida pela pergunta "O que vai fazer com isso?" Os sujeitos afirmavam que tinha havido uma quebra na expectativa de que a conversa era "entre nós". O fato de ter sido revelado que a conversa tinha sido gravada motivou novas possibilidades que as partes, então, procuraram trazer sob a jurisdição de um acordo que nunca haviam especificamente mencionado e que, de fato, não existia anteriormente. A conversa, que agora sabiam ter sido gravada, adquiriu, através disso, importância nova e problemática, em função dos usos desconhecidos para os quais ela poderia ser usada. Após isso, considerou-se que havia uma privacidade acordada, como se ela estivesse operando o tempo todo.

Observações finais

Venho argumentando que um interesse pela natureza, produção e reconhecimento de ações razoáveis, realísticas e analisáveis não é monopólio dos filósofos e dos sociólogos profissionais. Membros de uma sociedade estão necessariamente interessados nessas questões, tanto como características de suas atividades cotidianas quanto como parte de sua produção socialmente gerenciada. O estudo do conhecimento de senso comum e das atividades de senso comum consiste em tratar como fenômenos problemáticos os métodos reais, através dos quais os membros de uma sociedade, fazendo sociologia, leiga ou profissional, tornam passíveis de observação as estruturas sociais das atividades cotidianas. A "redescoberta" do senso comum é possível, talvez, porque sociólogos profissionais, como membros, têm se envolvido demais com o conhecimento de senso comum das estruturas sociais, tanto como tópico quanto como recurso para suas investigações, e não única e exclusivamente como tópico programático da sociologia.

Notas

1. O trabalho de Alfred Schutz, citado na nota seguinte, é uma exceção magnífica. Os leitores familiarizados com sua obra irão reconhecer o quanto este capítulo deve a ele.

2. SCHUTZ, A. *Der Sinnhafte Aufbau Der Sozialen Welt* (Wein: Verlag von Julius Springer, 1932) [*Collected Papers I*: The Problem of Social Reality. The Hague: Martinus Nijhoff, 1962 [Ed. de Maurice Natason]. • *Collected Papers II*: Studies in Social Theory. The Hague: Martinus Nijhoff, 1964 [Ed. de Arvid Broderson]. • *Collected Papers III*: Studies in Phenomenological Philosophy. The Hague: Martinus Nijhoff, 1966 [Ed. de I. Schutz]].

3. Complementarmente, o conhecimento sobre como as estruturas das atividades cotidianas são rotineiramente produzidas deveria permitir-nos descobrir como podemos proceder para efetivamente produzirmos as perturbações desejadas.

4. Karl Mannheim ("On the Interpretantion of 'Weltanschauung'". In: *Essays on the Sociology of Knowledge*. Nova York: Oxford University Press, 1952, p. 33-83 [Trad. e ed. de Paul Kecskemeti]) referiu-se a esse trabalho como o "método documentário de interpretação". Suas características estão detalhadas no capítulo 3.

5. Os conceitos de "confiança" e "desconfiança" são detalhados no meu artigo "A Conception of and Experiments with 'Trust' as a Condition of Stable Concerted Actions" (In: HARVEY, O.J. (ed.). *Motivation and Social Interaction*. Nova York: The Ronald Press, 1963, p. 187-238). Nele, o termo "confiança" é usado para se referir ao fato de uma pessoa aceitar agir de acordo com as expectativas da atitude da vida cotidiana como uma moralidade. Agir de acordo com uma regra de dúvida direcionada à correspondência entre as aparências e os objetos de que as aparências são aparências é apenas uma das formas de definir "desconfiança". Modificações em cada uma das outras expectativas que compõem a atitude da vida cotidiana, como também de seus vários subconjuntos, fornecem variações do tema central, que é tratar como questão problemática um mundo que se exige ser conhecido em comum e tomado como dado. Cf. a nota 2 para referências acerca da discussão de Schutz sobre a atitude da vida cotidiana. As expectativas que compõem essa atitude são enumeradas resumidamente nas páginas anteriores.

6. Garfinkel refere-se ao filósofo hispano-americano George Santayana (1863-1952) [N.T.].

7. O termo é um empréstimo de WEBER, M. "The Social Psychology of the World Religions". In: *From Max Weber*: Essays in Sociology. Nova York: Oxford University Press, 1946, p. 267-301 [Trad. de H.H. Gerth e C. Wright Mills]. Eu adaptei seu significado.

8. SCHUTZ, A. "Common Sense and Scientific Interpretations of Human Action. In: *Collected Papers I*: The Problem of Social Reality, p. 3-96 [Tb. em "On Multiple Realities", p. 207-259]. Cf. tb. cap. 8. • GARFINKEL. "Common Sense Knowledge of Social Structures". In: *Transactions of the Fourth World Congress of Sociology*, 4, 1959, p. 51-65.

9. Uso o termo "competência" significando a reivindicação de que o membro de uma coletividade tem o direito de exercer a capacidade de gerenciar suas atividades cotidianas sem interferência. Refiro-me ao fato de os membros poderem tomar como dadas tais reivindicações, chamando o membro de uma coletividade de um membro de *bona fide*. Uma discussão extensa das relações entre "competência" e "conhecimento de senso comum das estruturas sociais" pode ser encontrada na tese de doutorado de Egon Bittner: *Popular Interests in Psychiatric Remedies*: A Study in Social Control. Los Angeles: University of California, 1961. Uso os termos "coletividade" e "membros de uma coletividade" estritamente de acordo com a forma usada por Talcott Parsons em *The Social System* (Nova York: The Free Press of Glencoe, 1951) e na introdução geral de *Theories of Society* (de Talcott Parsons, Edward Shils, Kaspar D. Naegele e Jesse R. Pitts. Nova York: The Free Press of Glencoe, 1961).

10. Garfinkel refere-se ao psicólogo alemão Kurt Lewin (1890-1947), que trabalhou nos Estados Unidos a partir de 1933. Mentor da Teoria do Campo Psicológico [N.T.].

11. Seu objetivo era promover os melhores alunos da universidade [N.T.].

12. Racionalidades de senso comum são discutidas detalhadamente em SCHUTZ, A. "Common Sense and Scientific Interpretation of Human Action". In: *Collected Papers I*: The Problem of Social Reality, p. 3-47. • "The Problem of Rationality in the Social World". In: *Collected Papers II*: Studies in Social Theory, p. 64-88. Cf. tb. cap. 8 desta obra. As racionalidades de senso comum foram usadas por Egon Bittner (op. cit.) para recomendar que fosse feita uma crítica e uma reconstrução do interesse sociológico nas doenças mentais.

13. PARSONS, T. *Economy, Polity, Money and Power*, 1959, [inédito].

14. WITTGENSTEIN, L. *Philosophical Investigations*. Oxford: Basil Blackwell, 1959.

15. A cláusula *et cetera*, suas propriedades e as consequências de seu uso têm prevalecido como tópicos de estudo e discussão entre os membros das conferências de etnometodologia que têm ocorrido na Universidade da Califórnia, Los Angeles, e na Universidade de Colorado desde fevereiro de 1962, com a ajuda de uma bolsa de pesquisa da Agência da Força Aérea dos Estados Unidos para pesquisas científicas. Os membros das conferências são Egon Bittner, Harold Garfinkel, Craig Mac-Andrew, Edward Rose e Harvey Sacks. Discussões sobre o *et cetera* entre os participantes das conferências podem ser encontradas em BITTNER, E. "Radicalism: A Study of the Sociology of Knowledge". *American Sociological Review*, 28/12/1963, p. 928-940. • SACKS, H. "On Sociological Description". *Berkeley Journal of Sociology*, 8, 1963, p. 1-16. • GARFINKEL, H. "A Conception and Some Experiments With Trust..." Cf. tb. os cap. 1 e 3 deste volume. Outros estudos que tratam de procedimentos de codificação, métodos de interrogação, trabalho de advogados, tradução, construção de modelos, reconstrução histórica, "contabilidade social", contagem e diagnóstico de personalidade podem ser encontrados em artigos não publicados de Bittner, Garfinkel, MacAndrew, Rose e Sacks; em palestras transcritas dadas por Bittner, Garfinkel e Sacks sobre "Explicações razoáveis" na Décima Sexta Conferência Anual sobre Questões Mundiais, Universidade do Colorado, 11-12/04/1963, e nas transcrições das conferências.

16. Até onde isso é verdadeiro, o método estabelece a tarefa programática de reconstruir o problema da ordem social da forma como ele é atualmente formulado nas teorias sociológicas e de criticar as soluções atualmente preferidas. No cerne da reconstrução está o problema empírico de demonstrar as características definitivas do modo *et cetera* de pensar.

3 Conhecimento de senso comum das estruturas sociais

O método documentário de interpretação no levantamento leigo e profissional de fatos

Sociologicamente falando, a "cultura comum" refere-se aos fundamentos socialmente sancionados de inferência e ação que as pessoas usam em seus afazeres cotidianos e assumem que os outros usam da mesma maneira. Fatos-da-vida-em-sociedade-socialmente-sancionados-que-qualquer-membro-*bona-fide*-conhece descrevem tais temas como a conduta da vida familiar, organização do mercado, distribuição de honrarias, competências, responsabilidade, boa vontade, renda financeira, motivos entre os membros, frequência, causas de problemas e soluções para eles, e a presença de propósitos bons e ruins por trás do funcionamento aparente das coisas. Tais fatos da vida social, socialmente sancionados, consistem em descrições a partir do ponto de vista dos interesses do membro da coletividade[1] no gerenciamento de seus afazeres práticos. Baseando nosso uso na obra de Alfred Schutz[2], chamaremos esse conhecimento de ambientes socialmente organizados de ações concertadas de "conhecimento de senso comum das estruturas sociais".

A descoberta da cultura comum consiste na descoberta da existência do conhecimento de senso comum das estruturas sociais por cientistas sociais *a partir de dentro* da sociedade. Nessa descoberta, o cientista social trata o conhecimento e os procedimentos que os membros da sociedade usam para a sua montagem, teste, gerenciamento e transmissão, como objetos de interesse sociológico teórico.

Este capítulo ocupa-se do conhecimento de senso comum das estruturas sociais como objeto de interesse sociológico teórico. Ele ocupa-se das descrições de uma sociedade, cujos membros, *incluindo sociólogos profissionais*, como uma condição de seus direitos efetivos para gerenciar e comunicar as decisões de sentido, fato, método e textura causal, sem interferência – ou seja, como condição de sua "competência" –, usam e tratam como conhecidas em comum com outros membros e, juntamente com outros membros, tomam como dadas. Especificamente, o capítulo está voltado para uma descrição do trabalho pelo qual decisões de sentido e de fato são gerenciadas e o modo como um corpo de conhecimento factual de estruturas sociais é agrupado em situações de escolha de senso comum.

O método documentário de interpretação

Há inúmeras situações de investigação sociológica em que o investigador – seja ele um sociólogo profissional ou uma pessoa realizando uma investigação sobre estruturas sociais, no interesse de gerenciar seus afazeres cotidianos práticos – pode atribuir a aparências reais testemunhadas o *status* de um evento de conduta, apenas imputando biografia e projeções às aparências. Isso ele faz pelo encaixe das aparências em seu conhecimento pressuposto das estruturas sociais. Assim, acontece frequentemente que, para o investigador decidir para o que ele está olhando agora, ele deve aguardar desenvolvimentos futuros apenas para descobrir que esses futuros, por sua vez, são informados por *sua* história e futuro. Quando espera para ver o que terá acontecido, ele aprende o que foi que ele viu previamente. Ou isso, ou ele toma como dadas a história e as projeções imputadas. Ações motivadas, por exemplo, têm exatamente essas propriedades problemáticas.

Por conseguinte, ocorre que o investigador frequentemente deve eleger entre cursos alternativos de interpretação e de investigação a fim de decidir questões de fato, hipótese, conjectura, fantasia, e todo o resto, apesar do fato de que, no sentido calculável do termo "saber", ele não "sabe" nem mesmo pode "saber" o que está fazendo *anteriormente a isso, ou durante isso*. Pesquisadores de campo, mais particularmente aqueles que fazem estudos etnográficos e linguísticos em cenários, nos quais não podem pressupor um conhecimento das estruturas sociais, estão talvez mais bem familiarizados com tais situações, mas outros tipos de investigação sociológica profissional não são exceção.

No entanto, um corpo de conhecimento das estruturas sociais está de alguma maneira reunido. De alguma forma, as decisões de sentido, fatos, método, e textura causal são tomadas. Como, no curso da investigação, durante o qual tais decisões devem ser tomadas, isso ocorre?

Karl Mannheim[3] forneceu uma descrição aproximada de um processo, em sua preocupação com o problema do sociólogo de alcançar uma descrição adequada dos eventos culturais, do qual um exemplo importante seriam os conhecidos "comportamentos com um sentido subjetivo ligado e orientado por si mesmo em seu curso" de Weber. Mannheim chamou-o de "o método documentário de interpretação". Ele se distingue dos métodos de observação literal, ainda que tenha um ajuste reconhecível com o que muitos pesquisadores sociológicos, leigos e profissionais, realmente fazem.

De acordo com Mannheim, o método documentário envolve a busca de "...um padrão homólogo idêntico subjacente a uma vasta variedade de realizações totalmente diferentes de sentido"[4].

O método consiste em tratar uma aparência real como "o documento de", como "apontando para", como "se apresentando em nome de" um padrão pressuposto subjacente. Não só é o padrão subjacente derivado de suas evidências documentárias individuais, como também as evidências documentárias individuais, por sua vez, são interpretadas com base em "o que se sabe" sobre o padrão subjacente. Cada um é usado para elaborar o outro.

Pode-se identificar o método nas necessidades cotidianas de reconhecer sobre o que uma pessoa está "falando", dado que ela não diz exatamente o que ela quer dizer, ou de reconhecer tais ocorrências e objetos comuns como carteiros, gestos amigáveis e promessas. Também pode-se identificá-lo na decisão de ocorrências sociologicamente analisadas de eventos, tais como as estratégias de gerenciamento de impressões de Goffman, as crises de identidade de Erickson, os tipos de conformidade de Riesman, os sistemas de valores de Parsons, as práticas mágicas de Malinowski, a contabilidade das interações de Bale, os tipos de desvio de Merton, a estrutura latente de atitudes de Lazarsfeld, e as categorias ocupacionais do serviço de recenseamento dos Estados Unidos.

Como isso é feito por um investigador, que, a partir de respostas a um questionário, encontra a "atitude" do entrevistado; que, através de entrevistas com o pessoal de escritório, relata suas "atividades burocraticamente organizadas"; que, pela consulta a dados policiais sobre crimes conhecidos, avalia os parâmetros de "crime real"? Qual é o trabalho pelo qual o investigador coloca a ocorrência observada e a ocorrência pretendida em uma correspondência de significado, de tal forma que o investigador considera razoável tratar aparências reais testemunhadas como evidências do evento que ele pretende estudar?

Para responder a estas perguntas é necessário detalhar o trabalho do método documentário. Para esse fim, uma demonstração do método documentário foi elaborada para exagerar as características desse método em uso e para captar o trabalho de "produção de fatos" no ato.

Um experimento

Recrutamos dez graduandos, dizendo a eles que uma pesquisa estava sendo feita no Departamento de Psiquiatria, com o objetivo de explorar meios alternativos para a psicoterapia "como uma maneira de dar conselhos a pessoas sobre seus problemas pessoais" [sic]. Cada sujeito foi atendido individualmente por um experimentador, que estava falsamente representando um conselheiro de estudantes em treinamento. Solicitou-se ao sujeito que discutisse primeiro o contexto de algum problema grave sobre o qual ele gostaria de um conselho, e depois dirigisse ao "conselheiro" uma série de perguntas, cada uma permitindo um "sim" ou "não" como resposta. Foi prometido ao sujeito que o "conselheiro" tentaria responder com o melhor de sua capacidade. O experimentador-conselheiro ouvia as perguntas e dava suas respostas em uma sala adjacente, através de um sistema de intercomunicação. Depois de descrever o seu problema e fornecer algum contexto para ele, o sujeito fazia sua primeira pergunta. Depois de uma pausa padrão, o experimentador anunciava sua resposta, "sim" ou "não". De acordo com as instruções, o sujeito então removia um plugue de parede que o conectava ao conselheiro, para que "o conselheiro não ouvisse seus comentários", e gravava em uma fita seus comentários sobre a conversa. Após eles serem concluídos, o sujeito conectava o microfone e fazia sua próxima pergunta. Depois que ele recebia a resposta, voltava a registrar seus comentários, e assim procedia por pelo menos dez perguntas e respostas. Foi dito ao sujeito: "A maioria das pessoas costuma fazer pelo menos dez perguntas".

A sequência de respostas, dividida igualmente entre possibilidades de sim e não, foi predefinida com uma tabela de números aleatórios. A todos os sujeitos que fizeram o mesmo número de perguntas foi administrada a mesma série de respostas sim e não. Após a sequência de perguntas e respostas, pedia-se ao sujeito que resumisse suas impressões sobre a conversa completa. Seguia-se uma entrevista.

A seguir, apresentam-se protocolos ilustrativos, não editados.

Caso 1[5]

SUJEITO: Ok, essa é a situação com a qual me deparo. Acontece que sou de fé judaica e tenho saído com uma garota gentia atualmente, faz mais ou menos dois meses. Meu pai não se opõe diretamente a essa situação, mas eu sinto ao mesmo tempo que ele não está muito feliz com isso. Minha mãe acha que, enquanto meu pai não se opuser diretamente a essa situação, eu deveria ir em frente e continuar saindo com ela, até que ele faça alguma declaração direta contra. Minha razão para sentir por que ele não está muito satisfeito com isso é que ele nunca disse para eu não sair com ela, mas, ao mesmo tempo, ele vem com alfinetadas e ditados que me deixam facilmente muito pouco à vontade de sair com a garota. Minha pergunta é: Você acha que, nas circunstâncias atuais, eu deveria continuar ou parar de sair com essa garota? Deixe-me colocar isso de uma forma positiva. Você acha que eu deveria continuar saindo com essa garota?

EXPERIMENTADOR: Minha resposta é não.

SUJEITO: Não. Bem, isso é bem interessante. Eu meio que acho que realmente não há grande animosidade entre meu pai e eu, mas, bem, talvez ele ache que um desafeto maior vai se originar disso. Eu suponho que seja, ou talvez seja mais fácil para uma pessoa de fora ver certas coisas, para as quais estou cego neste momento.

Gostaria de fazer minha segunda pergunta agora.

EXPERIMENTADOR: Certo.

SUJEITO: Você acha que eu deveria discutir mais com meu pai sobre essa situação, ou não? Eu deveria discutir mais com meu pai sobre esse assunto de sair com a garota gentia?

EXPERIMENTADOR: Minha resposta é sim.

SUJEITO: Bem, eu acho que é razoável, mas eu realmente não sei o que dizer para ele. Quero dizer, ele parece não ser tão compreensível. Em outras palavras, ele parece estar realmente com medo de discutir a situação. Quer dizer, pelo menos é isso que me parece até agora. Mas acho que, se vale a pena para mim, se eu realmente quero continuar a sair com ela, eu tenho de prosseguir e ter essa discussão com meu pai. Eu realmente não sei o que dizer, porque, eu quero dizer, eu estou saindo com ela. Eu não estou apaixonado por ela nem nada, mas eu nunca sei de fato no que isso vai dar. Eu acho que nós deveríamos ter uma discussão com base no que as futuras possibilidades podem ser e o que ele acharia disso. Talvez ele não seja tão contra agora, porque nós estamos somente saindo juntos, mas talvez ele veja complicações futuras, das quais realmente gostaria de se livrar no momento. Estou pronto para minha terceira pergunta agora.

Se, após a conversa com meu pai, ele disser para continuar saindo com ela, mas ao mesmo tempo me der a impressão de que ele realmente não está, não quer que eu saia com ela, mas ele só está fazendo isso porque quer ser um bom pai, nessas circunstâncias eu deveria continuar saindo com a garota?

EXPERIMENTADOR: Minha resposta é sim.

SUJEITO: Bem, de fato eu estou surpreso com a resposta. Eu esperava uma resposta negativa sobre isso. Talvez seja porque você não conheça bem o meu pai e suas reações, e ele parece ser o tipo de pessoa que é sensível e, portanto, ele é muito cuidadoso na forma como lida com as coisas. Mesmo se ele dissesse para ir em frente e sair com ela, talvez eu me sentiria culpado em saber que ele realmente não queria que eu continuasse saindo com ela. Embora eu não saiba se isso realmente ajudaria na situação de qualquer forma. Então, bem, talvez nós nos aprofundemos nisso, e isso é uma outra questão. Estou pronto para minha quarta pergunta agora.

Se, após ter essa discussão com meu pai e receber uma resposta positiva dele, mas ao mesmo tempo sentir que essa não foi sua opinião sincera, você acha que seria adequado que eu pedisse a minha mãe que tivesse uma conversa séria com ele e, então, tentasse obter uma reação mais verdadeira do meu pai sobre essa situação?

EXPERIMENTADOR: Minha resposta é sim.

SUJEITO: Bem, isso me parece justo. Eu acho que talvez ele seria mais sincero com minha mãe sobre a situação. Claro que isso pode representar algum problema.

Será que minha mãe voltaria e seria completamente sincera comigo? Ela parece ser mais liberal do que meu pai, sem falar que minha mãe mentiria sobre isso, mas ela seria um pouco mais liberal em relação a coisas assim e, talvez, ao longo de sua conversa com meu pai iria tentar mostrar o meu lado para ele, e, portanto, mais uma vez, tenho duas respostas. Se eu olhar para isso dessa forma eu não acho que vou sair do zero a zero de qualquer jeito, mas pelo menos eu sinto que estamos chegando a algum lugar. Estou pronto para minha quinta pergunta agora.

Você acha que eu deveria dizer a essa garota gentia, com quem estou saindo, o problema que estou tendo com o meu "pessoal" em casa, ou devo esperar até que, bem, essa é outra pergunta. Você acha que eu devo dizer à garota com quem estou saindo os problemas que estou tendo em casa por causa da religião dela?

EXPERIMENTADOR: Minha resposta é não.

SUJEITO: Bem, mais uma vez estou surpreso. Claro, isso pode depender do quanto você se importa com a garota e por quanto tempo mais eu acho que eu vou sair com ela. Mas eu, pessoalmente, acho que só é certo dizer a ela porque, se ela talvez estiver pensando mais sério do que eu, ela poderia, poderia ser melhor para nós entendermos a situação toda e, se ela achar que isso será um obstáculo, então eu talvez ache que acabaria com a situação logo aí sem dizer a ela. Acho que talvez eu vá mostrar isso de maneira diferente e ela vai ignorar o quão a situação é real e talvez reaja comigo de uma certa maneira, estragando nossos encontros e tudo mais. Estou pronto para minha sexta pergunta.

Se eu me apaixonasse por essa garota e quisesse fazer planos para o casamento, você acha que é justo que eu deveria pedir a ela para mudar da religião dela para a minha crença?

EXPERIMENTADOR: Minha resposta é não.

SUJEITO: Bem, não. Bem, isso me travou. Não. Bem, eu sinceramente sinto que fui criado de certo modo e acredito que ela também foi, e sou bastante convicto da minha crença. Não que eu seja totalmente ortodoxo nem nada, mas é claro que sempre existe pressão da família e coisas assim. E estou certo de que ela acha, infelizmente eu nunca vi uma família com uma diferença de religião que realmente tenha sido capaz de transformar isso em sucesso. Então, eu não sei. Acho que talvez eu seria tentado a pedir para ela mudar. Eu não acho que eu seria capaz disso realmente. Estou pronto para a número sete.

Você acha que seria uma situação melhor se estivéssemos para casar e nenhum de nós estivesse disposto a falar sobre a diferença de religião ou ir um para cada lado, que nós criássemos nossos filhos em uma religião neutra diferente das duas em que acreditamos?

EXPERIMENTADOR: Minha resposta é sim.

sujeito: Bem, talvez essa fosse uma solução. Se pudéssemos encontrar uma religião que incorporasse nossas duas crenças, até certo ponto. Eu me dou conta de que talvez isso possa ser literalmente impossível de fazer. Talvez, em certo sentido, essa religião neutra pode ser algo quase que criado por nós mesmos, porque eu sinceramente acho que a formação religiosa, não importa qual crença seja, se não for levada a extremos é boa, porque, nesse sentido, todos devem ter uma certa formação religiosa. Talvez isso possa ser uma solução para o problema. Acho que eu deveria acompanhar isso um pouco mais e ver exatamente o que acontece. Estou pronto para a número oito.

Se estivéssemos para casar, seria melhor para nós vivermos em uma nova comunidade, onde nós não estaríamos em contato com nossos pais, se estivéssemos recebendo muita pressão da família sobre as diferenças religiosas?

experimentador: Minha resposta é não.

sujeito: Bem, eu meio que estou inclinado a concordar com essa resposta. Eu acho que você não iria muito longe fugindo do problema e que talvez isso fosse uma daquelas coisas na vida que, no final das contas, você simplesmente estaria disposto a aceitar e que as famílias e nós conviveríamos harmoniosamente juntos. Pelo menos eu espero que isso dê certo, se essa situação ocorrer. Eu acho que seria melhor para ambas as famílias juntas que nós não vamos chegar a lugar algum se fugirmos do nosso problema. Então o melhor é permanecermos nisso e tentar resolver. Estou pronto para a número nove.

Se nos casássemos e começássemos a criar nossos filhos, você acha que deveríamos explicar e dizer aos nossos filhos que já tivemos essa diferença religiosa ou será que apenas os criaríamos nessa nova religião, que seria a religião deles, sobre a qual conversávamos, e os deixaríamos acreditar que isso é aquilo em que inicialmente acreditávamos?

experimentador: Minha resposta é não.

sujeito: Mais uma vez eu meio que concordo com isso. Acho que devemos contar a eles, porque, sem dúvida, eles vão descobrir. E se eles descobrirem que havia essa diferença que nós já tivemos, eles achariam que estávamos os enganando ou tentando esconder alguma coisa deles e tampouco isso não seria a melhor situação. Então eu acredito que essa seria a melhor situação. Estou pronto para a número dez.

Você acha que os nossos filhos, se tivéssemos algum, teriam algum problema religioso, por causa de nós, os pais, e as nossas dificuldades?

experimentador: Minha resposta é não.

sujeito: Bem, eu realmente não sei se eu concordo com isso ou não. Talvez eles tivessem problemas se a confusão começasse e eles pensassem que eles não sabiam qual é o certo e qual é o errado, ou de que lado ficar, se não quisessem ficar com a religião deles. Mas eu meio que sinto que, se a religião deles fosse uma religião sadia, que provesse as necessidades de uma religião e o que uma religião provê, não haveria qualquer problema com eles. Mas suponho que só o tempo dirá se tais problemas surgiriam. Eu terminei com os meus comentários agora.

EXPERIMENTADOR: Certo, já vou.

O experimentador apareceu na sala do sujeito, entregou-lhe uma lista dos pontos que ele poderia comentar, e saiu da sala. O sujeito comentou da seguinte forma.

SUJEITO: Bem, a conversa parecia ser unilateral, porque eu estava fazendo tudo. Mas eu acho que foi extremamente difícil para o Sr. McHugh responder a estas perguntas totalmente sem ter um entendimento completo das personalidades das diferentes pessoas envolvidas e exatamente o quão complexa era a situação. As respostas que recebi, devo dizer que a maioria delas foram respondidas, talvez, da mesma forma que eu as responderia para mim, mesmo sabendo das diferenças entre os tipos de pessoas. Uma ou duas delas vieram como uma surpresa para mim e eu achei que o motivo talvez de ele ter respondido a estas perguntas da maneira como ele fez é pelo motivo de que ele não tem conhecimento das personalidades envolvidas e de como elas estão reagindo ou reagiriam a uma determinada situação. As respostas que recebi, a maioria delas eu achei que ele estava na sua maior parte consciente da situação conforme avançávamos, pois eu interpretava suas respostas, apesar de serem respostas de sim ou não, como respostas completamente refletidas sobre estas situações que eu apresentei para ele e que tinham muito significado para mim. Eu achei que as suas respostas como um todo foram úteis e que ele estava buscando o benefício para a situação na maior parte, e não para cortá-la ou abreviá-la, de modo algum. Eu ouvi o que eu queria ouvir, na maioria das situações apresentadas no momento. Talvez eu não tenha ouvido o que eu realmente queria ouvir, mas talvez a partir de um ponto de vista objetivo foram as melhores respostas, porque alguém envolvido em uma situação está cego até certo ponto e não pode adotar essa perspectiva objetiva. E, portanto, essas respostas podem ser diferentes para a pessoa que está envolvida na situação e para a pessoa que está de fora e pode ter uma perspectiva objetiva. Eu sinceramente acredito que as respostas que ele me deu, que ele estava completamente ciente da situação em questão. Eu acho talvez que isso deve ser qualificado. Talvez quando eu disse que eu deveria falar com meu pai, por exemplo, ele não foi favorável. Quando eu disse que eu deveria falar com meu pai, por exemplo, ele não foi a favor do que eu ia falar com meu pai. Com todo direito. Ele sabia o tema geral, mas ele não sabe o quão perto estou de meu pai, ou o quão complexa a conversa pode ficar. E se, ao ele dizer "converse", sabendo que meu pai não vai ouvir, bem, também isso talvez não seja o melhor, ou, se meu pai está muito disposto a ouvir, ele diz que isso pode não ajudar. Ou não converse. Bem, mais uma vez isso tem a ver com pessoas que ele não conhece. Creio que a conversa e as respostas dadas tiveram muito significado para mim. Quero dizer que foi talvez o que eu esperaria de alguém que compreendesse perfeitamente a situação. E eu acho que isso teve muito sentido para mim e fez muito sentido. Bem, eu achei que as perguntas que eu fiz foram muito pertinentes e que ajudam a compreender a situação de ambos os lados, ou seja, eu mesmo e o respondedor, e minha reação às respostas, como já afirmei antes, estávamos, na maior parte, de acordo. Às vezes eu fiquei surpreso, mas entendi que é porque ele não está plenamente consciente da situação e das pessoas envolvidas.

Caso 2

SUJEITO: Gostaria de saber se devo ou não mudar a minha habilitação principal na graduação, no momento presente. Minha graduação principal é em Física, mas estou com um déficit e tanto nos meus pontos de qualificação para alcançar a média C em Física. Gostaria de mudar para Matemática. Tenho um pouco de dificuldade nela, mas acho que talvez eu poderia lidar com isso. Não fui aprovado em vários cursos de Matemática aqui na Ucla[6], mas eu sempre repetia e tirava nota C. Cheguei perto de conseguir um B em Matemática em um curso específico, porque estudei um pouco mais do que nos outros, mas a minha pergunta é: Ainda devo mudar a minha graduação principal?

EXPERIMENTADOR: Minha resposta é não.

SUJEITO: Bem, ele diz que não. E se eu não mudar, então vou ter que melhorar meu déficit nos pontos de qualificação, o que será terrivelmente difícil, porque não estou indo muito bem esse semestre. Se eu me recuperar nesse semestre com sete unidades de A, então posso confiar na possibilidade de continuar para obter meu diploma em Física, em fevereiro, mas então eu tenho esse estigma da Física Nuclear diante de mim. Eu não gosto de jeito nenhum do estudo da Física Nuclear. Física Nuclear 124 será um dos meus cursos necessários para obter um diploma em Física.

Você acha que eu poderia obter um diploma em Física, sabendo que eu tenho que cursar Física 124?

EXPERIMENTADOR: Minha resposta é sim.

SUJEITO: Ele diz que sim. Eu não vejo como eu poderia. Eu não sou tão bom em teoria. Meus hábitos de estudo são horríveis. Minha velocidade de leitura é ruim, e eu não fico tempo suficiente estudando.

Você acha que eu poderia melhorar os hábitos de estudo de maneira bem-sucedida?

EXPERIMENTADOR: Minha resposta é sim.

SUJEITO: Ele diz que eu posso melhorar os meus hábitos de estudo de maneira bem-sucedida. Eu tenho recebido lições o tempo todo de como estudar corretamente, mas eu não estudo corretamente. Eu não tenho incentivo suficiente para continuar com a Física, tenho?

Você acha que eu tenho incentivo suficiente para obter um diploma em Física?

EXPERIMENTADOR: Minha resposta é sim.

SUJEITO: Ele disse "minha resposta é sim". É possível que eu também pense assim, se eu não tivesse um histórico escolar ruim a me perseguir. Seria muito difícil conseguir esse diploma.

Você acha que eu poderia fazer o meu estudo com sucesso e tentar ao mesmo tempo manter boas relações em casa com minha esposa e ainda fazer o meu trabalho? Eu não estudo bem na faculdade e não tenho muito incentivo para estudar quando estou em casa. Mas quando minha mulher chega em casa, eu gosto de estudar. No entanto, isso nos impede de fazer as coisas, e sempre que ela não faz o que tem de ser feito, isso me dá nos nervos, porque há todo esse trabalho se acumulando. Você acha que eu poderia estudar em casa de maneira bem-sucedida?

EXPERIMENTADOR: Minha resposta é não.

SUJEITO: Ele diz que não. Eu também acho que não.

Eu deveria ir à faculdade todas as noites depois do jantar e estudar?

EXPERIMENTADOR: Minha resposta é não.

SUJEITO: Ele diz que eu não deveria ir à faculdade e estudar. Onde eu deveria ir? Eu deveria ir à biblioteca do campus para estudar?

EXPERIMENTADOR: Minha resposta é sim.

SUJEITO: Ele diz que eu deveria ir à biblioteca do campus para estudar. Qual biblioteca? Eles podem não ter todas as referências que eu posso precisar lá, mas que nem sempre são necessárias. Eu preciso de pelo menos mais três perguntas. Você acha que eu posso desenvolver incentivo e hábitos de estudo suficientemente bons para realmente conseguir desenvolver esses hábitos de tal forma que eu não teria que ficar acordado até tarde da noite e não terminar o trabalho em primeiro lugar?

EXPERIMENTADOR: Minha resposta é não.

SUJEITO: Ele diz que não. Eu não posso desenvolver os hábitos de estudo adequadamente para poder me recuperar. Se você não acha que eu possa desenvolver os hábitos de estudo adequados e continuar com eles até atingir minha meta, com base nisso você ainda acredita que eu possa obter um diploma em Física?

EXPERIMENTADOR: Minha resposta é não.

SUJEITO: De acordo com isso eu não vou conseguir um diploma. O que eu deveria fazer? Você ainda está aí?

EXPERIMENTADOR: Sim, estou.

SUJEITO: Se você acha que eu não vou fazer... alcançar a meta necessária para melhorar os meus hábitos de estudo e obter um diploma em Física, você recomenda que eu abandone a faculdade?

EXPERIMENTADOR: Minha resposta é sim.

SUJEITO: Ele diz que eu deveria abandonar a faculdade. Você ainda está aí?

EXPERIMENTADOR: Sim.

SUJEITO: Tenho mais uma pergunta. Gostaria de ser oficial da Força Aérea. Eu completei o programa de treinamento dos oficiais da reserva da Força Aérea[7], mas para ser um oficial eu preciso de um diploma. Se eu não conseguir um diploma, há chances muito fortes de que não poderei ser oficial, embora existam prós e contras de que ainda há possibilidade de que eu ainda possa ser oficial sem diploma universitário, embora isso não seja desejável. A questão é, será que vou ser oficial da Força Aérea?

EXPERIMENTADOR: Minha resposta é sim.

SUJEITO: Ele diz que eu vou conseguir entrar para a Força Aérea, e é isso que eu estou esperando, mas será que eu vou conseguir me formar? Se eu conseguir ser oficial sem um diploma universitário, será que algum dia eu vou me formar em alguma coisa?

EXPERIMENTADOR: Minha resposta é não.

SUJEITO: Isso me deixa um pouco infeliz, embora eu realmente não precise de um diploma universitário no tipo de trabalho que eu desejo fazer. Você está aí? Volte.

O sujeito comentou da seguinte forma.

Bem, pelo que pude entender da conversa, é um pouco tolo para mim levar meus estudos mais adiante até conseguir um diploma em alguma coisa. Na verdade, eu senti durante todo o tempo que o tipo de diploma em que eu estou interessado, que é o de inventar, não é algo que exige um diploma universitário necessariamente. Exige certo conhecimento de matemática e física, mas não exige um diploma universitário para inventar. Com base na conversa, percebi que eu deveria apenas abandonar a faculdade e ir em frente e buscar o meu posto na Força Aérea, mas eu não sei como. Mas seria terrivelmente bom ter um diploma. Esse diploma me permitiria entrar em outras faculdades. Caso contrário, terei uma declaração de que entrei na faculdade, mas nunca terminei. Também tenho a impressão de que meus hábitos de estudo nunca irão melhorar tanto quanto eu gostaria que eles melhorassem, de qualquer maneira. Eu não vou me formar. Vou conseguir um emprego e é inútil para mim estudar em casa ou na faculdade. Especialmente à noite. Eu me pergunto se eu deveria estudar alguma coisa, ou se eu deveria aprender a estudar tudo na faculdade. O que fazer? Tenho a sensação de que meus pais ficariam muito tristes e também os pais da minha esposa ficariam muito tristes se eu nunca conseguisse um diploma ou, pelo menos, especialmente agora. Tenho a sensação de que essa conversa anterior é baseada no que se deveria ter aprendido a fazer anos atrás, isto é, quando criança. Fazer perguntas a si mesmo e dar a si mesmo uma resposta de algum tipo, sim ou não, e elaborar razões por que sim ou não se sustentam ou podem se sustentar e pensar sobre a validade ou a antecipação da validade disso respondem o que se deve fazer para cumprir sua meta ou simplesmente existir. Eu pessoalmente acho que posso me dar melhor em Matemática do que em Física. Mas eu não saberei até o fim do verão.

Achados

Um exame dos protocolos revela o seguinte:

A) Entendendo a troca.

Nenhum dos sujeitos teve dificuldade de realizar a série de dez perguntas e de resumir e avaliar o conselho.

B) Respostas eram vistas como "respostas-para-perguntas".

1) Tipicamente os sujeitos ouviam as respostas do experimentador como respostas-para-perguntas. Perceptivamente, as respostas do experimentador foram motivadas pelas perguntas.

2) Os sujeitos diretamente viam "o que o conselheiro tinha em mente". Eles ouviam "de imediato" o que ele estava falando, ou seja, o que ele queria dizer, e não o que ele tinha expressado.

3) O sujeito típico assumiu, ao longo do curso da troca, e durante a entrevista após o experimento, que as respostas foram um conselho para o problema, e que esse conselho como uma solução para o problema devia ser encontrado através das respostas.

4) Todos relataram o "conselho que lhes tinha sido dado" e dirigiram sua avaliação e crítica a esse "conselho".

C) Não houve perguntas pré-programadas; a pergunta seguinte era motivada pelas possibilidades retrospectivas-prospectivas da situação presente que foram alteradas por cada troca real.

1) Nenhum sujeito administrou um conjunto de perguntas pré-programadas.

2) Respostas presentes alteravam o sentido das trocas anteriores.

3) Ao longo do curso da conversa, pareceu funcionar o pressuposto de que havia uma resposta a ser obtida, e de que, se a resposta não era óbvia, que o seu significado poderia ser determinado pela busca ativa, uma parte da qual envolvia fazer outra pergunta, de modo a descobrir o que o conselheiro "tinha em mente".

4) Muito esforço foi dedicado à procura de significados que eram esperados, mas não estavam evidentes na resposta imediata à pergunta.

5) A resposta-para-a-pergunta presente motivou o conjunto subsequente de possibilidades, dentre as quais a pergunta seguinte foi selecionada. A próxima pergunta surgia como um produto de reflexões sobre o curso anterior da conversa, e o problema subjacente pressuposto, como o tópico cujas características cada conversa real documentava e ampliava. O "problema" subjacente foi elaborado em suas características em função da troca. O sentido do problema foi progressivamente acomodado a cada resposta presente, enquanto a resposta motivava aspectos recentes do problema subjacente.

6) O padrão subjacente foi elaborado e composto por uma série de trocas e foi acomodado a cada "resposta" presente de forma a manter "o curso do conselho", para elaborar o que "realmente foi aconselhado" anteriormente, e motivar as novas possibilidades como características emergentes do problema.

D) Respostas em busca de perguntas.

1) Ao longo do curso da conversa, os sujeitos por vezes começavam com a réplica tratada como uma resposta e alteravam o sentido anterior da sua pergunta, para acomodar esta à réplica como a resposta para a pergunta retrospectivamente revisada.

2) A mesma elocução idêntica foi capaz de responder a várias perguntas diferentes simultaneamente, e de constituir uma resposta a uma pergunta composta, que, em termos da lógica exata de proposições, não permite nem um sim ou não, ou um simples sim ou não.

3) A mesma elocução foi usada para responder a várias perguntas diferentes, separadas no tempo. Os sujeitos se referiam a isso como "lançar nova luz" sobre o passado.

ŀ) Respostas presentes proviam respostas às perguntas adicionais, que nunca eram feitas.

E) Lidando com respostas incompletas, inadequadas e contraditórias.

1) Quando as respostas eram insatisfatórias ou incompletas, os perguntadores estavam dispostos a esperar por respostas posteriores para decidirem o sentido das anteriores.

2) Respostas incompletas foram tratadas pelos sujeitos como incompletas devido às "deficiências" desse método de dar conselhos.

3) Respostas que foram inadequadas foram inadequadas por "uma razão". Se a razão fosse encontrada, o sentido da resposta era consequentemente decidido. Se uma resposta tivesse "bom-senso", isso era provavelmente o que o respondedor tinha "aconselhado".

4) Quando as respostas eram incongruentes ou contraditórias, os sujeitos foram capazes de continuar, considerando que o "conselheiro" tinha ficado mais ciente nesse meio-tempo, ou que ele tinha decidido mudar de ideia, ou que talvez ele não estava suficientemente familiarizado com as complicações do problema, ou a falha foi na pergunta, de forma que outra expressão era necessária.

5) Respostas incongruentes foram resolvidas pela imputação de conhecimento e intenção ao conselheiro.

6) As contradições exigiam que o sujeito elegesse a pergunta verdadeira que a resposta respondia, o que ele fazia dando à pergunta sentidos adicionais, que se encaixavam com os significados "por trás" do que o conselheiro aconselhava.

7) No caso de respostas contraditórias, muito esforço foi dedicado a rever a possível intenção da resposta, de forma a livrar a resposta de contradição ou falta de sentido, e livrar o respondedor da não confiabilidade.

8) Mais sujeitos consideravam a possibilidade de um truque do que testavam essa possibilidade. Todos os sujeitos que suspeitavam foram relutantes em agir sob a crença de que havia um truque envolvido. As suspeitas se acalmavam, se as respostas do conselheiro tivessem "bom-senso". Era mais improvável que as suspeitas continuassem se as respostas estivessem de acordo com o pensamento anterior do sujeito sobre o assunto e com suas decisões preferidas.

9) As suspeitas transformaram a resposta em um evento de "mero discurso", tendo a aparência de ocorrência coincidente com a ocasião de uma pergunta do perguntador. Sujeitos consideraram essa estrutura difícil de se manter e de se gerenciar. Muitos sujeitos viram o sentido da resposta "de qualquer maneira".

10) Aqueles que desconfiavam, simultaneamente, embora temporariamente, perderam a vontade de continuar.

F) A "busca" e a percepção do padrão.

1) Houve em todo o experimento uma preocupação e busca de padrões. O padrão, no entanto, foi percebido desde o início. O padrão era susceptível de ser visto na primeira evidência do "conselho".

2) Os sujeitos achavam muito difícil de capturar as implicações de aleatoriedade nas elocuções. Uma elocução predeterminada foi tratada como manipulação das respostas, ao invés de uma elocução que foi decidida de antemão e que ocorreu independentemente das perguntas e interesses do sujeito.

3) Quando a possibilidade de farsa ocorria aos sujeitos, a elocução do conselheiro documentou o padrão da farsa, ao invés do padrão de conselho. Assim, a relação do enunciado com o padrão subjacente como seu documento permaneceu inalterada.

G) Às respostas foi atribuída uma fonte cênica.

1) Sujeitos atribuíam ao conselheiro, como seu conselho, o pensamento formulado nas suas perguntas. Por exemplo, quando um sujeito perguntou "Eu deveria ir à faculdade todas as noites depois do jantar para estudar?" e o experimentador disse "Minha resposta é não", o sujeito em seus comentários disse assim: "Ele disse que eu não deveria vir para a faculdade estudar". Isso foi muito comum.

2) Todos os indivíduos foram surpreendidos, quando descobriram que eles contribuíram ativamente e com bastante peso para os "conselhos que recebiam do conselheiro".

3) Ao serem informados da farsa, os sujeitos ficavam intensamente magoados. Na maioria dos casos, eles revisaram suas opiniões sobre o procedimento para enfatizar a inadequação aos propósitos do experimentador (que eles entendiam ainda ser uma exploração dos meios de dar conselhos).

H) A vagueza de cada situação presente de novas possibilidades permaneceu invariável para os esclarecimentos fornecidos pela troca de perguntas e respostas.

1) Houve vagueza (a) no *status* da elocução como uma resposta, (b) em seu *status* de uma resposta-à-pergunta, (c) em seu *status* como um documento de conselho em relação ao padrão subjacente, e (d) no problema subjacente. Quando, após o curso de uma troca, as elocuções forneciam "conselhos sobre o problema", a sua função de conselho também elaborava todo o esquema de possibilidades pro-

blemáticas, de modo que o efeito global foi o de uma transformação da situação do sujeito, em que a indefinição de seus horizontes manteve-se inalterada e os "problemas ainda permaneciam sem resposta".

I) Na sua condição de membros, os sujeitos consultavam características institucionalizadas da coletividade como um esquema de interpretação.

1) Os sujeitos faziam referência específica a diversas estruturas sociais para decidir o caráter sensato e garantido do conselho do conselheiro. Tais referências, entretanto, não foram feitas para toda e qualquer estrutura social. Aos olhos do sujeito, se o conselheiro conhecesse e demonstrasse ao sujeito que ele sabia o que estava falando, e se o sujeito considerasse seriamente as descrições do conselheiro de sua situação como fundamentos de novos pensamentos do sujeito e de administração dessas circunstâncias, o sujeito não permitia ao conselheiro, e nem o sujeito estava disposto a considerar *qualquer* modelo das estruturas sociais. As referências que o sujeito fornecia eram das estruturas sociais, que ele tratava como real ou potencialmente conhecidas em comum com o conselheiro. E então, não de *quaisquer* estruturas sociais conhecidas em comum, mas das *estruturas sociais normativamente valorizadas*, que o sujeito aceitava como *condições* que as suas decisões tinham de satisfazer em relação a sua própria apreensão sensata e realista das suas circunstâncias e da "boa" intenção do conselho do conselheiro. Estas estruturas sociais consistiam em características normativas do sistema social, *vistas de dentro*, que, para o sujeito, foram definidoras de seu pertencimento como membro às várias coletividades que foram referidas.

2) Os sujeitos deram pouca indicação, antes das ocasiões de uso das regras para decidir fato e não fato, das estruturas normativas definidoras, às quais suas interpretações faziam referência. As regras para documentar essas ordens normativas definidoras pareciam entrar em jogo apenas depois que um conjunto de características normativas tinha sido motivado como relevante para as suas tarefas de interpretação e, então, como função do fato de que as atividades de interpretação estavam em andamento.

3) Sujeitos pressupunham características conhecidas-em-comum da coletividade como um corpo de conhecimento de senso comum compartilhado por ambos. Eles se basearam nesses padrões pressupostos, atribuindo ao que ouviram o conselheiro falando o seu *status* de evidência documentária das características normativas definitivas dos cenários da coletividade do experimento, família, escola, casa, profissão, para as quais os interesses do sujeito foram dirigidos. Essas evidências e as características da coletividade foram referidas num vai e

vem, uma em relação à outra, cada uma elaborando e sendo, assim, elabora-la em suas possibilidades.

J) Decidir a garantia era idêntico a atribuir ao conselho seu sentido perceptivelmente normal.

Através de uma revisão retrospectiva-prospectiva, os sujeitos justificaram o senso "razoável" e o *status* sancionável do conselho como fundamento para gerir os seus problemas. Seu caráter "razoável" consistia na sua compatibilidade com as ordens normativas da estrutura social, assumidas como sendo compartilhadas e conhecidas entre sujeito e conselheiro. A tarefa do sujeito de decidir o caráter de autoridade do que estava sendo aconselhado era idêntica à tarefa de atribuir ao que o conselheiro propunha (1) seu *status* como um exemplo de uma classe de eventos; (2) sua probabilidade de ocorrência; (3) sua possibilidade de comparação com eventos passados e futuros; (4) as condições da sua ocorrência; (5) seu lugar em um conjunto de relações meios-fins, e (6) sua necessidade de acordo com uma ordem natural (ou seja, moral). Os sujeitos atribuíam esses valores de tipicidade, probabilidade, comparabilidade, textura causal, eficácia técnica e exigência moral quando usavam os recursos institucionalizados da coletividade como um esquema de interpretação. Assim, a tarefa do sujeito de decidir se o que o conselheiro aconselhou foi "verdadeiro" ou não, era idêntica à tarefa de atribuir ao que o conselheiro propôs seus valores perceptivelmente normais.

K) Valores perceptivelmente normais não eram tão "atribuídos" quanto gerenciados.

Através do trabalho de documentação – isto é, pesquisando e determinando padrões, ao tratar as respostas do conselheiro como motivadas pelo sentido pretendido da pergunta, ao esperar respostas mais recentes para esclarecer o sentido das anteriores, encontrando respostas para perguntas não perguntadas – os valores perceptivelmente normais do que estava sendo aconselhado foram estabelecidos, testados, revisados, mantidos, rearmazenados; em uma palavra, gerenciados. É enganoso, portanto, pensar o método documentário como um procedimento, pelo qual as proposições passam a integrar consensualmente um *corpus* científico[8]. Ao invés disso, o método documentário desenvolveu o conselho de modo a estar "tornando-o membro" continuamente.

Exemplos na investigação sociológica

Exemplos do uso do método documentário podem ser citados em cada área de investigação sociológica[9]. Sua aplicação óbvia ocorre em estudos de comunidades, nas quais a garantia é atribuída a proposições pelo critério de "descrição compreensiva" e "aura da verdade". Seu uso é encontrado também em muitas ocasiões de pesquisa de levantamento, quando o pesquisador, ao rever suas notas de entrevista ou ao editar as respostas de um questionário, tem de decidir "o que o entrevistado tinha em mente". Quando um pesquisador é remetido ao "caráter motivado" de uma ação, ou a uma teoria, ou à concordância de uma pessoa com uma ordem legítima e coisas semelhantes, e ele vai usar o que realmente tem observado para "documentar" uma "estrutura subjacente". O método documentário é utilizado para epitomar o objeto. Por exemplo, assim como o leigo pode dizer de algo que "Harry" diz "não é a cara do Harry?", o investigador pode usar alguma característica observada da coisa a que ele está se referindo como um indicador de caracterização do assunto pretendido. Cenas complexas como estabelecimentos industriais, comunidades, ou movimentos sociais, são frequentemente descritas com o auxílio de "excertos" de protocolos e tabelas numéricas, que são utilizados para epitomizar os acontecimentos pretendidos. O método documentário é utilizado sempre que o investigador constrói uma história de vida ou uma "história natural". A tarefa de historicizar a biografia da pessoa consiste em utilizar o método documentário para selecionar e ordenar as ocorrências anteriores, de modo a fornecer ao estado de coisas atual seu passado e projeções relevantes.

A utilização do método documentário não se limita aos casos de procedimentos "leves" e "descrições parciais". Ela ocorre também em casos de procedimentos rigorosos, em que se pretende que as descrições esgotem um campo definido de coisas possíveis de serem observadas. Ao ler um relato de periódico científico para fins de replicação literal, pesquisadores que tentem reconstruir a relação entre os procedimentos relatados e os resultados frequentemente encontram uma lacuna de informações insuficientes. A lacuna ocorre quando o leitor pergunta como o investigador decidiu a correspondência entre o que foi realmente observado e o evento pretendido, para o qual a observação real é considerada como sua evidência. O problema do leitor consiste em ter de decidir que a observação relatada é um exemplo literal da ocorrência pretendida, ou seja, que a observação real e a ocorrência pretendida são idênticas *em sentido*. Uma vez que o relacionamento entre os dois é uma relação de signos, o leitor deve consultar um conjunto de regras gramaticais para decidir esta correspondência. Essa gramática consiste em alguma teoria dos eventos pretendidos, com base na qual as decisões de codificar as observações reais como achados são recomendadas. É neste ponto que o leitor deve se engajar no trabalho interpretativo e presumir temas "subjacentes apenas conhecidos em comum" sobre a sociedade, nos termos dos quais aquilo que o entrevistado disse é tratado como sinônimo daquilo que o observador entendia. A correspondência correta é susceptível de ser entendida e lida com base em fundamentos razoáveis. A correspondência correta é o produto do trabalho do investigador e do leitor, como membros de uma comunidade de pessoas que compartilham as mesmas crenças. Assim, mesmo no caso de métodos rigorosos, o trabalho do método documentário é empregado se a função de um pesquisador é recomendar, e se a do leitor é apreciar, os achados publicados como parte do *corpus* de fatos sociológicos.

Situações de investigação sociológica como situações de escolha de senso comum

Não é incomum para os sociólogos profissionais falar do seu procedimento de "produção de fatos" como processos de "ver através" das aparências uma realidade subjacente; de limpar as aparências reais do passado para "apreender o invariável". No que diz respeito aos nossos assuntos, os seus processos não são devidamente imaginados como "vendo através", mas consistem, ao invés disso, em aprender a lidar com uma situação na qual o conhecimento factual das estruturas sociais – factual no sentido de fundamentos garantidos de inferências e ações posteriores – deve ser montado e disponibilizado para uso potencial, apesar do fato de que as situações que se pretende descrever são, em qualquer sentido calculável, desconhecidas; em suas estruturas lógicas reais e pretendidas são essencialmente vagas; e são modificadas, elaboradas, estendidas, se não forem de fato criadas, pelo fato e o modo de serem tratadas.

Se muitas das características do trabalho documentário de nossos sujeitos são reconhecíveis no trabalho de produção do fato sociológico profissional, de forma semelhante muitas situações de investigação sociológica profissional têm precisamente as características que as situações de nossos sujeitos tinham. Tais características de situações de investigação sociológica profissional podem ser mais precisamente especificadas a seguir.

1) No curso de uma entrevista, é provável que um investigador se encontre lidando com uma série de situações presentes, cujos *estados futuros gerados por uma análise completa* são caracteristicamente vagos ou mesmo desconhecidos. Com frequência esmagadora, essas situações, enquanto estados futuros possíveis de aqui e agora, são apenas vagamente especificáveis antes de se realizar a ação que tem por objetivo realizá-la. Há uma distinção necessária entre um "estado futuro possível de coisas" e um "como-fazer-acontecer-o-futuro-a-partir-de-um-estado-presente-de-coisas-como-um-ponto-real-de-partida. O "possível estado de coisas futuro" pode ser muito claro, de fato. Mas esse futuro não é a questão de interesse. Ao invés disso, estamos interessados em "como fazê-los acontecer a partir de um futuro aqui e agora". É este estado – por conveniência, vamos chamar de "futuro operacional" – que é caracteristicamente vago ou desconhecido.

Uma ilustração: um pesquisador treinado pode descrever com clareza e definição extraordinárias a que perguntas ele deseja respostas em um questionário. Como respostas reais de sujeitos reais que serão avaliadas como "respostas às perguntas" estão integradas num conjunto de decisões de natureza processual, conhecido como "regras de codificação". Qualquer distribuição de respostas para as perguntas que é possível segundo as regras de codificação é um "possível estado de coisas futuro". Após os trabalhos exploratórios adequados tais distribuições são clara e definitivamente imagináveis para pesquisadores de campo experientes. Mas, com frequência esmagadora, ocorre que, mesmo no final do curso *real* da investigação, as perguntas e respostas que *em prática* terão sido perguntadas e respondidas sob as várias formas de avaliar as respostas do sujeito real como "respostas para a pergunta", dadas as exigências práticas que devem ser acomodadas na realização do trabalho real da investigação, permanecem como esboços e abertas à "decisão razoável", até mesmo ao ponto de compor os resultados da investigação para publicação.

2) Dado um futuro, qualquer futuro, que é conhecido de uma forma definitiva, os caminhos alternativos para atualizar o estado futuro, como um conjunto de operações passo a passo sobre algum estado presente a se iniciar são caracteristicamente esboçadas, incoerentes e pouco elaboradas. Novamente, é necessário sublinhar a diferença entre um inventário de procedimentos disponíveis – investigadores podem falar sobre eles de modo bem claro e definitivo – e os procedimentos passo a passo deliberadamente programados, um conjunto de estratégias predeterminadas de "o-que-fazer-em-caso-de" para a manipulação de uma sucessão de estados presentes reais de coisas *em seu curso*. Nas práticas reais tal programa é caracteristicamente não elaborado.

Por exemplo, uma das tarefas envolvidas no "gerenciamento de relações" consiste em gerenciar o curso passo a passo da conversa, de modo a permitir o investigador executar suas perguntas em sequência produtiva, mantendo ao mesmo tempo algum controle sobre os rumos desconhecidos e indesejáveis no qual os afazeres, em função do curso da troca real, podem realmente mudar[10]. Caracteristicamente, o pesquisador substitui uma solução passo a passo pré-programada, por um conjunto de táticas *ad hoc* para ajustar a oportunidade presente, sendo essas táticas só geralmente regidas pelo que o investigador teria expectativas de ter finalmente encontrado até o final da conversa. Nessas circunstâncias, é mais exato falar em investigadores agindo na realização de suas expectativas, ou para evitar seus medos, do que agindo na realização deliberada e calculada de um plano.

3) Frequentemente ocorre que o investigador toma uma atitude e apenas mediante a ocorrência real de algum produto dessa atitude é que vamos encontrá-lo revendo as sequências realizadas em uma busca retrospectiva aí de seu caráter de decisão a

esse respeito. Na medida em que a *decisão que foi tomada* é orientada pelo trabalho da pesquisa retrospectiva, pode-se dizer que os resultados de tais situações ocorrem *antes* da decisão. Essas situações ocorrem com frequência dramática no momento em que um artigo de periódico está sendo escrito.

4) Antes de realmente ter de escolher entre cursos alternativos de ação com base em consequências antecipadas, o investigador, por várias razões, é frequentemente incapaz de antecipar as consequências de seus cursos alternativos de ação e pode ter que se apoiar em seu envolvimento real a fim de descobrir o que eles poderiam ser.

5) Frequentemente, após encontrar algum estado real de coisas, o investigador pode considerá-lo como desejável, e então tratá-lo como a meta para a qual suas ações anteriormente tomadas, enquanto ele as interpreta de forma retrospectiva, foram dirigidas "o tempo todo" ou "depois de tudo".

6) Ocorre frequentemente que somente no curso da manipulação real de uma situação presente, e como uma função dessa manipulação, é que a natureza do estado futuro de coisas de um investigador torna-se esclarecida. Assim, o objetivo da investigação pode ser progressivamente definido como a consequência do investigador de agir realmente em direção a uma meta, cujas características, até o estado presente da sua ação investigativa, ele não vê claramente.

7) Caracteristicamente tais situações são as de "informação imperfeita". O resultado é que o investigador é incapaz de estimar, muito menos de calcular, a diferença que sua ignorância da situação gera sob a realização de suas atividades. Tampouco, antes de agir, é ele capaz, seja de avaliar as suas consequências ou de estimar o valor dos cursos alternativos de ação.

8) As informações que ele possui, que lhe servem de base para a eleição de estratégias, raramente são codificadas. Assim, suas estimativas das chances de sucesso ou fracasso, caracteristicamente, têm pouco em comum com o conceito matemático racional de probabilidade.

Em suas atividades investigativas, investigadores, caracteristicamente, têm de gerir situações com as características acima, dadas as seguintes condições adicionais: a de que algumas ações devem ser tomadas; a de que a ação deve ser tomada num tempo e com certo ritmo, duração e gradação que esteja coordenada com as ações dos outros; a de que os riscos de resultados desfavoráveis devem ser geridos de alguma forma; a de que as ações tomadas e seus produtos estarão sujeitos à revisão pelos outros e devem ser justificadas a eles; a de que as escolhas de cursos de ação e o efeito resultante devem ser justificados no âmbito dos procedimentos de revisão "razoáveis"; e a de que todo o processo deve ocorrer dentro das condições de, e com sua aquiescência motivada à atividade social corporativamente organizada. Em seu "jargão profissional", investigadores referem-se a estas características das suas situações reais de investigação e à necessidade de gerenciá-las como suas "circunstâncias práticas".

Pelo fato de as suas características serem tão facilmente reconhecidas nas atividades da vida cotidiana, situações com tais características podem ser adequadamente chamadas de "situações de escolha de senso comum". A sugestão recomendada é que, quando os pesquisadores apelam para a "razoabilidade" na atribuição do *status* de "achados" aos resultados de suas pesquisas, eles estão promovendo a utilização de recursos como estes como um contexto de interpretação para decidir sensibilidade e garantia. Achados como resultados de trabalhos documentários, decididos em circunstâncias de situações de senso comum de escolha, definem o termo "achados razoáveis".

O problema

Grande parte do "núcleo duro da sociologia" consiste em "achados razoáveis". Muitas, se não a maioria, das situações de investigação sociológica são as situações de escolha de senso comum. No entanto, discussões de métodos sociológicos em livros e periódicos raramente dão reconhecimento ao fato de que as investigações sociológicas são realizadas sob a égide do senso comum *nos pontos em que as decisões sobre a correspondência entre as aparências observadas e eventos pretendidos estão sendo feitas*. Ao invés disso, descrições e concepções disponíveis de tomada de decisão e resolução de problemas investigativos atribuem à situação daquele que toma decisões características contrastantes como a seguir[11].

1) A partir do ponto de vista daquele que toma decisões, existe como uma característica de cada um dos seus estados de coisas de aqui e agora uma meta reconhecível com características especificáveis. No que diz respeito à investigação sociológica, essa meta consiste no problema presente do investigador, para cuja solução a investigação terá sido realizada. As características especificáveis da meta consistem nos critérios, segundo os quais, como de todo o estado atual de coisas, ele decide a adequação com que o problema foi formulado. Em suas próprias palavras, também, o evento, a "solução adequada", é definido como um conjunto de possíveis ocorrências.

2) Aquele que toma decisão é concebido como alguém que estabelece para si mesmo a tarefa de elaborar um programa de manipulações sobre cada sucessivo estado atual de coisas, que alterará cada estado presente de modo que, durante sua sucessão, as coisas são postas em conformidade com um estado antecipado, ou seja, a meta, o problema resolvido[12].

Essas características podem ser reformuladas em termos de regras de evidência. Como um estado de coisas calculável, o problema de um investigador pode ser visto como uma proposição, cuja "candidatura" para filiação, ou seja, cujo *status* de garantia, está sob revisão. Regras de procedimento, segundo as quais seu *status* de garantia é decidido, definem operacionalmente o que se entende por "solução adequada". Em atividades científicas ideais, um investigador é obrigado a decidir os passos que definem uma solução adequada, antes da sua adoção dos passos decididos. Ele é solicitado a tomar essa decisão antes que realize as operações pelas quais as possibilidades que a proposição propõe sejam decididas quanto ao fato de realmente terem ocorrido ou não. A tarefa de decidir uma solução adequada, assim, tem precedência lógica sobre a observação real. Diz-se que a observação é, dessa forma, "programada", ou, alternativamente, ao evento pretendido é dada uma "definição operacional", ou, alternativamente, as condições para a ocorrência de um evento pretendido são fornecidas, ou, alternativamente, uma "previsão" é feita.

Um argumento proeminente em nome dessa ênfase é que o método documentário é um procedimento cientificamente errôneo; que a sua utilização distorce o mundo objetivo em um espelho de preconceitos subjetivos; e que, onde as situações de senso comum de escolha existem, elas se comportam como estorvos históricos. Defensores de métodos como os usados em pesquisas de levantamento e de experimentos de laboratório, por exemplo, afirmam sua crescente isenção de situações com características de senso comum e de tratamentos documentários delas. Após a Segunda Guerra Mundial, uma enxurrada de manuais sobre métodos foi escrita para fornecer soluções para tais situações. Esses métodos destinam-se a descrever as maneiras de transformar situações de senso comum em situações calculáveis. Mais particularmente, o uso de modelos matemáticos e esquemas de inferência estatística são invocados como soluções calculáveis para os problemas de decidir a sensibilidade, a objetividade e a garantia, de forma rigorosa. Imensas somas de dinheiro de fundações, critérios de definição dos desenhos de pesquisa adequados, e muitas carreiras repousam na convicção de que isso é assim.

No entanto, é do conhecimento comum que, na esmagadora maioria das pesquisas que são metodologicamente aceitáveis, e, paradoxalmente, precisamente na medida em que são usados métodos rigorosos, as discrepâncias dramáticas são visíveis entre as propriedades teóricas dos achados *sociológicos* pretendidos dos pesquisadores e os pressupostos matemáticos que devem ser satisfeitos, se as medidas estatísticas forem utilizadas para a descrição literal dos eventos pretendidos. O resultado é que as medições estatísticas são mais frequentemente utilizadas como indicadores, como sinais de, como representando-a, ou se apresentando em nome dos achados pretendidos, e não como descrições literais deles. Assim, no momento em que os achados sociológicos devem ser decididos a partir dos resultados estatísticos[13], "métodos rigorosos estão sendo declarados como soluções para as tarefas de descrição literal em razão de considerações 'razoáveis'".

Mesmo se for comprovado, nas investigações sociológicas, que estas características estão presentes, sem falar inclusive que são proeminentes, não é verdade que uma situação de investigação poderá receber tratamento documentário e que ainda o *status* factual dos seus produtos seria decidido de forma diferente? Por exemplo, não é o caso que há restrições contra a análise *ex post facto*? E não é assim que um pesquisador de campo, que descobriu, depois de ter consultado as anotações de quais problemas ele tinha obtido respostas "em última análise", poderia voltar a solicitar uma permissão para realizar um "estudo confirmatório" das "hipóteses" que suas reflexões tinham rendido? Existe, portanto, qualquer relação *necessária* entre as características das situações de senso comum de escolha, o uso do método documental e *corpus de fato sociológico*? Deve o método documentário, necessariamente, ser utilizado pelo sociólogo profissional para decidir a sensibilidade, a objetividade e a garantia? Existe uma ligação necessária entre a matéria teórica, objeto da sociologia, assim como ela é constituída pela atitude e procedimentos para "ver sociologicamente", por um lado, e os cânones da descrição adequada, ou seja, da evidência, por outro?

Dentre os métodos de observação literal e do trabalho de interpretação documental, o investigador pode escolher o primeiro e conseguir uma descrição literal rigorosa das propriedades físicas e biológicas de eventos sociológicos. Isso tem sido demonstrado em muitas ocasiões. Até agora, a escolha foi feita à custa tanto da negligência das propriedades que fazem os acontecimentos sociológicos quanto do uso de trabalhos documentais para lidar com as partes "suaves".

A escolha tem a ver com a questão das condições em que a observação literal e o trabalho documentário necessariamente ocorrem. Isso envolve a formulação de, e a solução para o problema da evidência sociológica em termos que permitam uma solução descritiva. Sem dúvida, a sociologia científica é um "fato", mas no sentido de Felix Kaufmann de fato, isto é, em termos de um conjunto de normas processuais, que *realmente* regem o uso de métodos recomendados por sociólogos e achados declarados como base de inferências e investigações posteriores. O problema da evidência consiste na tarefa de tornar esse fato inteligível.

Notas

1. Entende-se o termo "filiação de coletividade" em estrito acordo com o uso de Talcott Parsons em *The Social System* e em *Theories of Society*, I, parte II, p. 239-240.
2. SCHUTZ, A. *Collected Papers I: The Problem of Social Reality* (1962). • *Collected Papers II: Studies in Social Theory* (1964). • *Collected Papers III: Studies in Phenomenological Philosophy* (1966).
3. MANNHEIM, K. "On the Interpretation of Weltanschauung". In: *Essays on the Sociology of Knowledge*, p. 53-63.
4. Ibid., p. 57.
5. Os dois casos que seguem representam material de conversa natural, porém foram transcritos sem a utilização de um sistema notacional para os fenômenos da fala. Garfinkel utiliza a vírgula no texto muitas vezes para simbolizar uma autointerrupção na fala, fenômeno marcado no sistema notacional da Análise da Conversa Etnometodológica com um hífen (cf. SACKS, H.; SCHEGLOFF, E. & JEFFERSON, G. "Sistemática elementar para a organização da tomada de turnos para a conversa". *Revista Veredas*, vol. 7, n. 1 e 2, 2003. • Trad. de "A Simplest Systematics for the Organization of Turn Taking for Conversation". *Language*, 50 (4), 1974, p. 696-735 [N.T.].
6. Universidade da Califórnia, Los Angeles.
7. Em inglês, Air Force Rotc (Reserve Officers Training Corps), o corpo de treinamento dos oficiais da reserva da Força Aérea [N.T.].
8. Cf. KAUFMAN, F. *Methodology of the Social Sciences*. Nova York: Oxford University Press, 1944, esp. p. 33-36.
9. Em seu artigo, "On the Interpretation of 'Weltanschauung'", Mannheim argumenta que o método documentário é peculiar às ciências sociais. Existem nas ciências sociais muitas formas terminológicas de se referir a ele, a saber, "o método de compreensão", "introspecção simpática", "método de *insight*", "método de intuição", "método interpretativo", "método clínico", "compreensão enfática", e assim por diante. Tentativas de sociólogos para identificar algo chamado de "sociologia interpretativa" envolve a referência ao método documentário como base para encontrar e garantir seus achados.
10. Cf. MERTON, R.K. & KENDALL, P.L. "The Focused Interview". *American Journal of Sociology*, 51, 1946, p. 541-557.
11. Gostaria de agradecer aos doutores Robert Boguslaw e Myron A. Robinson pelas muitas horas de discussão que tivemos sobre situações calculáveis e não calculáveis de escolha, quando estávamos juntos tentando trabalhar diretamente no problema do quão consistentemente bem-sucedida uma jogada no jogo de xadrez é possível.
12. Em alguns casos, estudantes de tomada de decisão interessaram-se por esses programas que representam soluções totalmente calculadas aos problemas do tomador de decisão. Em outros casos, estudos apontaram o fato de que o tomador de decisão pode recorrer a regras probabilísticas para decidir a probabilidade diferencial que um curso alternativo de ação alteraria um estado presente de coisas na direção desejada.
13. O termo "resultados" é usado para se referir ao conjunto de eventos *matemáticos* que são possíveis quando os procedimentos de um teste estatístico, como o coeficiente qui-quadrado, por exemplo, são tratados como regras gramaticais de concepção, comparação, produção etc., de eventos no domínio matemático. O termo "achados" é usado para se referir ao conjunto de eventos *sociológicos* que são possíveis quando, sob a suposição de que os domínios sociológicos e matemáticos se correspondem em suas estruturas lógicas, eventos sociológicos são interpretados em termos das regras de inferência estatística.

4 Algumas regras de tomada de decisão correta que os jurados respeitam*

Os jurados tomam suas decisões mantendo um respeito saudável pelos aspectos de rotina da ordem social. Este capítulo tem por preocupação mostrar alguns aspectos resultantes dessas tomadas de decisões. Vários aspectos das atividades dos jurados, entendidas como um *método de investigação social*, serão descritos primeiramente. Descreveremos, então, algumas regras de tomada de decisão utilizadas na vida cotidiana que os jurados respeitam e, em seguida, descreveremos as regras de decisão que compõem a "linha oficial" que os jurados também respeitam. Será, então, sugerido que (1) os jurados se sentem obrigados a modificar as regras utilizadas na vida cotidiana; (2) as modificações que realizam são sutis e geram uma situação ambígua de escolha para eles; e (3) é o gerenciamento dessa ambiguidade e não sua "judiciosidade" que geralmente caracteriza a atividade de ser um jurado.

As atividades dos jurados como um método de investigação social

Vários aspectos caracterizam as atividades do júri como um método de investigação social. Como um corpo de tomada de decisão, o júri tem a tarefa de decidir a situação legalmente aplicável que existe entre os disputantes. Essa situação legalmente aplicável é conhecida como um "veredicto". Como etapas dessa tarefa, os jurados (a) decidem o dano e sua extensão, (b) decidem uma imputação de responsabilidade, e (c) decidem uma solução. A questão de decidir o dano é a de decidir que tipos socialmente determinados de pessoas estão habilitados legitimamente a ter que tipos de problemas[1]. Entende-se por imputação de responsabilidade que os jurados decidem as ordens causais socialmente aceitáveis de agentes e resultados. Ao recomendar soluções, os jurados decidem quais medidas são necessárias para consertar os problemas[2]. Em suma, os jurados estão envolvidos na decisão de "causas e soluções razoáveis"[3].

No curso de suas deliberações, os jurados classificam as descrições alternativas feitas por advogados, testemunhas e jurados do que aconteceu e o motivo de terem escolhido entre os graus de relevância ou irrelevância a justificação ou não justifica-

---

* Em colaboração com Saul Mendlovitz, Faculdade de Direito, Universidade Rutgers.

ção, a correção ou incorreção dos fundamentos para a escolha do veredicto. Quando os jurados lidam com questões, tais como datas, velocidades, os danos do querelante e similares, o que é que as decisões dos jurados especificamente decidem?

Nos próprios termos dos jurados, e tentando captar a sua dialética[4], eles decidem entre o que é fato e o que é fantasia, entre o que realmente aconteceu e o que "meramente pareceu" acontecer, entre o que é armação e o que é verdade, a despeito das aparências enganosas; entre o que é crível e, muito frequentemente para os jurados, o oposto de crível, o que é calculado e dito de acordo com um planejamento; entre o que é uma questão e o que foi decidido; entre o que *permanece* está em questão comparado ao que é irrelevante e não será retomado, exceto por alguém que tenha um motivo para fazê-lo; entre aquilo que é mera opinião pessoal e aquilo com que qualquer pessoa em sã consciência teria que concordar; entre aquilo-que-pode-ser-desse-jeito-mas-só-para-um-perito-e-nós-não-somos-peritos, por um lado, e aquilo-que-sabemos-que-não-se-aprende-nos-livros, por outro lado; entre aquilo que-você-diz-pode-estar-certo-e-nós-podemos-estar-errados e aquilo-que-onze-de--nós-dizem-pode-estar-errado-mas-eu-duvido-disso; entre uma quantia que é suficiente e uma quantia que não vai dar nem para cobrir as necessidades; entre uma quantia-que-é-uma-média-de-vários-montantes-desconhecidos-e-não-declarados, e o valor-que-é-melhor-para-ela-com-o-qual-doze-pessoas-concordem-caso-se-queira-conseguir-alguma-coisa.

Os jurados chegam a um acordo entre si sobre o que realmente aconteceu. Eles decidem "os fatos"[5], isto é, entre alegações alternativas sobre as velocidades de deslocamento ou extensão do dano, os jurados decidem quais podem ser corretamente usadas como base para inferências e ação adicionais. Eles fazem isso consultando a consistência das alegações alternativas com modelos de senso comum[6]. Esses modelos de senso comum são modelos que os jurados usam para descrever, por exemplo, quais tipos culturalmente conhecidos de pessoas dirigem, de que formas culturalmente conhecidas, a que velocidades típicas, em quais tipos de intercessões, por quais motivos típicos. O teste mostra que as alegações que são significantemente consistentes podem ser tratadas corretamente como a coisa que realmente aconteceu. Se a interpretação faz sentido, então, é isso o que aconteceu[7].

A classificação das alegações entre as categorias de fundamentos corretos e incorretos de inferência produz um conjunto de fatos aceitos e de esquemas aceitos para relacionar esses pontos. A classificação produz um "*corpus* de conhecimento"[8] que tem em parte a forma de uma história cronológica, e em parte a forma de um conjunto de relações empíricas gerais[9]. Esse "*corpus*" é tratado pelos jurados a qualquer hora como "o caso". Por "o caso" entende-se a modalidade lógica de "real" e é contrastado pelos jurados com as modalidades lógicas de "suposto", "possível", "fantasioso", "hipotético" e assim por diante.

As decisões para tratar, digamos, alegações de velocidade, direções de deslocamento, e assim por diante como partes "do caso" são, aos olhos dos jurados, decisões críticas. As decisões quanto ao que "realmente aconteceu" fornecem aos jurados os fundamentos que eles usam para inferir o apoio social que eles se sentem no direito de receber para o veredicto que escolheram. O *corpus* permite-lhes inferir a legitimidade das expectativas de que eles serão apoiados socialmente por sua escolha do veredicto.

Regras de decisão dos jurados

A metodologia dos jurados consiste naquelas regras que regulam quais descrições os jurados permitem uns aos outros tratarem como "o caso". Dos diversos conjuntos de variáveis que regulam o que entrou "no caso", apenas um conjunto nos dirá respeito: os aspectos da estruturação social real e potencial e das cenas externas e do tribunal que foram tratadas pelos jurados como uniformidades requeridas ética e moralmente, isto é, as ordens normativas de interação tanto externas quanto internas ao tribunal[10].

Diversas dessas ordens normativas podem ser citadas como regras que governaram o que os jurados poderiam corretamente tratar como "o caso". A conformidade com essas ordens serviu, assim, para determinar a satisfação ou insatisfação dos jurados com o veredicto. Estabelecidas como regras de procedimento correto de tomada de decisão, elas se colocam da seguinte maneira.

São corretas aquelas decisões sobre os fatos[11]:

1) Que são feitas dentro do respeito pelo tempo que se leva para se chegar a elas.

2) Que não requerem do jurado, como uma condição para tomá-las, que o exercício adequado da dúvida requeira que ele aja como se não soubesse de coisa alguma, isto é, que não requeira que ele não faça uso "daquilo que qualquer membro competente da sociedade sabe que qualquer um sabe".

3) Que não requerem do jurado, como uma condição para tomá-las, que ele adote uma atitude neutra perante as relações cotidianas que existem entre as pessoas do júri.

4) Que não requerem que o jurado coloque em dúvida "O que qualquer um sabe" sobre as formas, nas quais competência, autoridade, responsabilidade e conhecimento são normalmente distribuídos e evidenciados por tipos sociais de pessoas.

5) Se o número de variáveis definindo o problema (e consequentemente a adequação de uma solução) pode ser reduzido ao mínimo através da confiança de que outras pessoas no júri aderem aos mesmos modelos de senso comum.

6) Se a oportunidade e a necessidade de se procurar por trás da aparência das coisas é mantida em um nível mínimo.

7) Se somente põe-se em questão aquilo que se requer da situação para uma solução socialmente sustentável do problema imediato em mãos.

8) Se os jurados saírem da investigação com suas reputações intactas.

De alguma forma, no curso de sua carreira no tribunal, o jurado é "solicitado" a modificar as regras de tomada de decisão que usa na condução de seus afazeres cotidianos. O jurado vem a considerar um conjunto adicional dessas uniformidades da vida social culturalmente definidas, aquelas que chamaremos de "linha oficial do jurado".

A seguir tem-se uma lista das regras que compõem a linha oficial que o jurado se sente obrigado a usar:

1) Entre o que é legal e o que é justo, o bom jurado faz o que é legal.

2) Para um bom jurado, escolhas variam independentemente da empatia.

3) Para um bom jurado, a "lei" e a "evidência" são os únicos fundamentos legítimos para uma decisão.

4) O bom jurado não inova em relação às instruções dos juízes.

5) O bom jurado adia seu juízo até as importantes questões do julgamento chegarem ao fim. Isso inclui prestar particular desatenção aos argumentos finais dos advogados, e não computar pontos do julgamento, enquanto ele acontece.

6) Para o bom jurado, preferências pessoais, interesses, preconcepções sociais, isto é, sua visão perspectiva, são suspensos a favor de uma posição que é intercambiável com todas as posições encontradas na estrutura social inteira. Seu ponto de vista é intercambiável com aquele de "qualquer homem"[12].

7) Como um tipo social, o bom jurado é anônimo em relação aos tipos sociais das partes em disputa e suas representações legais. O bom jurado não tem uma posição identificável aos olhos deles. O que ele decidirá não pode ser denunciado por quaisquer evidências sociais que ele dá no curso do julgamento via aparência, modo de se comportar, perguntas, dados pessoais, e assim por diante.

8) O bom jurado suspende a aplicabilidade das fórmulas que habitualmente emprega na resolução dos problemas de seus próprios afazeres cotidianos. As fórmulas que são particulares às ocasiões de sua vida diária do lado de fora são tratadas pelo bom jurado como apenas teoricamente aplicáveis à situação no tribunal. Para o bom jurado, estão corretas aquelas fórmulas que se aplicam a despeito das considerações da biografia particular, conhecimento especial, tempo, lugar e pessoas estruturalmente específicos.

9) Juízos são formados pelo bom jurado independentemente de outras pessoas, mas sem suspender a consideração pela possibilidade de que outras pessoas possam formar juízos contrários e tenham o direito de formar juízos contrários.

10) Para o bom jurado a expressão de uma posição que envolva um comprometimento irrevogável é contida. Um bom jurado não tomará uma posição em um momento que requeira a ele defendê-la "por orgulho" em vez de "pelo mérito do argumento e do respeito pela verdade".

O que listamos são as regras sobre as quais *os jurados falaram*. Elas descrevem não apenas alguns atributos de um bom jurado, mas também o que os verdadeiros jurados vieram a chamar e a aceitar para si mesmos como suas relações com o tribunal. Em termos gerais, verdadeiros jurados não quiseram que essas relações fossem menos do que aquilo que o juiz, por seu tratamento dos jurados, deixou implícito que fossem.

Os jurados aprenderam a linha oficial a partir de vários lugares: do manual do jurado; das instruções que receberam do tribunal; dos procedimentos do *voir dire*[13], quando os jurados foram convidados pelo tribunal a se desqualificarem, se encontrassem por si mesmos razões pelas quais não pudessem agir dessa forma. Eles aprenderam com os funcionários do tribunal; a partir do que os jurados disseram um ao outro, pela TV, e pelos filmes. Vários jurados tiveram uma rápida explicação de seus filhos que fizeram cursos de educação cívica no colégio. Finalmente, há o fato de que, no curso de seus afazeres ordinários externos, os jurados haviam construído um estoque de informações sobre os procedimentos que eram, a seu ver, meramente teóricos, impraticáveis, infantis, simulados, "de alto nível", "de baixo nível" e assim por diante.

Decidindo à moda de um jurado

À medida que uma pessoa foi submetida ao processo de "se tornar um jurado", as regras da vida diária foram modificadas. É nossa impressão, no entanto, que a pessoa que mudou bastante, mudou no máximo 5% na maneira de tomar decisões. Uma pessoa é 95% jurado antes de chegar perto do tribunal. Em que a mudança consistiu, e como a mudança caracteriza uma pessoa atuando como um jurado?

As decisões dos jurados que separam fato de fantasia não diferem substancialmente das decisões que a pessoa toma a esse respeito em seus afazeres ordinários. Não obstante, há uma diferença. A diferença reside no trabalho de reunir o *corpus* que serve como fundamento para inferir a exatidão de um veredicto.

Decisões na vida diária que separam fato de fantasia não são confinadas a uma preocupação exclusiva em atingir uma definição de uma situação pela simples definição[14]. Mas, na sala do júri, os jurados devem decidir apenas o que a situação é de fato; por exemplo, quem causou quais problemas a quem. É o esclarecimento como tal dos fundamentos de uma escolha de veredicto que é o propósito específico da pesquisa dos jurados. É do conhecimento dos jurados, claro, que o esclarecimento seja um passo em um programa de manipulação ativa das situações das partes, mas eles põem de lado a relevância disso para a escolha do veredicto. Em uma palavra, o jurado trata a situação como um objeto de interesse teórico.

No entanto, é pelo contraste com as uniformidades dos eventos da vida diária, que são tão bem conhecidos a ponto de servir como fundamentos não problemáticos para julgamentos sociais ordinários, que o jurado aprecia o caráter "meramente teórico" das estruturas sociais que contrastam com elas. A modificação dessas regras consiste no fato de que o jurado pode tratá-las no sentido de Huizinga do "espírito de jogo"[15], isto é, como questões que o jurado está disposto a "apenas deixar prosseguir para ver até aonde isso leva". O serviço como jurado convida o jurado a honrar as presunções que o juiz expressa, quando, por exemplo, durante o *voir dire*, o juiz pergunta ao jurado se ele mesmo pode pensar em qualquer razão pela qual não possa prestar um julgamento perfeitamente justo e legal. De várias maneiras o juiz e outros membros do tribunal convidam o jurado a ver-se como uma pessoa que pode agir em concordância com a linha oficial. Os jurados foram tipicamente ávidos em aceitar esse convite. Com efeito, o jurado é convidado a reestruturar suas concepções diárias de eventos "fundamentais" e "derivados". Mas, tendo aceitado esse convite a tratar as situações dos querelantes como uma questão de interesse teórico, ele experimenta uma surpresa desconcertante. Ele vem a entender que o que se sente impelido a tratar dessa forma é, contrastivamente, tratado com extrema seriedade pelos disputantes. Ações que, pelos fundamentos das uniformidades socialmente definidas da vida diária, parecem diretas e claras em seus significados e consequências, tornam-se equívocas nas mãos dos advogados dos querelantes. Os querelantes descrevem insistentemente o sentido das ações de modo claramente incompatível. Sob essas condições, é de interesse que, entre as interpretações alternativas de que alguém esteja enganado, de que alguém esteja mentindo, ou de que cada um possa acreditar seriamente no que defende, os jurados tipicamente acreditam na última alternativa.

Claramente, pede-se ao jurado que mude suas regras habituais de juízos sociais. A mudança das regras de tomada de decisões da vida diária consiste, então, no fato de que os jurados as substituem pelas regras que configuram a linha oficial do jurado? Pensamos que não. Tornar-se um jurado não significa tornar-se judicioso. Ao invés disso, parece significar algo como o seguinte:

1) As regras da vida diária, bem como as regras da linha oficial, são contempladas simultaneamente. Isso quer dizer que as condições da escolha correta são definidas ambiguamente. Tipicamente, houve reclamações dos jurados de que a situação que buscaram tornar legalmente inteligível carecia de clareza *após* o veredicto.

2) Descrevendo suas deliberações retrospectivamente, os jurados tipicamente destacavam evidências de integração normativa nas deliberações e evitar anomia.

3) Tais "redeliberações" seletivas, como "soluções" para as ambiguidades em suas situações de "escolha", foram sustentadas com desconforto e foram repletas de incongruência. Mas tais discrepâncias foram contempladas no âmbito privado. Publicamente, os jurados ou descreveram suas decisões como tendo sido alcançadas em uma conformidade com a linha oficial, ou preferiram evitar comentários.

4) Durante as deliberações, uma pequena falha no uso da linha oficial rapidamente remetia os jurados às fórmulas da vida diária, e quando, depois, mesmo pequenas falhas foram trazidas à atenção deles pelos entrevistadores, a resposta foi um intenso desgosto. Se fizermos a pressuposição plausível de que as condições estruturais do desgosto são, em sua maior parte, as mesmas daquelas para a vergonha[16], a inquietante disparidade entre as autoconcepções públicas e privadas leva à conjectura de que tornar-se um jurado pode envolver colocar uma pessoa em uma posição de ser facilmente, senão realmente, comprometida pessoalmente.

5) Em entrevistas, os jurados mascararam, através dos artifícios do mito, a real extensão em que as ambiguidades eram parte da situação. Portanto, (a) independentemente dos procedimentos que foram realmente seguidos, uma vez que o entrevistador tomou conhecimento deles a partir de outras fontes, os jurados os identificaram com procedimentos representados na linha oficial; (b) em seus relatos ideais de como os jurados chegaram às suas decisões, os jurados disseram como a decisão *certa* foi alcançada; (c) em seus relatos idealizados, os jurados falaram como se soubessem regras de tomada de decisão antes de irem para as deliberações; os jurados não disseram, tampouco se interessam em discutir o fato de que foi no curso das deliberações que eles tomaram conhecimento de como as decisões são tomadas; (d) como notamos, seus relatos de como chegou-se às decisões enfatizaram os aspectos integrativos das deliberações e negligenciaram os aspectos anômicos; (e) os jurados estavam mais do que relutantes em dizer que aprenderam no curso das deliberações ou depois, em retrospecto, o que se esperara deles. Seus relatos enfatizaram, ao invés disso, que, desde o início, eles sabiam o que era esperado deles e usaram esse conhecimento.

6) Quando, durante as entrevistas, a atenção dos jurados foi dirigida, pelos entrevistadores, às discrepâncias entre suas descrições ideais e as "práticas reais"[17], os membros do júri ficaram ansiosos. Eles olharam para o entrevistador para assegurarem-se de que o veredicto, mesmo assim, havia sido correto na opinião do juiz. É digno de nota, também, que tais menções às discrepâncias rapidamente esgotaram a boa relação entre os jurados e os entrevistadores.

Tomada de decisão em situações de escolha de senso comum

A ênfase usual nos estudos de tomada de decisão é a de que as pessoas sabem de antemão as condições sob as quais elegerão qualquer curso de ação dentre um conjunto de cursos de ação alternativos, e que eles corrigem suas escolhas prévias durante a ação à medida que surgem informações adicionais.

Estamos propondo que, talvez, para decisões tomadas em situações de escolha de senso comum, cujos aspectos são geralmente tomados como dados, isto é, em situações cotidianas, isso não acontece realmente dessa maneira. No lugar da visão de que as decisões são feitas como as ocasiões requerem, uma formulação alternativa precisa ser considerada. Ela consiste na possibilidade de que a pessoa defina retrospectivamente as decisões que foram tomadas. *O resultado vem antes da decisão.*

No material aqui relatado, os jurados não tiveram realmente uma compreensão das condições que definiram uma decisão correta até que a decisão tivesse sido tomada. Apenas retrospectivamente eles decidiram o que fizeram que tornou suas decisões corretas. Quando estavam de posse do resultado, eles voltaram atrás para encontrar o "porquê", as coisas que levaram ao resultado, e então, a fim de dar alguma ordem às suas decisões, as quais, a saber, são a "oficiosidade" da decisão.

Se a descrição acima é acurada, a tomada de decisão na vida diária teria, então, como um aspecto crítico, a *tarefa daquele que toma decisão de justificar um curso de ação*. As regras de tomada de decisão na vida diária, isto é, regras de tomada de decisão para situações mais ou menos rotinizadas e respeitadas, podem estar muito mais voltadas para o problema de atribuir aos resultados sua história legítima do que para a questão de decidir, antes da real ocasião de escolha, as condições sob as quais um, entre um conjunto de cursos de ação alternativos, será escolhido.

Várias observações fugidias devem, deste modo, ser feitas:

1) O procedimento de decidir, antes da real ocasião de escolha, as condições sob as quais um, entre um conjunto de cursos de ação alternativos possíveis será eleito, é uma definição de uma estratégia racional[18]. É válido notar que essa propriedade racional do processo de tomada de decisão de gerenciar afazeres cotidianos chama a atenção por sua ausência em tais procedimentos[19].

2) Sugere-se que os estudantes de tomada de decisão podem achar proveitoso reconsultar as leis de Cassirer,[20] que descrevem como as situações humanas são progressivamente clarificadas. A "lei da continuidade" de Cassirer estabelece que cada resultado é um cumprimento da definição precedente da situação. Sua "lei da nova ênfase" estabelece que cada resultado desenvolve a definição passada da situação. Essas "leis" nos lembram que as pessoas, *no curso de uma sequência de ações*, descobrem a natureza das situações, nas quais estão atuando, e que as

ações do próprio ator são determinantes de primeira ordem do sentido que têm as situações, nas quais, literalmente, os atores encontram-se.

3) Sugerimos, em conclusão e conjecturalmente, ao invés de se conceber o jurado sofisticado como uma réplica leiga do juiz, que ele seja concebido como uma pessoa leiga também, que possa alterar os fundamentos de suas decisões sem se tornar confuso em suas expectativas de apoio social para aquilo que terá feito, quando mudanças ocorrerem na estrutura e nas operações do tribunal.

Notas

1. A definição de Weber de infortúnio como a discrepância entre "destino e mérito" é o tipo de fenômeno a que o termo "problema" pretende se referir. Cf. "The Social Psychology of the World Religions". In: GERTH, H.H. & WRIGHT MILLS, C. (eds.). *From Max Weber, Essays in Sociology*, p. 267-301.

2. As circunstâncias do querelante deveriam ser ajustadas àquilo que elas teriam sido, caso não houvesse ocorrido a "aberração" no curso "normal" dos eventos? O querelante deveria ser recompensado por uma mudança irreversível das circunstâncias?

3. Por "razoável" entende-se aquelas propriedades racionais de ação exibidas para um membro por ações governadas pelo sistema de relevâncias de atitude da vida cotidiana. Propriedades de ação "razoáveis", em contraste com "racionais", são discutidas em SCHUTZ, A. "The Problem of Rationality in the Social World". *Collected Papers II: Studies in Social Theory*, p. 64-88. Cf. tb. o cap. 8 desta obra.

4. Essas são categorias formais, embora não no sentido da lógica convencional. A-quantia-que-é-suficiente é uma categoria geral do discurso de jurados. Ela ainda não diz coisa alguma sobre a quantia que é, como uma questão de contabilidade "suficiente". Não diz coisa alguma sobre se, por exemplo, $ 11.000 cobrirão as despesas médicas. Diz apenas que qualquer que seja uma quantia é um exemplo de quantia-que-é--suficiente. O termo se refere, portanto, a um objeto geral pretendido, a quantia-que-é-suficiente.

5. A concepção de fato de Felix Kaufmann é usada ao longo deste capítulo. Ele propõe que o caráter factual de uma proposição é encontrado em uma regra que governa seu uso e não é encontrado em características ontológicas dos eventos que a proposição descreve. Cf. *Methodology of the Social Sciences*. Nova York: Oxford University Press, 1944.

6. O uso de "modelos de senso comum" como padrões culturalmente pressupostos e as propriedades lógicas desses modelos nas atividades cotidianas são discutidos de maneira esclarecedora em SCHUTZ, A. "Part I, On the Methodology of the Social Sciences". In: *Collected Papers I: The Problem of Social Reality*, p. 3-96. Cf. tb. seu notável estudo "Symbol, Reality, and Society", p. 287-356.

7. Cf. a discussão de Felix Kaufmann sobre a "regra de dogmas" como uma definição de fato comparada com a "regra de observação" como uma definição de fato em *Methodology of the Social Sciences*. Essas regras são definições de fato porque atestam as condições que devem ser satisfeitas para garantir uma proposição, i. é, para sancionar seu uso como fundamentos para inferência e ação adicionais.

8. O termo "*corpus* de conhecimento" e seu significado foram tomados emprestados de Felix Kaufmann. Op. cit., p. 33-66.

9. A classificação produz o conjunto de proposições que podem ser usadas corretamente como bases para inferências e ação adicionais. O conjunto é constituído pelo uso por parte dos membros, como regras de procedimento, da atitude da vida diária. O conjunto, denominado "*corpus*" de fato, ou "o caso", tem propriedades que são relevantes aos problemas deste capítulo, mas que não podem ser tratadas aqui. Por exemplo, ele é retido de forma não registrada, sucessivas reproduções são sujeitas a operações de recordação sucessiva, ele é não codificado etc. Cf. o cap. 3 desta obra.

10. Outras fontes importantes de variáveis foram (1) o estado presente do caso a qualquer momento do julgamento e das deliberações, e (2) os aspectos organizacionais e operacionais reais do julgamento e das deliberações.

11. As regras que seguem devem ser comparadas com as regras que servem como definições de decisões corretas de investigação científica (i. é, metodologia científica).

12. Qualquer homem é a pessoa universalmente definida dentro da terminologia de tipos empregada pelo intragrupo.

13. *Voir dire*: processo de inquirição dos jurados pelas partes e pelo juiz, a fim de selecionar os jurados que participarão do conselho de sentença; fase de seleção do júri (CAMMACK, M.E., apud CASTRO, M.M. *Dicionário de Direito, Economia e Contabilidade* – Inglês-português/português-inglês. 2. ed. rev. e ampl. Belo Horizonte: Edição do autor, 2009, p. 164.). No texto, o termo está grafado da seguinte forma: *voire dire*, que não condiz com a grafia deste em francês [N.T.].

14. SCHUTZ, A. *On Multiple Realities*, p. 272.

15. HUIZINGA, J. *Homo Ludens*: A Study of the Play Element in Culture. Nova York: Roy, 1950.

16. Cf. WILLIAMS, R.H. "Scheler's Contribution to the Sociology of Affective Actions with Special Reference to the Problem of Shame". In: *Philosophy and Phenomenological Research*, vol. 2, n. 3, mar./1942, para a descrição de Scheler das condições estruturais da vergonha.

17. As "práticas reais" com as quais um jurado foi confrontado consistiam na figura das deliberações que os investigadores reconstruíram de suas entrevistas anteriores com um membro ou membros do júri, no qual o sujeito serviu.

18. NEUMANN, J. & MORGENSTERN, O. *Theory of Games and Economic Behavior*. Princeton, N.J.: Princeton University Press, 1947.

19. Cf. SCHUTZ, A. "The Problem of Rationality in the Social World". *Economica*, 10, mai./1943, p. 130-149.

20. HARTMAN, R.S. "Cassirer's Philosophy of Symbolic Forms". In: SCHILPP, P.A. (ed.). *The Philosophy of Ernst Cassirer*. Evanston, Ill.: The Library of Living Philosophers, 1949, p. 297ss.

5 Passagem e gerenciamento do *status* sexual em uma pessoa "intersexuada"*

Toda sociedade exerce controles rígidos sobre as transferências de pessoas de um *status* para outro. No que diz respeito às transferências de *status* sexuais, esses controles são particularmente restritivos e rigorosamente aplicados. Apenas em ocasiões altamente ritualizadas são permitidas mudanças e, então, tais transferências são caracteristicamente consideradas como variações "temporárias" e "de brincadeira" sobre o que a pessoa, "apesar de tudo", e "realmente", é. Portanto, as sociedades exercem controles rígidos sobre as maneiras pelas quais a composição sexual das próprias populações são constituídas e alteradas.

Do ponto de vista de pessoas que se consideram como normalmente sexuadas, o ambiente tem uma composição sexual perceptivelmente normal. Essa composição é rigorosamente dicotomizada nas entidades "naturais", isto é, *morais* de homem e mulher. A dicotomia prevê pessoas que são "naturalmente", "originalmente", "em primeiro lugar", "no princípio", "desde sempre" e "para sempre" uma ou outra. Mudanças na frequência dessas entidades morais podem ocorrer apenas através de três caminhos legítimos: nascimento, morte, e migração.

Exceto por uma mudança legal na certidão de nascimento, nenhum caminho legítimo existe entre os *status* de homem e mulher. Mesmo a mudança legal é vista com reserva considerável pelos membros da sociedade que tomam, *bona fide*, como dado seu *status* sexual.

A composição sexual normativa, isto é, legítima, da população, tal como é observada na perspectiva de membros que se consideram parte da população percebida como normalmente sexuada, pode ser descrita na seguinte tabela de probabilidades de transição:

---

* Em colaboração com o Dr. Robert J. Stoller, Instituto de Neuropsiquiatria, Universidade da Califórnia, Los Angeles. • A parte 2, escrita apenas por Garfinkel, é o apêndice a este capítulo, que na edição original aparece ao final do livro e aqui no final do capítulo [N.T.].

		No tempo 2	
		Homem	Mulher
No tempo 1	Homem	1.0	0.0
	Mulher	0.00	1.0

Este estudo relata um entre uma série de casos que se encaixam dentro das células inferior esquerda e superior direita, normativamente proibidas. Essas pessoas estão sendo estudadas nos departamentos de Psiquiatria, Urologia, e Endocrinologia no Centro Médico da Universidade da Califórnia, em Los Angeles. Essas pessoas têm irregularidades anatômicas severas. Em cada caso a transferência ocorreu tarde no ciclo de desenvolvimento da vida e foi realizada como uma questão mais ou menos clara de escolha pessoal. Anomalias anatômicas severas – por exemplo, o caso a ser abordado aqui é o de uma garota de 19 anos criada como um garoto, cujas medidas femininas de 38-25-38 (polegadas) eram acompanhadas de pênis e de escroto plenamente desenvolvidos – eram contraditórias com as aparências que seriam, de outro modo, apropriadas aos direitos reivindicados de viver em *status* sexuais fornecidos culturalmente. As transferências foram acompanhadas pela adesão, por cada uma dessas pessoas, à concepção cultural de uma composição sexual dicotomizada, na qual, com insistência veemente, elas se incluíram. Tal insistência não foi acompanhada por deficiências de ego interessantes clinicamente. Essas pessoas contrastam, de muitas maneiras interessantes, com os travestis, transexuais e homossexuais.

Em cada caso, as pessoas gerenciavam a aquisição de seus direitos de viver no *status* sexual escolhido, ao mesmo tempo em que operavam com as convicções realistas de que a revelação de seus segredos traria ruína, rápida e certa, na forma de degradação de *status*, trauma psicológico e perda de vantagens materiais. Cada uma teve como uma tarefa prática permanente adquirir os direitos de serem tratadas e de tratar os outros de acordo com as prerrogativas obrigatórias do *status* sexual eleito. Elas tiveram como recursos sua consciência notável e o senso de conhecimento incomum da organização e da operação das estruturas sociais que eram, para aquelas pessoas que são capazes de tomar como dado seus *status* sexuais rotinizados, fundamentos "vistos, mas não notados" dos afazeres cotidianos. Elas tiveram, também, grandes habilidades nas manipulações interpessoais. Embora seus conhecimentos e suas habilidades interpessoais fossem de caráter marcadamente instrumental, de maneira nenhuma eram exclusivamente assim.

Chamarei de "passagem" o trabalho de adquirir e tornar seguros os seus direitos de viver no status *de sexo escolhido, ao mesmo tempo em que se fornece a possibilidade de detecção e ruína realizadas dentro das condições socialmente estruturadas, nas quais este trabalho ocorreu.*

Nas vidas dessas pessoas, o trabalho e as ocasiões socialmente estruturadas de passagem sexual foram obstinadamente resistentes às suas tentativas de rotinizar os ciclos das atividades cotidianas. Essa obstinação aponta para a importância do *status* sexual nos afazeres da vida cotidiana como um fundamento invariável, mas não notado, na trama de relevâncias que constituem as cenas reais em mutação da vida cotidiana. As experiências dessas pessoas intersexuadas permitem uma apreciação desses fundamentos relevantes, que são, de outro modo, facilmente negligenciados, ou difíceis de capturar, por causa do caráter rotinizado e porque estão tão imbricados em um fundamento de relevâncias que estão simplesmente "lá" e que são tomados como dados.

Irei limitar minha atenção neste capítulo à discussão de um caso. Gostaria de contar o que essa pessoa teve especificamente de esconder, a relevância estrutural de seus segredos, as situações socialmente estruturadas de crise, as estratégias de gerenciamento e justificativas que ela empregou, e a relevância dessas considerações para a tarefa de tratar as circunstâncias práticas como um fenômeno sociológico.

Agnes

Agnes apareceu no Departamento de Psiquiatria da Ucla em outubro de 1958, onde ela havia sido encaminhada para o Dr. Robert J. Stoller por um médico particular de Los Angeles, para o qual Agnes havia, por sua vez, sido encaminhada pelo seu médico de sua cidade natal, Northwestern City. Agnes era uma garota de 19 anos, branca, solteira, que na época era independente financeiramente e trabalhava como datilógrafa para uma companhia de seguros local. Seu pai era um maquinista, que morreu quando Agnes era uma criança. Sua mãe sustentou uma família de quatro filhos, dos quais Agnes era a mais nova, com trabalhos ocasionais e semiespecializados em uma fábrica de aviões. Agnes disse que foi criada como católica, mas não havia comungado nos últimos três anos. Ela disse que não mais acreditava em Deus.

A aparência de Agnes era convincentemente feminina. Ela era alta, magra, com uma silhueta muito feminina. Suas medidas eram de 38-25-38 (polegadas). Tinha cabelo louro escuro, longo e fino e um rosto jovem com feições bonitas, pele clara e rosada, tom de pêssego, nenhum pelo facial, sobrancelhas sutilmente cuidadas, e nenhuma maquiagem, exceto batom. Na primeira vez em que ela apareceu, estava vestida com um suéter apertado, que marcava seus ombros magros, seios grandes e cintura fina. Seus pés e mãos, embora um pouco maiores do que o normal para uma mulher, não chamavam atenção de maneira alguma. Sua maneira normal de vestir-se não a distinguia de uma garota típica de sua idade e classe. Não havia coisa alguma de extravagante ou exibicionista em seu traje, nem havia qualquer indício de mau gosto, ou de que ela se sentisse pouco à vontade com suas roupas, como é visto tão frequentemente em travestis e em mulheres com distúrbios na identificação sexual. Sua voz, afinada como contralto, era macia, e, quando falava, ela ocasionalmente colocava a língua entre os dentes, de forma similar a homossexuais masculinos querendo parecer com mulheres. Seu comportamento era apropriadamente feminino, um pouco desengonçado, como é típico dos meados da adolescência.

Detalhes de suas características médicas, físicas e endocrinológicas foram reportados alhures[1]. Para resumir suas características médicas, físicas e endocrinológicas, anteriores a quaisquer procedimentos cirúrgicos, ela parecia como uma pessoa com contornos de corpo e padrão de cabelo femininos. Tinha seios grandes, bem desenvolvidos, coexistindo com a genitália externa normal de um homem. Uma laparotomia abdominal e o exame pélvico e suprarrenal, realizados dois anos antes de ela ter sido examinada pela primeira vez na Ucla, não revelaram nem útero ou ovários, nenhuma evidência de algum vestígio de aparato feminino nem qualquer massa de tecido anormal no abdômen, na área retroperitoneal, ou pélvis. Uma biópsia testicular bilateral mostrou um pouco de atrofia nos testículos. Um grande número de exames de laboratório no sangue e urina, assim como exames de raios-X do tórax e crânio, estavam todos dentro dos limites normais. Um esfregaço bucal e uma biópsia da pele revelaram um padrão cromático (masculino) negativo. Havia evidências de uma amostra uretral que mostrava cornificação celular sugestiva de atividade estrogênica (hormônio feminino) moderadamente alta.

Agnes nasceu menino com genitais masculinos aparentemente normais. Uma certidão de nascimento para um homem foi emitida e ela foi apropriadamente nomeada. Até a idade de 17 anos, foi reconhecida por todos como um garoto. Na biografia fornecida a nós durante muitas horas de conversas o papel masculino foi, tanto consistentemente quanto insistentemente, descrito como difícil e pobremente gerenciado. Seus relatos exageraram as evidências de sua feminilidade natural e suprimiram as evidências de masculinidade. As características secundárias do sexo feminino se desenvolveram na puberdade. De acordo com seus relatos, os anos relativos ao ensino fundamental foram, pelo menos, toleráveis, enquanto que os três anos de ensino médio foram estressantes ao extremo. Aos 17 anos, ao fim da segunda série do ensino médio, ela se recusou a voltar para completar a última série. Isso foi em junho de 1956. Depois de planejamento considerável, ensaios, dietas para "me tornar bonita" e preparações similares, ela deixou sua cidade natal em agosto de 1956 para uma visita de um mês a uma avó em Midwest City. No fim da visita de um mês, de acordo com o planejado, ela saiu da casa da avó sem deixar notícias de seu paradeiro, e em um hotel do centro da cidade mudou suas roupas para trajes femininos com a esperança de encontrar um emprego naquela cidade. Por várias razões se sentiu incapaz de completar o plano de permanecer em Midwest City e, depois de ligar para sua mãe, retornou para casa na noite da mudança. No outono de 1956, deu entrada em um hospital em sua cidade natal para fazer exames e a laparotomia exploratória, que foi feita sob a supervisão de seu médico particular. Durante o outono de 1956, e após sua hospitalização, continuou sua escolarização com a ajuda de um tutor, que havia sido providenciado por meio de um acordo entre sua mãe e o sistema público de educação. Ela se desgastou com isso, se ressentindo do confinamento. Em dezembro de 1956 o tutor foi dispensado e Agnes conseguiu um emprego como datilógrafa em uma pequena fábrica nos arredores da cidade. Continuou em seu emprego até agosto de 1957, quando, acompanhada por amigas, veio para Los Angeles. Morou em Long Beach com uma amiga e trabalhou no centro de Los Angeles em um pequeno escritório de seguros. Em dezembro de 1957, ela e a colega de quarto mudaram-se para o centro de Los Angeles "para ficarmos mais perto do nosso trabalho". Em fevereiro de 1958, encontrou seu namorado, Bill, e em abril de 1958, para ficar mais perto dele, mudou-se para San Fernando Valley. Deixou o emprego em março de 1958 e ficou sem emprego na época em que mudou-se para o Vale. Depois de uma sucessão de crises com seu namorado, retornou para sua cidade natal em abril de 1958, para consultar seu médico anterior, a fim de obter uma carta dele "explicando" a sua condição para o namorado. Essa carta foi deliberadamente escrita pelo seu médico de uma maneira geral para, assim, mascarar o caráter real da dificuldade. O namorado achou isso apenas temporariamente satisfatório. A crescente insistência dele em ter relação sexual e em planos para casamento, os quais Agnes frustrava, produziram uma série de brigas cada vez mais severas. Em junho de 1958, Agnes revelou sua condição real para o namorado e o romance continuou nessas bases. Em novembro de 1958, Agnes foi vista pela primeira vez na Ucla. Conversas regulares a intervalos semanais foram realizadas até agosto de 1959. Em março de 1959, uma operação de castração foi executada na Ucla, na qual foram retiradas as peles do pênis e do escroto, o pênis e os testículos amputados, e a pele do pênis amputado foi usada para construir uma vagina; já os lábios foram construídos da pele do escroto.

Durante esse período, Agnes foi vista regularmente pelo Dr. Robert J. Stoller, psiquiatra e psicanalista, Dr. Alexander Rosen, psicólogo, e por mim. Aproximadamente trinta e cinco horas de conversas que tive com ela foram registradas em fita. Minhas observações neste capítulo são baseadas nas transcrições desse material e nos materiais coletados por Stoller e Rosen, com os quais o capítulo foi feito de forma colaborativa.

Agnes, a mulher natural, normal

Agnes tinha uma preocupação prática permanente com a sexualidade feminina competente. A natureza de suas inquietações, assim como a incongruência que tal inquietação permanente representa para o "senso comum", nos permite descrever, pelo menos preliminarmente, os aspectos estranhos que a população de pessoas legitimamente sexuadas exibe como características *objetivas* do ponto de vista de pessoas que são capazes de tomar como dado seu próprio *status* normalmente sexuado. Para esses membros, ambientes percebidos de pessoas sexuadas são povoados com homens naturais, mulheres naturais, e pessoas que permanecem em contraste moral com elas, isto é, incompetentes, criminosas, doentes e pecadoras. *Agnes concordava com os normais em sua adesão a essa definição de um mundo real de pessoas sexuadas, e tratava isso, assim como eles, como uma questão de fatos objetivos, institucionalizados, isto é, fatos morais.*

Agnes insistia veementemente que era, e deveria ser, tratada como uma mulher natural, normal. O que se segue é uma lista preliminar de propriedades de "pessoas naturais, normalmente sexuadas" como objetos culturais. Vislumbradas como uma paráfrase antropológica da crença dos membros, essas propriedades devem ser lidas com o uso do prefixo invariável. "Do ponto de vista de um membro adulto de nossa sociedade..." Os exemplos são fornecidos a respeito das duas primeiras propriedades.

1) Do ponto de vista de um membro adulto da nossa sociedade, o ambiente percebido de "pessoas normalmente sexuadas" é povoado por dois sexos e apenas dois sexos, "masculino" e "feminino".

2) Do ponto de vista de um membro adulto da nossa sociedade, a população de pessoas normais é uma população moralmente dicotomizada. A questão de sua existência é decidida como uma questão de concordância motivada com essa população como uma ordem legítima. Não é decidida como uma questão de fato biológico, médico, urológico, sociológico, psiquiátrico ou psicológico. A questão de sua existência é, ao contrário, decidida consultando tanto as probabilidades de que a concordância com essa ordem legítima possa ser obrigatória quanto às condições que determinam essas probabilidades.

3) O membro adulto se inclui nesse ambiente e se considera como um ou outro, não apenas como uma condição de autorrespeito, mas como uma condição, por meio da qual o exercício de seus direitos a viver sem riscos excessivos e interferência de outros é rotineiramente obrigatória.

4) Os membros da população normal, para ele os membros *bona fide* dessa população, são essencialmente, originalmente, em primeiro lugar, sempre foram, e sempre serão, de uma vez por todas, na análise final, ou "homens" ou "mulheres".

5) Certas insígnias são consideradas pelas pessoas normais como essenciais em sua função identificadora[2], enquanto que, outras qualidades, ações, relacionamentos, e coisas semelhantes, são tratados como transitórios, temporários, acidentais, circunstanciais, e todo o resto. Para os normais, a posse de um pênis por um homem e uma vagina por uma mulher são insígnias essenciais. Sentimentos apropriados, atividades, obrigações de afiliação e similares por diante, são atribuídos a pessoas que possuem pênis e vaginas. (No entanto, a posse de pênis ou vagina como um evento biológico deve ser distinguida da posse de um ou outro, ou ambos, como um evento cultural. As diferenças entre pênis e vaginas culturais e biológicos como evidências socialmente empregadas de "sexualidade natural" serão comentadas mais detalhadamente adiante.)

6) As pessoas normais reconhecem o novo membro como homem ou mulher, não apenas na ocasião em que aparecem pela primeira vez, por exemplo, o neonato, mas também antes disso. Estende-se também a toda a ascendência e para a posteridade. O reconhecimento não é alterado pela morte de um membro[3].

7) Para as pessoas normais, a presença no ambiente de objetos sexuados tem o aspecto de "uma questão de fato natural". Essa naturalidade carrega junto com ela, como uma parte constituinte de seu significado, o sentido de estar certo e correto, isto é, apropriado moralmente que seja dessa maneira, porque é uma questão de fato natural, para os membros da nossa sociedade que existem apenas homens *naturais* e mulheres *naturais*. A boa sociedade, para o membro, é composta apenas de pessoas que são ou de um sexo ou de outro. Portanto, o membro *bona fide* da sociedade, dentro daquilo a que ele adere assim como espera que os outros venham a aderir como crenças comprometidas com "questões de fato naturais", em relação às distribuições de pessoas sexuadas na sociedade, acha as afirmações de ciências como a zoologia, a biologia e a psiquiatria estranhas. Essas ciências argumentam que as decisões sobre sexualidade são questões problemáticas. A pessoa normal acha estranho e difícil dar crédito às distribuições "científicas" *de ambas* características, masculinas e femininas, entre as pessoas, ou a um procedimento para decidir a sexualidade que adicione listas de características masculinas e femininas e tome o seu excesso como o critério do sexo do membro, ou à prática de usar os primeiros três anos de formação para decidir a sexualidade, ou ao fato de haver na sociedade familiar a presença de homens que têm vagina e mulheres que têm pênis.

Essa caracterização do "senso comum" não é, de maneira alguma, limitada à opinião não profissional. Por exemplo, um membro de destaque de um proeminente Departamento de Psiquiatria neste país comentou, depois de ouvir sobre o caso: "Eu não entendo por que alguém precisa ter tanto interesse em casos como esse. Ela é, no fim das contas, uma ocorrência muito rara. Essas pessoas são, no fim das contas, aberrações da natureza". Não poderíamos ter solicitado uma fórmula mais de senso comum. Uma medida da extensão do comprometimento do membro com a ordem moral de tipos sexuais consistiria na relutância em dar crédito à caracterização que se afasta dos "fatos reais da vida". Como veremos depois, Agnes também nos ensinou, de muitas maneiras diferentes, embora involuntariamente, o caráter institucionalmente motivado dessa relutância.

Enfatizei várias vezes que, para o membro *bona fide,* "normal" significa "de acordo com os costumes". A sexualidade como fato natural da vida significa, portanto, sexualidade como um fato natural e *moral* da vida. A vontade do membro, portanto, de tratar a sexualidade normal como um objeto de interesse teórico requer, ao decidir por si mesmo a natureza real de pessoas sexuadas, que ele suspenda a relevância de suas circunstâncias práticas rotinizadas institucionalmente. Descobrimos, no entanto, que o membro normal *não* trata a sexualidade, sua própria ou a de outros, como uma questão de mero interesse teórico, considerando que esse é, em princípio, o limite de nosso interesse investigativo no fenômeno de sexualidade normal, como também o é em outras ciências. A pessoa normal também trata o caráter sexuado de pessoas que povoam seu ambiente cotidiano como uma qualidade que é "decidida pela *natureza*". Essa qualidade, uma vez que a "natureza" do membro a decide, se mantém, consequentemente, independente de tempo, ocasião, circunstância ou considerações de vantagem prática. A afiliação da pessoa como um membro normalmente sexuado, homem ou mulher, tem a característica de, e é tratada pela pessoa normal como permanecendo invariável durante toda a biografia dessa pessoa e através de toda sua vida futura e além. Sua afiliação sexual permanece imutável através de qualquer tempo de vida real e potencial imputado. Para usar as palavras de Parsons, é "invariável a todas as exigências".

8) Do ponto de vista de um membro normal, se alguém examina a população de pessoas sexuadas a um dado tempo, contando a presença de homens e mulheres, e um tempo mais tarde examina a população de novo, nenhuma transferência terá ocorrido de um *status* sexual a outro, exceto para aquelas transferências que são ritualmente permitidas.

Nossa sociedade proíbe movimentos voluntários ou aleatórios de um *status* sexual para outro. Insiste que tais transferências sejam acompanhadas por controles bem conhecidos, que acompanham fingimentos, encenações, comportamento em festas, comportamento em reuniões, espionagem e outras situações semelhantes. Tais mudanças são tratadas, tanto por aqueles que fazem as mudanças como por aqueles que as observam nos outros, como limitadas, tanto pelo relógio como pelas ocasiões e circunstâncias práticas. Espera-se que essa pessoa "depois da peça" "pare de encenar". A caminho de casa, depois da festa, a pessoa pode ser lembrada de que a festa "acabou" e que deveria se comportar como a pessoa que "realmente é". Tais admoestações, como uma "primeira linha de controle social", constituem sanções comumente encontradas, por meio das quais as pessoas são lembradas de encenar de acordo com as atitudes, aparências, afiliações, roupas, estilo de vida, ciclo de vida esperado e coisas similares, que são determinadas pelas instituições principais. Em nossa sociedade essas sanções constituem-se proeminentemente de grupos ocupacionais e de relações de parentesco com seus respectivos *status* pretensamente obrigatórios. Sua importância é essa: as pessoas são obrigadas a aceitá-las, independente de seus desejos, isto é, "gostando ou não". Do ponto de vista da pessoa normal, as mudanças na composição da população podem ser realizadas apenas pelos caminhos de nascimento, morte e migração.

Agnes estava totalmente consciente de que um caminho alternativo havia sido percorrido, de que foi percorrido raramente, e de que a transferência era severamente passível de punição. Tal como Agnes, a pessoa normal sabe que há aqueles que fazem a mudança, mas a pessoa normal, assim como ela, considera tais indivíduos como aberrações, incomuns, ou bizarras. Caracteristicamente, a pessoa normal acha a mudança em si difícil de "entender" e clama por punição, ou solução médica. Agnes não se afastou desse ponto de vista[4], embora seu sexo fosse para ela uma questão de escolha voluntária entre as alternativas disponíveis. Esse conhecimento era acompanhado por uma pesada necessidade de justificar a escolha. A escolha consistia em preferir viver como a pessoa normalmente sexuada que ela sempre havia sido.

Agnes aderiu a essa descrição de um mundo real, embora houvesse para ela pessoas nesse mundo, entre as quais ela se incluía, que haviam feito a mudança de um sexo para outro. Mesmo assim, sua história anterior contrastava, para ela, com aquilo que ela havia sido convencida a respeito de sua sexualidade normal. Buscando uma mudança de certidão de nascimento, Agnes tratou a mudança como a correção de um erro original cometido pelas pessoas que eram ignorantes dos "fatos reais".

Agnes manteve a convicção de que não há muitas pessoas a quem se poderia contar o que havia feito e que "realmente entenderão". Consequentemente, para Agnes um entendimento comum, de outra forma importante, dentre outros tinha a característica problemática que não ocorre às pessoas normais, particularmente no que diz respeito à dicotomia de tipos de sexo, a saber, Agnes era incapaz de exercer a suposição de que suas circunstâncias, como pareciam para ela, pareceriam de uma maneira mais ou menos idêntica para seus parceiros interacionais, caso trocassem de lugar. Podemos nos referir a isso como a existência de uma "comunidade de entendimento" problemática para e sobre pessoas sexuadas tratando o sexo umas das outras como conhecido em comum e dado como certo por elas.

9) Nos ambientes culturais de pessoas normalmente sexuadas, homens têm pênis e mulheres têm vagina. Do ponto de vista de um membro normal, onde quer que haja casos de homens com vagina e mulheres com pênis, há pessoas que, embora possam ser difíceis de se classificar, devem, contudo, ser a princípio classificáveis e consideradas como membros de um campo ou outro. Agnes também aderiu a essa visão como um fato natural da vida, embora essa mesma população incluísse pelo menos uma mulher com pênis, isto é, ela mesma, e depois da operação incluísse uma mulher com uma vagina feita pelo homem. Incluía outros, também, de quem ela tinha tomado conhecimento através de suas leituras e contatos com médicos, tanto em sua cidade natal quanto em Los Angeles. De acordo com sua explicação, todos os outros além dela mesma eram pessoalmente desconhecidos por ela.

10) Que Agnes poderia insistir em seu pertencimento à população natural de pessoas sexuadas, embora fosse, anteriormente à operação, uma mulher com pênis e, depois da operação, uma mulher com a vagina feita pelo homem, sugere uma outra propriedade importante de uma pessoa naturalmente sexuada. Quando comparamos as crenças de Agnes, não apenas com aquelas dos normais, mas com a que as pessoas normais acreditam sobre as pessoas cujos genitais, por uma razão ou outra, mudam de aparência, ou sofrem danos ou perdas, através do envelhecimento, doença, lesões ou cirurgia, observamos que isso não significa que as pessoas normais e Agnes insistam sobre a posse de uma vagina pelas mulheres (consideramos agora apenas o caso da mulher normal; o argumento idêntico permanece para os homens). Eles insistem sobre a posse de *ou* a vagina que a natureza fez *ou* a vagina que *deveria ter estado sempre lá*, isto é, a posse *legítima*. A vagina legitimamente possuída é o objeto de interesse. *É a vagina a que a pessoa tem direito*. Embora a "natureza" seja uma fonte preferida e *bona fide* de direito, os cirurgiões também o são se reparam o erro natural, isto é, se eles servem como agentes da natureza para fornecer "o que a natureza esperava que estivesse lá". Não *apenas essa* vagina, mas *apenas essa* vagina como o caso da *coisa de verdade*. De maneira idêntica àquela que, para um membro de uma comunidade de linguagem, uma elocução linguística é o caso de uma-palavra-na-língua, ou, para um jogador, um movimento é um movimento-no-jogo, os genitais que servem ao membro normal como insígnia de afiliação normalmente sexuada consiste em pênis-e-vaginas-na-ordem-moral-de-pessoas-sexuadas. (Estou falando descritivamente. Proponho essas "essências" como atribuições que os membros encontram em seus ambientes. Para evitar qualquer mal-entendido, gostaria de enfatizar que estou lidando com dados. Não estou defendendo o realismo platônico como uma filosofia de ciência social.)

As experiências de Agnes com uma prima, uma cunhada e uma tia podem esclarecer essa propriedade. Comentando sobre o que ela caracterizava como "ciúme" de sua prima quando um visitante do sexo masculino na casa de seu irmão, que não conhecia nenhuma das duas, claramente preferiu Agnes à sua prima, que era aproximadamente da mesma idade, Agnes comentou sobre a mudança de atitude da prima de uma que era favorável a Agnes antes da viagem para Midwest City, mas que mostrou forte desaprovação posteriormente. De acordo com os comentários de Agnes, ela sentia que a prima pensava nela como uma mulher falsificada, não uma mulher real. Agnes falou que sua prima a sentia como uma rival. (A rivalidade retratada era reciprocamente sentida, pois Agnes disse que achava difícil "tirá-la da minha cabeça.") Semelhantemente, para a cunhada de Agnes, uma branda desaprovação por parte da cunhada anteriormente à viagem a Midwest City se transformou em uma hostilidade declarada após o retorno de Agnes. Agnes atribuiu isso ao ressentimento da cunhada de que ela era dificilmente a pessoa para se comparar à cunhada em afazeres de conduta doméstica e conjugal apropriada. Em comparação com essas rivais, Agnes comentou sobre a mudança dramática por parte da tia idosa, que acompanhou sua mãe a Los Angeles para cuidar de Agnes durante sua convalescença da operação de castração. Agnes caracterizou a tia como uma mulher natural, sem problemas com isso. A tia, disse Agnes, refletia a atitude de outros membros da família. Essa atitude, disse Agnes, foi de uma aceitação geral anterior à viagem a Midwest City, consternação e desaprovação severa depois do retorno, e aceitação aliviada e tratamento dela como uma "mulher de verdade depois de tudo" (citação de Agnes da observação da tia) depois da operação e durante nossas conversas enquanto a tia estava em Los Angeles. O ponto: em cada caso o objeto de interesse não era a posse do pênis ou da vagina feita pelo homem, mas, no caso da prima e da cunhada, o pênis de Agnes era *prima facie* contraditório às alegações de Agnes, por suas outras aparências, de possuir a coisa de verdade. No caso da tia, embora a vagina fosse feita pelo homem, ela *era* um caso da coisa de verdade, uma vez que era algo a que se considerava que ela tivera direito o tempo todo. Tanto a tia quanto a mãe ficaram fortemente impressionadas pelo fato de que a operação havia sido mesmo feita "neste país". Deve é claro ser enfatizado que os médicos no Centro Médico da Ucla, por meio de suas ações, reconstruíram e validaram a pretensão de Agnes ao seu *status* como *uma* mulher natural.

Algumas características adicionais de Agnes como uma mulher natural requerem menção.

Não apenas Agnes expressou diretamente a reivindicação "eu sempre fui uma garota", como também isso foi levado adiante pelo recurso a uma biografia notavelmente idealizada, na qual evidências de sua feminilidade original foram exageradas, enquanto que evidências de uma mistura de características, sem falar em evidências claramente definidas de uma educação masculina, foram rigorosamente suprimidas. A criança Agnes em seus relatos não gostava de participar de jogos brutos como *baseball*; seu "maior" problema era ter que jogar jogos de meninos; Agnes era mais ou menos considerada um maricas; sempre foi a menor; brincava com bonecas e cozinhava bolinhos de barro para o irmão; ajudava a mãe com as tarefas domésticas; Agnes não lembra que tipos de presentes recebeu de seu pai quando era criança. Perguntei uma vez para Agnes se ela tinha que fazer fila com os meninos na escola pública. Sua resposta assustada e zangada foi: "Fazer fila com os meninos para quê!" Quando contei a ela que estava pensando em fazer fila em uma aula de dança ou fazer fila para exames físicos na escola, Agnes disse: "Fazer fila nunca aconteceu". Perguntei a ela se exames médicos com os meninos nunca aconteceram. Ela concordou: "Isso mesmo, eles nunca aconteceram". Passamos a nos referir à sua representação como 120% feminina. Não apenas em seus relatos, mas às vezes nas suas conversas comigo, Agnes era a "coisinha" recatada, sexualmente inocente, animada, passiva e receptiva. Como um tipo de contraparte dialética para os 120% femininos, Agnes retratou seu namorado como 120% masculino; ela disse, quando nós começamos a conversar pela primeira vez, e repetiu por oito semanas estressantes após a operação, quando as complicações pós-operatórias haviam diminuído e a vagina recalcitrante estava finalmente se transformando na coisa que os médicos haviam prometido, "não teria se interessado por mim, absolutamente, se eu fosse anormal". O pênis que foi possuído pela mulher natural era, repetidamente e sob questionamento recorrente, um apêndice acidental usado para o único propósito de passagem de urina. O pênis dos relatos de Agnes nunca havia estado ereto; ela nunca ficou curiosa sobre ele; ele nunca foi examinado por ela ou por outros; nunca entrou em brincadeiras com outras crianças; nunca se moveu "voluntariamente", nunca foi uma fonte de sentimentos prazerosos; sempre foi um apêndice acidental colado por uma peça cruel do destino. Quando ele foi amputado e perguntaram a Agnes agora que seu pênis e escroto haviam sido retirados, o que ela pensava do pênis e do escroto que haviam sido retirados, sua resposta foi que ela não sentia que era necessário pensar mais neles do que alguém pensaria por ter uma verruga dolorosa removida.

    Agnes frequentemente chamava minha atenção para a falta de uma biografia que era apropriada ao fato de que ela era aceita por outros e mais particularmente pelo seu namorado como uma garota. Agnes falou do intervalo de dezessete anos em sua vida e indicou que seu caráter feminino presente era visto pelos outros como uma história contínua como uma mulher, que se estendia desde a hora de seu nascimento. Salientou que apenas desde a época em que fez a mudança tem sido capaz de estabelecer uma biografia feminina de experiências que ela e outros poderiam traçar como um precedente para administrar aparências e circunstâncias presentes. Faltava a ela uma biografia própria para servir como um contexto histórico-prospectivo para administrar situações atuais. Para os outros, e mais particularmente para seu namorado, uma Agnes sempre mulher correspondia às expectativas que ela estimulara nele. Dois anos de memórias acumuladas apresentaram a ela uma fonte crônica para uma série de crises sobre as quais mais será dito posteriormente quando eu discutir suas ocasiões de passagem e os seus recursos de administração.

Outra característica de mulher natural normal encontrava-se na representação e na insistência de Agnes em seu desejo de toda uma vida de ser aquilo que ela sempre soube que era. Dentro das representações, seus desejos vinham essencialmente de fontes misteriosas e desconhecidas, e resistiam a todas as vicissitudes postas por um ambiente ignorante, que ela tentava forçar, embora sem sucesso, uma linha arbitrária de afastamento de um curso normal de desenvolvimento. Agnes enfatizava repetidamente: "Eu sempre quis ser uma garota; eu sempre me senti como uma garota; e eu sempre fui uma garota, mas um ambiente errado forçou a outra coisa em mim". Em muitas ocasiões de nossas conversas, foi perguntado como ela explicava o desejo que resistia às exigências do ambiente. Suas respostas invariavelmente elaboravam o tema: "Não há explicação".

Dada a adesão de Agnes à distinção feita pelas pessoas normais entre o homem natural normal e a mulher natural normal, havia menos ambiguidade para Agnes em distinguir entre ela mesma como homem ou mulher do que havia em distinguir entre ela mesma como uma mulher natural e um homem homossexual. A mesma extensão dos exageros de sua biografia feminina, da masculinidade de seu namorado, de seu pênis anestesiado e coisas semelhantes, forneceram a característica em que ela continuamente insistia: uma identificação consistentemente feminina. Muito do realismo instrumental que ela canalizava para o gerenciamento do seu *status* sexual escolhido tinha por objeto administrar, então, suas circunstâncias, de modo a evitar o que ela tratava como uma identidade errada e degradante. Confundir as duas coisas era uma questão de erro objetivamente avaliado, ignorância e injustiça por parte dos outros. Suas defesas, que lhe custavam muito em efetividade e orientação da realidade, tinham por objetivo manter sob cuidado as distâncias entre sua feminilidade natural normal e os homens homossexuais. De tempos em tempos, no curso de nossos encontros, quando eu dirigia a conversa para os homossexuais e travestis, Agnes tinha uma grande dificuldade, simultaneamente gerenciando seu fascínio pelo tópico e a grande ansiedade que a conversa parecia gerar. O quadro que ela apresentava, então, era o de uma depressão branda. Suas respostas se tornavam empobrecidas. Ocasionalmente sua voz se interrompia, quando ela negava o conhecimento disso ou daquilo. Havia uma insistência repetida de que ela não era, de maneira alguma, comparável. "Não sou como eles", insistia continuamente. "No ensino médio eu me desviava claramente dos garotos que agiam como maricas... de qualquer um com um problema anormal... Eu os evitava completamente e chegava ao ponto de insultá-los só para me afastar deles... Eu não queria que me vissem conversando com eles, porque alguém poderia relacioná-los a mim. Eu não queria ser classificada como eles."

Assim como as pessoas normais frequentemente terão dificuldade de entender "porque uma pessoa faria isso", isto é, de se engajar em atividades homossexuais, ou de se vestir como um membro do sexo oposto, Agnes também manifestava a mesma falta de "entendimento" por tal comportamento, embora seus relatos caracteristicamente fossem feitos com indiferença impassível, e nunca com indignação. Quando foi convidada por mim a se comparar com homossexuais e travestis, achou a comparação repulsiva. Embora quisesse saber mais, quando propus que um travesti que estava sendo visto por outro pesquisador estava interessado em conversar com ela, ela se recusou a ter qualquer contato com ele. Ela tampouco considerou conversar com qualquer um dos pacientes que mencionei que estavam sendo vistos e que tinham experiências semelhantes à dela. Quando eu disse a ela que um grupo de cerca de dezessete pessoas em São Francisco, que haviam feito, ou estavam planejando fazer, uma operação de castração, estavam interessadas em se encontrar e trocar experiências com pessoas com problemas semelhantes, Agnes disse que não poderia imaginar o que elas teriam para falar com ela e insistiu que elas não tinham nada a ver com isso.

Como vimos, ela insistia que seus genitais masculinos eram uma peça que o destino lhe pregou, um azar pessoal, um acidente, acima de tudo "estava além do meu controle", cuja presença nunca aceitou. Tratava seus genitais como um crescimento anormal. Ocasionalmente falava deles como um tumor. Com genitais descartados como sinais essenciais de sua feminilidade, e necessitando de sinais essenciais e naturais de sexualidade feminina, ela relatava, ao invés disso, o desejo de toda a vida de ser uma mulher e os seus seios proeminentes. Seus sentimentos, comportamento, escolhas de companheiros, e assim por diante, autodescritos como femininos, nunca foram retratados como questões de decisão ou escolha, mas foram tratados como tão *dados* quanto um fato natural. Assim como eles eram mostrados em seus relatos, seu exercício natural teria sido mostrado desde o começo, ela insistia, não fosse por um ambiente mal-orientado, frustrante, sem compreensão.

Antes de tudo ela contava seus seios como insígnia essencial. Em várias ocasiões em nossas conversas, ela expressou o alívio e a alegria que sentiu quando notou, aos 12 anos, que seus seios estavam começando a se desenvolver. Ela disse que escondeu essa descoberta de sua mãe e irmãos, porque "não era da conta deles". Estava claro nas suas observações posteriores que ela queria dizer com isso que temia que eles considerassem o desenvolvimento de seus seios como uma anormalidade médica e por causa da sua idade e incompetência jurídica, eles poderiam decidir, independente e contrariamente aos seus desejos e ao que ela sentia, submetê-la a tratamento médico e, portanto, arriscaria a perda dos seios. Orgulhava-se particularmente do tamanho dos seus seios, assim como orgulhava-se de suas medidas. Antes da operação, estava temerosa de que "os médicos na Ucla" decidissem entre eles, e sem consultá-la, e na hora da operação, que o remédio para sua condição consistia em amputar seus seios, ao invés do seu pênis e do escroto. Após a operação, por causa das mudanças endocrinológicas e por outras razões, ela perdeu peso. Seus seios ficaram menores, a medida de seu peito baixou de 38 para 35 polegadas. A angústia que ela mostrou foi suficientemente aparente para ter sido considerada por nós como um dos fatores constituintes de uma depressão pós-operatória curta, mas severa. Quando os departamentos de Endocrinologia e Urologia terminaram o trabalho médico, mas antes da operação, ela se permitiu um otimismo brando, que manteve sob vigilância pesada e lembrança contínua de que a decisão não estava mais em suas mãos, e lembrando a si mesma, a mim, a Stroller e a Rosen, que em ocasiões anteriores, mais particularmente depois dos exames em sua cidade natal, depois de se permitir um grande otimismo, ela foi deixada com "nada além de encorajamento. Apenas palavras". Quando pediram para ela se apresentar ao Centro Médico da Ucla e disseram que a decisão havia sido tomada para amputar o pênis e fazer a vagina artificial, ela falou da decisão com grande alívio. Ela falou da decisão médica como uma vindicação autorizada de suas alegações à sua feminilidade natural. Mesmo as complicações após a operação forneceram episódios de vindicação prazerosa. Por exemplo, após a operação, ela desenvolveu uma incontinência uretral branda, para a qual já havia sido aconselhada pelo médico a usar absorventes. Quando observei bastante feliz que essa era certamente uma nova experiência para ela, ela riu e ficou obviamente feliz e lisonjeada.

Houve muitas ocasiões em que minhas atenções a lisonjearam no que diz respeito a sua feminilidade; por exemplo, segurando seu braço enquanto a guiava até o outro lado da rua; almoçando com ela no centro médico; oferecendo para pendurar seu casaco; aliviando-a do peso de sua sacola; segurando a porta do carro para ela, enquanto ela entrava; preocupando-me com seu conforto antes que fechasse a porta do automóvel e tomasse meu próprio assento atrás do volante. Em momentos como esse, seu comportamento lembrava-me que ser mulher para ela era como ter recebido um presente maravilhoso. Era em tais ocasiões que ela mais claramente exibia as características dos "120% mulher". Em tais momentos, ela agia como uma iniciada recente e entusiasmada da irmandade, a que seu coração sempre desejou pertencer.

Adquirindo as propriedades adscritas de mulher natural, normal

A mulher natural, normal era para Agnes um objeto adscrito[5]. Em comum com as pessoas normais, ela tratava sua feminilidade como independente das condições de ocorrência e invariável a vicissitudes de desejos, acordos, escolha aleatória ou voluntária, acidente, considerações de vantagem, recursos disponíveis, e oportunidades. Permanecia para ela a coisa temporalmente idêntica acima de todas as circunstâncias históricas e prospectivas e experiências possíveis. Permanecia a coisa idêntica na essência sob todas as transformações imagináveis de aparências, tempo e circunstâncias reais. Isso resistia a todas as exigências.

A mulher adscrita, natural, normal era o objeto que Agnes buscava adquirir para si mesma.

Dois significados de "aquisição" são significativos ao se falar de Agnes tendo adquirido seu *status* de mulher. (1) Tornar-se mulher representava para ela uma ascensão de *status* em relação àquele de homem, que era para ela de menor valor que o *status* de mulher. Para ela, ser uma mulher a fazia um objeto, de longe, mais desejável aos seus próprios olhos, e, como era realmente convencida, aos olhos dos outros também. Antes da mudança e depois também, a mudança para mulher, não apenas representou uma elevação de si mesma como uma pessoa digna, mas era um *status*, ao qual ela literalmente aspirava. (2) O segundo sentido de aquisição refere-se às tarefas de assegurar e garantir para si mesma os direitos e obrigações adscritas a uma mulher adulta pela aquisição e uso de habilidades e capacidades, pela mostra eficaz de aparências e *performances* femininas, e pela mobilização de sentimentos e propósitos apropriados. Como no caso da pessoa normal, os testes de tais trabalhos de controle ocorreram sob o olhar e na presença de outros homens e mulheres normais.

Embora as reivindicações da sua feminilidade natural pudessem ser antecipadas, elas não poderiam ser dadas como certas. Muitas questões serviam como lembranças obstinadas de que sua feminilidade, embora reivindicada, poderia ser postulada apenas a custo de vigilância e trabalho. Antes da operação, ela era uma mulher com pênis. A operação em si substituiu um conjunto de dificuldades por outro. Assim, depois da operação ela era uma mulher com uma vagina "feita pelo homem". Em suas palavras ansiosas: "Nada que é feito pelo homem pode, de algum modo, ser tão bom quanto algo que a natureza faz". Ela e seu namorado concordavam com isso. De fato, seu namorado, que nos relatos dela se orgulhava de ser duramente realista, insistia nisso e ensinava isso para ela, para sua concordância desanimada. Além disso, sua vagina totalmente nova provou ser recalcitrante e delicada. Logo depois da operação desenvolveu-se uma infecção pelo uso do molde. Quando o molde foi removido, aderências foram formadas e o canal não mais recebia um pênis do tamanho do molde. Manipulações manuais para manter o canal aberto tiveram que ser feitas fora da vista de outros e com o cuidado que a natureza desse trabalho privado mantém oculta. Essas manipulações causaram dor. Durante muitas semanas depois da operação ela sofreu desconforto e foi exasperada e humilhada por incontinência fecal e uretral. Isso foi seguido por outra hospitalização. Houve mudanças de humor e sentimentos de que ela havia perdido a perspicácia, a agilidade e a definição de seus pensamentos. Mudanças de humor imprevisíveis produziram brigas severas com seu namorado, que ameaçava deixá-la se ela mostrasse qualquer outro sinal de raiva para com ele. Além disso, havia a lembrança de que, embora ela agora tivesse a vagina, ela tinha com ela uma biografia masculina. Ela dizia: "Há uma grande lacuna em minha vida". Além disso, havia o fato de que a mudança para uma aparência pública feminina havia sido feita apenas três anos antes. A maioria dos ensaios anteriores havia sido em sua imaginação. Assim, ela ainda estava aprendendo a agir e a sentir como uma mulher. Estava aprendendo esse novo papel apenas com a função de realmente representá-lo. Havia riscos e incertezas envolvidos. O trabalho de assegurar e garantir os direitos de mulher, vindo a merecer tais atribuições através de suas realizações – através de seu sucesso em representar o papel feminino –, portanto, a envolvia em circunstâncias, cuja característica relevante era que ela sabia algo vitalmente relevante para os termos aceitos da interação que os outros não sabiam, e que ela era de fato engajada nas tarefas incertas de passagem.

Quais eram algumas questões que depois e/ou antes da operação Agnes era obrigada a esconder?

1) Antes da operação a insígnia contraditória de sua aparência feminina; os genitais masculinos mascarados.

2) Que ela foi criada como um garoto e, portanto, não tinha uma história para corresponder à sua aparência como uma mulher atraente.

3) Que ela fez a mudança apenas três anos antes e ainda estava aprendendo a agir como a coisa, pela qual queria ser tomada.

4) Que ela não era capaz, e não seria capaz, de preencher as coisas esperadas dela pelos homens que estivessem atraídos por ela precisamente, na medida em que era bem-sucedida em se colocar acima, como uma mulher sexualmente atraente.

5) Havia uma vagina feita pelo homem.

6) Que ela queria o pênis e o escroto removidos e uma vagina construída em seu lugar. Depois da operação, que ela tinha uma vagina que havia sido construída da pele de um pênis amputado, e os lábios, da pele de um escroto perdido.

7) Havia as questões a mascarar sobre os serviços sexuais que seu namorado exigia que ela de alguma maneira satisfizesse.

8) Havia o que ela fizera, e com a ajuda de quem, para alterar sua aparência.

9) Havia as atividades de controle ativo de pessoas em torno dela para conseguir a operação, mais particularmente dos médicos e da equipe de pesquisa na Ucla, e, é claro, da equipe médica durante os anos quando ela procurou ajuda médica.

Agnes procurou ser tratada e tratar os outros de acordo com o *status* sexual legítimo, embora isso fosse acompanhado de um segredo profundo e obscuro, que estava relacionado não com as habilidades e a adequação com a qual ela encenava o *status*, mas com a legitimidade de sua ocupação. Para Agnes, encenar o novo *status* vinha acompanhado de sentimentos de que ela sabia de alguma coisa que a outra pessoa não sabia, de cuja revelação ela estava convencida e temia que a arruinaria. A transferência de *status* de sexo envolvia a suposição de um *status* legítimo, cuja revelação envolvia grandes riscos, degradação de *status*, trauma psicológico, e perda de vantagens materiais. Esse tipo de passagem é totalmente comparável à passagem encontrada em submundos políticos, sociedades secretas, refugiados de perseguição política, ou negros que se tornam brancos. No caso de Agnes, a passagem é de especial interesse, porque a mudança de *status* sexual foi acompanhada do fato de ela cuidar marcada e deliberadamente para que sua nova identidade fosse segura contra algumas contingências conhecidas e muitas desconhecidas. Isso foi feito via gerenciamento ativo e deliberado de sua aparência como um objeto perante outras pessoas. Ela enfatizava a maneira apropriada de se expressar e o gerenciamento de relações pessoais. O trabalho teve que ser feito em situações conhecidas com o conhecimento mais hesitante, tendo incerteza marcada sobre suas regras de prática, com riscos severos e prêmios importantes simultaneamente envolvidos, um não estando disponível sem o outro. Punição, degradação, perda de reputação e perda de vantagens materiais eram questões em risco se a mudança fosse detectada. Em quase toda situação de interação, a relevância do segredo operava como conhecimento de contexto. Sua preocupação em escapar da detecção tinha um valor da mais alta prioridade. Quase toda situação tinha o aspecto, portanto, de um teste de "caráter e aptidão", real ou potencial. Seria menos acurado dizer que ela passou do que ela estava continuamente engajada no trabalho de passagem.

Passagem

Chamarei de "passagem" de Agnes o trabalho de adquirir e assegurar os direitos de viver como mulher natural, normal, tendo continuamente que prever a possibilidade de detecção e consequente ruína, implícita nas condições socialmente estruturadas. Suas situações de atividade – um número bem grande delas – eram cronicamente de "esforço estruturado". Podemos pensar nelas como situações socialmente estruturadas de crise potencial e real. Sociologicamente falando, a ênfase é uma "ênfase normal", no sentido de que a ênfase ocorreu precisamente por causa de suas tentativas ativas de aquiescer com uma *ordem legítima* de papéis sexuais. Cada um da grande variedade de exemplos estruturalmente diferentes requeria vigilância, engenhosidade, persistência, motivação sustentada, pré-planejamento, que era acompanhado continuamente de improvisação, astúcia, inteligência, conhecimento, e, de forma muito importante, de seu desejo de lidar com "boas razões" – isto é, ou fornecer, ou estar pronta para fornecer, justificativas razoáveis (explicações) ou evitar situações nas quais explicações fossem requeridas.

A passagem não era um assunto que agradava a Agnes, mas era necessário para ela. Agnes tinha que ser mulher. Gostando ou não, ela tinha que fazer a passagem. Ela gostava de seu sucesso, e temia e odiava suas falhas. Quando pedi a ela para me contar as "coisas realmente boas" que haviam acontecido, ela falou sobre seu primeiro emprego depois do retorno à sua cidade natal; a diversão em encontros em grupo na sua cidade natal, depois da mudança; viver com sua colega de quarto em Los Angeles; sua habilidade como estenógrafa; uma sucessão de empregos cada vez melhores; a operação oito semanas depois, quando a nova vagina tinha boa aparência, estava finalmente cicatrizando sem dor, e, para a surpresa dos cirurgiões, estava respondendo a seus esforços em adquirir cinco polegadas (12,7cm) de profundidade. "É claro que a melhor coisa que já aconteceu comigo foi Bill".

Quando perguntei a Agnes se havia quaisquer "coisas realmente ruins" que haviam acontecido com ela, o esforço na tentativa de responder era tão evidente que achei necessário modificar a questão e perguntar, ao invés disso, algumas coisas que foram "coisas ruins, mas não tão ruins". A isso, ela respondeu: "Ser percebida (nos anos correspondentes ao ensino fundamental e especialmente no ensino médio) e ser notado que eu não tinha quaisquer amigos, ou companheiros, ou algo assim". (Depois de pausa.) "Eu não tinha amigos, porque não reagia de forma normal a qualquer tipo de relacionamento. Eu não podia ter um namorado. Eu não *queria* um namorado. Por causa do jeito que eu era, eu não podia ter namoradas também, então lá estava eu... Eu não tinha amigos porque não conseguia reagir de forma normal a qualquer tipo de relacionamento". Perguntei por que ela não poderia ter amigos. "Como eu *poderia* ter namoradas? Como *poderia* ter amigos?" Minha pergunta: Por que não? "Eu provavelmente sentia que seria impossível. Na escola, eu não ficava de gracinha com as garotas, ou me enturmava, ou fazia qualquer coisa desse tipo, porque, então, eu estaria sendo muito visada". A partir de outras descrições dela, os momentos particularmente difíceis podem ser brevemente, mas, é claro, não exaustivamente, enumerados, como os seguintes: crescer; os três anos no ensino médio; a vida em casa imediatamente após a mudança, as atitudes da família, vizinhos, e antigos amigos depois que ela retornou de Midwest City; o desapontamento agudo, quando foi dito a ela que nenhuma ação poderia ser tomada depois de seus exames e da laparotomia exploratória na sua cidade natal; controlar as exigências de seu namorado, Bill, de relação sexual; o episódio com Bill, quando ela finalmente revelou para ele que ela tinha um pênis entre suas pernas; controlar suas conversas conosco na Ucla, na esperança de que a decisão fosse favorável e de que a operação fosse feita logo; seu medo de que os médicos decidissem amputar seus seios ao invés de seu pênis, e que ela estava comprometida com uma operação, a decisão não estando mais dentro de seu controle; após a operação, sua convalescença, que durou aproximadamente seis semanas, as quais foram marcadas por depressão moderada, rápidas mudanças de humor, as quais era incapaz de controlar, ou justificar para si mesma e para o seu namorado, e uma sucessão de brigas severas com o namorado; uma vagina recalcitrante, que não cicatrizava apropriadamente e tinha apenas a fração da profundidade que ela esperava; uma infecção severa na bexiga, que exigiu outra hospitalização; a redução do tamanho de seus seios de 38 para 35 polegadas (96,5 para 89cm) e o medo constante de que o pênis era, afinal, necessário para manter sua aparência feminina; a mudança no relacionamento com Bill nos três meses seguintes à operação; e finalmente, antecipadamente, Los Angeles, se seus planos de casamento não se materializarem.

As "situações realmente boas" foram aquelas nas quais o trabalho de passagem permitiu-lhe os sentimentos, e também tratar os outros e ser tratada por eles como uma "garota normal e natural". As "coisas realmente ruins" foram as situações nas quais o trabalho de controle, por várias razões, fracassou ou pressagiava fracassar. Apenas retrospectivamente elas adquiriram os aspectos dramáticos de sucessos ou fracassos. Para nossos interesses, os casos críticos foram aqueles que tiveram de ser tratados *durante seu curso*. Que tipos de situações foram essas? Como ela conseguiu, durante seu curso, chegar a entender-se com elas? Em muitas dessas situações e de alguma forma, apesar do caráter socialmente estruturado das crises, ela conseguiu alguma aproximação do controle rotineiro e da "vida habitual".

Um caso ilustrativo pode ser usado para introduzir nossa discussão dessas questões.

Antes de comparecer a um exame físico para um trabalho que depois obteve com uma grande companhia de seguros, e porque ela tivera exames físicos similares anteriormente, Agnes decidiu que devia autorizar o exame do médico a prosseguir até o seu abdômen inferior. Se o médico então prosseguisse, ou desse qualquer indicação de examinar a área genital, ela decidira alegar recato e, se isso não fosse suficiente para impedir o médico, ela simplesmente sairia, talvez fingindo recato, ou, se necessário, não dando desculpa alguma. Seria muito preferível desistir do emprego a arriscar ser revelada, com uma condição sendo dependente, é claro, da outra.

Em caso após caso, a situação a ser controlada pode ser descrita em geral como uma, na qual a realização de metas corriqueiras e satisfações consequentes envolveram consigo um risco de exposição. Ela empregou uma estratégia pela qual estava preparada para sair se a exposição parecesse provável, apesar do custo de sacrificar essas vantagens. Sua situação característica na passagem foi uma, na qual tinha de estar preparada para escolher, e frequentemente escolhia, entre proteger a identidade feminina e atingir metas *ordinárias*. Sua situação crônica foi aquela na qual ambas as condições tinham de ser simultaneamente satisfeitas por seu gerenciamento deliberadamente ativo. A coisa que ela sabia que os outros não sabiam era que as duas condições – conseguir obter oportunidades para satisfação institucionalizada e corriqueira, minimizando o risco de revelação – foram classificadas em uma prioridade fixa: a segurança devia ser protegida primeiro. As satisfações comuns deviam ser obtidas apenas se as condições prévias da identidade protegida pudessem ser satisfeitas. Riscos nessa direção requeriam o sacrifício das outras satisfações.

Uma variedade de situações nos fornece variações sobre esse tema essencial.

Ocasiões de passagem

Para ajudar a reunir meus pensamentos sobre as várias ocasiões pelas quais Agnes teve de passar, tentei pensar nessas situações como um jogo. Quando o fiz, apenas uma quantidade comparativamente pequena do material que foi coletado de Agnes pode ser tratada sem encontrar severas incongruências estruturais. Além disso, os materiais que *podem* ser concebidos sob os auspícios de um jogo, enquanto facilitavam comparações entre as ocasiões de passagem, também não parecem ser particulares às experiências de Agnes na passagem sexual. Os materiais que *são* particulares à passagem sexual são difíceis de explicar com a noção de um jogo por causa das incongruências estruturais que são geradas ao se aplicar o modelo.

As seguintes propriedades formais de jogos facilitam a análise de um conjunto desses materiais, mas interferem na do outro conjunto.

(1) Há a estrutura peculiar de tempo dos jogos e eventos nos jogos. Para os jogadores, em qualquer momento do jogo, está potencialmente disponível para cada um o conhecimento de que, a um dado momento, o jogo terá chegado ao fim. (2) Se as coisas derem errado, é possível para o jogador "sair" do jogo ou mudar para outro jogo, e assim por diante. (3) Estar "no jogo" envolve, por definição, a suspensão de pressuposições e procedimentos da vida "séria". Muitos comentaristas de jogos tomaram conhecimento desse aspecto ao falarem do jogo como um "mundo artificial em microcosmo". (4) As biografias mútuas que são estabelecidas para jogadores como uma função de sua jogada conjunta real fornecem precedentes que são particulares às interações desse jogo. (5) Uma jogada completada de um jogo consiste em um episódio encapsulado. As regras e o curso real completado da jogada fornecem ao episódio seu caráter total como uma trama de relevâncias. (6) Caracteristicamente, o sucesso e o fracasso podem ser claramente decididos, e um ou outro resultado é ordinariamente muito pouco sujeito à reinterpretação. Jogadores não precisam esperar desenvolvimentos fora da partida do jogo para permitir decisões quanto ao que o episódio significava. (7) Na medida em que os jogadores estão comprometidos a se submeterem às regras básicas que definem o jogo, as regras básicas fornecem para os jogadores as definições de consistência, efetividade, isto é, de ação racional e realista nessa situação. De fato, ações em aquiescência com essas regras básicas definem, em jogos, "jogo limpo" e "justiça". (8) Embora estratégias possam ser altamente improvisadas e embora as condições de sucesso e fracasso possam, durante o curso da partida, ser incertas para os jogadores, as regras básicas do jogo são conhecidas e são independentes dos inconstantes estados presentes do jogo e da seleção de estratégias. As regras básicas estão disponíveis para o uso pelos jogadores e são presumidas por eles como estando disponíveis como conhecimento requerido que os jogadores têm antes das ocasiões, nas quais essas regras podem vir a ser consultadas para decidir entre alternativas le-

gais. (9) Dentro das regras básicas, procedimentos de eficácia instrumental estrita são, em princípio, adotáveis por qualquer jogador, e cada jogador pode assumir isso para si mesmo, ou para o seu oponente, ou insistir nesses procedimentos para si mesmo e seu oponente sem empobrecer sua compreensão do jogo.

O jogo esclarece várias das ocasiões de passagens de Agnes como uma trama de possibilidades ambientais relevantes e sua estrutura operacional. O jogo se aplica, por exemplo, a seu controle sobre o traje de praia. A situação problemática foi a de simultaneamente acompanhar amigos, homens e mulheres, à praia local de Santa Mônica, sem arriscar sua revelação. Dispositivos instrumentais forneceram soluções adequadas ao problema. Agnes usou roupas íntimas apertadas e trajes de banho com uma saia. Nas suas palavras: "Não sei por que, é um milagre, mas não aparece nada". Ela se juntava à multidão, correspondendo ao entusiasmo para se banhar, se ou até ficar claro que um banheiro ou o quarto de uma casa particular estaria disponível, no qual pudesse trocar seu traje de banho. Banheiros públicos e automóveis deviam ser evitados. Se as instalações necessárias não estivessem disponíveis, desculpas seriam fáceis de se dar. Como ela apontou, é permitido não "estar no clima" para se banhar, apesar de se gostar muito de ficar na praia.

Do mesmo modo, Agnes falou sobre seu desejo de ter um emprego que fosse comparativamente próximo e preferencialmente a uma distância que lhe permitisse ir a pé de sua residência, e, em todo caso, um que permitisse o uso de transporte público. Apesar de Agnes dirigir automóveis, ela não tinha um. Ela temia um acidente, que poderia levá-la a ficar inconsciente, e então colocá-la em risco de exposição.

Outro exemplo. Depois de chegar a Los Angeles ela dividiu um quarto com uma amiga. A situação foi conduzida através de um trato com sua amiga de uma respeitar a privacidade da outra e evitarem a nudez uma na presença da outra. Em uma ocasião, um problema surgiu para Agnes. Enquanto tirava seu vestido, ela expôs a cicatriz de uma laparotomia exploratória. Uma pergunta amigável da colega de quarto foi recebida com a explicação de que se tratava de uma operação de apendicite. Agnes contou para mim que ocorreu a ela, ao dizer isso para a sua colega de quarto, que poderia permanecer o questionamento dela sobre por que uma operação de apendicite deveria deixar uma cicatriz tão grande e feia. Ela ofereceu, portanto, a explicação não solicitada de que "houvera complicações", e contou com o fato de que a colega de quarto não tinha conhecimento médico suficiente para saber a diferença.

Um jogo mais complicado, mas, ainda assim, um no qual os recursos do jogo foram empregados, ocorreu na ocasião em que o amigo de seu irmão visitou sua casa depois de o irmão ter se casado. Agnes, seu irmão, sua cunhada e sua prima, Alice, por quem Agnes tinha intensos sentimentos de rivalidade, estavam na sala de estar quando o amigo do irmão entrou. Depois, o irmão saiu do aposento com o amigo para levá-lo até o carro. Quando o irmão voltou à sala, disse que o amigo perguntou a ele: "Quem é aquela garota bonita?" Agnes disse que sua prima, Alice, presumiu que o amigo falava sobre ela. Quando o irmão disse ironicamente que fora Agnes a pessoa citada, Alice ficou furiosa. Agnes, aqui, dependia da disciplina familiar para protegê-la contra a humilhação. Mas essa mesma disciplina familiar, apesar de permitir vitória, azedava a vitória também. Agnes descreveu um incidente estruturalmente similar quando estava fazendo compras com seu irmão, e foi tomada pela atendente como esposa dele. Agnes sentiu-se lisonjeada e deleitada. Seu irmão não gostou disso, de forma alguma. Ela podia confiar no fato de que seu irmão respeitaria o segredo de família, mas também podia confiar nele para lembrá-la depois o quanto ele desaprovava a mudança.

Namorar, tanto em sua cidade natal quanto em Los Angeles, antes de começar a sair com Bill, fornece outras ocasiões que exibia as propriedades de jogo de caráter episódico, pré-planejamento e uma confiança no conhecimento instrumental de regras que ela poderia assumir serem conhecidas e ligadas às várias partes de uma forma mais ou menos similar. Apesar de um interesse em encontros com os meninos, ela recusava-os. Apresentações prévias eram a ordem do dia, mais particularmente porque elas permitiam-lhe adiar o encontro até que ela e suas amigas tivessem consultado umas às outras sobre a verificação do caráter do novo pretendente. Amassos foram tratados de acordo com a regra: sem amassos no primeiro encontro; talvez no segundo. Como Agnes disse: "Se você beija um menino no primeiro encontro e diz não no segundo, então você tem problemas". Um pouco de carícias era permitido, mas, sob circunstância alguma, abaixo da cintura. Ela se encantava com o pensamento de que algum menino era um "lobo", mas não sairia com um lobo. De qualquer forma, havia segurança em números, de modo que múltiplos encontros e festas em casas e na igreja eram preferíveis. Agnes não bebia. Dizia nunca ter ficado bêbada e que nunca permitiria a si mesma ficar bêbada.

Um dos episódios estruturados como um jogo trabalhado de forma mais complexa ocorreu quando Agnes teve de fornecer amostra de urina e também quando foi examinada como parte de um exame físico para um emprego em uma companhia de seguros. No dia em que se candidatou para o emprego, e no momento da entrevista pessoal, um exame físico foi agendado para o mesmo dia. Ela tinha pouco tempo para se preparar. Para controlar os riscos envolvidos em ter de expor seu corpo, achou necessário improvisar. Foi requisitada a fornecer uma amostra de urina, e o médico pediu-lhe que usasse o urinol em seu escritório. Ela esperava um toalete com uma porta. A ameaça residia no fato de que a enfermeira, que tinha liberdade para entrar no escritório, entrasse enquanto Agnes estivesse manipulando seus genitais. Agnes inventou a desculpa para o médico, depois de sentar-se no urinol, quando deliberadamente não fez nada, de que não conseguiu urinar, mas que ficaria feliz em entregar a amostra mais tarde, naquele dia. Quando ele concordou, ela voltou ao seu apartamento, onde morava com uma garota. Então ocorreu a ela que talvez fosse possível determinar o sexo de uma pessoa por seu exame de urina. Sem saber se isso era ou não verdade, e sem saber quão completa a análise de urina seria, mas sentindo-se indisposta a correr qualquer risco em ambas as possibilidades, disse à sua colega de quarto que tivera uma pequena infecção de rim e que tinha medo de que, se a infecção aparecesse na urina, seria recusada para o trabalho. A amiga fez o favor de fornecer a ela uma garrafa de urina, a qual Agnes apresentou como sendo sua.

Em outra ocasião, ela acabara de conseguir um emprego como secretária jurídica, sendo a única moça no escritório de uma pequena firma de dois advogados que estavam iniciando suas carreiras. Agnes estava encantada com o emprego, mais particularmente porque não tinha qualificações para tal no momento em que foi contratada. Seus empregadores, sem condições de arcar com mais despesas, estavam dispostos a ter uma funcionária menos qualificada para minimizar os custos. Esse acordo não poderia ter sido melhor para Agnes, já que ela tinha tanto a oportunidade de um trabalho mais interessante quanto uma chance de melhorar suas habilidades estenográficas. Vários meses depois de o trabalho começar, a operação de castração foi agendada na Ucla. Era necessário então arrumar uma licença do emprego para fazer a operação, mas também arranjar uma licença que garantisse que seus empregadores contratariam apenas um substituto temporário. Era sua meta secundária que lhe fosse dada uma carta de recomendação por eles no caso de ela não ter condições de retornar a tempo, e que a carta dissesse que ela trabalhara lá por seis meses, ao invés dos dois meses reais, a fim de que não lhe fosse requerido posteriormente explicar sua ausência para outro empregador, visto que ela possuía um histórico de trabalho com vários intervalos curtos, e, obviamente, para que continuasse trabalhando como secretária jurídica. Isso foi arranjado através de cirurgiões urologistas da Ucla, que ligaram para seus empregadores e disseram a eles, em trato com Agnes, que ela seria temporariamente hospitalizada devido a uma grave infecção de bexiga.

Uma das ocasiões de passagem mais dramáticas, semelhantes a um jogo, consistiu em uma série de eventos que culminaram na viagem a Midwest City, sua mudança de aparência, e seu retorno para casa. Agnes fez a viagem em agosto de 1956. Durante vários meses antecedentes à viagem preparou-se para a mudança. Disse que, em cerca de dois meses, perdeu vinte e cinco libras (11,34kg). Isso produziu a silhueta atraente com a qual depois apareceu na Ucla. A dieta foi autoimposta. Ninguém da família, disse Agnes, tinha qualquer conhecimento de seu plano e do lugar que a silhueta feminina atraente em desenvolvimento tinha em seus planos. Ela lidou com as perguntas de vários membros da família protestando: "Todo tipo de pessoa entra em dieta, não entra?" Gastou um tempo considerável em seu quarto ensaiando as ações que pareceriam apropriadas para sua nova aparência. Sua família entendeu que a viagem a Midwest City consistiria em um mês de férias, o qual ela iria passar com sua avó.

Agnes tinha muitos parentes em Midwest City que não a viam há anos. Ela planejou contato mínimo com eles durante sua estadia, ficando na casa de sua avó. Embora tivesse parentes em várias outras cidades, Midwest City foi escolhida por ser uma cidade grande. De acordo com o plano, no fim de agosto ela deixou a casa da avó de manhã cedo, sem deixar recado ou qualquer outra indicação dos motivos para sair, ou de seu paradeiro. Em um quarto de um hotel no centro, colocou roupas femininas e foi a um salão de beleza local, onde seu cabelo, que era curto, foi aparado e rearranjado no corte italiano popularizado por Sofia Loren. Planejara permanecer em Midwest City e obter um trabalho lá, tendo escolhido a cidade, disse ela, porque era um lugar grande o suficiente para fornecer oportunidades de emprego e o anonimato necessário, mas também porque era grande o bastante para permitir-lhe evitar seus parentes. Se eles se encontrassem, ela pensou, os parentes não a reconheceriam, porque ela já não os via havia muitos anos. Além disso, se ela se encontrasse com eles e eles perguntassem, ela negaria quem era. Ela contava com um fato: "a maioria das pessoas não insistiria, de qualquer modo, que a conheciam". Como ela acabou descobrindo, "eu não planejara com cuidado o suficiente". Confrontada com a necessidade de ter de ganhar a vida por si só, sem ter experiência alguma de trabalho prévio para falar, sem saber como proceder para encontrar o emprego de que precisava, tendo apenas habilidades básicas como datilógrafa, e ainda, sentindo-se incerta quanto a suas habilidades como uma mulher, ficou apavorada com as chances de fracasso. Quando perguntei por que ela não voltava para sua avó, ela respondeu: "Como eu poderia? Ela nem saberia quem eu era. Ela estava com 72 anos. Como eu poderia dizer a ela algo *desse tipo*?" Finalmente, ela tinha muito pouco dinheiro; como ela disse, "apenas o suficiente para voltar para casa". Na tarde do dia em que fez a mudança, telefonou para a mãe, dizendo a ela o que havia feito, e, de acordo com o relato de Agnes, sob os pedidos da mãe, voltou para casa de ônibus em seus novos trajes femininos, naquela mesma noite. A viagem se tornou agradável, disse ela, devido aos galanteios de diversos soldados.

Ocasiões de passagem que o modelo de jogo não analisa apropriadamente

Há muitas ocasiões que falham em satisfazer várias propriedades de um jogo. Quando o jogo é usado para analisá-las, a análise contém incongruências estruturais.

Uma ocasião desse tipo ocorria muito frequentemente: Agnes, agindo como um "aprendiz secreto", aprendia, como ela disse, "a agir como uma garota". Sua abordagem foi mais ou menos assim: Agnes e seus parceiros de interação seriam direcionados a uma meta mutuamente compreendida e valiosa, enquanto, ao mesmo tempo, uma outra meta de valor equivalente, para a qual a outra pessoa contribuía, permanecia conhecida apenas por Agnes, e cuidadosamente escondida. Em contraste com o caráter episódico das ocasiões que foram descritas anteriormente, tal ocasião era caracterizada por sua natureza continuada e em desenvolvimento. Além disso, suas "regras" são aprendidas apenas durante o curso da própria interação, como uma função da participação real e pela aceitação dos riscos envolvidos.

Várias pessoas eram importantes em seus relatos, com quem ela não apenas agia como uma garota, mas aprendia, com elas, como agir como uma garota. Uma importante instrutora-parceira foi a mãe de Bill, em cuja casa passou grande parte de tempo como uma futura possível nora. A mãe de Bill tinha ascendência indonésia e holandesa, e trabalhava como costureira. Enquanto ensinava Agnes a cozinhar pratos holandeses para agradar a Bill, ela também ensinava Agnes a, antes de qualquer coisa, cozinhar. Agnes disse que a mãe de Bill ensinou-lhe sobre costura e tecidos; ensinou-lhe quais roupas devia vestir; discutiam lojas de roupas, compras, estilos que eram apropriados para Agnes, e as práticas do lar.

Agnes falou das "longas repreensões" que recebia de Bill sobre ocasiões nas quais ela havia feito algo que ele desaprovava. Uma tarde, ele voltou do trabalho por volta das cinco horas e encontrou-a tomando sol no gramado em frente ao apartamento dela. Ela aprendeu bastante com os seus argumentos detalhados e raivosos sobre os modos como essa "exibição na frente de todos esses homens voltando para casa do trabalho" era ofensiva para ele, mas atraente para outros homens.

Em outra ocasião, recebeu uma lição de Bill sobre como uma garota devia se portar em um piquenique. Ele fez isso analisando com raiva os defeitos da namorada de um colega, que insistira, em sua explicação raivosa, em querer as coisas ao seu próprio modo; em oferecer suas opiniões quando ela deveria estar se omitindo; em ser áspera em seu comportamento quando devia estar sendo meiga; em reclamar, ao invés de aceitar as coisas como elas eram; em demonstrar sua sofisticação ao invés de ser inocente; em agir de forma indecente, ao invés de abjurar quaisquer reivindicações de igualdade com homens; em exigir ser servida, ao invés de procurar dar ao homem com quem estava prazer e conforto. Agnes citou Bill com aprovação: "Não pense que os outros tomarão seu partido, quando você agir assim. Eles sentem pena pelo cara que tem de ficar com ela. Eles ficam pensando, onde foi que ele arrumou essa garota!"

Com suas colegas de quarto e círculos mais amplos de amigas, Agnes fazia fofocas, análises de homens, festas e comentários após encontros. Não apenas ela adotou a pose de aceitação passiva de instruções, mas aprendeu também o valor da aceitação passiva como um traço de personalidade feminina desejável. A rivalidade com sua prima, por toda a sua perniciosidade, forneceu-lhe instruções ao forçar uma reflexão sobre as coisas que estavam erradas com sua prima, reivindicando para si mesma qualidades que contrastavam com aquelas que encontrou para criticar na prima.

Nessas ocasiões Agnes era requerida a cumprir os padrões de conduta, aparência, habilidades, sentimentos, motivações e aspirações, enquanto simultaneamente aprendia quais eram esses padrões. Para ela, aprendê-los era um projeto contínuo de autoaperfeiçoamento. Eles tinham de ser aprendidos em situações nas quais ela era tratada pelos outros como se os soubesse em primeiro lugar, como era de se esperar. Eles tinham de ser aprendidos em situações, nas quais ela não podia indicar que os estava aprendendo. Eles tinham de ser aprendidos através da participação em situações nas quais se esperava que ela soubesse as próprias coisas que lhe estavam sendo simultaneamente ensinadas.

Uma ocasião que era muito parecida com essa do aprendizado secreto era aquela na qual ela permitia que o ambiente lhe fornecesse as respostas às questões que ele mesmo criava. Vim a pensar nisso como uma prática de "seguimento antecipatório". Isso ocorreu, sinto dizer, com desconcertante frequência em minhas conversas com ela. Quando li as transcrições, e escutei de novo as entrevistas gravadas, enquanto preparava este capítulo, fiquei horrorizado com o número de ocasiões nas quais eu não conseguia decidir se Agnes estava respondendo às minhas perguntas ou se aprendia a partir das minhas perguntas, e, mais importante, se a partir de pistas mais sutis, tanto anteriores quanto posteriores às minhas perguntas, quais respostas serviriam. Um outro exemplo: na ocasião do exame físico para o emprego em uma companhia de seguros, o médico examinador apalpou seu abdômen. Agnes estava incerta quanto ao que ele "procurava sentir". "Talvez ele estivesse procurando sentir meus 'órgãos femininos'" (claro que ela não tinha algum), "ou algo duro". Para todas as perguntas sobre dor ou desconfortos, ela respondeu que não havia coisa alguma. "Quando ele não dizia nada, eu deduzia que não encontrara nada incomum."

Outro conjunto comum de ocasiões surgia, quando ela se engajava em conversas amigáveis sem ter informações biográficas, ou de afiliações de grupo, para trocar com seu interlocutor. Como Agnes disse: "Você pode imaginar todos os anos em branco que tenho que preencher? Dezesseis ou dezessete anos da minha vida que tenho de inventar. Tenho de ser cuidadosa com as coisas que digo, apenas coisas naturais que podem escapar... Eu nunca digo coisa alguma sobre meu passado que de alguma forma faça uma pessoa perguntar sobre ele. Digo coisas gerais. Não digo algo que possa ser mal-interpretado". Agnes disse que com homens conseguia passar por uma participante interessante de uma conversa, encorajando seus interlocutores masculinos a falarem sobre eles mesmos. Interlocutores femininos, ela disse, interpretavam o caráter geral e indefinido de suas informações biográficas, sobre as quais falava de forma amistosa, como de uma combinação de sua afabilidade e recato. "Elas provavelmente deduziriam que eu apenas não gosto de falar sobre mim mesma."

Houve muitas ocasiões cuja estrutura era de forma tal que não continha critério algum pelo qual se poderia dizer que uma meta tivesse sido alcançada, um aspecto intrínseco às atividades do jogo. Ao invés disso, o sucesso em controlar a interação presente consistia em ter estabelecido, ou sustentado, uma personalidade de valor e atraente, em agir em uma situação presente que fosse consistente com as situações precedentes e prospectivas que a personalidade apresentada formulava, e para as quais as aparências presentes eram evidências documentárias. Por exemplo, Agnes disse que logo estava claro para ela, depois de começar a trabalhar para a companhia de seguros, que ela teria de se demitir do emprego. As tarefas eram tediosas e não exigiam habilidades específicas, e havia pouca chance de progresso. As poucas inovações que fez para tornar o trabalho mais interessante lhe trouxeram apenas alívio temporário. Ela desejava muito melhorar suas habilidades e estabelecer um histórico trabalhista mais expressivo. Por essas razões, quis sair daquele emprego para um melhor, mas teria tido de desistir disso perante a oposição de Bill. Estava convencida de que ele não daria crédito para qualquer uma dessas razões, e que, ao invés disso, usaria as razões que ela desse como evidências das deficiências da sua atitude em relação a trabalho. Ele advertira a ela de que, para ele, demitir-se por tais razões não era aceitável e que, se ela se demitisse, tal ato iria apenas refletir novamente sua imaturidade e irresponsabilidade. Quando Agnes, apesar disso, se demitiu, ela se justificou, dizendo que tal ato estava completamente fora de suas mãos. Fora demitida devido a um corte de pessoal. Isso não era verdade.

Um outro conjunto de ocasiões de passagem são particularmente resistentes a análises como um jogo. Essas ocasiões têm características de serem contínuas e em desenvolvimento; de terem um significado de aparências presentes em retrospectiva-prospectiva; de cada estado presente da ação ser idêntico em significado à situação-como-foi-desenvolvida-até-então; nas quais metas corriqueiras não podiam ser abandonadas, adiadas ou redefinidas; nas quais o compromisso de Agnes de aquiescência com a mulher natural e normal estava sob ameaça crônica, ou em contradição aberta, e nas quais as soluções estavam não apenas fora de seu alcance, mas também além do controle daqueles com quem tinha de lidar. Todas essas situações, tanto através de seus relatos quanto de nossas observações, eram estressantes ao extremo.

Uma dessas "ocasiões" assim consistiu nas tarefas contínuas, às quais Agnes se referiu como "permanecer discreta". Agnes disse que isso era um grande problema no ensino médio. Ela insistia, "para deixar claro", que isso não era mais a preocupação dela, e que havia sido substituído por um medo de ser exposta. O fato, contudo, é que isso permaneceu como uma questão muito preocupante. Minha impressão é a de que Agnes disse isso devido à forma como o problema havia sido trazido à tona em nossa conversa. Eu o introduzira para ela, ao relatar a ela os comentários de E.P., um paciente do sexo masculino, sobre sua preocupação em permanecer discreto. Descrevi E.P. para ela como uma pessoa que era muito mais velha do que ela, havia sido criada como mulher, e, aos 18 anos, se submetera a uma operação de castração, a qual removeu um pênis vestigial. Disse a ela que E.P. continuara a se vestir como uma mulher, mas queria ser tratado como um homem; e que a mudança para E.P. ocorrera apenas alguns anos antes. Descrevi a aparência de E.P. e ilustrei sua preocupação em permanecer discreta com a explicação de E.P. de que "esse tipo de coisa vexatória sempre acontece comigo", isto é, ser abordada em um bar por um homem que diz: "Com licença, eu e meu amigo ali fizemos uma aposta. Você é homem ou mulher?" Agnes imediatamente detectou a "anormalidade" de E.P. e negou veementemente que ela e E.P. seriam, de alguma forma, comparáveis. Nesse contexto, ela disse que não reconhecia que o problema de permanecer discreta ainda fosse um problema para ela.

Agnes descreveu o problema de permanecer discreta no ensino médio através de relatos sobre a forma como evitava ser conspícua: nunca comendo no refeitório do colégio; não ingressando em clube algum; restringindo seus movimentos físicos; geralmente evitando conversas; evitando, a qualquer custo, "aqueles garotos que tinham algo de afeminado"; vestindo uma camisa folgada um pouco maior que seu número, e sentando-se com os braços dobrados à sua frente, curvando-se para a frente sobre a carteira de forma que seus seios não aparecessem; evitando escolhas de companhia, tanto feminina quanto masculina; sentando-se no canto mais distante da sala em todas as aulas, sem participar de discussões, pois assim, como Agnes disse, "dias inteiros se passariam e eu não diria uma só palavra"; e seguindo uma rotina rígida de tempo e movimentos nos arredores do colégio, pois, assim, conforme seus relatos, sempre entrava pelo mesmo portão no pátio e pela mesma porta para a sala de aula, seguindo o mesmo caminho para seu lugar, chegando na mesma hora, saindo pela mesma saída, seguindo o mesmo trajeto para casa, e assim por diante. Essa explicação aparecera em resposta à minha pergunta: "Houve alguma situação ruim em particular?", à qual ela respondeu: "Eu não sei de alguma situação ruim em particular, mas apenas que essas coisas que eram tão óbvias que você não podia esconder... minha aparência geral... era bem óbvio que não era masculina, muito masculina". Apesar de tudo isso, Agnes tentou chegar a um ponto de equilíbrio em suas roupas. Disse que se vestia "basicamente da mesma forma", tanto nos anos referentes ao ensino fundamental quanto no ensino médio. Seu vestuário típico consistia em calças de veludo cotelê branco e uma camisa aberta no pescoço, a qual ajeitava de forma a ficar parecida com uma blusa folgada. A blusa folgada como um dispositivo de gerenciamento foi ensinada a ela por seu irmão. Mesmo com os seios em desenvolvimento, ela preferira vestir sua blusa enfiada para dentro das calças de maneira bem justa. Mudou apenas devido à desaprovação de seu irmão, que era poucos anos mais velho do que ela e ia à mesma escola, e que se sentia constrangido pela aparência dela, por causa de seus traços femininos, e a repreendia por vestir-se como uma garota. Seu irmão insistia para ela afrouxar a blusa. Também era seu irmão quem reclamava do fato de ela carregar os livros como uma garota, e quem demonstrou para ela como carregá-los como um menino, insistindo para que ela assim o fizesse.

Um outro exemplo de uma "ocasião de desenvolvimento contínuo" consistiu em ela ter de lidar com opiniões de amigos, vizinhos e familiares após retornar de

Midwest City. Esses foram círculos que Agnes alegou "saberem tudo sobre a Agnes de antes". Na primeira parte de suas observações, quando esse tópico surgiu, ela havia afirmado severamente que o problema de permanecer discreta não era um problema "nem mesmo quando voltei de Midwest City para casa". Poucos momentos depois, nessa mesma conversa, quando questionei-a melhor sobre o que sua mãe, seu irmão e irmãs, amigos antigos, amigos de sua mãe, e vizinhos tinham a dizer, e como a trataram após seu retorno, Agnes respondeu: "Essa era uma situação tão diferente que ninguém na cidade sabia como lidar com isso". Então, após dizer: "Todo mundo me tratava bem; melhor do que haviam me tratado antes, e me aceitaram. Eles só queriam saber o que se passou", ela mudou sua história. Do momento de seu retorno de Midwest City até a partida para Los Angeles, a vida foi descrita por ela como "terrível". Excetuou suas experiências de trabalho em seu primeiro emprego em sua cidade natal. Em uma entrevista posterior, disse que nunca retornaria à sua cidade natal. Após a operação de castração ter sido realizada na Ucla, falou do quanto desejava deixar Los Angeles, porque sentia que muita coisa sobre ela era conhecida, e muitas pessoas sabiam sobre ela, "todos esses doutores, enfermeiras, internos, e todo o mundo".

Uma parte dessa situação era a rivalidade entre ela e sua prima Alice e a combinação de rivalidade e desaprovação mútua que existia entre Agnes e sua cunhada. Após seu retorno de Midwest City, havia uma desaprovação aberta e expressões premeditadas de raiva de sua cunhada, sua tia, e, mais particularmente, seu irmão, que continuamente queria saber "quando ela iria parar com essa coisa". Agnes disse que essas memórias eram dolorosas e que odiava lembrar-se delas. Obter seus comentários sobre elas requereu considerável esforço, com resultados questionáveis devido à proeminência de suas recusas e idealizações. Ela repetia: "eles me aceitaram", ou negava que pudesse ser esperado dela saber *o que* os outros estavam pensando.

Outra "ocasião" disse respeito ao gerenciamento malsucedido, por todas as partes envolvidas, da ferida de Agnes por ocasião de um trato feito, após ela ter largado o ensino médio, de continuar sua educação com um tutor, que era fornecido pelas escolas públicas. Agnes não retornou ao colégio em setembro de 1957, naquele que seria o seu último ano. Ao invés disso, de acordo com os relatos de Agnes, sua mãe providenciou com o vice-diretor do colégio os serviços de um professor oferecido pelo sistema de escola pública, que ia todos os dias à sua casa. Agnes era muito evasiva em dizer o que ela e sua mãe haviam conversado a respeito disso, e que tipo de acordo as duas poderiam ter feito, ou não, sobre sua educação escolar e seu tutor. Agnes declarou não ter informação sobre esse acordo e alegou não saber o que sua mãe pensou sobre o acordo, ou o que sua mãe discutira especificamente com o vice-diretor. Agnes alegou depois ser incapaz de se lembrar quanto tempo cada uma das sessões tutoriais durou, ou por quanto tempo as visitas domiciliares continuaram. A imprecisão e aparente amnésia nos levaram a acreditar que essas eram memórias, as quais Agnes dissera odiar "lembrar". Agnes chegou a descrever, embora brevemente, o período durante o qual teve lições como um período de grande descontentamento e conflito crônico com sua mãe. Desde as minhas primeiras perguntas sobre esse descontentamento, Agnes insistiu que, apesar de ter tido muito tempo à disposição, e que ela retrospectivamente viu que poderia ter tirado mais proveito disso, "sentia-me como uma reclusa... Eu queria sair e conhecer pessoas e me divertir. Antes de ir para Midwest City, eu mal podia suportar sair de casa. Depois de voltar, eu queria começar a sair e ter uma vida social e pública, e lá estava eu, enfurnada em casa sem ter nada para fazer". Junto disso, Agnes forneceu o breve comentário de que o professor especial também ensinava a outros alunos que, como Agnes os descreveu, eram "de alguma forma, anormais". Dada a recusa geral de Agnes em considerar sua condição como aquela de uma pessoa anormal, era meu sentimento que ela talvez recusasse fazer outros comentários devido a uma recusa geral em reconhecer de alguma forma que ela fosse "anormal", bem como à sua insistência em que, exceto por uma interpretação errônea e um ambiente hostil, ela teria sido capaz de agir e sentir-se "natural e normalmente".

Uma das mais dramáticas "ocasiões não analisáveis como um jogo" começou com a operação de castração e durou aproximadamente seis semanas[6]. Começando com a convalescença no hospital imediatamente posterior à operação, Agnes tentou sustentar a privacidade nos cuidados pós-operatórios com sua vagina, fazendo ela mesma o banho de assento e trocando os curativos da ferida. Insistiu em fazer isso fora da vista das enfermeiras e internos, dos quais se ressentia. Por seus relatos, aparentemente, as enfermeiras também se ressentiam dela. A vagina não se curou apropriadamente. Uma infecção se desenvolveu logo após a operação. Um grande molde de plástico do tamanho de um pênis teve de ser removido para facilitar o processo de cura com o resultado de que adesões se desenvolveram e o canal fechou-se sobre toda a sua extensão, incluindo a abertura. A profundidade pretendida foi perdida, e tentativas de recuperá-la por manipulação manual foram feitas, tanto pelo cirurgião encarregado quanto, sob seus conselhos, por Agnes. As tentativas de ambos produziam dor severa. Por quase uma semana após a alta do hospital, houve um gotejamento fecal e uretral com ocasional perda de controle fecal. Os movimentos eram dolorosos e restritos. A nova vagina requeria atenção e cuidados quase contínuos. A vagina havia sido ancorada à bexiga e isso, junto com a pressão sobre o intestino delgado, criou sinais mistos, de modo que, à medida que a bexiga se expandia sob o fluxo de urina, Agnes sofria vontade de defecar. Uma infecção na bexiga desenvolveu-se. Ela foi acompanhada por dor contínua e ocasionais espasmos abdominais severos. A amputação dos testículos perturbou o balanço androgênio-estrogênio, o que precipitou mudanças imprevisíveis de humor. Discussões com Bill seguiram-se, e ele rapidamente perdeu a paciência e ameaçou abandoná-la. Apesar de uma campanha para desencorajar sua mãe de vir para Los Angeles, ficou cada vez mais óbvio a Agnes que a situação estava além de seu controle, e que ela não podia esperar controlar sua convalescença por si mesma. Isso motivou a ansiedade adicional de que, se sua mãe aparecesse, Agnes dificilmente estaria em posição de impedir Bill, e a família de Bill, de descobrirem a terrível última coisa que sua mãe e ela sabiam sobre Agnes, que Bill e sua família não sabiam, isto é, que Agnes havia sido criada como um menino. Até ser re-hospitalizada devido aos espasmos da bexiga, ela administrou os cuidados da vagina e sua doença em geral passando seus dias na cama da casa de Bill, retornando à noite para seu próprio apartamento. Logo, era necessário manter controle do segredo perante a mãe de Bill, a quem havia sido contado apenas que ela tivera uma operação por "problemas femininos". Ademais, ela sofreu uma depressão moderadamente grave, com surtos de choros inexplicáveis e incontroláveis, inquietações e profundos sentimentos de nostalgia, que eram tão estranhos a ela quanto imprevisíveis. Bill a repreendia severamente por sentir pena de si mesma, e insistia em saber, embora ela não pudesse dar respostas, se seus problemas eram físicos, ou se ela era "sempre daquele jeito". Ela reclamou para mim que seus pensamentos e sentimentos haviam perdido sua acuidade, que achava difícil se concentrar, que se distraía facilmente, e que sua memória falhava. Como uma complicação adicional, ela se tornou temerosa de sua depressão e pensava que ia "ficar louca".

Após um ataque particularmente grave de espasmos de bexiga, Agnes foi readmitida ao hospital, e remédios foram administrados. Os espasmos foram contidos; injeções de testosterona começaram a ser aplicadas; a infecção de bexiga foi controlada; o canal vaginal foi reaberto e iniciou-se uma rotina, primeiro de manipulação manual do canal e depois de manipulações com o uso de um pênis de plástico. Ao fim de aproximadamente seis semanas a depressão foi curada totalmente. A vagina estava cicatrizando, restando apenas irritabilidade, e, sob o uso consciente do molde por Agnes, ela havia alcançado a profundidade de cinco polegadas (12,7cm), estando apta a inserir um pênis de uma polegada e meia (3,81cm) de diâmetro. As brigas com Bill cessaram, sendo substituídas por uma espera antecipatória por parte tanto de Agnes quanto de Bill pelo momento em que a vagina estivesse pronta para a relação sexual. Agnes descreveu seu relacionamento como: "não é da mesma forma que era no começo. Nós somos como pessoas casadas há anos, agora".

A completa variedade de ocasiões analisáveis e não analisáveis como um jogo estiveram presentes vez por outra, de uma forma ou de outra, quando Agnes descreveu seu relacionamento com Bill. Se, para Agnes, todos os caminhos levavam a Roma, eles assim o faziam ao encontrarem no namorado como um ponto de junção comum. Para ilustrar tal passagem, no curso de uma de nossas conversas, atendendo ao meu pedido, Agnes recitou em sucessão detalhada os eventos de um dia comum, e considerou para cada um a possibilidade de agir diferentemente do modo como agira. A cadeia de consequências relatadas levava a Bill, e, a partir dele, aos segredos e ao "problema" dela. Isso ocorreu a despeito dos eventos corriqueiros com os quais a "cadeia de relevâncias" começou. Então pedi a Agnes que começasse com algo que ela sentisse valer muito a pena, que imaginasse algo que pudesse alterar tal coisa para o pior e que me dissesse o que aconteceria então, e após isso, e assim por diante. Ela disse: "A melhor coisa que já aconteceu comigo foi Bill". Daí nós dois rimos da ineficácia da tentativa.

Discutíamos Bill em cada conversa que tínhamos. Se ela estivesse discutindo a confiança em si mesma como uma mulher, a imagem de Bill estava próxima, como alguém com quem ela podia se sentir "natural e normal". Quando discutia seus sentimentos de fracasso, de ser uma mulher inferior, degradada, Bill fornecia a ocasião quando esses sentimentos eram mais intensamente confrontados, pois ele era a única outra pessoa, além dos médicos, para quem havia voluntariamente revelado sua condição. Após a revelação, seus sentimentos de ser uma mulher inferior foram em parte amenizados pela certeza de Bill de que ela não precisava se sentir inferior porque o pênis não era algo que ela podia ter evitado, e, em todo caso, não era um pênis sexual, era um tumor ou "algo como um crescimento anormal". Bill estava envolvido em suas considerações quanto às suas aspirações de emprego, atitude de trabalho, disciplina de trabalho, salários, chances de promoção, conquistas profissionais. Mencionei antes suas "lições" sobre como uma garota devia se comportar, por meio das quais, sem saber como a estava ensinando, ele estava fazendo exatamente isso. Nas ocasiões seguintes à realização de afazeres domésticos, em suas relações domésticas, em sua conduta com companheiros estranhos, na sua conduta em Las Vegas, na ânsia dele pela operação e na insistência de que, se ela não podia "obter uma ação dos médicos na Ucla que querem apenas fazer pesquisas em você", que ela abandonasse os médicos da Ucla e arranjasse um médico que pudesse ajudá-la nas relações sexuais, no companheirismo e nos ensaios para casamento, em tudo isso Bill era direta ou indiretamente relevante.

Já propus anteriormente que as ocasiões de passagem envolveram Agnes no trabalho de alcançar o *status* referido da mulher natural e normal. A relevância de Bill neste trabalho atenuou considerações de utilidade estrita e efetividade instrumental na escolha de estratégias de Agnes, e em suas avaliações da legitimidade de seus procedimentos e seus resultados. Dentre todos os seus relatos, aqueles que implicavam Bill são invariavelmente os mais resistentes à análise de jogo. Uma das incongruências estruturais mais obstinadas, que resulta quando a análise de jogo é usada, consiste no caráter histórico-perspectivo da biografia mútua que suas interações íntimas construíam, e o uso difuso ao qual essa biografia mútua poderia ser e era determinada por cada um deles. É a relevância difusa dessa biografia que ajudou a tornar compreensível o quanto fora de si estavam os medos de Agnes quanto à revelação a Bill, e como ela era particularmente resistente em contar para mim como a revelação havia ocorrido. Apenas próximo ao fim de nossas conversas e, então, apenas na única ocasião na qual insisti que ela me contasse, ela me contou a história, que então foi contada de forma derrotada e aos pedaços. A biografia mútua nos auxiliou, também, a compreender como a possibilidade de revelação se tornou cada vez mais inevitável a ela, e como a revelação ganhou cada vez mais as proporções de uma intensa agonia.

Devo restringir minha atenção a duas ocasiões, cada uma tendo sido representada por uma questão que Bill teve, à qual Agnes, enquanto ficou na situação e precisamente devido ao fato de não ter outra opção senão de assim ficar, encontrou dificuldade agonizante em responder. Antes da operação, e antes de Bill saber da condição de Agnes, sua pergunta era: "Por que sem relações sexuais?" Após ele saber, sua pergunta relatada era "sobre o que são todas as conversas na Ucla? Se os médicos da Ucla não prometiam coisa alguma a ela, por que ela não desistiu deles e foi a um médico que poderia fazer algo por ela, como faria por qualquer outra pessoa?"

Agnes conheceu Bill em fevereiro de 1958. Ela tinha seu próprio apartamento. Bill ia lá após o trabalho e passava o restante da noite. Havia uma grande quantidade de amassos e carícias. Enquanto Agnes permitia carinhos e afagos, não permitia que Bill colocasse as mãos entre suas pernas. A princípio, ele a repreendia por provocação. Agnes respondeu às primeiras exigências dele por carinhos e relações sexuais alegando ser virgem. Isso não era suficiente para ele, pois, de acordo com a história de Agnes, ela ansiava desejosa "e passionalmente" por fazer amor (ela negou que atividades sexuais estimulassem nela ereções). Como uma condição para continuar o namoro, Bill exigiu uma explicação satisfatória. Ela disse a ele que sofria de uma condição médica que a proibia de ter relações sexuais; que a condição não podia ser remediada imediatamente; que requeria uma operação; que, depois da operação, eles poderiam ter relações sexuais. Ela falava apenas geral e vagamente sobre a "condição", o que motivou a curiosidade de Bill a um ponto tal que ele novamente insistiu em conhecer a condição em detalhes. Agnes disse a ele que ela não era especialista o suficiente para fornecer essa informação, mas que a conseguiria através de seu médico em Northwest City, que estava cuidando dela. Temerosa de que Bill fosse deixá-la, Agnes retornou a Northwest City, onde pediu a seu médico para escrever a Bill uma carta a respeito de sua condição. A carta do médico, escrita deliberadamente com a ajuda de Agnes, falava apenas de modo geral sobre "uma condição" que não podia ser corrigida até ela completar 21 anos, porque uma operação realizada anteriormente poderia colocar sua vida em risco, o que obviamente era mentira. Apesar de Bill não saber disso, a resposta, mesmo assim, não o satisfez. Ele insistiu que ela contasse exatamente o que havia de errado, e, depois de uma discussão severa, seguinte a uma relação sexual frustrada, ele fez disso uma condição para qualquer namoro ou casamento. Mais uma vez ela tentou apaziguá-lo, contando a Bill que o que havia lá era repulsivo para ela e também seria para ele, ao que ele respondeu: "O que pode ser tão repulsivo? Tem algum montinho aí?" Ela estava convencida de que tinha a escolha de não contar a ele e perdê-lo, ou de contar a ele com a esperança de que ele entenderia, e, se não entendesse, ela o perderia. Finalmente, contou a ele. Nas muitas ocasiões quando pedi a ela para relatar como ele finalmente se convencera – por exemplo, se ele fizera uma inspeção – ela se negou a fornecer qualquer outro comentário. Insistia que tinha direito a uma vida privada e sob circunstância alguma iria revelar como ele havia sido convencido. À minha pergunta: "O que ele sabe?", sua resposta invariavelmente era "ele sabe o que você sabe" ou "ele sabe tudo o que os médicos sabem". Ela não dizia nada mais. Agnes disse que antes da revelação "estava como em um pedestal". Desde então ela disse que não era mais capaz de sentir, como havia sentido antes, que ela era "sua rainha". Agnes disse que passeios para olhar vitrines de lojas em busca de mobília de casa e discussões de planos de casamento ocorriam antes da revelação. "Desde abril", quando retornou para casa com a carta do médico, não houve mais conversas sobre o casamento, "devido à dúvida de todos os envolvidos". Seu relato não devia ser julgado por aquilo que parecia ser. Conversas posteriores ocorreram precisamente por causa da dúvida. Alguma parte, portanto, do que Agnes estava falando ao dizer "não houve outras conversas" referia-se à degradação que ela sofrera por finalmente ter de dizer a Bill que tinha um pênis e um escroto entre suas pernas, e que isso estava por trás de todas as suas tentativas frustradas de procurar fazer amor.

Os sentimentos que persistiram após a revelação de que ela era uma mulher inferior foram acompanhados, primeiro, pelo pensamento repulsivo de que talvez Bill fosse "anormal". Ela descartou isso ao se lembrar de que Bill se apaixonara por ela antes de saber sobre sua condição; ao se lembrar das histórias que ele contara a ela de seus casos de amor e êxitos sexuais; e ao reconsiderar o fato de que ele julgava isso como "mais ou menos um tumor ou algo parecido com isso", e que ele começou a incitar uma operação para corrigir a condição. Em diferentes momentos no curso de nossas conversas, ela insistiu que não havia nada em sua conduta, aparência, caráter, tratamentos relativos a ela ou a outras mulheres, e tratamentos a homens que "parecesse com homossexuais". Por homossexuais, ela queria dizer homens com aparência afeminada, que se vestiam como mulheres. Achava a possibilidade dessa "anormalidade" repulsiva, dizendo que não poderia suportar vê-lo de novo se ela pensasse "de alguma forma" que ele fosse "anormal". Após a operação obtivemos um relato da aparência de Bill e de suas maneiras através de um médico residente da urologia que se encarregou de seu caso. O residente encontrara Bill um dia, quando ele estava saindo do quarto de Agnes no hospital. Ele a visitava regularmente enquanto ela estava no hospital. O residente relatou que se espantou pela pequena estatura de Bill, seus belos traços morenos e maneira delicada. Ao deixar a sala, Bill piscou os olhos para o residente de forma a dizer "eu e você sabemos o que está ali dentro". Estávamos relutantes em acreditar no relato do residente, uma vez que seu desapreço por Agnes era evidente por outros motivos. Ele opunha-se firmemente à decisão de operar, alegando que a operação não era nem necessária, nem ética. Era sua convicção de que havia sido feito sexo anal, uma convicção que se sustentava devido à flexibilidade do esfíncter anal. A respeito da fonte desconhecida de estrogênios, ele preferia a hipótese de que Agnes, ou sozinha, ou em companhia de outros, por muitos anos obtivera-os de uma fonte exógena. Apesar de nossas tentativas de falar com Bill, ele recusou todos os contatos.

No que diz respeito à segunda questão, as ocasiões de passagem de Agnes consistiram em justificar para Bill sua "escolha" dos "doutores na Ucla". A tarefa de justificar para Bill suas visitas à Ucla surgiu como um tópico em quase todas as nossas conversas, não apenas anteriores à operação, como também após, embora por diferentes razões, obviamente. Bill insistiu que ela deveria pedir para os doutores da Ucla tratarem-na "sem toda essa palhaçada. Eles estão te enrolando. Eles não vão fazer coisa alguma. Eles só querem fazer pesquisa. Você é só uma cobaia para eles". Em resposta a isso, Agnes, em nossas conversas matinais aos sábados, pressionava por um compromisso definitivo o mais breve possível. Disse repetitivamente que não tinha condições de discutir com ele, porque "da forma como ele está pensando, está perfeitamente certo. Mas eu sei de algo que ele não sabe". (Que ela fora criada como um menino e que a forma específica pela qual ela era de interesse para nós tinha de permanecer oculta em suas discussões com Bill.) Agnes tinha de lidar com a impaciência de Bill, tentando convencê-lo de alguma forma que estava nas mãos certas na Ucla, dada a impaciência de Bill com a lentidão do procedimento, e o caráter misterioso das conversas das manhãs de sábado, as quais ela justificou a ele devido à nossa insistência na pesquisa. Ela tinha de reconhecer a insistência dele de que ela não precisava tolerar toda essa "baboseira", e de que ela não poderia discutir a alegação dele de que, devido ao fato de ela ter algo errado, deveria insistir conosco para que nós, ou fizéssemos algo quanto a isso, ou a liberássemos. Ainda assim, paralelamente a isso, Agnes tinha a meta adicional de se sujeitar a uma operação feita por mãos competentes a um custo mínimo ou nulo, mas, para conseguir isso, tinha de se comprometer com a pesquisa, não apenas devido à condição anatômica com a qual Bill estava preocupado, mas que era somente uma pequena parte de nossos interesses de pesquisa. Interesses de pesquisa adicional foram direcionados ao fato de que ela foi criada até os 17 anos como um homem. Então, Agnes era incapaz de responder a Bill, porque, em suas próprias palavras, "isso é algo que eu sei que ele não sabe. Então, a meu ver, ele me considera mais ou menos como alguém vindo aqui e sendo frustrada, ou iludida, ou confundida por médicos que pensam: 'Ah, aqui temos uma jovem garota que não pensa muito e podemos, você sabe, fazer algumas pesquisas com ela'... Esse é o meu grande problema, porque não posso discutir com ele e não posso mostrar que ele está errado nesse sentido, porque, no sentido em que ele está pensando, ele está perfeitamente certo. Mas, na verdade, se *eu* me sentisse dessa forma, eu estaria completamente errada. É por isso que tenho de esperar. É porque sei de algo que ele não sabe. É por isso que tenho de esperar".

Em seguida à operação, Agnes precisou novamente de argumentos, porque estava com medo da sua depressão e do enxame de dificuldades durante as primeiras semanas de convalescença. Como ela disse, trocou um conjunto de problemas por outro. Estava assustada com o que estava acontecendo. Entre outras coisas, ela queria a garantia de que não estava "louca" e confidenciou que obteve alívio considerável ao conversar conosco, mas era inteiramente incapaz de explicar isso a Bill. Quando discutia isso com Bill, ou ele não dava a mínima, ou queria sua garantia de que seus problemas psicológicos eram devidos inteiramente a mudanças físicas após as operações, e de que ela não era *aquele* tipo de pessoa, isto é, temperamental, irritável, autopiedosa, chorosa, egoísta, e de que esse não era seu caráter "real". Mesmo após a vagina haver começado a cicatrizar adequadamente e a depressão haver se dissipado, ela ainda estava disposta, e, na verdade, desejava continuar as conversas semanais. Uma parte de seu desconforto estava relacionada às características funcionais de sua vagina e à dúvida se Bill lhe prometeria casamento antes ou depois de haverem tido relações sexuais. Ela tomava como certo que tinha de permitir ao Bill ter relações com a nova vagina antes do casamento. Como ela disse: "É para isso que serve, é para relações sexuais". Outra parte de sua preocupação consistia na incerteza que ela sentia ao perceber um relacionamento modificado com Bill, ao comparar os preparativos presentes com o que haviam sido, muitos meses antes. Ela percebia também que o relacionamento mudaria ainda mais nos meses seguintes. "Agora", disse ela, "somos como pessoas casadas há anos". Nesse tempo, ela expressou, também, a convicção de que sabíamos mais sobre Bill do que ela, e sabíamos mais do que estávamos dizendo. Em uma das últimas entrevistas, ela perguntou, pela primeira vez em todas as nossas conversas, se eu daria a ela minha opinião sobre Bill e se eu achava que Bill fosse "anormal". Respondi que eu sabia sobre Bill apenas o que ela havia contado sobre ele, que nunca o havia visto ou conversado com ele, e que seria injusto dar a ela essa opinião.

Que Agnes estava fazendo a passagem conosco é um aspecto do modo como nossa pesquisa foi conduzida com ela; seu problema era o de obter uma operação competente, garantida e de baixo custo, sem "submeter-se à pesquisa", com o que ela queria dizer protegendo sua privacidade. Assim, embora ela tenha mostrado sua disposição em fazer "todos aqueles testes" e organizar o baralho (*Q-deck test*) de acordo com várias instruções, ela mesma forneceu evidências de dissimulação. Havia sido dado a Agnes o baralho para levar para casa consigo e organizar, e devolvê-lo organizado ao psicólogo na semana seguinte. Agnes disse que Bill estava sempre querendo ver como ela arranjava as cartas, "mas misturei todas as cartas, então ele não conseguiu descobrir nada". (Agnes riu.) Outra medida de sua passagem conosco é encontrada nos "segredos" que Agnes conseguiu, entretanto, proteger. A despeito de um total de aproximadamente setenta horas de conversas combinadas com nós três e conversas adicionais com vários membros da equipe dos departamentos de Urologia e Endocrinologia, e a despeito do fato de questionamento direto e indireto haver sido tentado para obter informações, houve ao menos sete áreas críticas nas quais nada obtivemos: (1) a possibilidade de uma fonte exógena de hormônios; (2) a natureza e extensão da colaboração que ocorreu entre Agnes e sua mãe e outras pessoas; (3) qualquer evidência utilizável, além de quaisquer achados detalhados relacionados a seus sentimentos masculinos e sua biografia masculina; (4) para que seu pênis havia sido usado, além de urinação; (5) como ela satisfazia sexualmente a si mesma e aos outros, e, mais particularmente, ao seu namorado, tanto antes quanto depois da revelação; (6) a natureza de quaisquer sentimentos, temores, pensamentos e atividades homossexuais; (7) seus sentimentos sobre si mesma como uma "mulher falsificada". Alguns detalhes sobre o modo como essa passagem *conosco* foi controlada podem se tornar claros na seção seguinte, na qual aspectos específicos de seus dispositivos de gerenciamento são discutidos.

Se Agnes estava fazendo a passagem conosco, deve ser declarado com toda a franqueza que houve muitos momentos, de fato, quando eu estive fazendo a passagem com ela. Houve muitas ocasiões nas trocas de ideias entre Agnes e eu, nas quais foi necessário para mim deixar de lado seus pedidos por informações, de forma a evitar qualquer mostra de incompetência, e para manter o relacionamento com Agnes. Por exemplo, fui incapaz de dizer a ela se havia, ou não, diferença entre a urina masculina e a feminina. Havia vários aspectos legais sobre o caso, sobre os quais ela fez perguntas que eram bastante óbvias quando elas foram feitas, mas não haviam ocorrido a mim, nem eu tinha a mínima ideia de quais seriam suas respostas adequadas. Quando ela estava sofrendo pela danificação da bexiga e do intestino, perguntou se eu poderia lhe dizer quanto tempo aquilo continuaria e o que ela poderia esperar que acontecesse em seguida. Em várias ocasiões anteriores à operação, ela quis saber se eu poderia lhe dizer o que sabia sobre a provável decisão. Várias vezes ela me perguntou detalhes sobre a operação e a natureza do cuidado pós-operatório. Ela fez perguntas anatômicas. Uma dessas estava relacionada a uma misteriosa "coisa dura" que ela havia encontrado na parte de cima do novo canal vaginal. Ela presumiu que eu seria capaz de lhe dizer o que era isso. Minha esposa havia feito um trabalho de graduação com o hormônio relaxina e seus efeitos na sínfise púbica em porquinhos-da-índia. Identifiquei a coisa dura como a sínfise púbica e disse a ela o que a relaxina faz por meio do relaxamento espetacular dessa cartilagem antes da passagem das cobaias neonatas pelo canal vaginal. Tive de esperar com secreto fervor que, ao transferir a história para humanos, que eu não estivesse contando a ela inteiramente uma história da carochinha, em parte porque eu teria gostado de dizer a verdade, mas talvez, ainda mais importante, para preservar a amizade, a conspiração e o pressentimento de que estávamos em uma liga um com o outro, que não havia segredos entre nós, porque eu já sabia muitas coisas privadas a seu respeito, e nada que ela pudesse me contar mudaria de forma alguma nossa simpatia por ela, ou nosso desejo de fazer o que pudéssemos para vê-la feliz e bem. Minha resposta típica, portanto, era descobrir tanto quanto podia a respeito do que ela queria saber, e por que, e assegurar a ela que eu podia responder suas perguntas, mas que era pelo seu melhor interesse que ela devia pedir a Stoller, o médico, para lhe dar as respostas, porque as respostas a essas perguntas eram reconhecidamente de grande importância para ela, e, portanto, ela requeria respostas autorizadas. Devo confessar que essa foi uma resposta improvisada que ocorreu na primeira ocasião em que Agnes me pegou desprevenido. Uma vez que funcionou, porém, passei a tê-la como estratégia para usar em ocasiões posteriores. É de interesse adicional que, a despeito dessas garantias, Agnes não podia me perguntar, aparentemente ela *sabia* que não podia me perguntar, nem eu teria estado preparado para lhe dizer verdadeiramente se ou como a decisão de operar seria modificada, se ela revelasse as respostas aos sete pontos sobre os quais queríamos que ela nos contasse, mas sobre os quais não pudemos obter informação alguma dela.

Revisão de dispositivos de gerenciamento

Em contraste com homossexuais e travestis, era convicção de Agnes de que ela era naturalmente, originalmente, realmente, afinal, mulher. Nenhuma zombaria ou disfarce acompanhou essa alegação, pelo que pudemos observar. A esse respeito, Agnes compartilhava, ponto por ponto, da perspectiva das pessoas "normais".

Mas importantes diferenças existiam, entretanto, entre Agnes e as pessoas "normais". As pessoas normais são capazes de levantar essas alegações sem um segundo pensamento, enquanto, para ela, essas alegações a envolviam em incertezas sobre as respostas dos outros. Suas alegações tinham de ser amparadas e gerenciadas por perspicácia, intencionalidade, habilidade, aprendizado, ensaio, reflexividade, teste, revisão, *feedback*, e assim por diante. Seus direitos adquiridos de tratar os outros e ser ela mesma tratada como mulher natural foram adquiridos como resultado do gerenciamento bem-sucedido de situações de risco e incerteza. Revisaremos algumas das medidas pelas quais ela foi capaz de assegurar e garantir suas alegações.

Seus dispositivos foram conduzidos dentro das condições e motivados por um conhecimento de si mesma que não interessavam, em quase toda ocasião de contato com os outros, a nenhuma outra pessoa, mas eram, entretanto, importantes para ela. Como notei, o conhecimento oculto de si mesma era visto por ela como uma revelação potencialmente degradante e prejudicial. Ela estava realisticamente convencida de que haveria quase nada que pudesse servir como um remédio disponível, pelo qual outras pessoas pudessem ser "ajustadas", se a revelação ocorresse. A esse respeito, os fenômenos da passagem de Agnes são suscetíveis às descrições de Goffman do trabalho de gerenciar impressões em ordens sociais estabelecidas[7]. Essa susceptibilidade, porém, é apenas superficial, por razões que serão aparentes durante o curso da discussão.

Quando digo que Agnes alcançou suas reivindicações de ser-lhe atribuído o *status* de mulher natural pelo gerenciamento bem-sucedido de situações de risco e incerteza, não quero dizer com isso que Agnes estivesse envolvida em um jogo, ou que isso fosse para ela uma questão intelectual, ou que o controle do ego para ela se estendesse a ponto de poder trocar com algum sucesso, além de com alguma facilidade, do papel de um sexo para o outro. Já mencionei várias evidências disso. Outras evidências podem ser citadas. Mesmo em imaginação, Agnes achava não apenas difícil contemplar-se agindo de modo "masculino", como também achava isso repugnante. Algumas memórias eram tão excepcionalmente dolorosas para ela, a ponto de serem perdidas como fundamentos de ação deliberada. Quando ficou sabendo que a decisão de operar havia sido tomada, o conhecimento de que estava comprometida com a operação como decisão foi acompanhado por um temor de que, quando estivesse sobre a mesa, porque a decisão estaria então inteiramente fora de suas mãos, os médicos, sem consultá-la, decidiriam amputar seus seios, em vez de seu pênis. O pensamento provocou uma depressão branda, até que ela foi assegurada de que nada do tipo seria o caso. A mulher natural era uma condição que suas várias estratégias tinham de satisfazer. Agnes não era uma jogadora. A "mulher natural" era uma entre muitas restrições institucionais, "certezas irracionais", uma *coisa*, na qual ela *insistia* diante de todas as indicações contrárias e as seduções de vantagens e metas alternativas. Isso atenuava o caráter deliberado de seus esforços, a disponibilidade real, além do exercício de escolhas, e a consistência de sua aquiescência com normas de estrita utilidade e efetividade em suas escolhas de meios. Isso fornecia "restrições" ao exercício de certas propriedades racionais de conduta, particularmente daquelas propriedades racionais que são fornecidas quando certos jogos são usados como modelos procedimentais para formular propriedades formais de atividades práticas.

Não apenas é necessário enfatizar as deficiências da análise de estratégia ao discutir seus "dispositivos de gerenciamento", mas a própria expressão "dispositivo de gerenciamento" é apenas temporariamente proveitosa. Ela é útil porque permite um relato sequencial desses dispositivos. Pela mesma razão que facilita a sequenciação, também obscurece os fenômenos com os quais é necessário chegar a um acordo. *Esses fenômenos consistem em Agnes em cursos de ação contínuos direcionados para o domínio de suas circunstâncias práticas através da manipulação dessas circunstâncias como uma trama de relevâncias.* O aspecto problemático encontrado repetidamente é o papel obscuro e pouco conhecido que o tempo desempenha ao estruturar a biografia e as perspectivas de situações presentes durante o curso de ação como uma função da própria ação. Não é suficiente dizer que as situações de Agnes são representadas no decorrer do tempo, nem é de forma alguma suficiente considerar esse tempo como o tempo de relógio. Há também o "tempo interno" da recordação, da lembrança, da antecipação, da expectativa. Toda tentativa de lidar com os "dispositivos de gerenciamento" de Agnes, desconsiderando esse tempo, funciona bastante bem desde que as ocasiões fossem episódicas em sua estrutura formal; e todas as análises de Goffman, ou tomam episódios como ilustração, ou tornam episódicas as situações que seu esquema analisa. Mas análises estratégicas falham sempre que esses eventos não forem episódicos. Então, para manter a análise em boas condições, é requerido o exercício de ingenuidade teórica, e uma sucessão de escolhas teóricas, uma composta com base na outra, com o uso frenético de metáfora, na esperança de trazer esses eventos a uma representação fiel. Essa advertência pode ser resumida, embora pobremente, apontando que seria incorreto dizer de Agnes que ela fez a passagem. O modo ativo é necessário: ela está fazendo a passagem. Por mais inadequada que seja essa expressão, porém ela resume os problemas de Agnes. Serve também para *nossos* problemas de descrever acurada e adequadamente quais foram os seus problemas.

Após enumerar alguns de seus dispositivos de gerenciamento, discutirei suas circunstâncias práticas com o propósito de tratar seus dispositivos como manipulações de suas circunstâncias práticas, concebidas como uma trama de relevâncias.

Dispositivos de passagem

Agnes usou diversos dispositivos, todos eles bastante familiares, para conseguir não nos dar informações. O mais importante é que Agnes empregou o eufemismo, transformando a coisa sobre a qual estivesse falando em algo amplamente melhor, mais valioso, bonito e agradável do que poderia ter sido, na realidade. Alguns exemplos: a descrição de Agnes do primeiro emprego que teve, após seu retorno de Midwest City, foi pouco melhor do que uma resposta "blá-blá-blá". "Ah, tudo era simplesmente maravilhoso"; "foi o melhor emprego que tive *na vida*"; "todo mundo era tão legal; os acordos eram tão harmoniosos"; "ainda me correspondo com *todas* as meninas de lá"; "era uma festa"; "todo mundo transbordava de amizade e animação". Suas obrigações específicas foram negligenciadas em seu relato. Quando foi pressionada, não as achou "nem um pouco" interessantes para discutir. Como vimos, também, o caráter feminino de sua história anterior foi exagerado, enquanto as evidências de que havia sido criada como um menino foram suprimidas.

Outro modo de reter informações foi falar em generalidades, ou usar a alusão, ou referências cautelosas e impessoais, ou falar no modo impessoal. Passamos a considerar que era isso o que ela estava fazendo quando dizíamos que Agnes estava "evasiva". Outro dispositivo favorito foi fingir que não sabia do que se falava, ou negar que algo de que se havia falado anteriormente tivesse realmente sido mencionado alguma vez.

Quando tornávamos inevitável que ela discutisse conosco algo sobre o que ela não quisesse falar, ela usava o que passamos a chamar de "legalismos". Ela respondia e insistia que estava respondendo corretamente ao sentido literal das palavras e da pergunta. Ou, se eu propusesse haver recordado algo que Agnes houvesse dito em uma ocasião anterior, ela me faria ater à recordação literalmente acurada do que exatamente havia sido dito. Um dispositivo favorito foi permitir que outras pessoas, e, em muitas de nossas conversas, eu, conduzíssemos a conversa, para ver em que direção o vento estava soprando, antes de oferecer uma resposta. Ela tinha um modo de permitir que o ambiente lhe ensinasse as respostas que esperava para as suas próprias perguntas. Ocasionalmente, Agnes denunciava esse artifício, perguntando-me, após uma troca de ideias, se eu pensava que ela havia dado uma resposta normal.

Nas muitas situações em que sabia o bastante, ela havia mapeado antes todos os desenvolvimentos alternativos possíveis e havia decidido as condições de sua escolha de um curso ou outro, antes de ter de exercer essas escolhas. Por exemplo, ao se preparar para a possibilidade de cair fora do exame físico, caso o médico prosseguisse até examinar seus genitais, Agnes considerou bem, anteriormente, a variedade de modos como o médico poderia responder, quando ela se recusasse a permitir que o exame prosseguisse. Ela disse: "Nunca fui examinada por um médico, e não pretendo ser". Perguntei a Agnes qual ela pensava que teria sido a resposta do médico, se ela não permitisse o exame genital. Ela disse: "Pensei que ele tomaria isso por, ah, idiossincrasia, ou algo assim".

Onde fosse possível fazê-lo, e, particularmente, onde houvesse ganhos e riscos importantes envolvidos, Agnes "esquadrinhava" a situação secretamente, de antemão. Ela tentava se fazer conhecedora de situações críticas antes de ter de encontrá-las. Por exemplo, ela queria muito candidatar-se a um exame para um serviço público, mas temia que o exame físico para o serviço público fosse muito completo. Lembrou-se de que seu senhorio, um bombeiro, havia tido de fazer um exame para serviço público, e então combinou de conversar com ele. Ela desejava evitar ter de explicar-lhe sua relutância em arriscar um exame, no qual ela poderia não passar: "Ele não percebeu nada do que eu estava realmente lhe perguntando a respeito do meu problema, porque fiz as perguntas de maneira casual. Eu disse bem assim: 'Você tem mesmo que fazer um exame físico, não é?' Ele respondeu: 'Ah, é mesmo'. Eu disse: 'Ah é? De que tipo? É um exame completo, mesmo? Eles julgam o quanto você é feliz, ou algo assim?' 'Não, ele disse, não é assim tão completo, é um exame realmente leve'".

Ela era particularmente adepta a fornecer informações que levariam a outra pessoa longe de considerar a possibilidade de que ela houvesse sido criada como um menino. "Francamente, não quero que ninguém confira. Com conferir, quero dizer mais ou menos investigar minha vida passada... Não *acho* que seria *muito* possível, a não ser que se deparassem com alguma coisa, para descobrir algo sobre mim quando era mais nova, mas..." Portanto, ela evitava dar informações em formulários de empregos que motivassem os empregadores a "conferir". Ela descreveu seu procedimento ao preencher esses formulários: "Quando é feita a pergunta: 'Você passou por alguma operação importante?', sempre digo não. 'Você tem algum defeito físico?', sempre digo não. 'Você se ofenderia com um exame físico muito completo?', sempre digo não. Digo que não protestaria, porque, se disser que sim, provavelmente eles notariam isso no formulário e iriam querer uma explicação. Então eu mais ou menos deixo isso passar, para que não fique muito visível. Se eu começasse a fazer coisas assim, provavelmente acabaria numa situação muito pior. Quero dizer, é mais difícil encontrar emprego, ou algo desse tipo. De qualquer forma, não acho que tenho de dizer a verdade sobre esse tipo de coisas". Agnes resumiu o caso para si mesma: "É necessário para mim contar pequenas mentiras leves grande parte do tempo, e acho que há aquelas que... aquelas que são necessárias e têm de ser necessárias para se chegar a resultados".

Algumas dessas pequenas mentiras brancas eram prefiguradas, muitas eram improvisadas. Quanto aos questionários de emprego, suas respostas características mostravam vários aspectos: (1) Ela selecionava aquelas respostas que, pelo que estimava, pareceriam não requerer uma explicação posterior. (2) As respostas, embora fossem falsas quanto a sua biografia, eram plausíveis como respostas do *tipo* de datilógrafa que ela fingia ser, respostas que levantavam antecipações que ela tinha esperanças de poder satisfazer tão logo estivesse no emprego. (3) Ela dependia de sua habilidade de improvisar explicações satisfatórias para quaisquer discordâncias que pudessem ser detectadas. Agnes estava altamente sintonizada e conhecia em detalhes as expectativas convencionais em uma gama extremamente vasta de situações cotidianas que ela tinha de encontrar: "sempre estou consciente" de contingências. Sua consciência dos funcionamentos rotineiros, normalmente nunca percebidos de outra maneira, das estruturas sociais, e seu interesse e disposição em tratá-los como fundamentos de suas próprias ações, emprestam às ações de Agnes seu sabor "manipulativo". Para usar as palavras de Parsons, no conhecimento de Agnes das exigências de uma ordem estável, ela designou clara prioridade de relevância à célula de "adaptação".

Foi necessário a Agnes continuar a estar alerta para as tarefas de impedir que as atribuições da mulher natural fossem confundidas com as atribuições alternativas de homem, homossexual masculino, e assim por diante. Um senso inevitável de duplo entendimento ocorreu particularmente em suas discussões com médicos e comigo. Ela estava sujeita ao impulso de "avaliar" ou "ajustar" aqueles com quem falava, cujas observações poderiam ter sido bastante inocentes, mas cujas imputações, conforme as detectava, com ou sem intenção, eram muito desconfortáveis para ela – imputações de falsa mulher, aberração, homossexual masculino, mulher anormal, e assim por diante. A mulher natural era, naturalmente, a única escolha. Em muitas ocasiões, comigo, Agnes insistiu que eu "consertasse as coisas". Em muitas ocasiões, ela insistiu que eu não estava dizendo algo corretamente, a razão sendo que a prioridade de relevância estava obscurecida pelas imputações erradas. Por exemplo, certa vez, revi alguns materiais que ela havia apresentado, sobre seus sentimentos na época em que estava morando com sua colega de quarto, em Los Angeles, e as primeiras festas que tiveram. Ela disse: "Eu sentia que *elas* sentiam que eu era completamente normal e natural, e isso mais ou menos me dava um sentimento natural de satisfação, sabe, ser vista desse modo". Eu recapitulei: "Você quer dizer ser tratada como mulher, é isso o que está dizendo?" Agnes respondeu: "Não como *mulher*, não ser tratada como *mulher* – ser tratada normalmente, sem absolutamente nenhuma consideração pelo meu problema". Nas ocasiões com ela, nas quais empreguei o modo de falar que ela estivera "agindo como uma mulher", eu recebia uma variação ou outra do tema essencial: Eu *sou* uma mulher, mas os outros entenderiam mal se soubessem como fui criada, ou o que tenho entre as pernas. A exigência conversacional de que eu falasse de Agnes como mulher natural era acompanhada pela exigência: "Eu quero que você entenda isso da maneira certa". Por exemplo: "Não me senti assegurada porque esperava agir normalmente. Eu não esperava agir de nenhum outro modo". Ou então, não era que a ocasião da primeira festa com suas colegas de quarto fosse "particularmente prazerosa". Eu tinha caracterizado aquela ocasião como particularmente prazerosa, ao que sua réplica afiada e irritada foi: "O que você quer dizer com isso? Não foi particularmente prazerosa. Eu disse que era a primeira vez na minha vida em que eu estava me divertindo, saindo com as pessoas e fazendo coisas diferentes... Nada particularmente prazeroso. Tudo foi, eu diria, *natural*!"

Uma outra preocupação sua para que eu entendesse as coisas de maneira correta tinha a ver com minhas anotações. Em uma ocasião, ela perguntou o que eu estava escrevendo e pareceu um pouco desconfortável com o fato de que as sessões estavam sendo gravadas, embora o desconforto tenha desaparecido depois da quarta ou quinta sessão. Após uma reflexão momentânea, ela pareceu reconciliada com a gravação, dizendo: "É claro que você pode sempre voltar à gravação e corrigir suas anotações. Uma pessoa, não importa o quanto for inteligente, pode entender mal o que outra pessoa está dizendo; se for dito sem as explicações apropriadas – algo que é dito pode ter um respaldo –, tenho certeza de que os outros médicos provavelmente gostariam de ouvir as conversas e, onde houver algo assim, eles poderiam usar isso para ter um respaldo para o caso".

Finalmente, Agnes literalmente me proibiu de "entender mal" as "razões" e "explicações" que me forneceu para suas ações. Ela também estava muito preocupada em manter o contraste entre sua biografia e suas perspectivas, e o modo como apareceriam na ficção, em jogos, brincadeira, fingimento, zombaria, disfarce, suposição, mera teorização, e assim por diante. É possível que Agnes tivesse percebido, por si mesma, o elo íntimo entre o modo como interpretações posteriores podem ser determinadas pelas precedentes, estabelecidas nas histórias mutuamente conhecidas de suas interações com uma pessoa ou outra, e, é claro, particularmente em suas histórias com médicos e com Bill. Conosco, a possibilidade de um "mal-entendido" não só motivava a possibilidade adicional de uma decisão desfavorável a respeito da operação, mas, por causa da confiança que havia sido construída, levantava uma perspectiva sórdida de traição.

Várias vezes em nossas conversas, Agnes enfatizou o caráter ensaiado de algo que ela chamava de "displicência", termo com o qual queria dizer a apresentação de uma aparência casual. Ela falou várias vezes sobre uma "displicência" ensaiada. "Parece que você está sendo *muito* displicente, mas, quando você repara nas circunstâncias, então pode dizer que não está de forma alguma sendo displicente". Agnes enfatizava a importância da aparência de casualidade que fosse acompanhada por uma vigilância interna. Quando observei a ela: "Então, enquanto pode parecer que você está sendo casual, na verdade você não está, você não se sente casual. É isso o que você está dizendo?" A isso, ela replicou: "Não exatamente. Apenas me sinto casual, no sentido de que me sinto normal e natural, e tudo, mas estou *consciente*... de que eu... devo tomar cuidado, desse jeito", a que ela depois acrescentou: "Mas lembre-se de que ainda sou uma moça normal". Como uma tática que acompanha a casualidade ensaiada, Agnes disse que preferia evitar quaisquer testes, e que ela tentava, onde fosse possível, avaliar de antemão a severidade e suas chances de completar com sucesso um teste ao qual pudesse ser submetida. Ela preferia claramente evitar quaisquer testes em que achasse que poderia fracassar.

Dispositivos de gerenciamento como manipulações de uma trama de relevâncias: chegando a um acordo com as "circunstâncias práticas"

Os sociólogos têm se interessado há muito tempo pela tarefa de descrever as condições da vida social organizada sob as quais os fenômenos da racionalidade na conduta ocorrem. Uma dessas condições é continuamente documentada nos escritos sociológicos: *a rotina como condição necessária da ação racional*. As propriedades racionais de ação, que são de interesse a esse respeito, são aquelas que são particulares à condução dos afazeres cotidianos. Max Weber, em sua distinção negligenciada entre a racionalidade substantiva e a racionalidade formal, e quase sozinho entre os teóricos em sociologia, usou essa distinção entre os dois conjuntos de racionalidade em toda a sua obra.

As relações entre a rotina e a racionalidade são incongruentes apenas quando são vistas de acordo com o senso comum cotidiano, ou de acordo com muitos ensinamentos filosóficos. Mas a pesquisa sociológica aceita, quase como um truísmo, que a habilidade de uma pessoa agir "racionalmente" – isto é, a habilidade de uma pessoa, ao *conduzir seus afazeres cotidianos*, calcular; agir deliberadamente; projetar planos de ação alternativos; selecionar antes da série real dos eventos as condições sob as quais seguirá um plano ou outro; dar prioridade, ao selecionar meios, à eficácia técnica; se importar com a previsibilidade e desejar "surpresa em pequenas quantidades"; preferir a análise de alternativas e consequências anteriores à ação, ao improviso; se importar com questões sobre o que é para ser feito e como é para ser feito; estar consciente, desejar e exercer a escolha; ser insistente quanto à estrutura "refinada", em contraste com a "grosseira", em caracterizações no conhecimento de situações que se considera conhecimento valioso e realístico; e todo o resto – que essa habilidade depende de a pessoa ser capaz de tomar como dado, de confiar em uma vasta gama de aspectos da ordem social. Na condução de seus afazeres cotidianos, para a pessoa tratar racionalmente um décimo dessa situação, que, como um *iceberg* aparece acima da água, ela deve poder tratar os nove décimos que ficam por baixo como um contexto não questionado e, o que talvez seja ainda mais interessante, inquestionável, de questões que são demonstravelmente relevantes para seu cálculo, mas que aparecem sem sequer serem notadas. Em sua famosa discussão sobre os contextos normativos de atividade, Émile Durkheim deu grande valor ao fato de que a validade e a inteligibilidade dos termos declarados de um contrato dependiam de termos não declarados e *essencialmente não declaráveis*, que as partes contratantes tomavam como certos ao firmarem suas transações.

Esses aspectos, em que se confia, que se tomam como dados, do contexto da situação de uma pessoa, isto é, os aspectos de rotina da situação que permitem a "ação racional", são comumente referidos no discurso sociológico como os costumes e hábitos folclóricos. Nesse modo de falar, os costumes descrevem as formas, nas quais a rotina é uma condição para o aparecimento da ação racional, ou, em termos psiquiátricos, para a operacionalidade do princípio de realidade. Os costumes têm sido usados, portanto, para mostrar como a estabilidade da rotina social é uma condição que capacita as pessoas, no curso de dominar e controlar seus afazeres cotidianos, a reconhecer as ações, crenças, aspirações, sentimentos umas das outras, e assim por diante, como razoáveis, normais, legítimos, compreensíveis e realísticos.

As ocasiões de passagem de Agnes e seus dispositivos de gerenciamento põem em relevo a relação problemática, no seu caso, entre a rotina, a confiança e a racionalidade. Ao considerarmos essas ocasiões de passagem e dispositivos de gerenciamento com respeito a essa relação problemática, podemos conseguir nos libertar do mero "diagnóstico" ou da ênfase de Goffman nos episódios. Pode-se admitir, em concordância com a acuidade da visão "maliciosa" de Goffman, que os membros de uma sociedade, geralmente, e Agnes, de um modo particularmente dramático, estão muito preocupados com o gerenciamento de impressões. Podemos admitir, também, a acuidade e argúcia de suas descrições dessa preocupação. Não obstante, se se tentar reproduzir as características da sociedade real povoando-a com membros do tipo de Goffman, o que nos resta são incongruências estruturais do tipo das que foram discutidas em seções anteriores deste trabalho.

Uma revisão das ocasiões de passagem e dispositivos de gerenciamento de Agnes pode ser usada para argumentar sobre como Agnes era experiente e eficaz em dissimular. Teríamos de concordar com Goffman em que, como suas pessoas que estão engajadas no gerenciamento de impressões, ela era uma mentirosa consumada, e que, como na sociedade produzida pelos membros dissimuladores de Goffman, mentir proporcionou a Agnes e a seus interlocutores efeitos conservadores para os aspectos estáveis de sua interação socialmente estruturada.

Mas um ponto problemático no procedimento interpretativo de Goffman emerge com completa clareza, quando suas visões são usadas para analisar outros aspectos do caso de Agnes. O problema gira em torno da ausência geral, com a qual a deliberação, o cálculo, ou o que Agnes chama de sua "consciência", entra como propriedade do trabalho de gerenciar impressões para os membros de Goffman. Nas aplicações empíricas das noções de Goffman, uma pessoa é continuamente tentada a pressionar o informante com exasperação: "Ora, vamos lá, você deve saber mais do que isso. Por que você não confessa?" O caso de Agnes nos ajuda a ver que esse problema pode ser legítimo.

Agnes tratou com deliberação, cálculo e gerenciamento expresso (i. é, da maneira como Goffman gostaria de que todos os seus informantes confessassem, se seu modelo de análise for considerado correto) questões que os membros (a) não apenas tomam sob confiança, mas (b) requerem uns dos outros, para seus julgamentos mútuos de normalidade, razoabilidade, inteligibilidade, racionalidade e legitimidade, que eles tratam de maneira confiante e confiável, e (c) requerem uns dos outros que evidências de confiança sejam fornecidas sempre que a deliberação, o cálculo e o controle expresso sejam usados ao controlar os problemas da vida diária. Agnes teria desejado agir dessa forma confiante, *mas a rotina como condição para o gerenciamento eficaz, calculado e deliberado de circunstâncias práticas era, para Agnes, específica e cronicamente problemática*. Desconsiderar seu caráter problemático, ela estava convencida, era arriscar-se à revelação e à ruína. Portanto, uma revisão do seu caso permite o reexame da natureza de circunstâncias práticas. Também nos leva a pensar no trabalho de gerenciamento de impressões – no caso de Agnes, isso consiste nos seus "dispositivos de gerenciamento" de passagem – como tentativas de chegar a um acordo sobre as circunstâncias práticas como uma trama de relevâncias durante as ocasiões continuadas de transações interpessoais. Finalmente, permite-nos perguntar de que se trata essa "preocupação" com gerenciamento de impressões, ao vermos como uma preocupação com as "aparências" está relacionada a essa trama de relevâncias.

No curso de uma de nossas conversas, Agnes havia questionado a necessidade de mais alguma pesquisa. Ela queria saber como isso daria respaldo a suas chances de operação. Ela queria saber também se isso ajudaria "os médicos" a chegar aos "fatos verdadeiros". Perguntei a Agnes: "Quais você imagina que sejam os fatos?" Ela respondeu: "Quais *eu* imagino que sejam os fatos, ou quais eu penso que todos os outros pensam que sejam os fatos?" Esse comentário pode servir como tema ao elaborarmos as circunstâncias práticas de Agnes como uma trama de relevâncias. O tema para ela da natureza de suas circunstâncias práticas foi fornecido ainda em outro comentário. Antes da operação eu havia perguntado a ela sobre as discussões e atividades nas quais ela e Bill poderiam ter se engajado como preparação para o seu casamento. Em suas respostas, ela retratou suas discussões com Bill como predominantemente voltadas para a necessidade da operação. Ela deixou minha questão firmemente de lado com o comentário: "Você não conversa sobre o quanto vai se divertir em Nova York, quando está afundando em um navio no meio do oceano... Você se preocupa com o problema que está presente".

Circunstâncias práticas

As circunstâncias de Agnes foram impressionantes pela severidade com a qual eventos passados e futuros foram relacionados e regulados como uma arena pelo relógio e o calendário. Seus futuros eram futuros datados, mais particularmente como as ações e circunstâncias presentes eram informadas pela suposição de um remédio potencial para "seu problema", que tinha de ter ocorrido em algum tempo definido. O fato de ter havido muitos anos, durante os quais nenhuma data assim havia sido marcada, não divergia nem um pouco do caráter definido desse futuro, muito embora sua data específica do calendário fosse inteiramente desconhecida. Agnes era solicitada por desempenhos específicos, não só a estabelecer domínio sobre essa arena, mas, por seu desempenho, a estabelecer seu valor moral, também. Para ela, a pessoa moralmente digna de valor e a "mulher natural, normal" eram idênticas. Na sua busca por empregos, no gerenciamento do namoro, em suas aspirações ao casamento, em sua escolha de companhias, no gerenciamento da família dos amigos de Northwest City, as tarefas de adquirir o *status* da mulher natural, normal tinham de ser cumpridas em um dado tempo. Talvez em nenhum lugar isso surja mais dramaticamente do que nas brigas que anteciparam a revelação a Bill, e na terrível recalcitração da nova vagina, que consistiu em um aspecto tão central da depressão pós-operatória. Seu constante recurso à autorreavaliação consistia na comparação contínua dos resultados antecipados e reais, na monitoração contínua de expectativas e recompensas, com esforços intensos para acomodar e normalizar as diferenças. Agnes despendia uma grande quantidade de esforço para colocar sempre mais áreas de sua vida sob representação conceptual e controle. Expectativas em áreas da vida que, para pessoas mais capazes do que ela de tomar como certa sua sexualidade normal, pareceriam estar muito longe dos interesses de crítica e revisão do "conhecimento de senso comum" da sociedade, eram, para ela, questões de deliberação ativa e crítica, e os resultados dessas deliberações estavam ligados a níveis supremos em sua hierarquia de planos. Os conteúdos de biografias e futuros eram altamente organizados com respeito a sua relevância para o *status* adquirido de mulher natural. Era realmente difícil para ela encontrar alguma área que ela não pudesse, em poucas e breves etapas, tornar relevante para o prêmio.

Havia muito pouco de uma atitude de "pegar ou largar" por parte de Agnes em relação à sequência passada, presente ou futura dos eventos. Agnes raciocinava da seguinte maneira: "Eu passei por momentos terríveis no ensino médio, não tive companhia quando criança, fui criada como menino, tenho este rosto e estes seios, tive encontros e me diverti com as amigas de modo normal e natural como as garotas fazem, perdi dezessete anos, porque um ambiente equivocado não reconheceu o caráter acidental do pênis e se recusou a tomar uma atitude, então eu *mereço* o *status* pelo qual, infelizmente, me encontro na posição de ter de pedir". Para Agnes, a possibilidade de ser-lhe conferido tratamento como a uma mulher natural, normal era uma possibilidade moral. Ela considerava suas chances em termos de merecimento e culpa. Ela achava repugnante considerar que uma enumeração desses fatores serviria, ou deveria servir, na forma de probabilidade, meramente para fixar a possibilidade de que ela fosse "mulher". Com respeito àquele passado, bem como à sua validação antecipada de suas alegações, a ocorrência de um remédio para a sua condição tinha uma exigência moral. Para ela, tinha de haver e devia haver um plano e uma razão para o modo como as coisas haviam acontecido, e também para como teriam finalmente ocorrido. Muito poucas coisas poderiam ocorrer para Agnes, baseando-se em sua relevância para o "seu problema", de uma maneira acidental ou coincidente. Agnes era motivada a buscar por padrões e pelas "boas razões" para que as coisas ocorressem como ocorreram. Os eventos do ambiente de Agnes acarretavam, para ela, como aspectos invariáveis, que eles podiam real e potencialmente afetá-la e podiam ser afetados por ela. Referir-se a isso como egocentrismo de Agnes, caso se fique apenas nisso, pode ser seriamente enganoso. Para Agnes, sua convicção de que havia captado a ordem dos eventos combinados ao seu redor de uma forma acurada e realista consistia na convicção de que suas avaliações tinham de ser testadas, e eram passíveis de teste, sem jamais suspender a relevância daquilo que ela sabia, daquilo que tomava como sendo fato, suposição, conjectura e fantasia, por causa de suas feições corporais e posições sociais no mundo real. Eventos cotidianos, suas relações e sua trama causal não eram de forma alguma questões de interesse teórico para Agnes. A possibilidade de considerar o mundo de outra maneira, "só para ver aonde isso leva" – uma suspensão e reordenação de relevâncias peculiar que os teóricos científicos empregam habitualmente – era, para Agnes, uma questão de jogada inconsequente; como ela mesma falaria: "são apenas palavras". Quando foi convidada a considerá-lo de outra maneira, o convite correspondeu a uma proposta de se entregar a um exercício ameaçador e repugnante. Não era parte do interesse de Agnes agir em alteração ativa do "sistema social". Em lugar disso, ela buscou seu remédio como um ajuste a este sistema. Nunca se poderia considerar Agnes uma revolucionária ou utopista. Ela não tinha "causa" e evitava essas "causas", ao contrário do que se encontra frequentemente entre homossexuais que procuram reeducar um ambiente hostil, ou que perscrutam aquele ambiente, em busca de evidências de que ele não era o que parecia ser, mas, ao invés disso, continha, de forma mascarada, os tipos idênticos aos quais ele era hostil e punitivo. Desafios ao sistema eram, para Agnes, nada mais do que riscos sem chances de sucesso. Ela queria "estar dentro". O "comitê de credenciais" estava errado.

O tempo desempenhava um papel peculiar ao constituir para Agnes a significação da sua situação presente. Quanto ao passado, vimos a proeminência com a qual ela historicizava, compondo para si mesma e nos apresentando uma biografia socialmente aceitável. Já comentamos o fato de que o trabalho de selecionar, codificar, tornar consistentes vários elementos em uma biografia gerou uma biografia que era tão consistentemente feminina que nos deixava sem informações sobre muitos pontos importantes. Dois anos de árduas atividades femininas forneceram-lhe um insumo fascinante de novas experiências, sobre as quais esse processo de historicizar operava. Sua atitude perante sua própria história requeria sempre novas releituras da trilha que se desenrolava atrás de si à medida que ela buscava, lendo e relendo o passado, evidências para amparar e unificar sua autoestima presente e aspirações presentes. Antes de mais nada, Agnes era uma pessoa com uma história. Ou, talvez mais precisamente, estava empenhada em práticas historicizantes que eram hábeis, incessantes e tendenciosas.

Quanto aos eventos futuros, fica-se impressionado com a prevalência com a qual suas expectativas eram expectativas do momento certo na sequência dos eventos. Havia pouca "folga" tolerável a esse respeito. Agnes olhava para o momento certo para informar-se do caráter dos eventos. Os eventos não "simplesmente ocorriam". Eles ocorriam com ritmo, duração e fases, e ela olhava para estes como parâmetros de seu significado e para reconhecê-los pelo "que realmente são". Importava-lhe muito pouco os eventos caracterizados em si mesmos; ela interessava-se sobretudo por suas determinações temporais, como ritmo, duração e fases. Era uma característica proeminente do "realismo" de Agnes que ela se dirigisse a seu ambiente com uma expectativa da série programada de eventos. Ficamos impressionados com a argúcia e extensividade de sua recordação. Uma parte importante dessa impressão derivou da facilidade com a qual ela datava eventos e combinava sequências recordadas em cronologia rigorosa. O efeito dessa orientação era o de assimilar eventos tanto passados quanto futuros ao *status* de meios para atingir fins e conferir ao fluxo de experiência um sentido ininterrupto de intencionalidade prática.

Com facilidade quase memorável, um estado de coisas presente tomado como dado podia ser transformado em um estado de possibilidades problemáticas abertas. Até mesmo pequenos desvios daquilo que ela tanto esperava como requeria que acontecesse poderiam ocorrer para ela como extraordinariamente bons ou ruins em suas implicações. Ela havia adquirido, no máximo, uma rotinização instável de seus afazeres diários. Poder-se-ia esperar que sua preocupação com o teste prático e a extensão da deliberação, do cálculo, e tudo o mais, seriam acompanhados pelo uso de normas impessoais para avaliar suas decisões nos domínios sensível e factual, isto é, que ela saberia sobre o que estava falando, e que o que alegaria ser um caso real assim o era. Nada era assim. Agnes não considerava suas avaliações sensíveis e factuais, certas ou erradas, baseando-se em regras impessoais, lógico-empíricas. Suas regras de evidência eram de caráter muito mais primitivo. Poderiam ser resumidas em uma frase: Estou certa ou errada baseando-me em quem concorda comigo. Particularmente, ela olhava para pessoas superiores em *status* para testar e manter a diferença entre o que, em sua situação, ela insistia serem "fatos verdadeiros", e o que contava como "meras aparências". Estar certa ou errada era, para Agnes, uma questão de estar, *em essência*, correta ou não. Em questões relevantes para suas chances avaliadas de exercer seus direitos alegados ao *status* da mulher natural, normal, ela não aceitava facilmente a ideia de estar errada em qualquer grau. Para ela, a exatidão de suas avaliações de eventos era publicamente verificável, no sentido de que outras pessoas *tipicamente como ela* (i. é, mulheres normais) experimentaram o que ela havia experimentado de forma extremamente próxima com a maneira como ela havia experimentado esses eventos. Ela desconfiava de uma caracterização se seu sentido parecesse ser peculiar ou particular para ela e temia essa interpretação como não realista. Querendo colocar a ênfase de realidade em eventos – temendo e suspeitando a suposição –, ela insistia que os eventos reais eram aqueles que fossem verificáveis por pessoas situadas semelhantemente. Situadas semelhantemente, repetindo, significava pessoas situadas como uma mulher normal. Embora admitisse que houvesse outros no mundo com problemas como os dela, nem com eles, nem com mulheres normais, era possível uma comunidade de entendimento baseada em sua possível permutabilidade de pontos de vista. "Ninguém", Agnes insistia, "poderia possivelmente entender realmente pelo que tenho passado". Ao decidir a objetividade de suas avaliações de si mesma e de outros, Agnes considerava, antes de qualquer coisa, e buscava tomado como dado, que ela fosse normal e que era como os outros.

Agnes, a metodóloga prática

As práticas de Agnes conferem às mostras de sexualidade normal em atividades cotidianas uma "perspectiva por incongruência". Elas fazem isso tornando observável *que* e *como* a sexualidade normal é realizada através de mostras testemunháveis de conversa e conduta, como processos duráveis de reconhecimento prático, que são realizados em ocasiões singulares e particulares como uma questão de fato, com o uso por parte dos membros de contextos "vistos, mas não notados" de eventos corriqueiros, e tais que a questão situada: "Que tipo de fenômeno é a sexualidade normal?" – a questão de um membro – acompanha aquela realização como seu aspecto reflexivo, reflexividade que o membro usa, da qual depende, e a qual glosa, para avaliar e demonstrar a adequação racional, para todos os fins práticos, da questão indexical e de suas respostas indexicais.

Falar seriamente de Agnes como uma metodóloga prática é tratar como realidades seus estudos contínuos das atividades cotidianas como metodologia dos membros para produzir decisões corretas quanto à sexualidade normal em atividades cotidianas. Seus estudos muniram-na de conhecimento sobre como os aspectos organizados de cenários ordinários são usados pelos membros como procedimentos para tornar aparências-de-sexualidade-habitual passíveis de decisão como uma questão de fato. O escrutínio que ela fazia das aparências; suas preocupações com motivação, relevância, evidência e demonstração adequadas; sua sensibilidade aos dispositivos de conversa; sua habilidade em detectar e gerenciar "testes" foram alcançados como parte de seu domínio de tarefas sociais triviais, mas necessárias, para assegurar direitos ordinários de viver. Agnes estava equipada autoconscientemente para ensinar às pessoas normais como as pessoas normais fazem a sexualidade acontecer em situações corriqueiras como uma questão de fato óbvia, familiar, reconhecível, natural e séria. Sua especialidade consistia em tratar os "fatos naturais da vida" da sexualidade socialmente reconhecida, socialmente controlada, como uma produção controlada, de forma a tornar esses fatos da vida verdadeiros, relevantes, demonstráveis, testáveis, contáveis, e disponíveis para o inventário, a representação apressada, a anedota, a enumeração, ou a avaliação psicológica profissional; em suma, de forma a, inevitavelmente em harmonia com os outros, tornar esses fatos da vida visíveis e narráveis – explicáveis – para todos os fins práticos.

Em associação com os membros, Agnes de alguma forma aprendeu que e como os membros fornecem uns para os outros evidências de seus direitos de viverem como homens e mulheres *bona fide*. Ela aprendeu com os membros como, ao fazerem a sexualidade normal "sem terem de pensar sobre isso", eram capazes de evitar mostras que fornecessem fundamentos ratificáveis para a dúvida de que um membro fosse sexualmente o que parecia ser. Entre as mais críticas dessas mostras estavam particularidades indexicais situadas da conversa. Agnes aprendeu como embutir essas particularidades em conversas face a face, de forma a gerar biografias crescentemente narráveis e mútuas.

As práticas metodológicas de Agnes são nossas fontes de autoridade para o achado, e política de estudo recomendada, de que pessoas normalmente sexuadas são eventos culturais em sociedades, cujo caráter como ordens visíveis de atividades práticas consiste nas práticas de reconhecimento e produção dos membros. Aprendemos com Agnes, que tratava pessoas sexuadas como eventos culturais que os membros fazem acontecer, que as práticas dos membros por si produzem a sexualidade normal, observável-narrável, das pessoas, e o fazem apenas, inteiramente, exclusivamente em ocasiões reais, singulares, particulares, através de mostras reais testemunhadas de conversa e de conduta comum.

Agnes, a artífice da pessoa relatável

As tensões desmedidas na vida de Agnes eram parte e parcela das práticas concertadas com as pessoas normais, através das quais acontecia como evidência demonstrável, para todos os fins práticos, a "mulher normal, natural" como um objeto moral e uma forma moral de sentir e agir. As práticas de passagem de Agnes nos permitem discutir dois entre muitos fenômenos constituintes que configuravam a pessoa normalmente sexuada como uma realização contingente e prática: (1) Agnes, como um caso reconhecível da coisa real, e (2) Agnes, a pessoa idêntica.

(1) *O caso da coisa real.* Da forma como Agnes se considerava um membro e um objeto no ambiente de pessoas normalmente sexuadas, este incluía não somente homens com pênis e mulheres com vagina, mas, porque também a incluía, incluía uma mulher com pênis, e, em seguida à operação, uma mulher com a vagina feita pelo homem. Para Agnes, e para os médicos que recomendaram a operação como a coisa "humana" a se fazer, os cirurgiões retificaram o equívoco original da natureza. A admissão pesarosa de Agnes: "Nada que o homem faz é tão bom quanto algo que a natureza faz" exprimiu a verdade social realista de um membro a respeito de reivindicações de sexualidade normal. Ela, sua família e os médicos concordavam em que lhe havia sido concedida uma vagina como o órgão que era dela por direito, que ela havia resistido à anomalia como um acidente do destino, e que, por causa de um engano cruel, ela havia sido a vítima de severas penalidades devido a um mal-entendido, enquanto conduzia as tarefas de viver da melhor forma que podia como um "caso da coisa real" incompreendido. A operação forneceu a ela e aos outros evidências do caráter socialmente realista de suas alegações.

Agnes havia testemunhado, em infinitas demonstrações feitas por pessoas normais, que e como as pessoas normais acreditam que a sexualidade normal, como um caso da coisa real, é um evento em seu direito próprio e é avaliável em seus próprios termos, e que a explicabilidade da sexualidade normal podia ser distinguida pelo estudo de como os membros normalmente sexuados aparecem ao senso comum, leigo ou profissional. Essas não eram as suas crenças. Nem ela *poderia* crer nelas. Ao invés disso, para Agnes, em contraste com as pessoas normais, o reconhecimento corriqueiro da sexualidade normal como um "caso da coisa real" consistia em uma realização séria, situada e predominante que era produzida em concerto com os outros, por meio de atividades, cujo próprio sucesso predominante e ordinário sujeitava seu produto ao *préjugé du monde*, de Merleau-Ponty[8]. Sua angústia e triunfos residiam no observável, que era particular a ela e incomunicável, das etapas pelas quais a sociedade oculta de seus membros suas atividades de organização, e, assim, leva-os a ver seus aspectos como objetos determinados e independentes. Para Agnes, a pessoa normalmente sexuada observável *consistia* em trabalho inexorável, organizacionalmente localizado, que fornecia o modo como esses objetos surgem[9].

(2) *A pessoa idêntica.* Os modos pelos quais o trabalho e as ocasiões de passagem foram obstinadamente inflexíveis às tentativas de Agnes de rotinizar suas atividades diárias sugerem o quanto estão profundamente encaixadas nas aparências-de-sexualidade-normal para o reconhecimento dos membros em cenas corriqueiras como tramas de relevâncias inevitáveis e não percebidas. Os dispositivos de gerenciamento de Agnes podem ser descritos como medidas pelas quais ela tentava exercer controle sobre o conteúdo modificado e a trama modificada de relevâncias. Voltados, em seu curso, para adquirir a identificação temporal de si mesma como a mulher natural, normal, seus dispositivos de gerenciamento consistiam no trabalho, por meio do qual ela solucionava continuamente o problema da constância do objeto que estava continuamente sob solução. Seus "dispositivos" consistiam no seu trabalho de tornar observável, para todos os fins práticos, a valiosa pessoa sexuada que permanece *visivelmente* idêntica a si mesma através de todas as variações de aparências reais.

Agnes frequentemente tinha de lidar com essa constância explicável como uma tarefa e de um modo deliberado. Seu trabalho de gerenciamento consistia em ações para controlar a textura cambiante do que era relevante. Era essa trama que ela e os outros consultavam em busca de evidências de que ela era a mesma pessoa, originalmente, em primeiro lugar, e todo o tempo, que havia sido e continuaria a ser. Agnes estava bem consciente dos dispositivos que usava para tornar visível a constância da valiosa e idêntica mulher natural, normal. Mas sua pergunta "Dispositivos para quê?" inseparavelmente acompanhava essa consciência.

Com essa pergunta, Agnes zombava de discussões científicas sobre papéis sexuais, que retratam como os membros estão empenhados em tornar explicável a sexualidade normal. Ela achava divertido e inocente considerar as atividades de uma pessoa normal e as suas como atividades daqueles que desempenham, ou fazem, um papel, que sabem e buscam estabelecer e legitimar a aquiescência a expectativas socialmente padronizadas de sexualidade normal com suas "consequências funcionais" sobre as quais, antes de encontrar ocasiões reais, nas quais se apliquem, a pessoa normal pode "conversar", dadas as várias coisas que pode estar *fazendo* com algo que seja "dito", e, na ocasião real, usá-las para exercer a escolha entre formas de conversa e conduta apropriadas. Igualmente divertidas eram as variedades de pessoas normalmente sexuadas certificadas psicologicamente, cujas possibilidades, segundo uma versão favorecida, são fixadas cedo na vida pelas estruturas sociais da família de infância como um programa complicado de reforços; ou a pessoa normal biológica que é, afinal, de um sexo ou de outro, pelo excedente que permanece na coluna apropriada, quando os sinais são avaliados aritmeticamente; ou a pessoa normal sociológica, para quem a sociedade é uma tabela de organização, de forma que "posições" e "*status*" sexuais e seus possíveis desvios sejam designados e legitimados como uma condição para manter essa tabela de organização e por outras "boas razões".

Cada um fornece um método corriqueiro para teorizar, a partir de um reconhecimento, um fenômeno problemático e demoníaco: *o incessante gerenciamento de si mesma como a mulher natural, idêntica a si, constante, e como um caso da pessoa real e valiosa, por meio de demonstrações ativas, sensatas, orientadas judiciosamente, inevitavelmente visíveis, em situações práticas de escolha de senso comum.*

A preocupação permanente de Agnes era que esse fenômeno estivesse acontecendo. Seus dispositivos estavam continuamente direcionados; de fato, consistiam em um gerenciamento maquiavélico de circunstâncias práticas. Mas, para gerenciar de maneira maquiavélica suas cenas de atividade, ela tinha de confiar em seus aspectos relevantes e estar segura de que seus companheiros normais estavam fazendo isso também. Ela diferia das pessoas normais, em cuja companhia e com cuja ajuda não reconhecida ela "gerenciava" a tarefa de produção de manter essa confiança em boas condições. Aí encontramos sua perspicácia, sua sensibilidade, sua discriminação na hora de selecionar, sua preocupação e conversa, e suas práticas hábeis para fornecer, reconhecer "boas razões" e usá-las e torná-las verdadeiras. Enumerar os dispositivos de gerenciamento de Agnes e tratar suas "racionalizações" como se estivessem direcionadas ao controle de impressões e deixar passar dessa forma, o que se faz usando o ideal clínico de Goffman, eufemiza o fenômeno ao qual seu caso chama a atenção. Na condução de seus afazeres cotidianos, ela tinha de escolher entre cursos alternativos de ação, muito embora o objetivo que estava tentando atingir muito frequentemente não estivesse claro para ela antes de ter de desempenhar as ações, por meio das quais algum objetivo poderia, no final, ter sido realizado. Nem havia ela tido quaisquer garantias de quais poderiam ser as consequências da escolha, antes ou além de ter de lidar com elas. Nem havia regras claras que ela pudesse consultar para decidir a sabedoria da escolha, antes de que a escolha tivesse de ser exercida. Para Agnes, as rotinas estáveis da vida cotidiana eram realizações "desengajadoras" asseguradas por cursos ininterruptos, momentâneos e situados de improvisação. Em todos esses estava a presença habitual da conversa, de forma que, como quer que a ação se desse, mal ou bem, seria requerido dela que se "explicasse", que fornecesse "boas razões" para ter agido como fez.

É bem conhecido que as pessoas "racionalizam" as ações passadas, situações presentes e perspectivas futuras de si mesmas e dos outros. Se eu estivesse falando somente disso, este relato consistiria em mais uma versão autorizada do que todos sabem. Ao invés disso, usei o caso para indicar por que é que as pessoas requerem isso umas das outras, e para constatar novamente, como um fenômeno sociológico, como "ser capaz de dar boas razões" não apenas depende, mas contribui para a manutenção de rotinas estáveis de vida cotidiana, na medida em que essas rotinas são produzidas de "dentro" das situações como aspectos das situações. O caso de Agnes nos instrui sobre o quanto "estabilidade de valor", "constância de objeto", "controle de impressão", "comprometimentos com aquiescência a expectativas legítimas", "racionalização" estão intimamente ligados ao trabalho inevitável do membro de chegar a um acordo sobre as circunstâncias práticas. É com respeito a esse fenômeno que, ao examinar a passagem de Agnes, estive preocupado com a questão de como, durante o curso temporal de seus engajamentos reais, e "conhecendo" a sociedade apenas de dentro, os membros produzem atividades práticas estáveis, explicáveis, isto é, as estruturas sociais das atividades cotidianas.

Apêndice

Em fevereiro de 1967, enquanto o presente volume estava sendo impresso, eu soube por intermédio do meu colaborador Robert J. Stoller, doutor em Medicina, que Agnes lhe tinha revelado em outubro de 1966 que ela não era um indivíduo do sexo masculino com anomalia biológica. Transcrevo, mediante autorização, este importante trecho do texto recém-concluído de seu livro *Gender Identity*[10]:

> Há oito anos, quando esse programa de pesquisa havia completado apenas um ano, encontramos uma paciente com um tipo excepcional de um distúrbio ainda mais raro: síndrome dos testículos feminilizantes – uma condição em que se detecta que os testículos produzem estrogênios em quantidade suficiente para inibir a masculinização do feto do sexo masculino, o que resulta no desenvolvimento de órgãos genitais femininos e de caracteres sexuais secundários femininos na puberdade. O que diferenciava esse caso particular dos demais era o fato de que a paciente tinha características sexuais

secundárias completamente femininas (seios e outros tipos de distribuição de gordura subcutânea; ausência de barba e de pelos no peito e nas pernas; feminilização da cintura pélvica; pele macia e muito feminina) apesar do pênis de tamanho normal e dos testículos. As vísceras abdominais indicavam um indivíduo normal do sexo masculino. Após uma longa bateria de exames, incluindo análise microscópica do tecido testicular, concluímos que os achados eram compatíveis com o diagnóstico de produção de estrogênio pelos testículos. Um relatório sobre esses achados foi publicado (cf. nota 6 deste capítulo). Na época desse diagnóstico, a paciente contava com 19 anos de idade e vivia como uma garota havia dois anos sem levantar qualquer suspeita. Até onde ela conseguiu se lembrar, ela queria ser uma menina e se sentia como uma menina, ainda que tivesse consciência de que tinha um corpo de menino e era tratado como tal pela família e pela sociedade. Levamos em consideração a possibilidade de ela ter tomado estrogênios por conta própria; mas, por fim, descartamos tal hipótese pelas razões a seguir: 1) ela negou veementemente ter tomado estrogênios na época em que ela nos revelou tantos outros detalhes de seu passado, que poderiam ser igualmente constrangedores; 2) mesmo depois de passar pelo processo cirúrgico que tanto queria, ela continuou negando ter tomado estrogênios; 3) para que tivesse efetivado as alterações biológicas encontradas nos exames clínicos e laboratoriais, ela teria que ter tomado o medicamento certo na dosagem e época certas, ainda na puberdade, para que seu corpo atingisse o estado em que se encontrava aos 19 anos de idade; a nosso ver, essa quantidade de informação sobre endocrinologia e de conhecimento sofisticado sobre a maturação feminina estaria muito além das possibilidades dessa pessoa aos 12 anos de idade. Não há casos na literatura médica de endocrinologia de indivíduos do sexo masculino que tenham recebido doses substanciais de estrogênios a partir da puberdade; 4) ela foi acompanhada de perto durante a internação pré-operatória e seus pertences foram revistados; não foram encontrados estrogênios; logo após a remoção dos testículos, ela entrou em menopausa, o que forneceu boa prova de que os testículos eram a fonte dos estrogênios; 5) quando os testículos foram examinados ao microscópio e enviados a especialistas de outros centros médicos para confirmação, o tecido foi avaliado como sendo capaz de produzir síndrome dos testículos feminilizantes; 6) exames pós-operatórios revelaram que os testículos continham mais do que o dobro de estradiol presente em um homem adulto normal.

Não sendo considerada um caso de transexualidade, ela teve os órgãos genitais cirurgicamente transformados, de forma que o pênis e os testículos foram removidos e uma vagina artificial foi constituída a partir da pele do pênis. Ela logo se casou, mudou de cidade e passou a viver totalmente como uma mulher. Ela subsequentemente manteve contato ao longo dos anos e, de vez em quando, eu tinha a chance de conversar com ela e saber como estava levando a vida.

Cinco anos mais tarde ela voltou, tendo feito a passagem com sucesso para a condição de mulher, trabalhando como uma mulher e levando uma vida sexual satisfeita e bastante ativa, como uma mulher jovem, bonita e com muitos amigos. Ao longo dos anos, ela tinha aprendido todos os pormenores da feminilidade das mulheres da mesma faixa etária e da classe social a que ela pertencia, tendo observado cuidadosamente o comportamento de suas amigas. Pouco a pouco, ela ficou mais tranquila em relação a quaisquer possíveis defeitos de sua feminidade; a certeza mais importante ela obtinha dos homens com quem fazia amor, os quais nunca reclamaram de que havia uma mínima suspeita sequer do seu corpo. Contudo, ela ainda não estava convencida de que sua vagina era normal o bastante; então a encaminhei a um urologista que, por sua reputação, estava em posição privilegiada para falar com ela como uma autoridade; ele disse a ela de maneira muito clara que seus órgãos genitais estavam acima de qualquer suspeita. [...]

Logo após as boas notícias que ela recebeu do urologista, no meio da nossa conversa, com a maior descontração e sem qualquer cerimônia, depois de ter escondido de mim por oito anos, ela confessou que nunca tinha tido qualquer anomalia biológica que a feminilizasse, e que tomava estrogênios desde os 12 anos de idade. Nos primeiros anos de nosso contato, ela disse não só que sempre tivera a esperança de que quando crescesse teria um corpo de mulher, mas também que isso começou na puberdade, ocorrendo de forma espontânea, gradual, mas constante. Em compensação, ela, então, revelou que assim que entrou na puberdade, na época em que sua voz tinha começado a ficar mais grossa e seus pelos pubianos começavam a se desenvolver, ela passou a roubar estilbestrol da mãe, que tomava a medicação em consequência de uma histerectomia total. Ainda quando criança, ela começou a prescrever para si mesma o medicamento, dizendo ao farmacêutico que estava buscando o hormônio para a mãe e pagando o medicamento com o dinheiro que pegava da bolsa da mãe. Ela não imaginava quais seriam os efeitos, mas sabia que aquela era uma substância feminina; tampouco fazia ideia da quantidade que teria que usar, mas tentava seguir mais ou menos a dosagem que a mãe tomava. Ela manteve isso por toda a adolescência; por ter começado, por acaso, a tomar o hormônio na época certa, ela conseguiu inibir o desenvolvimento dos caracteres sexuais secundários que seriam produzidos pelos androgênios e, ao invés disso, os substituiu por aqueles que resultaram dos estrogênios. Não obstante, seu corpo continuou a produzir androgênios, tanto que desenvolveu um pênis adulto de tamanho normal, com capacidade de ereção e orgasmo, até que a excitação sexual foi suprimida aos 15 anos. Então, ela se tornou uma "mulher" jovem, linda de se ver, mesmo com um pênis de tamanho normal. [...]

Meu desgosto de saber disso foi compensado pela minha admiração de ver que ela fez essa jogada com muita habilidade. Agora que podia ser franca comigo, pela primeira vez ela relatou muito mais novidades sobre a infância e permitiu que eu conversasse com sua mãe, algo que tinha sido proibido nesses oito anos".

Essa novidade transformou o presente artigo num exemplo dos mesmos eventos que ele descreve, isto é, em um relatório situado. De fato, se o leitor fizer uma releitura do artigo à luz dessas revelações, descobrirá que a leitura fornece uma exibição de vários fenômenos predominantes no estudo etnometodológico: 1) que a relatabilidade reconhecidamente racional das ações práticas é uma realização prática feita por um membro, e 2) que o sucesso dessa realização prática consiste no esforço, pelo qual uma situação, ao mesmo tempo em que consiste numa organização reconhecida e familiar de atividades, também mascara para os membros os hábitos de ordenação prática dos membros e, assim, leva os membros a enxergarem as características dessa situação, as quais incluem a descrição dos eventos dessa situação, "como objetos determinados e independentes".

Após as revelações de Agnes, Stoller aproveitou a ocasião para gravar em fita 15 horas de entrevistas com ela e sua mãe. Conduziremos um estudo posterior utilizando os detalhes dessas revelações a fim de analisar o fenômeno supracitado. Planejamos, com o uso dos novos materiais, analisar novamente as primeiras conversas gravadas, verificar as gravações subsequentes e fazer uma releitura do presente capítulo. Para assinalar essa intenção, chamamos o artigo original de parte 1.

Notas

1. SCHWABE, A.D.; SOLOMON, D.H.; STOLLER, R.S. & BURNHAM, J.P. "Pubertal Feminization in a Genetic Male with Testicular Atrophy and Normal Urinary Gonadotropin". *Journal of Clinical Endocrinology and Metabolism*, 22, n. 8, ago./1962, p. 839-845.

2. P. ex., a Secretaria de Saúde em Midwest City, onde Agnes nasceu, quando recusou-se a aprovar a solicitação de Agnes para uma mudança de certidão de nascimento, implicitamente concordou que, "na análise final", a capacidade de desempenhar a função reprodutiva masculina estabelecia o sexo de Agnes.

3. Essas propriedades precisam ser revisadas considerando os casos reais que os variam ao longo de um ou outro "parâmetro" de reconhecimento: deidade, para citar um exemplo; e combatentes de guerra, cujos genitais foram destruídos como parte de feridas mortais heroicas etc.

4. Nem assim é necessária informação adicional que compare Agnes com as pessoas normais no que diz respeito à possibilidade de que os normais aceitem melhor a escolha voluntária do que ela a aceitou. Por exemplo, várias pessoas leigas, às quais se contou sobre o seu caso, expressaram considerável simpatia. A simpatia residiu no fato de que ela deveria ter sido confrontada com a escolha em primeiro lugar.

5. Parsons trata o conceito de "adscrição" como um "conceito relacional". Qualquer característica de um objeto pode ser tratada pelo ator de acordo com a regra de sua invariabilidade para considerações sobre adaptação e realização de objetivos. A tal propriedade para o trato de quaisquer características de objetos sociais Parsons chama de "adscrição". O sexo de uma pessoa é uma ilustração comum disso, mas não pelas propriedades do sexo, mas porque, e somente porque, o sexo das pessoas é frequentemente tratado dessa maneira.

6. A seguinte descrição alternativa do período de duas semanas seguintes imediatamente à operação foi escrita por Robert J. Stoller. As razões para incluí-la são esclarecidas na conclusão do estudo:

> Uma das "ocasiões não analisáveis como um jogo" mais dramáticas começou com a operação de castração e durou por aproximadamente dois meses. Começando imediatamente no estágio pós-operatório, Agnes tentou manter sua privacidade ao controlar os cuidados com sua vagina, preparando ela mesma os banhos de assento prescritos e mudando suas próprias vestes cirúrgicas. Ela insistiu em fazer isso fora da vista de enfermeiras e funcionários do hospital, o que pode ter contribuído para o ressentimento que as enfermeiras sentiam por ela. Imediatamente no es-

tágio pós-operatório, ela desenvolveu trombo-flebite bilateral das pernas, cistite, contratura do meato uretral, e apesar do molde plástico que foi inserido dentro de sua vagina no momento da cirurgia, havia uma tendência do canal vaginal a contrair-se. Ela também requereu pós-operatoriamente vários procedimentos cirúrgicos menores para modificação dessas complicações, e também para posicionar o tecido do ex-escroto para fazer o lábio externo parecer mais normal. Apesar do molde plástico, o canal da vagina recém-feito tinha uma tendência a fechar e cicatrizar, o qual requeria intermitentes manipulações do molde e dilatações diárias. Essas condições não somente eram dolorosas ou desconfortáveis, como também, apesar de menores, uma vez que eram frequentes, produziam a preocupação crescente de que o procedimento cirúrgico não terminaria com o resultado desejado de uma funcionalidade e conjunto aparente de uma genitália feminina normal. Apesar de essas condições tensas terem sido cuidadosamente tratadas (e, eventualmente, com sucesso), no momento em que ela estava bem o suficiente para ir para casa, essas complicações ainda não estavam totalmente resolvidas. Durante sua primeira semana em casa, havia dificuldades, com ocasional incontinência urinária e fecal. Além disso, suas atividades físicas tinham de ser restritas devido à dor. A cistite não se curou imediatamente com tratamento, mas persistiu por algumas poucas semanas, produzindo sintomas desagradáveis, variando de frequência urinária, urgência e ardência ao urinar até surtos de considerável dor pélvica.

Cerca de duas semanas após a cirurgia, um outro grupo de sintomas muito desagradáveis se desenvolveu. Ela gradualmente se tornou cada vez mais fraca e cansada, ficou apática, perdeu seu apetite, perdeu uma grande quantidade de peso, de forma que seus seios e quadris tornaram-se notavelmente menores, sua pele perdeu a aparência macia e vivaz e se tornou pálida; ela perdeu interesse em sexo; e rapidamente tornou-se cada vez mais deprimida, sendo sujeita a repentinos ataques de choro incontrolável. A primeira vez em que ela foi vista por nós após seu retorno para casa, ela apresentou essa situação. Pareceu uma depressão típica e moderadamente severa. Pareceu ser uma forte evidência de que um erro fora cometido. A operação fora realizada primariamente por razões psicológicas; fora o julgamento da equipe médica que a sua identidade estava tão fortemente fixada na direção feminina que nenhuma forma de tratamento poderia fazê-la masculina. Além disso, sentia-se que ela era inequivocamente sincera em suas expressões de desespero a respeito de sua situação anatômica anômala, e seus sentimentos de que, se alguém tentasse torná-la um homem, não apenas as tentativas seriam inúteis como também iriam levá-la ao desespero, ou mesmo ao suicídio. Sempre há a possibilidade, quando um paciente faz tais alegações sobre o que eles querem na realidade, de haver mais ambivalência presente do que é observável, e é da responsabilidade dos especialistas fazer a avaliação para determinar que tal grau de ambivalência não existe. Havíamos sentido, sem dúvida, que nossa avaliação era extensiva e adequada e que revelou que essa paciente estava tão bem segura de sua feminilidade tanto quanto estão várias mulheres anatomicamente normais, e que qualquer masculinidade latente ou vestigial presente não era maior em grau ou qualidade do que aquela encontrada em mulheres anatomicamente normais. Se esse julgamento estivesse errado, então seria esperado que a incondicionalidade da operação da castração, o fato inalterável e incontestável da perda da genitália masculina iria, quando o paciente estivesse frente a essa realidade, produzir uma severa reação psicológica apenas se a masculinidade escondida e desejos inconscientes de ser um homem fossem fortes o bastante e tivessem passado desapercebidos por nós.

Logo, ao sermos confrontados com um paciente severamente deprimido, nós tivemos a evidência presuntiva de que um erro no julgamento havia sido feito e de que o paciente estava agora deprimido por ter perdido sua insígnia de masculinidade. Assim, a clara listagem de todos esses sintomas clássicos de depressão não foi certamente uma ocasião feliz para os investigadores. Contudo, próximo ao fim de seu relato, um sintoma adicional foi mencionado. Ela relatou que estivera tendo episódios cada vez mais frequentes de sudorese repentina, acompanhada por uma sensação muito peculiar a qual começou em seus dedões dos pés e seguiu por suas pernas, passando por seu tronco e chegando até sua face, uma sensação de calor arremetida. Estava tendo acessos de calor devido a uma menopausa cirúrgica. Quando a operação foi realizada e seus testículos removidos, a fonte dos estrogênios que haviam produzido todo o complicado cenário anatômico das características sexuais secundárias de uma mulher foi removida. Logo, ela desenvolvera acentuadamente uma síndrome de menopausa nada diferente do que é frequentemente visto em mulheres jovens que têm seus ovários removidos. Cada um desses sintomas nomeados acima pode ser explicado pela perda crítica de estrogênio (embora isso não seja o mesmo que dizer que a síndrome de menopausa em mulheres anatomicamente normais seja comumente explicada simplesmente devido à diminuição de estrogênio). Nesse momento, exames de hormônio revelaram um aumento no FSH (hormônio folículo estimulante) urinário e a ausência de estrogênio na urina. Ela foi imediatamente submetida a uma terapia de recolocação de estrogênio e *todos* os sinais e sintomas acima desapareceram. A depressão desapareceu, ela recuperou seu interesse pela vida e sua libido; seus seios e quadris retornaram a seus tamanhos normais; sua pele voltou à sua aparência mais comumente feminina, e daí por diante.

Pode ser interessante mencionar brevemente os achados patológicos dos testículos. Eles estavam severamente modificados em relação aos do homem normal como um resultado da presença crônica de estrogênios em seu meio, de modo que, em suma, a evidência patológica normal para a produção de esperma fértil era ausente. Várias formas degenerativas e abortivas de espermatogêneses foram encontradas nas células anormais. No entanto, nenhum tumor foi encontrado, e não havia evidência de uma ovotéstis (i. é, uma condição hermafrodita na qual tecidos ovariano e testicular são encontrados no mesmo órgão). A conclusão do endocrinologista foi a de que Agnes "apresentou um quadro clínico que aparentou sugerir uma superimposição de um excesso de estrogênio sobre o substrato de um homem normal", o que não pode ser explicado, e o que, portanto, a fez singular na literatura endocrinológica, é que até mesmo na presença de produção suficientemente abundante de estrogênio para produzir características sexuais secundárias completamente femininas, o desenvolvimento do pênis de tamanho normal na puberdade não foi interrompido. Não há, nesse momento, uma explicação adequada para essa anomalia.

É seguro assumir que os achados da depressão se deram simplesmente devido à perda aguda de estrogênio em seguida à castração. Agnes nunca vivera episódio parecido anteriormente; o episódio foi abruptamente terminado pela administração de estrogênio e tal episódio não ocorreu novamente. Ela está utilizando estrogênio diariamente desde então.

Agnes subsequentemente teve de retornar ao hospital para tratamento posterior de cistite e para um procedimento cirúrgico menor de abrir completamente o canal vaginal. Sua evolução subsequente cirúrgica e endocrinologicamente foi sem intercorrêcias.

7. GOFFMAN, E. *The Presentation of Self in Everyday Life*. University of Edinburgh/Social Sciences Research Centre, 1956.

8. Esta e as observações no restante deste parágrafo foram obtidas pela revisão dos comentários iluminadores de Hubert L. e Patricia Allen Dreyfus (em sua introdução de tradutores de MERLEAU-PONTY, M. *Sense and Non-Sense*. Evanston, Ill.: Northwestern University Press, 1966, p. x-xiii) de forma a tornar seu sentido modificado disponível para os meus interesses.

9. Esse conhecimento emprestava às suas descrições desse trabalho um caráter "performativo" inevitável. Essa propriedade de suas descrições da sexualidade normal transformava as exibições que, tanto quanto qualquer coisa, distinguiam para nós sua conversa sobre sexualidade normal da conversa sobre sexualidade normal feitas pelas pessoas normais.

10. Consultada a bibliografia de Stoller, não foi encontrado esse livro. Stoller apresentou o caso de Agnes no *International Psychoanalytic Congress in Copenhagen* (1967), publicou-o no *International Journal of Psycho-Analisys* (1968) e no livro *Sex and Gender* (1968), que teve grande repercussão. Provavelmente a confusão de Garfinkel se deve ao fato de ele ter usado o manuscrito de Stoller, e não o livro, que saiu apenas em 1968, um ano após a publicação dos seus *Estudos de etnometodologia* [N.T.].

6 "Boas" razões organizacionais para "maus" registros clínicos[*]

O problema

Durante vários anos examinamos as atividades de seleção da Clínica Psiquiátrica Ambulatorial no Centro Médico da Ucla, perguntando: "Por quais critérios os candidatos foram selecionados para o tratamento?" O método de Kramer[1] para analisar movimentos de populações em hospitais foi usado para conceber a questão em termos do atrito progressivo de um agrupamento de demanda inicial, enquanto ele procedia através dos passos sucessivos de admissão, avaliação psiquiátrica e tratamento[2]. Os registros clínicos foram as nossas fontes de informação. O mais importante deles foram os formulários de inscrição para admissão e os conteúdos dos prontuários de casos. Para suplementar essa informação projetamos um "Formulário de Carreira Clínica", o qual inserimos nos prontuários de caso, a fim de obter um registro contínuo de transações entre pacientes e pessoal clínico a partir do momento da entrada inicial do paciente até ele receber alta da clínica. Os prontuários clínicos contêm registros que são gerados pelas atividades do pessoal clínico, e assim quase todos os conteúdos do prontuário, como fonte de dados para o nosso estudo, foram os resultados de procedimentos de registros pelo próprio pessoal da clínica (autorregistro).

O método de agrupamento prometia aplicabilidade e resultados bem definidos e ricos. Não houve questões de acesso aos arquivos. Consequentemente, quando preparamos o requerimento de concessão, pensamos que os funcionários supervisionados atentamente poderiam conseguir a informação dos

---

[*] Em colaboração com Egon Bittner, Instituto Neuropsiquiátrico Langley Porter.

prontuários clínicos de que precisávamos. Uma tentativa piloto para tomarmos conhecimento de qual informação poderíamos ou não obter nos fez elevar o treinamento e a habilidade necessários para o nível de assistentes graduados em sociologia. Permitimos que os codificadores usassem inferências e encorajamos a pesquisa diligente. Mesmo assim, houve poucos itens em nosso programa para os quais obtivemos respostas. A Tabela 1 ilustra alguns tipos de informação que tínhamos esperado obter a partir dos arquivos clínicos, as que obtivemos e o grau de credibilidade estimado. Por exemplo, o sexo do paciente foi obtido em praticamente todos os casos; a idade do paciente, em 91% dos casos; o estado civil e o local de residência, em cerca de 75%; a raça, a profissão, a religião e a educação, em cerca de um terço dos casos; e o histórico profissional, a procedência étnica, a renda anual, a composição familiar e o local de nascimento, em menos de um terço. Dos 47 itens que lidaram com a história de contatos entre os candidatos e o pessoal clínico, tivemos resultados em 18 itens para 90% de nossos casos; para 20 outros itens conseguimos informação, variando entre 30% e nenhum dos casos.

Quando, depois do primeiro ano de experiência, revimos nossos problemas em coletar informação a partir dos arquivos, começamos a pensar que esses problemas resultavam de nossa forma de buscar a informação nos prontuários. No entanto, fôssemos nós, ou qualquer outra pessoa, internos ou externos à clínica, todos teriam a mesma dificuldade, já que qualquer sistema de autorregistro tinha que ser conciliado com as formas de rotina, nas quais a clínica operava. Viemos a ligar a informação indisponível ao tema de "boas" razões organizacionais para "maus" registros. É esse tema, ao qual nossas observações são endereçadas.

TABELA 1

Disponibilidade de informação desejada e como foi obtida nos 661 casos

Item de informação	Não houve informação	Informação foi obtida por inferência incerta	Informação foi obtida por inferência certa	Informação foi obtida por inspeção
(A) Características "de capa" do paciente				
Sexo	0,2	-	0,3	99,5
Idade	5,5	2,9	0,4	91,2
Estado civil	11,8	5,4	3,9	78,9
Área social	21,4	0,4	3,6	74,6
Raça	59,5	0,2	0,6	39,7
Profissão	55,6	0,4	5,0	39,0
Religião	51,7	9,5	2,3	36,5
Escolaridade	60,7	1,4	2,6	35,3

Eliminado por falta de informação
Histórico profissional
Duração do casamento
Casado pela primeira vez ou casado novamente
Origem étnica
Renda
Organização familiar
Fonte financiadora do paciente
Local de nascimento
Tempo de residência na Califórnia

(B) Primeiro contato				
Como o contato foi feito	7,2	0,4	2,3	90,1
Se o paciente foi acompanhado, por quem	-	2,0	2,0	96,0
Tipo de encaminhamento	3,5	0,4	7,8	88,3
Pessoas de fora envolvidas no encaminhamento	2,5	0,2	3,0	94,3
Pessoa da clínica envolvida no primeiro contato	3,6	-	-	96,4
Número de pessoas da clínica contatadas	4,8	-	2,0	93,2
Disposição após o primeiro contato	5,0	0,3	11,9	82,8
(C) Entrevista de admissão e testes psicológicos				
Aparência do paciente na entrevista de admissão	0,4	0,5	2,1	97,0
Pessoa da clínica envolvida na entrevista de admissão	0,3	-	-	99,7

	Resultado do teste psicológico	0,2	0,3	1,5	98,0
	Se não houve testes psicológicos, motivo	16,3	2,5	17,5	63,7
	Reunião de admissão e tratamento				
	Reunião de admissão agendada ou improvisada	44,6	10,9	34,9	9,6
	Membro da equipe responsável pela reunião de admissão	50,3	-	-	49,7
	Decisão da conferência	8,0	9,7	10,3	72,0
(E)	*Características psiquiátricas*				
	Natureza das reclamações dos pacientes	7,0	0,2	1,9	90,9
	Diagnósticos psiquiátricos	17,2	-	-	82,8
	Experiência psiquiátrica anterior	19,0	1,7	46,5	32,8
	Motivação para a terapia	32,0	11,3	28,3	28,4
	"Propensão psicológica"	40,2	14,0	23,9	21,9
(F)	*Carreira clínica*				
	Momento de alta	-	0,9	6,2	92,9
	Circunstâncias da alta	2,6	1,1	5,6	90,7
	Para onde o paciente foi encaminhado	3,5	0,3	7,6	88,6
	Tipo de carreira clínica	0,2	0,8	5,1	93,9
	Número de dias em contato com a clínica	1,5	3,0	3,5	92,0
	Número de dias fora do *status* de internação	2,0	3,8	3,9	90,3
	Número de dias em tratamento	8,8	0,4	0,4	90,4

"Problemas normais, naturais"

Os problemas que um investigador pode encontrar em usar registros clínicos podem ser por alto divididos em dois tipos. Podemos chamar o primeiro tipo de problemas metodológicos gerais, e o segundo de "problemas normais, naturais". Deveremos fazer observações muito breves sobre o primeiro tipo; o foco de nosso interesse é no segundo.

Problemas metodológicos gerais fornecem o tópico da maioria das discussões publicadas sobre o uso de registros clínicos para fins de pesquisa. O interesse nesses problemas é voltado para a tarefa de oferecer ao investigador conselhos práticos sobre como fazer uma bolsa de seda de uma orelha de porco. Mas, ao invés de "uma bolsa de seda", deveríamos referir-nos a ela como um armazenador de má qualidade, que poderia conter, com a tolerância do investigador, uma percentagem utilizável dos retalhos lamentáveis e fragmentados, que são retirados dos prontuários e colocados nela. Tais discussões tentam fornecer ao investigador regras para se observar, para se emprestar aos conteúdos dos prontuários de caso o *status* de respostas garantidas para suas questões. O que está geralmente envolvido aqui é a paráfrase dos conteúdos de prontuários reais para que produza algo como um documento atuarial, que esperançosamente possua as propriedades desejadas de completude, clareza, credibilidade, e coisas semelhantes. O conteúdo transformado dos registros presta-se mais facilmente do que o original às várias espécies de análises sociocientíficas na suposição, claro, que lá existe uma correspondência defensável entre o relato transformado e a maneira pela qual a informação foi expressa, e o tipo de instituição em questão, em sua forma original[3].

Qualquer investigador que tentou um estudo com o uso de registros clínicos, onde quer que tais registros sejam encontrados, tem sua ladainha de problemas para rezar. Além disso, administradores de hospitais e clínicas estão, frequentemente, cientes e preocupados com essas "imperfeições", tanto quanto os investigadores. A frequência absoluta de "maus registros" e as maneiras uniformes pelas quais eles são "maus" foram suficientes, em si mesmas, para excitar nossa curiosidade. Desse modo, fomos levados a perguntar se existiam algumas coisas que podiam ser ditas para descrever a notável uniformidade de "maus registros" como um fenômeno sociológico em seu próprio direito.

Viemos a pensar os problemas com registros como problemas "normais, naturais". Nós *não* queremos dizer isso ironicamente. Nós *não* estamos dizendo "o que mais você pode esperar?!" Ao contrário, o termo "normal, natural" é usado em um sentido sociológico convencional para significar "de acordo com regras dominantes da prática". Os "problemas normais, naturais" são problemas que ocorrem porque as pessoas da clínica, como pessoas que preenchem autorregistros, buscam ativamente agir em conformidade com as regras dos procedimentos operacionais da clínica, que, para eles e do ponto de vista deles, são mais ou menos pressupostas como formas certas de fazer as coisas. Os problemas "normais, naturais" são problemas que ocorrem porque as pessoas da clínica estabeleceram formas de relatar suas atividades; porque as pessoas da clínica como pessoas que preenchem autorregistros obedecem a essas formas estabelecidas; e porque o sistema de registro e as atividades de autorregistro do repórter são aspectos integrais das formas usuais da clínica de conseguir cada trabalho feito do dia – formas que para as pessoas da clínica são as formas certas.

Os problemas de que falamos são aqueles que qualquer investigador – externo ou interno – encontrará se consultar os arquivos para responder às questões que se desviam, em importância teórica ou prática, de fins e rotinas relevantes organizacionalmente, sob cujos auspícios os conteúdos dos arquivos são agrupados de forma rotineira em primeiro lugar. Deixe o investigador tentar remediar as imperfeições e ele encontrará rapidamente propriedades interessantes desses problemas. Eles são persistentes, são reproduzidos de um arquivo da clínica para o outro, são padrão e ocorrem com notável uniformidade, enquanto alguém compara sistemas de registro de clínicas diferentes; eles são obstinados em resistir à mudança, e acima de tudo, têm o sabor da inevitabilidade. Essa inevitabilidade é revelada pelo fato de que uma tentativa séria da parte do investigador para remediar o estado de coisas convincentemente demonstra quão intrincável e sensivelmente os procedimentos de registro estão ligados a outras práticas rotinizadas e valorizadas da clínica. Os procedimentos de registro, seus resultados, e os usos desses resultados são aspectos integrais das mesmas ordens sociais que eles descrevem. As tentativas de tocar uma simples corda podem colocar o instrumento inteiro a soar.

Quando os registros clínicos são olhados dessa forma, a coisa menos interessante que alguém pode dizer sobre eles é que são mantidos descuidadosamente. O ponto crucial do fenômeno situa-se em outro lugar, a saber, nas ligações entre registros e o sistema social que serve e é servido por esses registros. Existe uma lógica organizacional para os problemas do investigador. É o objetivo deste trabalho formular esse raciocínio explicitamente. Em direção àquele fim, deveremos discutir as várias fontes organizacionais dos problemas envolvidas em realizar uma melhoria nos registros clínicos.

Algumas fontes de "problemas normais, naturais"

Uma parte do problema, à qual a maioria dos esforços de remediar foi dirigida, é constituída pela utilidade marginal de informação agregada. O problema de uma iniciativa que deve operar dentro de um orçamento fixo envolve os custos comparativos de obter informação alternativa. Porque há custos comparativos para formas diferentes de manter registros, é necessário escolher entre as formas alternativas de alocar recursos financeiros escassos, tempo, funcionários, treinamento, e habilidades, tendo em vista o valor que poderia ser agregado aos fins pretendidos. O problema é, estritamente falando, econômico. Por exemplo, a informação sobre idade e sexo pode ser obtida quase à custa de um olhar de relance para o respondente; a informação sobre profissão gera um pequeno custo de tempo e habilidade para o entrevistador; a história ocupacional é uma informação de alto custo. O problema econômico é resumido na questão que é endereçada quase invariavelmente a qualquer mudança recomendada no procedimento de registro: "Quanto do tempo da enfermeira (ou do residente ou do assistente social etc.) isso levará?"

Se os problemas de efetuar uma melhoria dissessem respeito totalmente à quantidade de informação que a clínica poderia conseguir, baseada estritamente em uma relação de custo-tempo, o remédio consistiria em obter dinheiro suficiente para contratar e treinar uma ampla equipe de responsáveis pelos registros. Mas basta imaginar esse remédio para ver que há outros problemas de se efetuar "melhorias", que são independentes do número de responsáveis pelos registros.

Considere uma parte da dificuldade, por exemplo, constituída pela utilidade marginal das informações, quando a informação é coletada pelos membros da clínica de acordo com os procedimentos de um arquivo – isto é, onde informação uniforme é coletada para fins futuros, mas desconhecidos. Um administrador deve estar inteiramente preparado para requerer das pessoas em seu estabelecimento que qualquer informação reunida seja reunida consistentemente. Mas ele tem que estar preparado, também, para manter a motivação delas para coletar a informação de uma forma regular, sabendo que os próprios funcionários também sabem que a informação deve ser reunida para fins desconhecidos, que somente o futuro pode revelar. Ao longo do curso de reunir informações, tais propósitos podem variar, tal como eles se apresentam aos funcionários, de benignos a irrelevantes, ou ameaçadores, e por razões que têm pouco a ver com os arquivos.

Além disso, aqueles a favor, na clínica, de um programa de registro, ou outro, estão inclinados a discutir o caráter "central" da informação que querem reunir. Administradores e investigadores sabem igualmente ser essa "centralidade" um mito problemático. Considere, por exemplo, que um sociólogo possa enfatizar a coleta regular de informações mínimas "de capa" como idade, raça, estado civil, composição familiar, educação, ocupação principal e renda anual. A questão que ele deve argumentar contra competidores a direitos de arquivo não é "A informação vale o custo?", mas "Terá isso valido o custo?" Uma pessoa não precisa ser um investigador treinado para entender que, ao endereçar quase qualquer pergunta definitiva aos arquivos, alguém pode revelar as imperfeições da tarefa de coleta. Saber se o que foi reunido se revelará inútil ou não, afinal de contas, e se terá de ser coletada novamente, dependerá de quais restrições impostas pela necessidade de formular perguntas, para as quais os arquivos ofereçam respostas, o investigador está disposto a aceitar. Por tais razões, um administrador com um olho nos custos orçados de seus procedimentos de registro, estará inclinado a preferir minimizar os custos presentes e a ser a favor de operações de curto prazo, quando o investigador decidir suas necessidades em um projeto formulado.

Há os problemas adicionais em assegurar a motivação de coletar a informação "central" que ocorre, quando a "boa *performance* de registro" é avaliada de acordo com o interesse de pesquisa. Tais padrões contradizem, frequentemente, os interesses de trabalho de profissionais dentro da organização. Além disso, prioridades estabelecidas de responsabilidade ocupacional podem motivar queixas veementes e realistas, bem como – e com mais notável probabilidade – práticas de registro informais e escondidas que permitem ao registrador manter a prioridade de suas outras obrigações ocupacionais enquanto conserva o escritório central apropriadamente mal-informado.

Esse ponto relaciona-se às fontes relatadas de problemas em efetuar melhorias, problemas que têm a ver com assegurar a obediência dos funcionários de autorregistro na manutenção de registro como uma coisa respeitável para eles, para ser feita a partir do ponto de vista deles. A divisão de trabalho que existe em toda clínica não consiste somente em habilidades técnicas diferenciadas. Ela consiste, também, em valor moral diferencial agregado à posse e aos exercícios de habilidades técnicas. Para apreciar a variedade e a seriedade de problemas acrescidos por esse aspecto organizacional é necessário somente considerar as formas contrastantes, pelas quais os registros são relevantes para a realização satisfatória de responsabilidades administrativas, comparadas com as responsabilidades médicas profissionais e com a cautelosa trégua que existe entre os vários campos ocupacionais, no que diz respeito a demandas mútuas para manutenção de registros.

Os sentimentos do pessoal clínico de maior ou menor dignidade do trabalho burocrático, em comparação com o exercício de outras habilidades em suas vidas profissionais, acompanham suas preocupações permanentes com as consequências estratégicas de evitar especificidades no registro, dado o caráter imprevisível das ocasiões, sob as quais o registro pode ser usado como parte do sistema contínuo de supervisão e revisão. Os registros podem ser usados a serviço de interesses, que aqueles que estão em posição mais alta na hierarquia médico-administrativa provavelmente não são capazes de especificar, ou de antever, nem exige-se deles isso, nem eles estão inclinados a fazê-lo. Inevitavelmente, por conseguinte, existem práticas informais, que são conhecidas por todos, que, como uma coisa natural, contradizem as práticas oficialmente descritas e abertamente reconhecidas. Caracteristicamente, as especificidades de saber quem, o que, quando e onde são segredos bem guardados de grupos fechados nas clínicas, assim como o são em todos os cenários burocraticamente organizados. Do ponto de vista de cada equipe profissional, há as especificidades que facilitam a realização pela equipe de sua rotina profissional diária e que não interessam a outras equipes profissionais na clínica. Isso não é novidade, claro, exceto que o investigador tem que se confrontar com isso como um fato de sua vida de pesquisa, quando, por exemplo, para decidir a relevância do que está no registro, precisa consultar materiais que não estão no registro, mas que, apesar disso, são conhecidos e importam a alguém.

Outra fonte de problemas: o pessoal clínico conhece as realidades de vida na clínica na sua qualidade de membros informados, cujas reivindicações de "ter o relato real disso" derivam, em boa parte, de seus envolvimentos e posições no sistema social, envolvimentos e posições que carregam, *como uma questão de obrigação moral*, a exigência de que aqueles que estão envolvidos compreendam bem suas circunstâncias de trabalho. Como uma consequência dessa obrigação moral, há a insistência de longa data e familiar por parte daqueles que preenchem os autorregistros: "Já que você vai nos incomodar com sua pesquisa, por que não faz isso direito?" Isso ocorre particularmente nos casos em que formulários de registro padrão são usados. Se o pesquisador insiste que aquele que faz o registro forneça a informação do jeito que o formulário propicia, ele corre o risco de impor aos eventos reais para estudo uma estrutura que é derivada dos aspectos do registro, e não dos eventos em si mesmos.

Uma fonte intimamente relacionada da dificuldade provém do fato de que os formulários de autorregistro – independente do que possam conter – fornecem não apenas categorias com as quais o pessoal clínico descreve eventos clínicos, mas simultânea e inevitavelmente, tais formulários constituem regras de conduta de registro. Os formulários de autorregistro consistem em regras que, para os funcionários, definem a conduta correta de autorregistro como uma obrigação de trabalho. Não é de se espantar que o investigador possa obter a descrição de eventos clínicos precisamente na medida em que o formulário de registro é imposto como uma regra de conduta do registro aos funcionários de registro. Mas, então, não deve também vir com nenhuma surpresa que a informação que o investigador pode ter, bem como a informação que ele não pode ter, é sujeita às mesmas condições de que os investigadores estão cientes em outras áreas de conduta governada por regras: a saber, aquelas bem conhecidas diferenças e fontes de diferenças ocorrem entre regras e práticas, diferenças que são notoriamente recalcitrantes serem remediadas.

Tais diferenças não são compreensíveis, muito menos remediáveis, por tentarem alocar a culpa entre as pessoas que registram e os investigadores. Considere-se, por exemplo, o caso em que um membro da equipe pode buscar relatar de acordo com aquilo que o formulário do investigador fornece, e, precisamente, porque tenta levar o formulário de registro a sério, acha difícil reconciliar o que sabe sobre aquilo que o formulário está perguntando com o que o formulário fornece como uma regra para decidir a relevância do que sabe. Por exemplo, considere-se uma pergunta à qual fornece ao membro da equipe respostas alternativas fixas, *e.g.*, "sim" ou "não"; ainda assim, a partir do que sabe do caso, ele está convencido de que uma resposta "sim" ou "não" vai distorcer a pergunta, ou frustrar o objetivo do inquiridor ao perguntar isso. Ao levar o estudo a sério, a pessoa que registra poderia perguntar a si mesma se uma nota marginal será suficiente. Mas, então, ela está procurando por problemas se escreve isso? Deve ela, talvez, esperar até encontrar o investigador e, então, lembrá-lo desse caso? Mas por que somente *desse* caso? Ela sabe, juntamente com as outras pessoas que registram como ela, de muitos casos e de muitos lugares por todo o formulário de registro, de modo que sua reclamação é inteiramente realista de que devesse ela realizar anotações marginais, ela poderia ter inúmeras observações para fazer relacionadas a muitos itens, em muitos casos.

A única coisa que o investigador, de sua parte, quer da pessoa que preenche o autorregistro, é que ela trate o formulário de registro como a ocasião para relatar o que a pessoa que faz o autorregistro sabe *da forma como ela o sabe*. Assim, achamos que a pessoa que preenche o autorregistro pode distorcer a realidade do caso, precisamente porque ela quer ser útil e, desse modo, age de acordo com o formulário de registro. Ela pode saber que está distorcendo e ressentir-se disso ou, então, sofrer por isso. Alguém pode facilmente imaginar que o seu ressentimento e sofrimento correspondem ao do investigador.

Além disso, enquanto a terminologia em formulários de autorregistro é fixa, os eventos reais, aos quais esses termos se referem, bem como as formas nas quais os eventos reais podem ser considerados sob a jurisdição da terminologia dos formulários como descrições, são altamente variáveis. A relevância da terminologia do formulário de registro para os eventos que descreve está sujeita à estabilidade das operações clínicas em andamento e depende da apreensão da pessoa que faz o autorregistro e do uso dos aspectos regulares da operação clínica, enquanto um esquema de interpretação linguística. Dada qualquer mudança de política, organização, funcionários ou procedimento clínicos, os termos nos formulários de registro podem mudar em seus significados, sem uma única sentença mimeografada ser alterada. É desconcertante descobrir como mesmo pequenas mudanças podem tornar várias seções de um formulário de registro irremediavelmente ambíguas.

As dificuldades que são introduzidas, ou porque os membros clínicos estão registrando suas próprias atividades, ou porque as atividades das pessoas que fazem o autorregistro estão prosseguindo com o uso de formulários prontos podem ser estendidas e esclarecidas se considerarmos que a sinceridade em um registro leva a riscos bem conhecidos para as carreiras e para a organização. Falando eufemisticamente, entre o pessoal da clínica e seus clientes, e entre a clínica e os grupos que compõem seu ambiente, a troca de informações é algo parecido com um mercado livre.

Uma fonte crítica de problemas: Usos atuariais *versus* usos contratuais de conteúdos de prontuários

Os problemas já mencionados foram introduzidos recomendando, como um contexto para as interpretações deles, que procedimentos de registro e resultados, bem como os seus usos pelo pessoal da clínica, são características integrais das mesmas ordens das atividades clínicas que descrevem; que métodos e resultados de manutenção de registro clínico consistem e são intimamente regulados pelas mesmas características de que fornecem relatos.

Mas, embora os problemas acima *possam* ser interpretados nesse contexto, *os problemas* não exigem isso. Os problemas que discutimos, alguém poderia argumentar, documentam meramente alguma insuficiência no controle racional das práticas clínicas. Enumeramos como problemas com procedimentos de registro questões que um gerenciamento forte poderia comprometer-se a remediar e, dessa forma, as condições que contribuem para maus registros poderiam ser eliminadas, ou seus impactos na manutenção de registro poderiam ser reduzidos.

Mas pensar tais problemas como um problema gerencial de controlar mais ou mais consistentemente as *performances* de manutenção de registro, negligencia um aspecto crítico e, talvez, inalterável dos registros médicos como um elemento de práticas institucionalizadas. Propomos que os problemas enumerados – e, obviamente, nossa enumeração não está de forma alguma completa – ou explicam, ou consistem eles mesmos, em propriedades do prontuário de caso como um registro passível de reconstrução de transações entre pacientes e pessoal clínico. Essa característica crítica dos registros clínicos coloca os problemas enumerados sob a jurisdição de seu *status* como "problemas estruturalmente normais", ao relacionar sistemas de registro às condições da viabilidade da clínica, como uma empresa de serviços corporativamente organizada. Deveremos agora nos esforçar para mostrar que os registros clínicos, como são, não são algo que o pessoal clínico sai impune, mas que, ao invés disso, os registros *consistem em procedimentos e consequências de atividades clínicas como uma iniciativa médico-legal*.

Revendo os conteúdos dos prontuários de caso, pareceu-nos que um prontuário de caso poderia ser lido de duas formas diferentes e irreconciliáveis. Por um lado poderia ser lido como um *registro atuarial*[4]. Por outro lado, poderia ser lido como o *registro de um contrato terapêutico* entre a clínica enquanto uma iniciativa médico-legal e o paciente. Porque o nosso entendimento do termo "contrato" afasta-se um pouco do uso coloquial, mas não do entendimento que Durkheim ensinou, uma breve explicação segue-se.

Comumente o termo "contrato" refere-se a um documento contendo um programa explícito de obrigações, cujo caráter vinculativo é reconhecido pelas partes identificáveis do acordo. Em contraste, e porque estamos falando especificamente sobre clínicas, usamos o termo "contrato" para referirmo-nos à *definição* de transações normais entre clientela e agências remediadoras, em termos das quais os serviços das agências são franqueados e disponíveis para os clientes. Um dos aspectos cruciais das atividades remediadoras é que seus receptores são socialmente definidos por eles mesmos e pelas agências como incompetentes para negociar para si próprios os termos de seu tratamento.

Dessa forma, o curso normal socialmente reconhecido das coisas é que um paciente "coloque-se nas mãos do médico" e espera-se que o paciente suspenda a competência usual de seu próprio julgamento sobre o seu bem-estar, o que precisa, ou o que é melhor para ele. O mesmo aplica-se ao criminoso, *mutatis mutandis*, que é a única pessoa impedida de contribuir com sua opinião para a formulação de uma sentença justa. Apesar dessas limitações de competência, nem pacientes, nem criminosos perderam seus direitos ao "tratamento que merecem". Isso acontece porque o tratamento consiste em ocasiões para *performances* que, aos olhos dos participantes, estão de acordo com um esquema maior de obrigações. O esquema maior de obrigações relaciona a autorização, em termos da qual um agenciamento remediador está autorizado a atuar, às doutrinas técnicas e éticas profissionais práticas que governam as operações e agenciamentos. Assumindo a jurisdição em casos específicos, agenciamentos médicos e legais comprometem-se a honrar reivindicações públicas legítimas de "boa cura" e "boa lei". Um método indispensável, embora não exclusivo, pelo qual as clínicas demonstram que honram reivindicações de cuidado médico adequado consiste em procedimentos para formular relatos relevantes de suas transações com pacientes.

Observações adicionais são necessárias sobre nosso uso do conceito de contrato. Mesmo o uso coloquial reconhece que o que um contrato especifica não é simplesmente dado no documento que atesta a existência do contrato. Tampouco os termos, as designações e as expressões contidas em um documento invocados "automaticamente" para regular a relação. Ao invés disso, as formas como se relacionam às *performances* são questões para um competente público leitor interpretar. Como se sabe, culturalmente falando, juristas são leitores competentes da maioria dos contratos; a *eles* cabe dizer o que os termos realmente significam. De fato, a forma como os contratos legais são escritos leva a tal leitura.

Sociologicamente, porém, contratos legais são apenas uma variante da classe de contratos. A ampla concepção de contrato, a saber, seu poder de definir relações normais, também requer que questões de habilidade de leitura sejam consideradas. Dessa maneira, somos obrigados a considerar como as designações, os termos e as expressões contidas nos prontuários clínicos foram lidos para fazê-los comprovar, como respostas às perguntas ligadas à responsabilidade médico-legal. Em nossa visão *os conteúdos de prontuários clínicos são reunidos tendo em vista a possibilidade de que a relação possa ser retratada como tendo estado de acordo com as expectativas de* performances *sancionáveis por clínicos e pacientes.*

Ao chamar um registro médico de "contrato", não estamos alegando que o registro contenha apenas declarações do que deveria ter acontecido, em oposição ao que realmente aconteceu. Nem estamos propondo que uma leitura contratual do registro médico seja ainda a mais frequente, muito menos a única leitura que ocorra. Os registros clínicos são consultados em muitas diferentes ocasiões e para muitos diferentes interesses. Mas, para todos os diferentes usos que podem ser atribuídos e servir aos registros, considerações de responsabilidade médico-legal exercem uma prioridade predominante de relevância como interesses estruturais prevalentes, de predominância estrutural[5] sempre que procedimentos para a manutenção de registros e seus conteúdos elegíveis devem ser decididos.

Embora materiais de prontuários possam ser utilizados de forma diferente daquela que serve ao interesse do contrato, *todas* as alternativas estão subordinadas ao uso do contrato como uma questão de reforçar a prioridade estrutural. Por causa dessa prioridade, usos alternativos estão consistentemente produzindo resultados erráticos e duvidosos. Mas também, por causa dessa prioridade, toda última sugestão de informação em um registro médico pode ter o alcance de uma interpretação contratual. Na verdade, o uso do contrato considera e estabelece, *o que quer que seja* que o prontuário possa conter como os elementos de um "registro inteiro", e faz isso da maneira como descreveremos agora.

Quando qualquer prontuário de caso foi lido como um registro atuarial, seu conteúdo ficou tão aquém do nível de adequação que nos deixou intrigados com o porquê de "registros pobres", não obstante, serem mantidos tão assiduamente, mas eles eram feitos para serem pobres. Por outro lado, quando documentos de prontuários foram considerados como termos não formulados de um contrato terapêutico potencial, isto é, como documentos reunidos no prontuário em franca antecipação de alguma ocasião em que os termos de um contrato terapêutico poderiam ter sido formulados a partir deles, a assiduidade com a qual os prontuários foram mantidos, ainda que seus conteúdos fossem extremamente desiguais em quantidade e qualidade, começou a "fazer sentido".

Começamos com o fato de que, quando alguém examina qualquer prontuário de caso por aquilo que ele realmente contém, um aspecto proeminente e consistente é o caráter ocasional e elíptico de suas observações e informações. Em seu caráter ocasional, os documentos de prontuários são muito parecidos com elocuções numa conversa com uma audiência desconhecida, a qual, porque já se sabe o que poderia ser falado, é capaz de entender as pistas. Enquanto expressões, as observações que compõem esses documentos têm predominantemente a característica de que o seu sentido não pode ser decidido por um leitor sem o seu conhecimento necessário, ou suposição de alguma coisa sobre a biografia típica e os fins típicos do usuário das expressões, sobre circunstâncias típicas sob as quais tais observações são escritas, sobre um típico curso anterior de transações entre os que escrevem e o paciente, ou sobre um relacionamento típico de interação real e potencial entre *os que escrevem e o leitor*. Dessa forma, os *conteúdos dos prontuários, muito menos do que revelar uma ordem de interação, pressupõem um entendimento daquela ordem para uma leitura correta*. O entendimento daquela sequência não é do tipo, porém, que se prime por claridade teórica, mas é um entendimento apropriado para o interesse pragmático do leitor na ordem.

Além disso, existe um uso autorizado dos registros. Essa autorização é regulada, sem dúvida, em função da pessoa que os lê, levando em conta seu envolvimento médico-legal ativo no caso em mãos; a partir daí essa autorização varia. Tal autorização refere-se ao fato de que a relevância completa de sua posição e envolvimento entra em jogo ao justificar a expectativa de que ele tem um envolvimento apropriado com essas expressões, de que ele vai entendê-las e fazer bom uso delas. O entendimento específico e o uso serão ocasionais à situação, na qual ele próprio se encontra. O leitor autorizado sabe que tal como o seu entendimento e uso é ocasionado pela situação, na qual ele se encontra, entende-se que as expressões com que ele se defronta foram ocasionadas pelas situações de seus autores. A possibilidade de entendimento é baseada em um entendimento compartilhado, prático e autorizado de tarefas comuns entre aquele que escreve e o leitor.

Expressões ocasionais devem ser contrastadas com expressões "objetivas", isto é, expressões, cujas referências são decididas consultando um conjunto de regras de codificação que são assumidas, por ambos, usuário e leitor, como mantendo-se independente das características de ambos, exceto de suas apreensões mais ou menos similares dessas regras.

Os documentos no prontuário de caso tinham a característica adicional de que aquilo que poder-se-ia interpretar que estivessem *realmente* discutindo não permanecia, nem exigia-se que permanecesse idêntico em significado, nas variadas ocasiões de seus usos. Os dois significados, na realidade e na intenção, são variáveis com respeito às circunstâncias. Para apreciar o que os documentos estavam falando, foram necessárias referências específicas às circunstâncias de seus usos, mas, *enfatize-se*, não às circunstâncias que acompanham a escrita original, *e sim às circunstâncias presentes do leitor* em decidir o seu uso *presente* apropriado. Obviamente, os leitores do documento, aos quais nos referimos, são as pessoas da clínica.

Um protótipo de um registro atuarial seria um registro de pagamentos em prestações. O registro de pagamentos em prestações descreve o estado presente do relacionamento e como ele acontece. Uma terminologia padronizada e um conjunto padronizado de regras gramaticais governam não apenas os conteúdos possíveis, mas governam também a forma como um "registro" de transações passadas deve ser composto. Algo como uma leitura padrão é possível que desfrute de considerável credibilidade entre os leitores do registro. O leitor interessado não leva vantagem sobre o leitor meramente instruído. Que o leitor tem o direito de reivindicar ter lido o registro corretamente, isto é, uma reivindicação do leitor ao público leitor, é passível de decisão por ele e por outros, ao mesmo tempo em que não considera características particulares do leitor, *suas* transações com o registro, ou *seus* interesses em lê-lo.

Citar problemas dos investigadores no uso de prontuários clínicos equivale a observar o fato de que uma fração negligenciável dos conteúdos de prontuários clínicos pode ser lida de forma atuarial sem incongruência. Um investigador que tenta impor uma leitura atuarial sobre os conteúdos dos prontuários irá encher seu caderno de anotações citando imperfeições nos dados, com reclamações de "descuido", e coisas semelhantes.

No entanto, os conteúdos dos prontuários *podem* ser lidos, sem incongruência, por um membro da clínica, se, da mesma forma que um historiador ou um advogado poderia usar os mesmos documentos, ele desenvolver uma *representação documentada*[6] do que as transações do paciente-clínico consistiram como uma questão ordenada e compreensível. Os vários itens dos prontuários clínicos são símbolos – como pedaços que permitirão a reunião de um amplo e indefinido número de mosaicos– compostos, não para descrever um relacionamento entre o pessoal clínico e o paciente, mas para permitir a um membro clínico formular a relação entre o paciente e a clínica como um curso normal dos afazeres da clínica, quando e se a questão de normalizar deve surgir como um assunto de algumas das preocupações práticas dos membros da clínica. Nesse sentido, dizemos que os conteúdos do prontuário servem como um uso contratual, em vez de uma descrição, porque um contrato não faz uso e não é usado para descrever uma relação. Ao contrário, é usado para normalizar a relação, o que equivale a dizer que o *quid pro quo* de trocas é tão ordenado em um relato da relação, de modo a satisfazer os termos de um acordo prévio e legítimo, explícito ou implícito.

Os conteúdos de prontuários são compostos pressionados por necessidades contingentes, por algum membro da clínica, para construir um potencial ou passado curso de transações entre a clínica e o paciente como um "caso" e, desse modo, como uma instância de um contrato terapêutico, frequentemente com os interesses de justificar um curso de ações real e potencial entre as pessoas da clínica e os pacientes. Consequentemente, seja qual for a sua diversidade, os conteúdos dos prontuários podem ser lidos sem incongruência por um membro da clínica; muito semelhante à forma como um advogado "faz uma petição", o membro da clínica "faz um caso" a partir dos restos fragmentados *no curso* de extrair da leitura dos documentos sua relevância recíproca como um relato legítimo de atividade clínica.

A partir dessa perspectiva, os conteúdos dos prontuários consistem em um único campo livre de elementos, com cujo uso o aspecto contratual da relação pode ser formulado sobre qualquer que fosse a ocasião, em que tal formulação for requerida. Quais documentos serão usados, como serão usados, e quais significados seus conteúdos assumirão, aguardam as ocasiões particulares, fins, interesses e perguntas que um membro particular pode usar ao se referir a eles.

Contrastando com registros atuariais, documentos de prontuário são muito pouco limitados em seus significados atuais pelos procedimentos, por meio dos quais eles vêm a ser reunidos no prontuário. Na verdade, os significados dos documentos são descomprometidos de seus procedimentos reais, por meio dos quais os documentos foram reunidos e a esse respeito as formas e resultados do público leitor competente dos documentos de prontuário contrastam, mais uma vez, com as formas e resultados do público leitor atuarial competente. Quando e se um membro da clínica tem "uma boa razão" para consultar os conteúdos de prontuários, seus propósitos no momento definem algum conjunto dos conteúdos dos prontuários como elementos constituintes do relato formulado. Se, no curso de consultar o prontuário, seus propósitos mudarem, nada se altera, uma vez que o conjunto constituinte de documentos não está completo até o leitor decidir que ele leu o suficiente. Os fundamentos para parar não são formulados de antemão como condições que uma resposta para as suas perguntas tem que satisfazer. Pode-se dizer que o possível uso de documentos de prontuário segue os interesses em desenvolvimento do usuário em utilizá-los; não o contrário. É quase impossível para um usuário dizer, quando ele começa a calcular um contrato, de que documentos ele precisa, muito menos do que ele não abre mão. Seus interesses requerem um método de registro e recuperação que proveja plenamente o caráter em desenvolvimento de seu conhecimento das circunstâncias práticas de gerenciamento a serviço das quais os conteúdos dos prontuários devem estar. Acima de tudo, deseja-se que os conteúdos dos prontuários possam adquirir quaisquer significados que o público leitor lhes dê, quando vários documentos são "combinatoriamente" contrastados por esses leitores e em busca de interpretações alternativas de acordo com os interesses em desenvolvimento do leitor na ocasião real de lê-los. Dessa forma, o evento real, quando é encontrado sob a égide do possível uso a ser feito dele, fornece, naquela ocasião, a definição da importância do documento. Assim, a lista de documentos de prontuário é aberta e pode ser indeterminadamente longa. Questões de sobreposição e duplicação são irrelevantes. Não somente elas realmente não aparecem, como questões de sobreposição não podem ser avaliadas até o usuário saber, não importa com que grau de clareza ou imprecisão, o que ele quer e deve procurar e, talvez, por quê. De qualquer maneira, questões de sobreposição e omissão não podem ser decididas até que ele tenha realmente examinado qualquer coisa com que realmente o usuário defronta.

Características contrastantes adicionais de "duplicação" e "omissão" nos dois sistemas de registro requerem comentário. Em um registro atuarial, informações podem ser repetidas a título de conveniência. Mas o estrato de um estado atual de uma conta bancária não adiciona informação alguma ao que pode ser facilmente reunido do estado mais anterior da conta e dos depósitos e retiradas subsequentes. Se os dois não corresponderem, isso aponta irrefutavelmente para alguma omissão. O registro é governado por um princípio de relevância com o uso do qual o leitor pode avaliar sua completude e adequação num relance.

Um registro clínico não tem esse caráter. Uma entrada subsequente pode contrastar com uma anterior, de tal forma que o que foi conhecido até então agora muda de aspecto geral. Os conteúdos de um prontuário poderiam concorrer uns aos outros oferecendo-se representar uma parte em um argumento a ser formado. É uma questão aberta se as coisas ditas duas vezes são repetições, ou se a última tem a significação, digamos, de confirmar a primeira. O mesmo é verdade para as omissões. Na verdade, ambos ganham a visibilidade somente no contexto de algum esquema de interpretação escolhido.

O mais importante é que o leitor competente está ciente de que não é apenas o que o prontuário contém que se encontra em uma relação de referência mutuamente qualificadora e determinante, mas partes que não estão nele pertencem a isso também. Essas partes inefáveis ganham visibilidade à luz de episódios conhecidos, mas, por sua vez, os próprios episódios conhecidos são também, reciprocamente, interpretados à luz do que alguém deve racionalmente assumir que ocorreu, enquanto o caso prosseguia sem ter sido feita uma questão de registro.

O esquema para interpretar os documentos de prontuário poderia ser extraído de qualquer lugar. Isso poderia mudar a leitura de qualquer item particular, mudar os fins do investigador de fazer um caso dos documentos com que se defronta, mudar "à luz das circunstâncias", mudar à medida que as exigências assim requerem. O que a relação de qualquer sentido do documento significa para a "ordem dos esquemas" permanece inteiramente uma prerrogativa do leitor descobrir, decidir, ou discutir a seu ver, o que se enquadra em cada caso particular, conforme o caso, à luz de seus propósitos, à luz de suas mudanças de propósitos, à luz do que ele começa a achar, e assim por diante. Os significados dos documentos são alterados como uma função de tentar reuni-los no registro de um caso. Ao invés de estabelecer de antemão sobre o que um documento pode versar, espera-se ver com o que se encontra nos prontuários e, a partir daquilo, "constitui-se", literalmente encontra-se o assunto sobre o qual o documento versava. Em seguida, se há ou não continuidade, consistência, coerência entre o sentido de um documento e o outro cabe ao leitor decidir. Em nenhum caso são impostas ao leitor limitações que justifiquem ou digam de antemão o que consta no prontuário como o quê, ou o que ele vai considerar ou não valendo o quê[7].

A fim de ler os conteúdos do prontuário sem incongruência, um membro da clínica deve esperar de si mesmo o que espera dos outros membros da clínica: que conheçam e usem conhecimento (1) da pessoa a quem o registro se refere, (2) de pessoas que contribuíram para o registro, (3) da organização real da clínica e dos procedimentos operacionais, no momento em que os documentos do prontuário estão sendo consultados, (4) de uma história mútua com outras pessoas – pacientes e membros da clínica – e (5) de procedimentos clínicos, incluindo procedimentos para ler um registro na medida em que esses procedimentos envolveram o paciente e os membros da clínica. A serviço de interesses atuais, ele utiliza tal conhecimento para reunir, a partir dos itens do prontuário, uma representação documentada dessa relação[8].

A clínica que estudamos está associada a um centro médico da universidade. Em virtude do comprometimento da clínica com a pesquisa como um objetivo legítimo do empreendimento, um registro atuarial tem alta prioridade de valor nos afazeres usuais da clínica. Mas o caráter de contrato dos conteúdos dos prontuários de caso tem uma prioridade competitiva de valor que é associada a necessidades práticas e predominantes de manter relacionamentos viáveis com a universidade, com outras especialidades médicas, com o governo do Estado, com os tribunais, e com os vários públicos em geral, descobrindo serem suas atividades aquelas de uma legítima agência remediadora psiquiátrica em primeiro lugar.

Entre os dois comprometimentos não há questão alguma por parte das muitas partes envolvidas, pacientes e pesquisadores incluídos, sobre qual das duas tem prioridade. Em todas as questões, começando com as considerações de economia comparativa e estendendo-se através das tarefas de divulgar e justificar o empreendimento, as condições para manter os prontuários de contrato devem ser satisfeitas. Outros interesses são necessariamente interesses menores e devem ser ajustados a esses.

Para tudo isso é possível responder que estamos dando importância demais à questão como um todo; que, afinal de contas, os registros clínicos são mantidos para que sirvam aos interesses de serviços médicos e psiquiátricos, ao invés de servirem aos interesses de pesquisa. Responderíamos com plena concordância. Isso é o que estávamos dizendo, embora estivéssemos dizendo com o intento de ligar o estado dos registros à importância organizacional da prioridade que serviços médicos e psiquiátricos desfrutam em relação aos interesses de pesquisa. Onde quer que as atividades de pesquisa ocorram em clínicas psiquiátricas, alguém irá invariavelmente achar mecanismos especiais, por meio dos quais suas atividades de pesquisa serão estruturalmente separadas e subordinadas às atividades, por meio das quais o caráter e a viabilidade da clínica enquanto um empreendimento de serviço serão garantidos. Isso não sugere que os clínicos não buscam a pesquisa de forma séria e resoluta.

Notas

1. KRAMER, M.; GOLDSTEIN, H.; ISRAEL, R.H. & JOHNSON, N.A. "Application of Life Table Methodology to the Study of Mental Hospital Populations". *Psychiatric Research Reports*, jun./1956, p. 49-76.

2. O capítulo 7 relata esse estudo em detalhes. O capítulo 1 relata outros aspectos dessa pesquisa.

3. Para uma explicação dos usos sociocientíficos de registros clínicos, cf. BELLER, E.K. *Clinical Process*. Nova York: Free Press of Glencoe, 1962.

4. O modelo de David Harrah de um jogo de combinação de informações é escolhido para definir o significado de procedimento "atuarial". Cf. HARRAH, D. "A Logic of Questions and Answers". *Philosophy of Science*, 28, n.1, jan./1961, p. 40-46. Uma discussão mais extensa compatível com a formulação de Harrah é encontrada em MEEHL, P.E. *Clinical Versus Statistical Prediction*. Mineápolis: University of Minnesota Press, 1954. • MEEHL, P.E. "When Shall We Use Our Heads Instead of the Formula?" In: *Minnesota Studies in the Philosophy of Science*. Vol. 2. Mineápolis: University of Minnesota Press, 1958.

5. Ao chamar os interesses de "estruturais" desejamos exprimir que o interesse não é governado por considerações pessoais em antecipar a causa, mas está relacionado às demandas da prática organizada, que o membro trata como suas circunstâncias reais.

6. Para descrições adicionais de representação documentária cf. MANNHEIM, K. "On the Interpretation of 'Weltanschauung'", In: KECSKEMETI, P. (ed.). *Essays on the Sociology of Knowledge*. Nova York: Oxford University Press, 1962. Cf. tb. o cap. 3 deste volume.

7. É possível projetar deliberadamente um sistema para relatar, buscar e recuperar tais propriedades. Por exemplo, estudiosos podem deliberadamente empregar tal sistema precisamente porque seu objetivo é tal que eles podem não estar dispostos a permitir que seu conhecimento das situações, sobre as quais seu sistema de registro pretende permitir uma análise, seja confinado em seu desenvolvimento por um método que coloca limites conhecidos ao que é imaginável sobre as várias leituras e ideias com que eles se defrontaram em seu trabalho. Em seus interesses, tal sistema *ad hoc* de classificação e recuperação possui a virtude de maximizar oportunidades para ação imaginativa. Não sabendo a partir de algum "aqui e agora" o que pode se desenvolver mais tarde, e ainda assim querendo que desenvolvimentos posteriores sejam usados para reconstruir o passado, uma estratégia *ad hoc* para coleta e recuperação promete permitir ao estudioso fazer com que seu *corpus* de documentos se relacione ao gerenciamento das exigências que aparecem como uma função de seu engajamento real com a situação em andamento.

O que o estudioso pode fazer por si mesmo como um auxílio ao pensamento é feito pelos clínicos na presença um do outro, sob os auspícios de um sistema corporativamente organizado de supervisão e revisão, com seus resultados oferecidos não como interpretações possíveis, mas como relatos do que realmente aconteceu. Os seus usos de prontuários são inteiramente similares aos muitos métodos de psicoterapia, assim como ambos são formas legítimas de prestar serviços clínicos. E, se alguém pergunta – seja ele interno ou externo – pelos fundamentos racionais do procedimento, em ambos os casos também esses fundamentos são fornecidos pela invocação dos funcionários das formas da clínica como formas médico-legais socialmente sancionadas de fazer negócios psiquiátricos.

8. É importante enfatizar que não estamos falando de "tirar o melhor proveito científico do que quer que seja". Organizacionalmente falando, qualquer coleta de conteúdos de prontuário pode, poderá, e mesmo deverá ser usada para moldar uma representação documentada. Dessa forma, um esforço para impor um raciocínio formal sobre a coleta e composição de informações possuir o caráter de um exercício vazio, porque as expressões que os documentos tão ordenados conterão terão de ser "decodificadas" para descobrir seu significado real à luz do interesse e da interpretação que prevalece no momento do seu uso.

7 Adequação metodológica no estudo quantitativo dos critérios e atividades de seleção em clínicas psiquiátricas ambulatoriais*

Estudos quantitativos que descrevem como as pessoas são selecionadas para o tratamento em clínicas psiquiátricas ambulatoriais concordam que as chances de que um candidato venha a receber tratamento clínico dependem de muitos fatores, além do fato de que ele pode necessitar disso. Schaffer e Myers[1] compararam os candidatos com aqueles admitidos para tratamento na Clínica Psiquiátrica Ambulatorial do Hospital Grace New Haven e decidiram que a posição socioeconômica do candidato era um critério de seleção relevante. Hollingshead e Redlich[2] compararam a composição de classe dos pacientes afiliados a várias agências de tratamento e atribuíram aos processos de seleção a super-representação, no tratamento nas clínicas psiquiátricas de pacientes de classe média e a sub-representação de pacientes de classe baixa. Rosenthal e Frank[3] compararam uma população de todos os pacientes que contataram a Clínica Psiquiátrica Henry Phipps pela primeira vez com aqueles encaminhados para o tratamento. Descobriram que a idade, a raça, a educação, a renda anual, fontes de encaminhamento, o diagnóstico e a motivação discriminavam as duas populações. Storrow e Brill[4] compararam uma população de todos os pacientes que fizeram uma pesquisa pessoalmente na Clínica Psiquiátrica Ambulatorial da Ucla com a população remanescente que compareceu ao menos a uma entrevista de tratamento. Psiconeuroses, menor duração da doença, deterioração leve nas "adaptações ocupacionais", o desejo do paciente de se tratar, os benefícios requeridos pelo paciente, o benefício secundário, o *status* econômico, a religião, o sexo, a idade, a reação do entrevistador, a avaliação do terapeuta da possibilidade de tratamento e a evasividade do paciente discriminavam as duas populações. Reportaram uma lista extensa de "variáveis" que não discriminavam ou discriminavam mal as duas populações. Weiss e Schaie[5] compararam uma população de todos os pacientes que tiveram alta depois de completar a

---

* Com a assistência de Egon Bittner, Instituto Langley Porter de Neuropsiquiatria.

avaliação, ou o tratamento na Clínica Psiquiátrica Malcolm Bliss, com todos que não retornaram para a avaliação, ou para o tratamento adicional agendado. Eles reportam que o sexo, o estado civil, a fonte de encaminhamento e o diagnóstico discriminaram as duas populações. Nenhuma das diferenças entre as duas foi encontrada por causa da idade, da religião, do local de nascimento, do local de nascimento dos pais, da profissão, do histórico de admissão anterior para um hospital psiquiátrico, da posição do primeiro entrevistador profissional, da duração da terapia, do número de entrevistas ou número de trocas de terapeutas. Katz e Solomon[6] compararam três populações de todos os pacientes, aos quais foi oferecido tratamento após uma entrevista de admissão na clínica psiquiátrica da Escola de Medicina da Universidade de Yale e que não retornaram depois da visita inicial, depois de mais de uma, mas menos de cinco visitas, e depois de cinco ou mais visitas. Eles reportaram que a idade, o estado civil, a educação, a psicoterapia anterior, a fonte de encaminhamento, a atitude do terapeuta diante dos pacientes, e os interesses e expectativas deles de tratamento discriminavam as diferentes durações de contato com a clínica.

Uma comparação de estudos anteriores[7] revela várias ideias categóricas que são pressupostas nas descrições do processo de descrição como um fenômeno empírico. Essas ideias são constitutivas do problema de seleção em si. Por causa de seu caráter constitutivo, a referência a cada uma delas é necessária para a formulação adequada do problema de seleção. Para simplificar sua exposição, devemos chamar essas ideias constituintes dos "parâmetros"[8] do problema de seleção. Devemos nos referir a essas ideias com os termos "sequência", "operações de seleção", "uma população de demanda inicial", "a composição de uma população resultante" e "uma teoria relacionando o trabalho de seleção e a carga de trabalho da clínica".

Os estudos não só trataram desses parâmetros diferentemente, mas cada estudo deixou de tratar de pelo menos um. O resultado é que, a despeito do cuidado, com o qual os estudos foram feitos, não é possível decidir o que é realmente conhecido até então sobre os critérios de seleção. Tampouco é possível, para o pesquisador, decidir, a partir dos resultados publicados, que os pacientes eram selecionados com base nos critérios relatados, exceto que eram selecionados por longas correntes de inferências plausíveis, que requerem que o pesquisador *pressuponha um conhecimento das estruturas sociais que estão presumivelmente sendo descritas no primeiro exemplo.*

Quais são esses parâmetros? Como são eles necessariamente pressupostos? Como os estudos lidavam com eles?

1) *"Sequência"*. A primeira ideia essencial que informa os estudos de seleção de pacientes é que os grupos de paciente, cujas características são comparadas, aparecem em dois ou mais passos consecutivos em um processo de seleção. Cada estudo concebe um conjunto de populações como uma sucessão, com cada população relacionada com uma anterior população selecionada a partir dela.

Esse parâmetro está necessariamente envolvido nos estudos relatados, porque cada estudo não só usa os atributos por ele examinados como discriminadores possíveis das populações de pacientes comparadas, mas em cada estudo uma das populações comparadas é explicitamente relacionada a outra como o resultado de algum conjunto de atividades de seleção[9].

2) *"Operações de seleção"*. A ideia constituinte de operações de seleção aparece quando uma população resultante em uma sucessão é vista em relação aos processos, pelos quais ela está reunida. Esse parâmetro consiste em *algum* conjunto de operações sucessivas, que são desempenhadas sobre uma população inicial. A população resultante é, por definição, um produto de algumas operações desempenhadas sobre a população anterior por meio das quais a população anterior é transformada. Mesmo se a operação que transforma a população inicial em sua sucessora permanecer não especificada, o reconhecimento de que é um termo necessário do problema torna pelo menos possível declarar o que dela necessariamente é válido para investigações futuras[10]. Weiss e Schaie[11] falam sobre isso quando, ao concluir seu artigo, escrevem:

> Temos a impressão de que aquelas diferenças percebidas como estatisticamente significantes em relação à falha para retornar são de alguma importância para prever as taxas de retorno... Esse tipo de estudo de corte transversal, contudo, não gera qualquer percepção da dinâmica de "interrupção de terapia"...

A maioria dos outros estudos presta a devida atenção às "operações de seleção" em uma mistura de conjectura e interpretações clínicas.

3) *"Uma população de demanda inicial"*. O parâmetro de uma "população inicial" é necessário em virtude do fato de que qualquer programa de seleção sequencial necessariamente exige uma referência a uma população inicialmente dada. Dada tal referência, deve-se perguntar que tipo de população inicial é mais apropriado para o estudo de atividades e critérios de seleção da clínica.

Não é possível restringir a concepção de população inicial a *uma* população com atributos como idade, sexo e assim por diante, cujo *status* procura-se avaliar como critérios de seleção. A despeito de quais atributos são designados à população inicial, uma referência ao seu caráter *legítimo* é necessariamente subentendida. Isso deve ser visto no fato de que a clínica recebe continuamente solicitações sobre seus serviços, para as quais nenhum registro oficial é feito: por exemplo, pessoas que ligam para perguntar se podem ser hipnotizadas ou receber ácido lisérgico para saber como é. O caráter legítimo desses atributos deriva do fato de que qualquer população inicial deve ser caracterizada pela natureza das reivindicações que têm sobre serviços clínicos. O trabalho de seleção é, em todos os casos, portanto, ao menos tacitamente, concebido para ocorrer através de atividades que são governadas por considerações médico-legais. Do ponto de vista não só da equipe da clínica, mas de maneira recíproca, do ponto de vista dos pacientes, os critérios devem ser capazes de justificar-se em relação aos mandatos médico-legais dentro dos quais a clínica opera. Do ponto de vista dos pacientes e da equipe da clínica, as populações não são meramente aceitas, ou recusadas – isto é, "selecionadas" – com base em "sexo" ou "idade" ou "*status* socioeconômico" ou "motivação" ou "diagnóstico". São aceitas ou recusadas nesses termos como "boas razões".

Porque não é suficiente, do ponto de vista da pessoa, dizer que uma população inicial é "distribuída com base em algum atributo", não é suficiente do ponto de vista do pesquisador. Ao invés disso, a população inicial é aquela que é distribuída com base em algum atributo em relação ao qual o resultado da seleção é justificável pela clínica, se ele puder assegurar a aprovação de suas operações. A "população inicial" apropriada para o problema de seleção dentro da clínica, concebida como uma operação governada por uma ordem médico-legal é, portanto, e necessariamente, uma *população inicial legítima*.

Mas isso não encerra o problema de decidir a população inicial apropriada. Deve-se ainda escolher se a população inicial é mais apropriadamente considerada elegível, ou uma população de demanda.

De acordo com a doutrina de responsabilidade médico-legal, todos os membros da sociedade constituem uma população potencialmente elegível. Estudos epidemiológicos tipicamente voltando-se para a tarefa de definir populações elegíveis. Uma população elegível, contudo, não pode ser a população inicial que é apropriada para o estudo de processos clínicos de seleção de pacientes. Isso pode ser observado no fato de que pessoas que são tanto elegíveis quanto necessitadas de tratamento, devem, de alguma maneira, conseguir a atenção dos serviços psiquiátricos. O teórico deve prever isso, se ele quer evitar a suposição de que as populações necessitadas de tratamento e as populações que comparecem para tratamento são idênticas. As pesquisas bem conhecidas de Clausen e Yarrow e outros[12] demonstraram os "caminhos" para o tratamento. Tais "caminhos" consistem em um conjunto de operações, pelo qual uma população de demanda é produzida, a partir de uma população de elegíveis. Portanto, se comparamos uma população de comunidade com uma população clínica, como Hollingshead e Redlich[13] o fazem, sabemos somente como as pessoas que aquela clínica aceitou diferem daquelas que poderiam potencialmente exercer o direito ao tratamento.

Somos levados à conclusão de que se deseja comparar uma população que é produzida a partir das operações clínicas com outra população que está em contato com a clínica anteriormente. Essa população anterior consistiria em uma população elegível que foi modificada em virtude de já ter buscado serviços clínicos. De forma simplificada, é uma população de demanda.

Isso vale para qualquer população que está em contato com a clínica em qualquer lugar no processo de seleção. Mas quando se quer estudar o efeito das operações clínicas sobre essa população de demanda, então é desejável uma população de demanda anterior, uma vez que, quanto mais tarde na sequência de operações clínicas a população de demanda for primeiramente selecionada, mais as operações clínicas confundem os resultados de seleção sobre a população de demanda. Assim, por exemplo, na experiência da Clínica Psiquiátrica Ambulatorial da Ucla, 67% de todas as pesquisas foram feitas por telefone. Aproximadamente, três quartos destas pesquisas por telefone nunca acompanharam esse contato. Considerar a população de demanda sem levá-la em conta contabiliza uma população que já havia sido reduzida a quase metade (48%).

Omitir de um estudo de seleção, como Schaffer e Myers[14] fizeram em seu estudo: (a) pacientes que foram encaminhados apenas para consulta, (b) pacientes que são considerados portadores de síndromes não psiquiátricas, (c) pacientes que necessitam de hospitalização, (d) pacientes cujos encaminhamentos nunca foram seguidos de seu aparecimento na clínica, e (e) pacientes que, "seguindo triagem inadequada", descobriu-se serem aptos a custear clínicas privadas, fornece uma população de demanda sobre a qual os processos de seleção já haviam operado. As dificuldades de avaliar os resultados de Schaffer e Myers são percebidas se se pergunta como essa porção da população de demanda – que pensamos que deve ter sido considerável – se compara quanto à composição de sexo, idade, classe etc. com aquela que eles usaram como a população inicial. Somente se as duas populações fossem idênticas é que poderíamos atribuir a seleção de critérios que Schaffer e Myers citam. Se as duas populações diferissem, teríamos que concluir que idade ou sexo, ou classe, ou seja lá o que for, tinha algo a ver com a história. Em todos os estudos anteriores[15], exceto em um, as populações iniciais que foram usadas estão sujeitas a ressalvas similares.

Concluímos que, se o problema de seleção deve ser adequadamente enquadrado, a legítima população de demanda deveria consistir da demanda, tão logo ela seja primeiramente encontrada. *Senão, as próprias operações de seleção da clínica podem tornar confusa a tarefa de descrever esses procedimentos de seleção por usar como uma população de comparação aquela que já havia sido selecionada de maneira desconhecida*[16].

4) *"Composição de uma população resultante"*. Esse parâmetro estipula que cada população resultante é composta por duas subpopulações: (a) um conjunto de pessoas que estão "dentro", em relação à qual há (b) uma população complementar de "foras". A soma das duas reproduz a população precedente. Esse parâmetro dita as escolhas de populações que devem ser comparadas, se o pesquisador deve decidir os critérios que eram usados na seleção. Para o problema da seleção, as populações necessariamente apropriadas são as "dentro" e as "fora" em cada passo do processo.

Com exceção dos estudos de Weiss e Schaie, e Kadushin, e sem considerar comparações[17] entre elegível/dentro, estudos prévios compararam uma população "dentro" com uma população "dentro" posterior, ou uma população "fora" com uma população "fora" posterior. A razão pareceria ser que, se uma população sobrevivente posterior mostrasse diferentes características de uma população anterior, então a seleção deve ser atribuída às características que discriminam as duas.

Dada a ideia constituinte de seleção a partir de populações sucessivas, ambas as comparações "dentro-dentro" e "fora-fora" são processualmente incorretas. Como é isso então?

Comparações "dentro-dentro"

Para os estudos que usaram um procedimento "dentro-dentro", um momento de reflexão mostrará (a) que, embora uma comparação dentro-dentro era usada, o propósito da comparação era "dentro-fora", com o resultado de que as comparações reais e pretendidas não coincidem. Além disso, (b) se as estatísticas associativas usuais, por exemplo, qui-quadrado[18] são usadas para avaliar a presença de uma associação entre critérios e sobrevivência, então somente a comparação pretendida é a correta.

Considere-se o ponto (a). A própria argumentação e o método usado no procedimento dentro-dentro envolvem a comparação de uma população sobrevivente com uma que não sobreviveu. A prova dessa afirmação consiste no fato de que a população anterior consiste de dois grupos: aqueles que são "dentro" no passo inicial e que serão "dentro" mais tarde, e aqueles que são "dentro" no passo inicial, mas que serão "fora" mais tarde, quando as características dos "dentro" são consultadas. Uma comparação direcionada para sucessivas populações "dentro" confunde o propósito da comparação que é direcionada para os critérios, pelos quais a atrição de uma população original foi produzida. Porque nós estamos necessariamente lidando com a atrição progressiva de uma população inicial, os critérios de seleção devem operar em qualquer "ponto" dado para discriminar aqueles que permanecem daqueles que se afastam naquele ponto. Portanto, mesmo se os passos são indiferenciados, ao menos um passo é necessariamente considerado nos termos do problema em si, e para esse passo a comparação é necessariamente a de uma população "dentro" com uma população "fora".

Considere-se o ponto (b). Porque ambas as populações "dentro" e "fora" de algum passo posterior são constituintes da população no passo precedente, as "dentro" e "fora," em qualquer passo, são complementares em sua composição. Se o pesquisador usa o quadrado para decidir os critérios de seleção é preciso cuidado ao comparar uma população "dentro" com uma população "dentro" posterior para evitar comparar uma grande parte da população anterior com ela própria. Além disso, para tratar as populações anteriores e posteriores como distribuições independentes, uma condição que deve ser satisfeita para o uso correto do qui-quadrado, a população inicial em uma população de um passo teria de constituir os marginais. Os sobreviventes seriam, então, comparados com seu complemento, que são os "fora" em um passo posterior. Os estatísticos[19] que consultamos concordaram que o uso de qui-quadrado para comparar sucessivas populações "dentro" é incorreto, mas a opinião estava dividida sobre em relação a considerar se este procedimento é incorreto, porque a correlação depreciaria o resultado, ou porque uma comparação qui-quadrado de sucessivas populações-dentro em um caso envolvendo frequências condicionais não tem nenhum sentido claro. Em qualquer caso, a consequência é que a comparação de sucessivas "dentro" deixaria obscuro o julgamento sobre a presença de atributos discriminatórios. Todos os estudos prévios que usaram comparações dentro-dentro usaram qui-quadrado para comparar as duas populações, mas nenhum mencionou esse problema.

Comparações "fora-fora"

Dado que a tarefa de decidir a presença dos critérios de seleção é resolvida ao se empregar um esquema de inferência que deve suprir a atrição de uma população inicial, uma comparação fora-fora é incorreta, porque emprega um esquema inapropriado de inferência. A diferença entre o esquema de inferência que uma comparação fora-fora usa e o esquema que é apropriado para o problema de seleção pode ser demonstrada no estudo de Katz e Solomon[20], que usou comparações fora-fora.

Katz e Solomon usaram uma coorte original de 353 pacientes. Três coisas possíveis poderiam acontecer a esta coorte original (CO): alguma parte dele poderia estar fora depois de uma visita (Fora$_1$); outra parte dele poderia estar fora depois de duas ou quatro visitas (Fora$_{2-4}$); uma terceira parte poderia estar fora depois de cinco ou mais visitas (Fora$_5$). Dito de forma mais formal, podemos afirmar que a coorte original (CO) foi dividida em três possibilidades de ocorrência: Fora$_1$, Fora$_{1-4}$ e Fora$_5$. Qualquer "ruptura" como o atributo, "o interesse do paciente no tratamento clínico" representa uma regra de divisão. Por exemplo, uma regra de divisão que Katz e Solomon testaram era: dê alta a pacientes de baixo interesse cedo; dê alta a pacientes de alto interesse tarde. Uma regra de divisão alternativa era: dispense os pacientes cedo ou tarde a despeito do interesse no tratamento. As populações esperadas Fora$_1$, Fora$_{2-4}$, Fora$_5$ eram comparadas com as populações observadas, a fim de se estabelecer a extensão do desvio entre a população observada e a população esperada. Foi decidido que os critérios de seleção haviam operado, quando as distribuições desviaram de forma significante das distribuições que eram esperadas de acordo com a regra de divisão de não associação.

Para demonstrar a inapropriação desse procedimento para o problema de seleção, é necessário mostrar que ele não permite inferências sobre os critérios de seleção sem referência gratuita aos termos do problema de seleção[21].

O procedimento que Katz e Solomon usaram para dividir a coorte original pode ser representado pelo seguinte diagrama. Ela descreve a relação entre o grupo original e as populações sucessivas que uma regra de divisão produz:

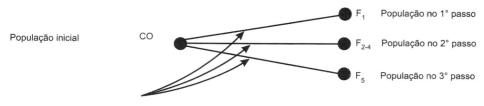

Regra de divisão, e.g.,
Interesse dos pacientes no tratamento

Uma análise desse diagrama revela (a) que o domínio de ocorrências possíveis consiste de Fora$_1$, Fora$_{2-4}$, Fora$_5$; (b) que a coorte original é reproduzida como a soma de Fora + Fora$_{2-4}$ + Fora$_5$; e (c) que o significado da sucessão é gratuito desde que, a respeito da coorte original como a "iniciante", os ramos podem ser alternados e as populações podem ser substituídas entre si sem alternar o significado do diagrama. Portanto, embora Fora$_1$, Fora$_{2-4}$ e Fora$_5$ signifiquem, cada um, diferentes durações de tratamento, a referência às suas sucessões não é parte de seu significado necessário. Pode-se arranjá-las na "ordem natural" de magnitude crescente de duração, mas não há mais necessidade para este arranjo do que há para qualquer arranjo que esteja de acordo com o significado que a duração do tratamento tem dentro desse diagrama, isto é, que cada uma das três durações seja uma duração diferente. Se o pesquisador, no entanto, se refere à sucessão, ele pode fazê-lo somente ao conceder a ela uma propriedade gratuita.

Corresponde a cada diagrama um esquema de inferência[22], que é construído, ordenando-se o domínio de eventos possíveis de acordo com a regra de inclusão. O conjunto de inferências necessárias consiste daquelas que esgotam o domínio de eventos possíveis. Essas inferências são obtidas comparando-se todos os subdomínios que esgotam o domínio superordenado que os subdomínios dividem.

O esquema de inferência que corresponde ao diagrama usado por Katz e Solomon é como se segue:

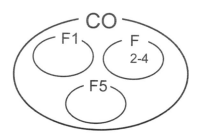

Nesse esquema, os subdomínios são Fora$_1$, Fora$_{2-4}$, e Fora$_5$. Novamente notaremos que essas possibilidades serão ordenadas de acordo com a duração do contato, mas o significado das populações sucessivas não é nem um aspecto fundamental do domínio de ocorrências possíveis, nem há qualquer comparação dentro desse esquema, pela qual o significado de sucessivas populações esteja necessariamente contido. Em vez disso, todas as inferências desse esquema são controladas pela necessidade de que sejam compatíveis com a suposição que nenhum desses três resultados inclui os outros resultados em seus significados. Seja lá o que for que o pesquisador diga sobre essas três populações, deve ser compatível com a suposição de que não há nenhuma relação de sentido necessária entre o quanto uma população sobreviveu e quanto tempo sobreviveria.

Uma coorte original que foi dividida enquanto fornecia o significado das populações sucessivas como um aspecto fundamental do domínio de possíveis ocorrências apareceria o seguinte diagrama:

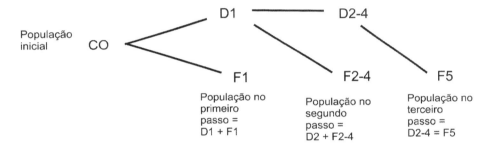

Veremos que o conjunto de resultados possíveis agora consiste em Dentro$_1$; Fora$_2$; Dentro$_1$-seguido-de-Dentro$_{2-4}$; Dentro$_1$-seguido-de-Fora$_{2-4}$; Dentro$_1$-seguido--de-Dentro$_{2-4}$-seguido-de-Fora$_5$. Quando esse diagrama de possíveis resultados é ordenado de acordo com a regra da inclusão, o seguinte esquema de inferência resulta:

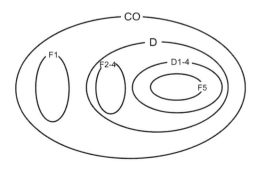

Veremos que qualquer arranjo de populações no diagrama muda seus significados. Duração e sucessão estão necessariamente relacionadas.

Enquanto o grupo original de Katz e Solomon é descrito como CO (100%) = Fora$_1$ + Fora$_{2-4}$ + Fora$_5$, o grupo original demandado pelo parâmetro de sequência é descrito como CO (100%)[23] = Fora$_1$ + (Dentro$_1$-seguido-de-Fora$_{2-4}$) + (Dentro$_1$-seguido-de-Dentro$_{2-4}$-seguido-de-Fora$_5$).

O esquema de inferência no estudo de Katz e Solomon envolve uma comparação dos subdomínios de Fora$_1$, Fora$_{2-4}$ e Fora$_5$ para CO. Ao seguir a interpretação de Katz e Solomon do problema de seleção, as chances de sobrevivência são descritas, comparando-se os dispensados em cada passo como uma fração da coorte original.

O esquema de inferência que resulta da construção do parâmetro de sequência na concepção do problema de seleção envolve uma comparação dos subdomínios de Dentro$_1$ e Fora$_1$ para CO: Dentro$_{2-4}$ e Fora$_{2-4}$ para Dentro$_1$; e Fora$_5$ para Dentro$_{2-4}$. Seguindo esse procedimento, as chances de sobrevivência são descritas pela comparação de admitidos e dispensados, em cada passo, como frações daqueles que sobreviveram ao *passo precedente*.

O fato de que essas diferenças fazem diferença para as descobertas de Katz e Solomon é ilustrado nas seguintes tabelas, que foram recalculadas a partir da Tabela 7[24] no artigo de Katz e Solomon. Sua tabela pretendia descrever a relação entre a fonte de encaminhamento, a duração do tratamento e o interesse do paciente no tratamento.

De acordo com o procedimento de Katz e Solomon, descobrimos o seguinte:

Interesse do paciente no tratamento	Pacientes submetidos à "clínica aberta" de alas hospitalares, clínicas e salas de emergência que encerraram o tratamento depois				Pacientes submetidos à "clínica regular" através de autossubmissão ou através de médicos que encerraram o tratamento depois			
	Coorte original (N)	1 visita %	2 até 4 visitas %	5 ou mais visitas %	Coorte original (N)	1 visita %	2 até 4 visitas %	5 ou mais visitas %
Claramente expresso	(22)	31,8	45,4	22,8	(132)	8,3	4,5	87,2
Teve de ser encorajado	(28)	35,8	42,9	21,3	(43)	20,9	20,9	58,2
Pouco ou nenhum interesse	(64)	67,2	23,5	9,3	(28)	42,8	39,3	17,9
Total	(114)				(203)			

Quando os dados de Katz e Solomon foram recalculados para fornecer o significado necessário para a sucessão, suas descobertas tomaram um rumo diferente:

	Pacientes submetidos à "clínica aberta" de alas hospitalares, clínicas e salas de emergência que encerraram o tratamento depois			Pacientes submetidos à "clínica regular" através de autossubmissão ou através de médicos que encerraram o tratamento depois		
Interesse do paciente no tratamento	Coorte original (N)	1 visita %	2 até 4 visitas %	5 ou mais visitas %	Coorte original (N)	1 visita %	2 até 4 visitas %	5 ou mais visitas %
Claramente expresso	(22)	31,8	66,7	*	(132)	8,3	4,9	*
Teve de ser encorajado	(28)	35,8	66,7	*	(43)	20,9	26,5	*
Pouco ou nenhum interesse	(64)	67,2	71,5	*	(28)	42,8	68,8	*

* Todas as porcentagens nesta coluna são 100%, uma vez que todas as pessoas que tenham feito cinco ou mais visitas são aquelas que sobreviveram a duas ou mais visitas.

A tabela original de Katz e Solomon afirma o seguinte: quando foi assumido que quanto tempo uma pessoa esteve em contato com a clínica ambulatorial e quanto tempo essa pessoa permaneceria podem ocorrer independentemente entre si, a descoberta era que depois de uma visita, as pessoas com pouco, ou nenhum, interesse no tratamento psiquiátrico se afastaram em uma taxa proporcionalmente mais alta do que aquelas com maior interesse no tratamento. Daí em diante, as pessoas com pouco ou nenhum interesse desistiram em uma taxa proporcionalmente mais baixa do que aquelas com interesse mais forte. Pessoas com pouco ou nenhum interesse desistiram depois da primeira visita; pessoas com interesse mais forte desistiram mais tarde.

A tabela recalculada é baseada na suposição de que o tempo que uma pessoa, encaminhada à clínica ambulatorial, teria permanecido inclui, como uma condição dependente, o tempo que essa pessoa esteve em contato. A descoberta é que as pessoas com pouco ou nenhum interesse no tratamento se afastaram depois de uma visita em um grau desproporcionalmente alto, ao passo que o interesse no tratamento não discriminava afastamentos depois de duas a quatro visitas.

Para as pessoas que foram encaminhadas à "clínica regular", Katz e Solomon descobriram que as taxas de frequência com que pessoas com diferentes graus de interesse desistiram não mudaram entre a primeira visita e a segunda, até à quarta visita. Os dados recalculados declaram que essas taxas mudaram: a taxa de afastamentos cresceu acentuadamente depois de duas ou mais visitas para as pessoas que tinham pouco ou nenhum interesse no tratamento[25].

Em todos os casos, nos quais há uma relação necessária entre quanto tempo uma pessoa seguiu no tratamento e quanto tempo permanecerá, nos quais o pesquisador trata essas possibilidades como se elas ocorressem independentemente entre si – o que ele faz ao usar comparações fora-fora – se o pesquisador descreve suas descobertas literalmente, ele as terá reportado incorretamente. O pesquisador deveria, no entanto, tratar suas descobertas obtidas por comparações fora-fora como se elas envolvessem um conjunto de populações sucessivamente selecionadas, suas descobertas não podem ser demonstradas a partir dos dados em si, mas, em vez disso, vão requerer que ele vá para fora de seu estudo para designar aos seus dados seus *status* de descobertas do estudo.

As críticas precedentes dos estudos que usaram comparações dentro-dentro e fora-fora não se aplicam ao estudo de Weiss e Schaie, visto que, nesse estudo, o conjunto de pessoas que não conseguiram encontrar serviços programados é, por definição, uma população "fora"; as pessoas que finalizaram os serviços programados constituem a população "dentro". Essas críticas também não se aplicam onde somente duas populações fora foram comparadas. Nesse caso, comparações dentro-fora e fora-fora produzem resultados idênticos[26].

5) A discussão do quinto "parâmetro" será adiada. Ela diz respeito à necessidade da escolha que o pesquisador deve fazer para decidir como ele irá conceber a relação entre o trabalho[27] que produz uma população "dentro" e uma população "fora" e a carga de trabalho da clínica naquele passo ou em passos futuros. As aspas são usadas para referir-se a essa consideração como um parâmetro de um problema de seleção adequadamente definido, visto que, corretamente falando, ele consiste em uma proposição sobre o caráter relatado dos quatro parâmetros prévios de "sequência", "operações de seleção", "população de demanda inicial" e "composição de populações comparadas". Seu caráter relacionado é fornecido pela seleção que o pesquisador faz de alguma teoria que conceba a relação entre o trabalho que produz uma população "dentro" e uma população "fora" e a carga de trabalho da clínica. Essa escolha teórica irá necessariamente determinar o sentido das descobertas que ele designa aos resultados de seus métodos estatísticos. O caráter crítico da escolha é particular aos estudos de seleção social. A necessidade dessa escolha será discutida mais tarde neste capítulo quando o seu caráter puder ser mais facilmente demonstrado.

A Tabela 1 resume as decisões metodológicas que os estudos prévios fizeram a respeito dos parâmetros de um problema de procedimentos de seleção adequadamente definidos.

TABELA 1
Comparação das decisões metodológicas sobre os parâmetros do problema de seleção em estudos anteriores

Estudo	Seleção de critérios considerada	Sequência	Operações de seleção	População de demanda inicial consistia de	Composição de populações comparadas	Populações relacionadas para propósitos de inferência como	Estatística	Teoria que justifica a escolha da estatística	Observações
Futterman, Kirkner e Meyer (1947)	18 atributos da pasta de reivindicações de VA.	Dados de baixa do exército → Internação na clínica VAMH.	Comentários *ad hoc*.	Admitidos que terminaram após o tratamento. N = 483	Elegível/Dentro.	Conjuntos independentes.	Fiscalização das porcentagens.	Nenhuma menção.	Clínica VAMH de Los Angeles. As diferenças nas populações foram citadas sempre que as duas populações eram comparadas, i.e., 13 em 18 atributos.
Ginsburg e Arrington (1948)	Atributos de registros de caso. Não especificados, exceto por aqueles que foram citados como "descobertas".	Todos os pacientes para os quais existia um registro em quatro clínicas → vários números de visitas de cinco ou mais. Passos específicos não especificados.	Comentários *ad hoc*.	Registros de "todos os pacientes observados durante um período de dois meses por três clínicas e por um período de doze meses em uma 4ª clínica "para obter uma amostra comparável". N = 288.	Dentro/Fora.	Refere-se a populações sucessivas, mas não são especificadas numericamente.	Fiscalização das porcentagens.	Possibilidades de efeitos sequenciais "testadas".	Populações não especificadas numericamente. O procedimento para decidir a presença de efeitos sequenciais é descrito vagamente demais para ser replicado. Clínicas na cidade de Nova York, mas não identificadas.

Teoria relacionada às atividades de seleção e carga de trabalho da clínica

Estudo	Seleção de critérios considerada	Sequência	Operações de seleção	População de demanda inicial consistia de	Composição de populações comparadas	Populações relacionadas para propósitos de inferência como	Estatística	Teoria que justifica a escolha da estatística	Observações
Tissenbaum e Harter (1950)	Diagnósticos, consultas, melhora e disposição médica. Nenhum atributo de "folha de rosto" considerado.	Todas as admissões para tratamento → fora depois de 1 mês ou menos → 1-3 meses → 3-6 meses → 6-12 meses → 1-2 anos → depois de 2 anos ou mais.	Comentários *ad hoc*.	Todos os veteranos "com os quais a clínica tinha contato para propósitos de tratamento". Chamados "admissões". N = 5.655.	Fora/fora.	Conjuntos independentes.	Inspeção dos gráficos de contagens reais.	Nenhuma menção.	Estudo feito em "uma grande clínica VAMH". Brooklyn, cidade de Nova York. O procedimento dentro/fora produz diferentes descobertas.
Mensh e Golden (1951)	23 atributos de registros de caso.	Aceitos para terapia → fora após 1-4 → 5-9 → 10-19 → 20 ou mais sessões terapêuticas.	Comentários *ad hoc*.	Amostra total de veteranos do sexo masculino observados terapeuticamente por um período de dois anos "em uma clínica de contrato VAMH". Omite todos os passos anteriores do contato clínico. N = 575	Fora/fora.	Conjuntos independentes.	X^2	Nenhuma menção.	O procedimento dentro/fora produz diferentes descobertas.

Estudo	Variáveis		Amostra					Local/Observações
Garfield e Kurz (1952)	Duração do tratamento, fonte de encaminhamento, tipos de casos, responsabilidade pelo término, avaliação de melhorias pelos médicos. Informação de registros de caso.	Tratamento oferecido → fora depois de menos que 5 → 5-9 → 10-14 → 15-19 → 20-24 → 25 ou mais entrevistas.	Comentários *ad hoc*	Todos os registros de caso para casos fechados de veteranos que apareceram e foram entrevistados pelos psiquiatras. N = 1.216.	Fora/fora.	Conjuntos independentes.	Fiscalização das porcentagens.	Nenhuma menção.	Clínica VAMH, Milwaukee Wisconsin. O procedimento dentro/fora produz diferentes descobertas.
Katkov e Meadow (1953)	Símbolos de Rorschach.	Todos os pacientes com registros de Rorschach em arquivos de teste → pararam de manter compromissos sem o consentimento do terapeuta antes da 9ª sessão terapêutica → compareceu às 9 primeiras sessões terapêuticas.	Nenhuma menção.	Todos os pacientes com registros de Rorschach em arquivos de teste. N = 52.	Fora/fora.	Conjuntos independentes.	Função discriminante para prognosticar a continuação.	Nenhuma menção.	Clínica VAMH, Boston, Massachusetts. O mesmo que dentro/fora porque somente dois grupos foram comparados.

Teoria relacionada às atividades de seleção e carga de trabalho da clínica

Estudo	Seleção de critérios considerada	Sequência	Operações de seleção	População de demanda inicial consistia de	Composição de populações comparadas	Populações relacionadas para propósitos de inferência como	Estatística	Teoria que justifica a escolha da estatística	Observações
Auld e Eron (1953)	Símbolos de Rorschach.	Todos os pacientes com registros em seus arquivos de teste → fora após menos de nove entrevistas → fora depois de mais de nove entrevistas ou encerraram antes de nove entrevistas com o consentimento do terapeuta.	Nenhuma menção.	Todos os pacientes com registros de Rorschach em arquivos de teste que eram tratados pelo pessoal efetivo. N = 33.	Fora/fora.	Conjuntos independentes.	X^2; bisserial, Festinger, tetrachloricr.	Nenhuma menção.	Clínica Ambulatorial Psiquiátrica, Hospital New Heaven. Crítica da fórmula de prognóstico de Katkov e Meadow. Cf. tb. GIBBY; STOTSKY; HILER & MILLER. *Journal of Consulting Psychology*, 18, 1954, p. 185-191.
Myers e Schaffer (1954)	Classe social (Hollingshead).	(I) Aceitos pelo entrevistador de admissão para apresentação em conferência de admissão → fora depois de menos que uma semana de 1-9 → fora depois de 10 ou mais semanas. (II) Aceitos → fora depois de serem vistos → 2-9 → 10 ou mais vezes.	Comentários *ad hoc*.	Registros de caso de todas as pessoas que apareceram e foram aceitas por um entrevistador de admissão para apresentação em conferência de admissão. N = 195.	Fora/fora.	Conjuntos independentes.	X^2	Nenhuma menção.	Clínica Psiquiátrica Ambulatorial, New Heaven, Conn. A análise dentro/fora produz diferentes descobertas. Cf. nota 26 deste capítulo.

Schaffer e Myers (1954)	Classe social (Hollingshead).	(I) Aceitos pelo entrevistador de admissão para apresentação em conferência de admissão → fora depois de uma semana ou menos → fora depois de 2-4 → 5-9 → 10-24 → 25 semanas ou mais. (II) O mesmo primeiro passo que em (I) → aceito para tratamento → encaminhado a outras agências → rejeição (III) Elegível → dentro.	Comentários *ad hoc*. Descrição parcial. Descrição parcial.	Registros de caso de todas as pessoas que apareceram e foram aceitas por um entrevistador de admissão para apresentação em conferência de admissão. N = 195.	Fora/fora. Dentro/dentro. Elegível/Dentro.	Conjuntos independentes. Conjuntos independentes. Conjuntos independentes.	X^2 X^2 X^2	Nenhuma menção. Nenhuma menção. Nenhuma menção.	
Auld e Myers (1954)	Classe social (Hollingshead).	Aceito pelo entrevistador de admissão para apresentar-se na conferência de admissão → fora depois de 7 ou menos → 8-19 → 20 ou mais entrevistas.	Usou esses dados como um teste da hipótese de que "no processo de interação... há mais recompensas tanto para o paciente quanto para o terapeuta quando o paciente pertence à classe média".	O mesmo que em Myers e Schaffer (1954). N = 65.	Fora/fora.	Conjuntos independentes.	Bisserial.**r**	Nenhuma menção.	Clínica Ambulatorial Psiquiátrica, New Heaven, Connecticut.

Teoria relacionada às atividades de seleção e ingresso clínico

Estudo	Seleção de critérios considerada	Sequência	Operações de seleção	População de demanda inicial consistia de	Compos. de populações comparadas	Populações relacionadas para propósitos de inferência como	Estatística	Teoria que justifica a escolha da estatística	Observações
Winder e Hersko (1955)	Classe social (fator 2 do índice de Hollingshead), idade e sexo.	Receberam ou estão recebendo tratamento → fora 1-9 → 10-19 → 20 ou mais sessões de tratamento.	Nenhuma menção.	Registros de caso de seleção aleatória da população total de pacientes que receberam ou estavam recebendo psicoterapia. N = 100. População = 1.250.	Fora/fora.	Conjuntos independentes.	X^2	Nenhuma menção.	Clínica Ambulatorial de Higiene Mental. O procedimento dentro/fora reforça as descobertas reportadas.
Myers e Auld (1955)	Maneira com a qual o tratamento é finalizado.	Internação com o pessoal sênior e com os residentes → fora depois de 1-9 → 10-19 → 20 ou mais entrevistas.	Comentários ad hoc.	Os mesmos casos que aqueles estudados por Schaiffer e Myers (1954), mas com casos designados a médicos estudantes omitidos. N = 126.	Fora/fora.	Conjuntos independentes.	X^2	Nenhuma menção.	Clínica Psiquiátrica Ambulatorial, New Haven, Conn. Usou X^2 após combinar células e pequenas frequências de remédio, embora isso tenha alterado o propósito original da comparação.

290

Imber, Nash e Stone (1955)	Classe social.	"Todos os pacientes" → fora após 0-4 → após 5 ou mais entrevistas.	Nenhuma menção.	"Todos os pacientes" entre 18-55 "foram incluídos, exceto aqueles com doenças orgânicas, desordem de caráter antissocial, alcoolismo, psicose clara e deficiência mental". N = 60.	Fora/fora. Conjuntos independentes. X^2	Nenhuma menção.	Departamento Ambulatorial, Clínica Psiquiátrica Henry Phipps, Hospital Universitário Johns Hopkins. O mesmo que dentro/fora porque somente dois grupos foram comparados.
Kurland (1956)	Responsabilidade de equipe e readmissões.	Candidatos — fora após passar somente → fora 1-2 R_x — 3-5 R_x — até 3 meses → de 3-6 meses → de 6-12 meses → 1-3 anos → mais de 3 anos.	Comentários *ad hoc*.	Todos os pacientes por 9 anos, para os quais havia um registro disponível. N = 2.478.	Fora/fora. Conjuntos independentes. X^2	Nenhuma menção.	Clínica de Higiene Mental VA, Baltimore, Maryland. O procedimento dentro/fora produz diferentes descobertas.
Rubenstein e Lorr (1956)	Inventário de personalidade, Escala F modificada, autoavaliações posicionamento, teste de vocabulário, itens de "folha de rosto".	Aceitos para tratamento intensivo → 5 visitas ou menos → 26 visitas ou mais.	Comentários *ad hoc*.	Amostra de todos os pacientes em 9 Clínicas VA de Higiene Mental, aceitos para tratamento, que tiveram 5 visitas ou menos, ou 26 visitas ou mais. N = 128.	Fora/fora. Conjuntos independentes. X^2	Nenhuma menção.	Clínicas "por todo o país". Projeto especificamente destinado a lidar com a duração sem sucessão.

Teoria relacionada às atividades de seleção e ingresso clínico

Estudo	Seleção de critérios considerada	Sequência	Operações de seleção	População de demanda inicial consistia de	Compos. de populações comparadas	Populações relacionadas para propósitos de inferência como	Estatística	Teoria que justifica a escolha da estatística	Observações
Frank, Gliedman, Imber, Nash e Stone (1957)	"Folha de rosto" do paciente e aspectos psicológicos; situação do tratamento; relação da situação do tratamento com a situação da vida do paciente; o tratamento em si; os atributos do terapeuta.	Comparecimento real na clínica → fora depois de 3 ou menos → fora depois de 4 ou mais sessões de tratamento.	Comentários *ad hoc*.	Todos os pacientes brancos que apareceram na clínica, exceto aqueles que satisfaziam os critérios clínicos para encaminhamento para outro lugar. N = 91.	Fora/fora.	Conjuntos independentes.	X^2	Nenhuma menção.	Departamento ambulatorial, Clínica Psiquiátrica Henry Phipps, Hospital Johns Hopkins. O procedimento dentro/fora alcançou os mesmos resultados porque somente dois grupos foram comparados. Tentativa de controle para terapeutas; e terapeutas e pacientes "sentem-se impelidos a se manterem em contato por, no mínimo, 6 meses".
Kaduskin (1958)	Tipos de decisões dos pacientes Re: origem do seu problema; diagnóstico, rendimentos, profissão.	Comparecimento à clínica → não retidos → retidos e retirados → retidos e mantidos.	A maneira pela qual a origem do problema foi sentida pelo cliente foi comparada com outros fatores situacionais, tais como prognosticadores de carreiras. A ênfase recai sobre a relevância deles para o paciente como fatores em sua situação.	Amostra de "uma população clínica maior" consistindo de pessoas esperando entrevista de admissão, das quais 1/3 foi entrevistado após elas esperarem e terem a entrevista de admissão. N = 110.	Três tipos de carreiras:(1) Comparecimento – fora (2) Comparecimento – retido – fora (3) Comparecimento – retido – mantido Dentro/fora.	Ideia de sucessão mantida na comparação.	Fiscalização da porcentagem.	Nenhuma menção.	Clínica Religioso-psiquiátrica da Fundação Americana de Religião e Psiquiatria, cidade de Nova York.

292

Katz e Solomon (1958)	Itens de folha de rosto, fonte de encaminhamento, queixas sobre o diagnóstico; a atitude do terapeuta perante o paciente, o interesse do paciente no tratamento, as características do terapeuta, uso de medicamentos.	Pessoas que ofereceram tratamento → fora depois de 1 → depois de 2-4 – fora após 5 ou mais visitas.	Comentários *ad hoc*.	Diagramas de todos os pacientes observados na clínica, excluindo aqueles submetidos a outras agências após a entrevista de admissão. N = 353.	Fora/fora.	Conjuntos independentes.	"Diferenças significativas" citadas, mas sem nenhuma menção da estatística.	Nenhuma menção.	Clínica Psiquiátrica Ambulatorial, Escola de Medicina da Universidade de Yale. O procedimento dentro/fora produz diferentes descobertas.
Weiss e Schaie (1958)	Itens de folha de rosto, fonte de encaminhamento, diagnóstico, hospitalização anterior, pessoal da clínica, duração da terapia e número de entrevistas.	Sequência funcional de conclusão ou não dos serviços clínicos.	Levantada como uma questão crítica.	Registros de caso fechado consecutivos de pessoas agendadas para um programa de serviços clínicos. N = 603.	Dentro/Fora.	Conjuntos independentes.	X^2	Nenhuma menção.	Clínica Psiquiátrica Malcolm Bliss, St. Louis, Missouri.

Estudo	Seleção de critérios considerada	Sequência	Operações de seleção	População de demanda inicial consistia de	Compos. de populações comparadas	Populações relacionadas para propósitos de inferência como	Estatística	Teoria que justifica a escolha da estatística	Observações
Rosenthal e Frank (1958)	Itens de folha de rosto, fonte de encaminhamento, diagnóstico, motivação do paciente, *status* da alta, duração da terapia.	(I) Visita inicial → em tratamento (II) Tratamento oferecido → fora após 5 ou menos horas → fora após 6 ou mais horas.	Comentários *ad hoc*.	I – Formulário informativo projetado para o estudo e preenchido pelo pessoal clínico para registrar a avaliação, os passos e os serviços do tratamento. N = 3.413. II – Formulários informativos para o tratamento oferecido às pessoas. N = 384.	Dentro/Dentro. Fora/fora.	Conjuntos independentes. Conjuntos independentes.	X^2	Nenhuma menção. Nenhuma menção.	Clínica Psiquiátrica Henry Phipps, Universidade Johns Hopkins, Escola de Medicina.
Hollingsheade Redlich (1959)	Classe social (Hollinghead).	População do New Haven elegível → em tratamento.	Descrição parcial.	População elegível dos Estados Unidos, censo de New Haven. População internada do censo de pessoas em tratamento conduzidas pelos investigadores. N = 155.	Elegível/Dentro.	Conjuntos independentes.	X^2	Nenhuma menção.	Pessoas da área de New Haven em Tratamento em "clínicas públicas" em New Haven, Connecticut e estados vizinhos.

Rogers (1960)	Somente as taxas de abandono foram consideradas.	Encaminhamentos → (número de entrevistas no momento da finalização tratadas como uma série contínua de 1 a 144).	Formulou várias questões.	O autor combinou todos os encaminhamentos fornecidos por cinco departamentos estaduais de saúde mental e uma clínica VA. N = 904 pacientes de 53 clínicas separadas.	Fora/fora.	Conjuntos independentes.	Fiscalização de porcentagens.	Nenhuma menção.	Departamentos Estaduais de Saúde Mental; Califórnia, 1957; Iowa, 1954; Kansas, 1956; Texas, 1956; Wisconsin, 1956; VA Denver, 1957.
Storrow e Brill (não publicado, 1959)	44 itens dos formulários informativos projetados como registros "estatísticos" aplicados na entrevista inicial.	Primeiro comparecimento real → segue tratamento.	Comentários ad hoc.	Todos os candidatos em pessoa, para os quais o formulário informativo padrão para pessoas de 18 anos ou mais velhas foi finalizado. N = 433.	Dentro/Dentro.	Conjuntos independentes.	X^2	Nenhuma menção.	Unidades psiquiátricas de internação e ambulatoriais, Centro Médico da Ucla.
Brill e Storrow (não publicado, 1959)	Idade, sexo, religião, estado civil, educação, área de nascimento, rendimento, classe social (Hollingshead).	População geral do condado de Los Angeles → "buscando tratamento".	Comentários ad hoc.	Candidatos em pessoa consecutivos para os quais o formulário informativo padrão para pessoas de 18 anos ou mais velhas foi finalizado. N = 620.	Elegível/Dentro.	Conjuntos independentes.	X^2	Nenhuma menção.	Clínica psiquiátrico-ambulatorial, Centro Médico da Ucla.

Devemos agora mostrar que um estudo de critérios de seleção que satisfaz todas as condições dessa revisão produz resultados diferentes daqueles de estudos prévios, ao mesmo tempo em que levanta questões adicionais a respeito da adequação metodológica.

Os dados

Realizou-se um estudo na Clínica Psiquiátrica Ambulatorial da Escola de Medicina na Universidade da Califórnia, Los Angeles, usando quaisquer dados que estivessem disponíveis nos arquivos para pacientes que tinham contatado e finalizado o contato com a clínica de 1º de julho de 1955, quando a clínica começou seu funcionamento, até 31 de dezembro de 1957. Uma contabilização de todos os casos foi realizada, contando-se todas as pastas de arquivo, dados telefônicos e cartas de pesquisa. Houve 3.305 casos[28]. Estes eram tratados como a população de demanda inicial. Todo quinto registro foi selecionado, o que produziu uma amostra de 661 casos. Os conteúdos desses registros eram codificados[29] em relação aos itens listados na Tabela 4. Para a informação que ele era capaz de obter, o codificador registrava se havia obtido a informação através do exame dos registros, através de inferência certa ou através de inferência incerta. Os resultados são apresentados nas tabelas 2 a 4. Foram utilizados todos os casos nos quais havia informação sobre um dado item sem levar em conta o grau de confiabilidade na informação que o decodificador havia indicado. Dentro dessa condição os materiais reportados neste capítulo são baseados nas melhores[30] informações que estavam disponíveis. É difícil dizer se os casos de não informação sobre os itens particulares que são reportados teriam dado resultados diferentes. Para tirar-se o melhor proveito de uma situação ruim, a distribuição dos itens, para os quais havia qualquer caso de falta de informação, foi comparada com a composição sexual daquele item, uma vez que não tivemos informação sobre o sexo em apenas um dos casos. Infelizmente, tivemos nossa informação mais completa somente sobre sexo. Em 21 comparações, todos os qui-quadrados foram não significativos[31]. Portanto, devemos prosseguir como se os casos com ou sem informação sobre um dado atributo não fossem discrimináveis e que a experiência de sobrevivência de casos com informação sobre um atributo descreve as experiências da coorte inteira.

TABELA 2

Frequência de não informação em cada item

	Todos os casos	Casos com informação	Casos sem nenhuma informação Número	Percentual
Ponto de alta	661	661	0	0,0
Sexo	661	660	1	0,2
Fonte de encaminhamento	661	639	22	3,3
Idade	661	624	37	5,6
Grupos masculinos por idade	284	272	12	4,2
Grupos femininos por idade	376	352	24	6,4
Como o primeiro contato foi feito	661	613	48	7,3
Estado civil	661	583	78	11,8
Experiência psiquiátrica anterior	661	535	126	19,1
Classificação social dos dados residenciais informados	661	519	142	21,5

TABELA 3

Frequência de não informação depois de vários pontos de alta

	Todos os casos que podem ser usados	Após o primeiro contato		Após a entrevista de admissão		Após a conferência de admissão		Após o tratamento	
		Fora	Dentro	Fora	Dentro	Fora	Dentro	Fora	Dentro
Todos os casos	661	419	242	54	188	92	96	16	80
Sexo:									
Masculino	284	187	97	19	78	33	45	4	41
Feminino	376	231	145	35	110	59	51	12	39
Total	660	418	242	54	188	92	96	16	80
Fonte de encaminhamento	639	408*	231*	50*	181*	89*	92*	16	76*
Grupo masculino por idade	272	176*	96	19	77	32	45	4	41
Idade	624	383*	241	54	187	91	96	16	80
Grupo feminino por idade	352	207*	145	35	110	59	51	12	39
Como o primeiro contato foi feito	613	402*	211*	46*	165*	83*	82*	16	66*
Estado civil	583	343*	240*	53	187	91	96	16	80
Experiência psiquiátrica anterior	535	304*	231*	52*	179*	86	93*	16	77*
Nível social do recenseamento residencial	519	289*	230*	51*	179*	85	94*	15	79

* Marca as ocasiões em que dois ou mais casos carecem de informação.

A concepção

Durante um intervalo de tempo, um número de pessoas, através de telefonemas, cartas, e comparecimento em pessoa, apresentou-se para a equipe da clínica como "pacientes" em potencial. Chamemos qualquer conjunto dessas pessoas com uma característica comum, como idade, sexo, e semelhantes, uma coorte. Os membros de cada coorte prosseguem por um número de passos sucessivos, e todos começam, por definição, com o primeiro contato. A cada passo sucessivo eles interessam a eles próprios e a várias equipes da clínica, de diferentes formas. A equipe da clínica da Ucla referia-se a esses tipos sucessivos de interesse em pacientes em potencial como "primeiro contato", "entrevista de admissão", "testes psicológicos", "conferência de admissão", "lista de espera", "internação", e "alta". Para os propósitos deste trabalho, devemos considerar apenas "primeiro contato", "entrevista de admissão", "conferência de admissão", "internação", e "alta". Após um período de tempo, todos os membros de uma coorte têm alta. Esses passos podem ser representados com o seguinte diagrama:

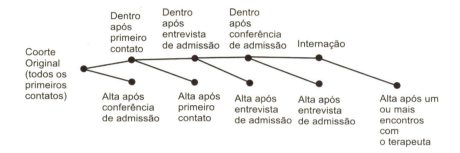

TABELA 4
Disponibilidade de informação e como foi obtida nos 661 casos

	Porcentagem dos 661 casos obtidos, para os quais			
Item de informação	Não houve informação	Informação foi obtida por inferência incerta	Informação foi obtida por inferência certa	Informação foi obtida por investigação
(A) Características "de capa" do paciente				
Sexo	0,2	-	0,3	99,5
Idade	5,5	2,9	0,4	91,2
Estado civil	11,8	5,4	3,9	78,9
Área social	21,4	0,4	3,6	74,6
Raça	59,5	0,2	0,6	39,7
Profissão	55,6	0,4	5,0	39,0
Religião	51,7	9,5	2,3	36,5
Escolaridade	60,7	1,4	2,6	35,3

Eliminado por falta de informação
Histórico profissional
Duração do casamento
Casado pela primeira fez ou casado novamente
Ascendência étnica
Renda
Distribuição dos afazeres domésticos
Principal contribuinte para o sustento do paciente local de nascimento
Tempo de residência na Califórnia

(B) Primeiro contato

Como o contato foi feito	7,2	0,4	2,3	90,1
Se o paciente foi acompanhado, por quem	-	2,0	2,0	96,0
Tipo de encaminhamento	3,5	0,4	7,8	88,3
Pessoas de fora envolvidas no encaminhamento	2,5	0,2	3,0	94,3
Pessoa da clínica envolvida no primeiro contato	3,6	-	-	96,4
Número de pessoas da clínica contatadas	4,8	-	2,0	93,2
Disposição após o primeiro contato	5,0	0,3	11,9	82,8

		Porcentagem dos 661 casos obtidos, para os quais			
Item de informação		Não houve informação	Informação foi obtida por inferência incerta	Informação foi obtida por inferência certa	Informação foi obtida por investigação
(C)	Entrevista de admissão e testes psicológicos				
	Aparência do paciente na entrevista de admissão	0,4	0,5	2,1	97,0
	Pessoa da clínica envolvida na entrevista de admissão	0,3	-	-	99,7
	Resultado do teste psicológico	0,2	0,3	1,5	98,0
	Se não houve testes psicológicos, motivo	16,3	2,5	17,5	63,7
(D)	Conferência de admissão e tratamento				
	Conferência de admissão agendada ou improvisada	44,6	10,9	34,9	9,6
	Membro da equipe responsável pela conferência de admissão	50,3	-	-	49,7
	Decisão da conferência	8,0	9,7	10,3	72,0
	Se o paciente foi designado a um terapeuta, nome do terapeuta	8,3	-	-	91,7
	Nome do primeiro terapeuta	3,8	-	-	96,2
	Se o paciente estava na lista de espera, resultado	-	0,3	9,6	90,1
	Se o paciente não foi aceito, motivo	19,7	1,2	7,7	71,4
	Se o paciente não foi aceito, como foi notificado	31,5	2,7	6,8	59,0

Eliminado por falta de informação
Composição da conferência de admissão
Número de admissões anteriores
Casos colaterais
Agendamento dos testes psicológicos
Agendamento das entrevistas de admissão
Número de encontros para a entrevista de admissão
Notificação de alta pendente após a entrevista de admissão
Testes psicológicos administrados
Tipo de tratamento recomendado
Número de sessões de tratamento agendadas
Número de encontros perdidos
Número de entrevistas com cônjuges, pais, familiares, amigos etc.
Supervisor do tratamento
Regime de visitas planejado
Frequência real das visitas
Razões para alta após o tratamento

(E) *Características psiquiátricas*

Natureza das reclamações dos pacientes	7,0	0,2	1,9	90,9
Diagnósticos psiquiátricos	17,2	-	-	82,8
Experiência psiquiátrica anterior	19,0	1,7	46,5	32,8
Motivação para a terapia	32,0	11,3	28,3	28,4
"Propensão psicológica"	40,2	14,0	23,9	21,9

(F) *Carreira clínica*

Ponto de alta	-	0,9	6,2	92,9
Circunstâncias da alta	2,6	1,1	5,6	90,7
Para onde o paciente foi encaminhado	3,5	0,3	7,6	88,6
Tipo de carreira clínica	0,2	0,8	5,1	93,9
Número de dias em contato com a clínica	1,5	3,0	3,5	92,0
Número de dias fora do *status* de internação	2,0	3,8	3,9	90,3
Número de dias em tratamento	8,8	0,4	0,4	90,4

Chamemos cada ponto de um "*status*". Chamemos quaisquer dois pontos unidos de um "passo". Chame qualquer conjunto de dois ou mais pontos unidos, que começam com o primeiro contato e terminam com a alta de um paciente, de "carreira". Chamemos as linhas que conectam de "atividades de seleção". Chamemos o conjunto de pontos conectados de "árvore".

O ponto de primeiro contato é fixado por definição. Após isso, qualquer ligação concebível dos pontos restantes é possível. A Figura 1 (p. 105) é um exemplo de uma árvore. Ela representa as atividades de seleção sucessivas, o *status* relacionado e as possíveis carreiras descritas no Manual de Procedimentos Clínicos da Clínica Psiquiátrica Ambulatorial da Ucla. Ela pode ser devidamente vista como o procedimento de seleção oficialmente entendido da clínica. A árvore que as coortes descrevem por seus movimentos reais deveria diferir do retrato oficial de "procedimentos de seleção adequados". Por exemplo, apesar de o retrato oficial representar os passos como a sequência rígida, o primeiro-contato-para-entrevista-de-admissão-para-conferência--de-admissão-para-internação, com a alta possível após cada passo, o real grupo de 661 casos descreveu diferentes caminhos. Setenta dos 661 casos seguiram caminhos nos quais os passos foram ou omitidos ou transpostos. Por causa de todos os 70 casos terem ocorrido após o primeiro contato, e porque 419 dos 661 casos tiveram alta após o primeiro contato, as 70 carreiras "anômalas" representam 29% de todos que poderiam demonstrar desvios das carreiras prescritas pelo Manual de Procedimentos. Cinquenta e uma das 70 carreiras anômalas omitiram testes psicológicos ou reverteram a sequência teste psicológico-para-conferência-de-admissão. Através do colapso dos passos de testes psicológicos e de conferência de admissão, foi possível tratar a maior parte dos casos como se as carreiras reais seguissem uma sequência rígida. A distorção introduzida por esse método é representada por 27% das carreiras anômalas; 3% de todos os casos.

Para os propósitos deste capítulo, a árvore delineia as características essenciais de transações clínica-paciente, concebidas como uma sequência de operações que transformam a população[32]. A árvore representa as atividades sucessivas de seleção que produzem duas populações a partir da população de pessoas que estão em contato com a clínica em um ponto anterior: uma população "dentro" e uma "fora" no passo posterior. A árvore, assim, permite quatro conjuntos de comparações de pessoas que ainda estão em contato e pessoas em alta após cada lugar sucessivo, em que atividades de seleção ocorreram. Esses quatro pontos de comparação sucessivos estão listados na Tabela 5, que também descreve as sucessivas experiências de "dentro" e "fora" da coorte original de 661 pessoas.

TABELA 5

Atrição da coorte em sucessivos passos da árvore

Passos na árvore	Número Dentro	Número Fora	Percentual cumulativo do grupo original Dentro	Percentual cumulativo do grupo original Fora	Percentual de sobreviventes no enésimo passo que eram "dentro" e "fora" no passo n + 1 Dentro	Percentual de sobreviventes no enésimo passo que eram "dentro" e "fora" no passo n + 1 Fora
Grupo original	661		100,0		100%	
Após primeiro contato	242	419	36,6	63,4	36,6	63,4
Após entrevista de admissão	188	54	28,4	71,6	77,7	22,3
Após conferência de admissão	96	92	14,5	85,5	51,1	48,9
Para o primeiro encontro com o terapeuta	80	16	12,1	87,9	83,3	16,7

Nota: setas indicam a divisão de porcentagem entre "dentro" e "fora" em passos sucessivos de todos os sobreviventes do passo anterior.

As coortes de idade, sexo, estado civil etc. diferiram-se em relação às chances de sobreviver ao enésimo passo? A ideia da clínica como uma operação de transformação da população será usada como um método para conceber essa questão e suas respostas apropriadas, especificamente porque ambas tocam no problema de critérios de seleção.

O método é este. Conceber as transações entre pacientes e a equipe da clínica, descrita em alguma das árvores, como uma operação de transformação da população. Uma coorte inicial, que é uma população de demanda, é distribuída entre alguns conjuntos de categorias, *e.g.*, entre homens e mulheres, entre faixas etárias, entre estados civis e coisas do tipo. Chamemos qualquer distribuição como essa, onde quer que ocorra na árvore, de uma população. Uma operação é realizada na coorte inicial, que envia alguma fração dele ao passo posterior e dá alta à fração restante. Assim, as atividades dos três alteram as propriedades de tamanho e composição das sucessivas populações "dentro". No enésimo passo há uma população-dentro e uma população-fora. Transações paciente-clínica, após cada enésimo passo, são operadores desconhecidos que produzem, a partir da população-dentro precedente, uma divisão posterior de "dentro" e "fora" no enésimo-mais-um passo (n + 1). O processo continua até todos os membros do grupo inicial terem recebido alta. Esse processo consiste essencialmente na atrição progressiva de uma população de demanda inicial.

De acordo com essa concepção, a pergunta "As coortes de idade, sexo, estado civil etc. diferiram-se em relação às chances de sobreviver ao enésimo passo?" é idêntica à questão "As populações dentro e fora de cada passo eram distinguíveis no atributo específico?" Se essa questão, entretanto, *que outros estudos, assim como o presente estudo, responde*, é idêntica à questão "Quais critérios foram usados para selecionar pessoas para o tratamento?", permanece como algo a ser respondido posteriormente.

Uma operação pode ser descrita de acordo com ou uma ou a outra das seguintes regras, mas não as ambas:

Regra 1: reduza os sobreviventes do enésimo passo por alguma fração, mantendo as proporções de pessoas em função das características invariáveis ao tamanho da redução. Passe adiante uma parte do enésimo-mais-um passo e dê alta para o restante.

Regra 2: reduza os sobreviventes do enésimo passo, mantendo as proporções de pessoas e características. Passe uma parte adiante para o enésimo-mais-um passo e dê alta para o restante.

Se as sucessivas populações "dentro" e "fora" observadas *não* forem discrimináveis estatisticamente das populações sucessivas esperadas, geradas pela Regra 1, então devemos dizer que a Regra 1 descreve as populações "dentro" e "fora" observadas em relação aos processos para reuni-las. Se as populações "dentro" e "fora" observadas *forem* discrimináveis estatisticamente das populações sucessivas esperadas, geradas pela Regra 1, então devemos dizer que a Regra 2 descreve as populações "dentro" e "fora" acima em relação aos processos para reuni-las.

Assim, a questão de se os grupos de idade, sexo etc. tiveram diferentes experiências em relação à seleção é respondida pela eleição de uma regra ou a outra como a aplicável. Uma vez que há quatro[33] passos, há quatro ocasiões, nas quais uma decisão precisa ser tomada entre uma regra ou a outra como a aplicável. Desta forma, as quatro regras podem ser combinadas de várias formas. Chamemos qualquer combinação possível das regras 1 e 2 para o conjunto de quatro passos sucessivos de um "programa de seleção".

O método para decidir entre as duas regras em qualquer passo ou conjunto de passos é fornecido no Apêndice I. A Tabela 5, que descreve as chances de sobrevivência e alta[34] para a coorte não diferenciada nos passos sucessivos na árvore também especifica a Regra 1 por produzir um conjunto de carreiras, nas quais as pessoas passaram adiante na cadeia inteira de demanda, candidatura e tratamento, a despeito de suas características tanto em um passo específico como em uma sucessão deles.

Descobertas

Programa de seleção 1: a Regra 1 descreve os resultados do processamento das coortes de (a) idade, (b) sexo, (c) nível social da região de acordo com o recenseamento residencial[35], (d) estado civil, e (e) grupos de idade femininos pelos quatro passos. Populações em contato ou desligadas em cada passo foram reproduzíveis de acordo com os seguintes procedimentos: Desligar dois terços dos candidatos originais após a pesquisa inicial; desligar aproximadamente um quinto dos sobreviventes após a entrevista de admissão; desligar na conferência de abertura metade daqueles que foram admitidos; e desligar um sexto daqueles aceitos para tratamento antes de aparecerem para o primeiro tratamento com o terapeuta. A cada redução, desconsiderado o fato de as pessoas serem homens ou mulheres, ou mesmo crianças, adolescentes, adultos jovens, ou já mais velhos, ou de idade, ou virem de áreas socialmente categorizadas como baixa, média ou alta do setor oeste de Los Angeles, ou estarem abaixo de dezesseis anos de idade e, portanto, serem inelegíveis para casamento, ou serem solteiros, casados ou separados, divorciados ou viúvos.

Programa de seleção 2: um segundo procedimento é necessário para reproduzir as populações "dentro" e "fora" em relação a (a) faixa etária masculina dos candidatos, (b) como as pessoas contataram a clínica pela primeira vez, e (c) como as pessoas foram encaminhadas à clínica. O programa para reproduzir cada desses grupos estabelece: desligar seletivamente cada uma dessas coortes em relação a cada uma dessas três características, mas fazê-lo somente no primeiro contato. Após o primeiro contato, desconsiderar essas características: passar ou desligar os sobreviventes de acordo com a Regra 1.

As experiências específicas dessas coortes foram como se segue:

(a) *Faixa etária masculina*: como um exame da Tabela 6 revela, após o primeiro contato, homens adolescentes e adultos foram desligados em maior número do que o esperado. Crianças e adultos jovens ou medianos foram desligados em números aproximadamente esperados. Homens de idade foram desligados menos frequentemente que o esperado. Três quintos do qui-quadrado para a tabela inteira foi composta por essas comparações. As diferenças restantes foram distribuídas ao longo do processo. Discriminações em relação à faixa etária masculina ocorreram no primeiro passo e diziam respeito ali a apenas 27% de todas as faixas etárias masculinas que contataram a clínica. Discriminações posteriores, apesar de terem ocorrido, foram de pequeno valor preditivo, tanto com respeito ao tamanho proporcionado ou composição.

(b) *Como o primeiro contato foi feito*: seleções em relação à natureza dos primeiros contatos foram grandemente concentradas no primeiro contato. 70% das pessoas que se candidataram por carta ou telefone, ou por quem outra pessoa apareceu em seu lugar, desligaram-se após a pesquisa inicial. Quase 98% do qui-quadrado para o processo inteiro foi composto pela diferença entre as pessoas nesse passo. Após esse passo, as populações de sobreviventes e que foram desligadas eram indistinguíveis.

(c) *Fonte de encaminhamento*: pessoas que eram tanto autoencaminhadas, ou eram encaminhadas por pessoas leigas, não eram distinguíveis em suas taxas de desistência em primeiro contato, e ambos os grupos desistiram em números maiores do que o esperado. Em contraste, pessoas que eram encaminhadas por fontes médicas ou psiquiátricas profissionais desistiram muito abaixo dos números esperados. Esse efeito foi impressionantemente limitado ao contato inicial. Sobreviventes do contato inicial prosseguiram pelo restante de suas carreiras sem que a forma de encaminhamento aparecesse novamente. A maioria das diferenças entre esses grupos ocorreu neste passo: 85% do qui-quadrado da tabela foi composto aqui.

Programa de seleção 3: um terceiro programa é necessário para reproduzir as populações "dentro" e "fora" que correspondem ao tipo de experiência prévia com soluções psiquiátricas. Tipo de experiência psiquiátrica prévia foi associado com chances de sobrevivência no contato inicial e novamente na conferência de admissão. As chances de sobrevivência ao primeiro contato das pessoas que tiveram um histórico de contato com uma instituição mental pública foram abaixo do esperado. As chances de sobrevivência eram de alguma forma melhores do que as esperadas para aqueles com experiência prévia com clínicas psiquiátricas públicas. Esse padrão foi repetido após a conferência de admissão. A Regra 1 reproduz os de dentro e os de fora na conferência de admissão e internação.

O problema da seleção

Os três programas que foram descritos respondem à questão: "As sucessivas populações, dentro e fora, foram discrimináveis nos atributos específicos?" Seria essa questão idêntica à questão, para a qual um estudo de seleção de paciente realmente procura uma resposta, por exemplo: "Quais critérios foram usados para selecionar pessoas para tratamento?" O fato de que as populações dentro e fora para a coorte de mesma idade são programáveis de acordo com a Regra 1 significa que o trabalho de seleção pela equipe da clínica é descrito pela Regra 1? A Regra 1 afirma que a população de demanda inicial, após o primeiro contato, seja proporcionalmente reduzida em tamanho por dois terços, de forma a reproduzir as proporções iniciais de homens e mulheres. A regra é claramente uma instrução ao programador. A Regra 1 descreve o uso do critério de idade de forma que nos permita dizer como o critério é realmente administrado no curso das atividades de seleção?

Uma resposta inequívoca a essas questões não é possível até que o pesquisador decida sobre uma teoria para conceber o relacionamento entre o trabalho de seleção e a carga de trabalho da clínica. Que alguma teoria é necessariamente escolhida nos remete ao quinto "parâmetro"[36] de um problema de seleção adequadamente definido

Como respondemos essas questões depende de como escolhemos conceber os relacionamentos entre o trabalho de seleção e a carga de trabalho da clínica. A escolha de uma teoria não apenas é inevitável, mas é crítica para a tarefa de decidir o que contará como uma descoberta. Essa escolha de teoria fornece ao pesquisador os fundamentos para decidir o que os resultados de suas avaliações estatísticas significarão enquanto descobertas. *Testes estatísticos que produzem resultados idênticos*[37] *produzirão descobertas incompatíveis de acordo com o uso de diferentes decisões teóricas que sejam feitas com respeito ao relacionamento de trabalho de seleção para a carga de trabalho da clínica.*

Idealmente, é desejável um método que corresponda, em sua estrutura lógica, aos aspectos pretendidos dos eventos em estudo. Assume-se que as observações reais e as observações pretendidas são idênticas em significado. Os resultados de aplicar-se o método de qui-quadrado adquirem o *status* de uma descoberta apenas e exclusivamente de acordo com as regras que o pesquisador usa da definição da correspondência entre a estrutura lógica dos eventos do teste e a estrutura lógica dos eventos que ele sustenta observar. Isso tudo é óbvio e dificilmente requer que seja apontado. Como essa regra é relevante para os propósitos do pesquisador de decidir como as pessoas foram selecionadas?

Pode-se ilustrar que descobertas diferentes corresponderiam a resultados estatisticamente idênticos considerando-se alguns dos resultados acima. O qui-quadrado foi não significante para as populações dentro e fora sucessivas para a coorte de idade. Esse resultado poderia ser tratado como a descoberta de que, quando as pessoas foram passadas para os próximos passos, o critério de idade foi desconsiderado. Por outro lado, o qui-quadrado idêntico não significante poderia ser tratado como uma descoberta contrastante, isto é, que a equipe da clínica fez as seleções em relação à distribuição de idade da coorte original, o que lhes serviu como uma norma que governa suas seleções. A distribuição de idade da coorte original definiu para eles uma composição desejável da população que as pessoas que selecionam, por meio de suas decisões, procuravam produzir em passos posteriores. De acordo com esse conceito do relacionamento entre o trabalho de seleção e a carga de trabalho da clínica, um qui-quadrado não significante é uma medida da extensão na qual as atividades de seleção da equipe da clínica estavam de acordo com as práticas desejadas. Assim, usando o resultado do qui-quadrado idêntico, nada poderia ser *menos* relevante do que a idade do participante no primeiro caso, nada poderia ser *mais* relevante do que a idade do participante no segundo.

Dos casos em que um qui-quadrado significante ocorreu – considere, por exemplo, fontes de encaminhamento –, uma descoberta é a de que a discriminação operava no primeiro contato; posteriormente, fontes de encaminhamento foram desconsideradas. Uma descoberta alternativa seria a de que atenção especial foi dada a encaminhamentos profissionais de acordo com a tentativa da clínica de encorajar encaminhamentos profissionais e manter seus laços com agências profissionais. Essa obrigação foi liberada após o primeiro contato. Daí em diante, uma distribuição simples estabelece que as pessoas sejam aceitas em relação proporcional à frequência com a qual elas parecem perseguir seus interesses na avaliação clínica e terapia. No último caso, a fonte de encaminhamento continuaria, em todos os passos sucessivos, a ser uma questão relevante que governa o trabalho de seleção, através do qual populações dentro e fora sucessivas foram geradas, ao passo que, no primeiro caso, a fonte do encaminhamento era irrelevante após o primeiro contato.

Esses exemplos deveriam bastar para o seguinte ponto: a escolha do conceito é inevitável se o pesquisador quiser designar um sentido a um resultado estatístico, como uma descoberta sobre o trabalho de seleção e as populações que ele produz.

Não apenas é inevitável a escolha de um conceito; a escolha é crítica também porque *um resultado estatístico idêntico corresponderá, em todo caso teórico diferente, a uma descoberta específica diferente*. Essa variação depende inteiramente da teoria dos próprios procedimentos da seleção que o pesquisador resolve usar. De fato, sem a escolha do pesquisador de uma teoria, ele não pode nem decidir qual teste empregar, ou decidir as operações apropriadas para conduzi-los. Se os testes forem feitos mesmo assim, os resultados serão a favor das descobertas de forma lógica idêntica à que o pelo do urso se coloca para o urso, ou coloca-se para qualquer outro objeto que o pesquisador, em nome de qualquer pequeno exercício de perspicácia clínica, pode conceber ou pode, através de raciocínio plausível, justificar. Resumindo, então, resultados estatísticos idênticos produzirão descobertas diferentes sobre os critérios de seleção.

Obviamente, estamos interessados em decidir as *descobertas* sobre os critérios de seleção. Se, de forma comparativa, repensarmos várias escolhas que estão disponíveis em relação a esse "parâmetro", considerações adicionais de adequação podem ser demonstradas.

Uma escolha é conceber a relação entre trabalho de seleção e a carga de trabalho da clínica como uma sequência linear causal com populações sucessivas concebidas como uma série de eventos independentes. Chamemos isso de um *modelo qui-quadrado*. Outra escolha é conceber a relação como uma sequência linear causal, mas tratar essa sequência como um processo finito de Markov com probabilidades de transição fixas. Chamemos isso de um *modelo de Markov*. Em ambos os casos, a distribuição provável de características em uma população resultante é governada apenas por (a) as características da população no passo precedente e (b) por uma operação na população que envia uma parte dela para "dentro" e envia o restante para "fora" no passo posterior. Uma terceira concepção relaciona o trabalho de seleção e a carga de trabalho da clínica como um processo, através do qual as seleções dos selecionadores são governadas em suas ocorrências pela desejada ou talvez justificável composição que os processos de seleção que os selecionadores esperam que produzam em algum passo posterior. Chamemos essa teoria de um *modelo de "condução"*.

Um teórico que tenha usado um *modelo qui-quadrado* junto com o método qui-quadrado para decidir uma descoberta estaria obrigado a relatar as seguintes descobertas sob a ocorrência de um qui-quadrado não significante considerando-se às coortes separadas por sexo. O qui-quadrado não significante descreve as duas populações como o resultado do conjunto total de decisões de seleção, cada decisão tendo ocorrido independentemente das outras, nas quais o sexo foi uma consideração irrelevante na decisão. A condição de independência fornece as características adicionais que as seleções foram feitas pelos selecionadores, que trataram também como irrelevante a composição da população inteira, a ocasião da seleção, e a disposição antecipada destes que permaneceriam "dentro" nos passos posteriores.

Se o teórico usou um *modelo de Markov*, o qui-quadrado não significante descreve as últimas duas populações dentro e fora, conforme o resultado do conjunto total de decisões de seleção, nos quais as pessoas eram enviadas para dentro ou para fora sem considerar o sexo. Mas está adicionado aos resultados que as seleções foram feitas pelos selecionadores que levaram o tamanho e a composição proporcional da população no passo imediatamente anterior em consideração, mas apenas no passo anterior, e que considera a ocasião da seleção como relevante, mas apenas em seu sentido como a ocasião que seguiu o passo precedente. No restante das situações, desconsideraram a disposição final antecipada, mas administraram, ao invés disso, uma regra de porcentagem fixada para selecionar os dentro e os fora que era apropriada aos números proporcionados que tinham que ocorrer como dentro e fora no passo posterior[38].

Se o *modelo de "condução"* é usado, um qui-quadrado não significante descreve as duas populações como os resultados de decisões de seleção individual, cada uma sendo feita considerando tanto os produtos disponíveis quanto os acumulados, sendo o produto acumulado governado por aquilo que o resultado final para aquele conjunto teria se tornado, assim como pelo objetivo terminal do conjunto inteiro de passos remanescentes, e com o objetivo no curso de seleções sendo o de produzir uma distribuição dos de dentro e dos de fora *que corresponde à regra de irrelevância* como um modo de comportamento de seleção sancionado. Um qui-quadrado não significante significaria que sexo havia sido definitivamente levado em consideração pelos selecionadores e que sexo foi tão levado em consideração por eles a ponto de produzir uma população que condiz com uma composição de sexo e tamanho justificáveis da última carga de trabalho da clínica.

De forma alguma são esses os únicos modelos disponíveis. E obviamente não existe regra, através da qual o número de escolhas disponíveis pode ser limitado. Como alguém faz uma escolha?

Devido ao fato de que a escolha dirigirá o sentido a ser feito do resultado estatístico, e devido ao fato de que iriam querer que o método correspondesse às atividades de seleção reais, a regra óbvia é selecionar uma concepção que corresponda o mais próximo às atividades reais, através das quais as pessoas são selecionadas na clínica. Problemas de adequação acompanham essa regra.

Se tivéssemos que basear nossa escolha nessa regra, havia características das atividades de seleção na Ucla que poderiam ser citadas como fundamentos para preferir o *modelo de "condução"* aos outros dois. Primeiramente, a equipe da clínica tinha ideias definidas sobre as propriedades que a carga de trabalho da clínica deveria apresentar. Suas ideias estavam relacionadas à carga de trabalho em cada passo, começando com a composição da população de demanda, mas essas ideias foram bem definidas em relação à carga da internação. Além disso, havia o fenômeno na clínica da Ucla da lista de espera não existente. Pedia-se às pessoas para "esperar". Dizia-se a elas que haviam sido aceitas para tratamento e seriam contatadas assim que um local estivesse disponível. O grupo foi estabelecido para satisfazer contingências antecipadas, mas indefinidas. Seleções foram feitas a partir do grupo para consertar as "deficiências" na carga de trabalho dos residentes conforme os residentes momentaneamente decidiam as faltas e os excessos. A garantia adicional mais aproximada do caráter realista do *modelo de "condução"* é que a equipe da clínica reclamou aos pesquisadores que seu trabalho não estava sendo representado precisamente, e *justamente* quando as seleções foram retratadas a eles como sendo feitas ignorando-se o tamanho e a composição legítimos da carga de trabalho que esperava-se que eles produzissem.

A despeito de sua plausibilidade, há várias falhas óbvias do *modelo de "navegação"*. Primeiramente, muitos critérios foram usados nas seleções de que a equipe da clínica da Ucla não estava ciente. Por exemplo, residentes psiquiátricos insistiram na relevância de considerações técnicas dos psiquiatras na seleção de pacientes, e descontaram a relevância dos critérios que minimizaram os riscos de uma diminuição ou perda de reputação profissional. A título de outro exemplo, a equipe da clínica geralmente enfatizava que o tempo era desperdiçado em personalidades psicopatas, porque tais pessoas são muito resistentes ao tratamento. Mas a equipe da clínica geralmente falhava em mencionar a importância organizacional de ser capaz de contar com sessões de tratamento regularmente agendadas; psicopatas são para eles "pestilentos", da mesma forma que são "pestilentos" quaisquer outros cujas demandas complicam e obstruem rotinas estabelecidas e respeitadas. Se o *modelo de "condução"* deve ser usado, métodos teriam que ser desenvolvidos para demonstrar a ocorrência de eventos que ele representa.

Uma segunda desvantagem do *modelo de "condução"* consiste no controle que ele implica que a equipe da clínica exerça sobre a composição de populações sucessivas.

Nem o *modelo qui-quadrado* nem o *modelo de Markov* requerem que o pesquisador responda a esse ponto, apesar de ser um bem difícil de conceber-se para os propósitos de rigorosa demonstração empírica. É fácil o bastante mostrar, para a clínica da Ucla, que se a equipe da clínica, de fato, controlar a composição de uma população resultante, eles o fazem ao primeiro contato e novamente na conferência de admissão. Mas, mesmo nesses passos, não há melhor associação do que aquela marcada entre o passo no processo e a divisão de responsabilidade entre o paciente e a clínica para a decisão de continuar ou não. Depende bastante do resultado do paciente e aspectos desconhecidos da interação paciente-equipe da clínica para mudar-se consideravelmente o tamanho e a composição das últimas populações dos de dentro e dos de fora. Nos outros passos, os operadores da seleção estão complicados ao extremo. Na melhor hipótese, então, o *modelo de "condução"* é meramente plausível, e permaneceria assim contanto que não seja factualmente conhecido, sem mencionar ser conceitualmente claro em relação à forma como os critérios operam nas transações entre pacientes e a equipe da clínica.

Uma discussão do enquadramento adequado dos problemas de seleção não estaria completa sem mencionar a observação de Weiss e Schaie de que o método de "cortes transversais" é suficiente para os propósitos "limitados, mas importantes, da predição". Weiss e Schaie falam pela opinião aceita quando dizem que apesar de o método de "cortes transversais" não ter nada a dizer sobre "dinâmicas", ele ainda possui valor preditivo. O que Weiss e Schaie chamam de valor preditivo é idêntico em sentido com nossa afirmação de que populações sucessivas dos de dentro e dos de fora são programáveis. Com total reconhecimento do cuidado e modéstia, com os quais a afirmação foi formulada, julgamos necessário, todavia, considerar algumas qualificações desse "valor preditivo".

(1) Não é uma virtude possuída exclusivamente pelo método de "cortes transversais" que as chances de sobrevivência podem ser programadas. A decisão do pesquisador de restringir um estudo ao método de "cortes transversais" não constitui uma vantagem sobre os estudos que observam a tarefa de programar as chances de sobrevivência ao mesmo tempo em que fornecem explicitamente os cinco parâmetros. De fato, vimos que a virtude das afirmações "preditivas" baseadas no método de "cortes transversais" podem ser inundadas pela indeterminação dos resultados.

(2) Um programa para a clínica da Ucla pode acabar não descrevendo as populações em outras clínicas. Se restringirmo-nos ao conselho Weiss-Schaie, seríamos incapazes de decidir, mesmo a partir das diferenças relatadas, se os critérios de seleção diferentes estariam ou não sendo usados nas diferentes clínicas.

(3) Um programa como esse, descrito nas tabelas 5, 6 e 7, é válido contanto que os critérios para o processo de encaminhar pessoas para dentro e fora da clínica não sejam alterados por tais fatores como decisões administrativas, tamanho e composi-

ção da equipe da clínica, as relações da clínica com grupos externos – resumindo, os aspectos das transações paciente-clínica como um sistema socialmente organizado de atividades.

(4) Mas, mesmo essa formulação pressupõe que os critérios preditivos sejam idênticos aos critérios de seleção. Essa identidade, no entanto, não é em qualquer sentido necessária. Usar a identidade, todavia, pode obstruir a pesquisa que é necessária para clarificar a relação entre os dois. Considere-se, por exemplo, que um critério preditivo pode sempre ser dividido entre as decisões de seleção dos selecionadores. O critério preditivo idêntico pode ser reunido por vários conjuntos de decisões diferentes, cujos fundamentos mostraram uma variabilidade que o caráter unificado do critério preditivo mascarou. O remédio não é, como Weiss e Schaie sugerem, que a atenção seja voltada para predizer o resultado para casos individuais. Em vez disso, o remédio é mostrar a correspondência entre os critérios que operam em decisões individuais e os critérios preditivos, através da descrição dos critérios preditivos como uma reunião das decisões feitas nos casos individuais. Essa crítica é idêntica à que Robinson fez do uso de correlações ecológicas[39].

(5) Onde os pesquisadores usam cronogramas preparados para obter informação de programação, e mais particularmente onde esses cronogramas são administrados fazendo-se com que a equipe clínica os preencha para relatar aos pesquisadores seu próprio comportamento, os cronogramas necessariamente, através disso, são o importante senso de regras governando a conduta de relatar dos relatores da clínica. Ambos, a confiabilidade das descrições, assim como a validade dos eventos que lhes são requeridos descrever, tornam-se, através disso, inseparáveis das rotinas diárias organizadas de operação da clínica que essas mesmas pessoas gerenciam e tornam mandatórias umas às outras. Logo, as alegações de valor preditivo presumido permanecem circunstanciais. O valor delas como predições depende de precisamente as mesmas condições que são dependentes das chances de sobrevivência e das formas que essas chances são produzidas. Tais condições, na verdade, devem ser pressupostas pelo pesquisador se o "valor" for designado a essas alegações preditivas. Logo, um fenômeno crítico que deve necessariamente ser levado em consideração, juntamente com as experiências com critérios na decisão da questão do valor preditivo, consiste no fato de que os critérios são compreensíveis apenas em relação a um processo socialmente controlado para reunir populações de "dentro" e de "fora". A questão, portanto, não é se as populações podem ser programadas, mas se as regras de programação são invariantes à ocasião particular, na qual estão sendo estudadas.

TABELA 6

Atrição da coorte original em passos sucessivos da árvore por atributos selecionados da coorte

	Grupo original 100%	Porcentagem do grupo original remanescente após				Percentual dos sobreviventes do enésimo passo remanescente após o passo n + 1			
Atributos		Primeiro contato	Entrevista de admissão	Conferência de admissão	Tratamento	Primeiro contato	Entrevista de admissão	Conferência de admissão	Tratamento
Sexo									
Masculino	284	34,2	27,5	15,9	14,5	34,2	80,4	57,7	91,1
Feminino	376	38,6	29,3	13,6	10,4	38,6	75,9	46,4	76,5
Total	660					36,7	77,7	51,1	83,3
Idade									
0-15	108	40,7	33,3	15,7	13,9	40,7	81,8	47,2	88,2
16-20	60	23,3	18,3	11,7	10,0	23,3	78,6	63,6	85,7
21-40	311	38,6	31,2	17,7	14,5	38,6	80,8	56,7	81,8
41-50	80	43,7	30,0	11,3	10,0	43,7	68,6	37,5	88,9
51 ou mais	65	43,1	26,2	12,3	9,2	43,1	60,7	47,1	75,0
Total	624					38,6	77,6	51,3	83,3
Nível social do recenseamento residencial									
Menos de 49	31	41,9	32,3	12,9	12,9	41,9	76,9	40,0	100,0
50-59	81	44,4	29,6	17,3	14,8	44,4	66,7	58,3	85,7
60-69	94	53,2	45,7	25,5	20,2	53,2	86,0	55,8	79,2
70-79	147	42,2	32,7	15,0	10,9	42,2	77,4	45,8	72,7
80-83	116	39,7	31,0	13,8	12,9	39,7	78,3	44,4	93,7
80-99	50	46,0	36,0	28,0	26,0	46,0	78,3	77,8	92,9
Total	519					44,3	77,8	52,5	84,0
Estado civil									
Inelegível (16 anos ou menos)	117	36,8	29,9	14,5	12,0	36,8	81,4	48,6	82,4
Solteiro	134	35,1	26,1	12,7	11,9	35,1	74,5	48,6	94,1
Casado	263	41,8	32,3	18,6	15,2	41,8	77,2	57,6	81,6
Separado	23	56,5	52,2	26,1	21,7	56,5	92,3	50,0	83,3
Divorciado	32	56,3	40,6	9,4	6,3	56,3	72,2	23,1	6,7
Viúvo	14	64,3	50,0	28,6	21,4	64,3	77,8	57,2	75,0
(grupo)	69	58,0	6,4	18,8	14,5	58,0	80,0	40,6	76,9
Total	583					41,2	77,9	51,5	83,3
Grupos masculinos de idade									
0-15	71	43,7	35,2	16,9	15,5	43,7	80,6	48,0	91,7
16-20	33	12,1	12,1	12,1	12,1	12,1	100,0	100,0	100,0
21-40	126	36,5	28,6	19,8	18,3	36,5	78,3	69,4	92,0
51-50	17	11,8	11,7	0,0	0,0	11,8	100,0	0,0	0,0
51 ou mais	25	52,0	40,0	16,0	12,0	52,0	76,9	40,0	75,0
Total	272					156,1	435,8	257,4	358,7

		Porcentagem da coorte original remanescente após				Percentual dos sobreviventes do enésimo passo remanescente após o passo n + 1			
Atributos	Grupo original 100%	Primeiro contato	Entrevista de admissão	Conferência de admissão	Tratamento	Primeiro contato	Entrevista de admissão	Conferência de admissão	Tratamento
Grupos femininos de idade									
0-15	36	36,1	30,6	13,9	11,1	36,1	84,6	45,5	80,0
16-20	27	37,0	25,9	11,1	7,4	37,0	70,0	42,9	66,7
21-40	185	40,0	34,1	16,3	11,9	40,0	85,1	47,6	73,3
51-50	64	51,6	34,4	14,1	12,5	51,6	66,7	40,9	88,9
51 ou mais	40	37,5	17,5	10,0	7,5	37,5	46,7	57,1	75,0
Total	352					41,1	75,9	46,4	76,5
Como foi feito o primeiro contato									
Carta	22	22,7	22,7	13,6	13,6	22,7	100,0	60,0	100,0
Telefone	412	28,4	22,3	10,9	9,2	28,4	78,6	48,9	84,4
Em pessoa, encaminhado sozinho	457	28,2	22,5	11,2		9,4	28,2	79,8	49,5	84,3
	23	30,4	26,1	13,0	,7	30,4	85,7	50,0	66,7
Em pessoa, sozinho	101	50,5	41,6	20,8	13,9	50,5	82,3	50,0	66,7
Em pessoa, acompanhado	156	55	56,4	36,4	19,9	18,2	14,7	52,6	56,6	64,5	50,0	74,2	90,0
Total	613	52,6	39,7		16,4	52,6	75,6	50,0	
						34,4	78,2	49,7	80,5
Fonte de encaminhamento									
Encaminhamento leigo, menos si próprio	210	20,5	15,2	6,2	5,2	20,5	74,4	40,6	84,6
Autoencaminhamento	140	29,3	25,0	15,7	10,7	29,3	85,4	62,9	68,2
Profissional médico e psiquiátrico	289	50,9				50,9	77,5	50,0	87,1
Total	639	50,9	39,4	19,7	17,3	36,1	78,3	50,8	82,6
Experiência prévia com remédios psiquiátricos									
Hospital público	33	18,2	12,1	3,0	3,0	18,2	66,7	25,0	100,0
Recursos mistos privado e público	57	32,4	27,0	10,8	8,1	32,4	83,3	40,0	75,0
Psiquiatra privado e hospital privado	128	43,0	34,4	17,2	14,8	43,0	80,0	50,0	86,4
Nenhum	290	45,9	34,1	16,6	14,1	45,9	74,4	48,5	85,4
Clínica pública	47	53,2	46,8	38,3	27,7	53,2	88,0	81,8	72,2
Total	535					43,2	77,4	51,9	82,8

TABELA 7

Resultados qui-quadrado para comparações de populações "dentro" e "fora" após primeiro contato, entrevista de admissão e conferência de admissão por atributo (cf. Apêndices I e II)

Atributos	Tabela X^2	p	Após primeiro contato X^2	p	Subtabelas Após entrevista de admissão X^2	p	Após conferência de admissão X^2	p	Programa de seleção
Sexo	4,355 (3df)	>0,20	1,354 (1df)	>0,10	0,680 (1df)	>0,30	2,321 (1df)	>0,20	1,1,1
Idade	20,046 (12df)	>0,05	7,553 (4df)	>0,10	9,116 (4df)	>0,05	3,378 (4df)	>0,50	
Nível social do recenseamento residencial	16,956 (15df)	>0,30	4,425 (5df)	>0,30	4,947 (5df)	>0,30	7,584 (5df)	>0,10	1,1,1
Estado civil	15,466 (9df)	>0,05	11,087 (3df)	>0,01	0,716 (3df)	>0,80	3,664 (3df)	>0,30	1,1,1
Grupos femininos de idade	16,583 (12df)	>0,10	3,750 (4df)	>0,30	12,284 (4df)	>0,01	0,548 (4df)	>0,95	1,1,1
Grupos masculinos de idade	25,517 (12df)	>0,01	17,193 (4df)	>0,001	0,751 (4df)	>0,90	7,573 (4df)	>0,10	2,1,1
Como foi feito o primeiro contato	31,179 (3df)	<0,001	30,515 (1df)	<0,001	0,660 (1df)	>0,30	0,005 (1df)	>0,90	2,1,1
Fonte de encaminhamento	56,133 (6df)	<0,001	52,320 (2df)	<0,001	1,264 (2df)	>0,50	2,549 (2df)	>0,20	2,1,1
Experiência psiquiátrica prévia	28,607 (12df)	>0,001	12,920 (4df)	>0,01	3,250 (4df)	>0,50	12,437 (4df)	>0,01	2,1,2

A busca por "critérios preditivos", que prossegue sem referência aos processos socialmente controlados para reunir as várias populações, poderia facilmente resultar em um longo catálogo de critérios. Se as referências aos processos socialmente controlados forem omitidas, pode-se, assim, ter a impressão de que a equipe da clínica trabalha com o mesmo catálogo, e que as circunstâncias da seleção consistiam de uma complicação de detalhes ínfimos das reais circunstâncias dos pacientes e das equipes da clínica. Mas, quando se examinam estudos prévios, a intenção interpretativa claramente não é nada parecida com isso. Ao invés disso, encontra-se uma ênfase no uso socialmente estruturado de critérios, isto é, de critérios operando dentro das limitações do caráter corporativamente organizado das transações da clínica. Os critérios de seleção são concebidos por autores anteriores com o uso de um sistema social como um esquema tácito de interpretação. Logo, o uso literal do conselho de Weiss-Schaie confronta os pesquisadores com a dolorosa perspectiva de catálogos expandidos de "fatores", cada um com seu "valor preditivo" designado, nenhum dos quais lida com o problema de critérios de seleção.

Permanece uma consideração final. Todos os estudos de seleção anteriores, incluindo o relatado neste trabalho, dependem do caráter razoável da questão dos procedimentos de seleção, assim como do sentido de seus resultados, partindo do princípio que "dentro" e "fora" são *essencialmente* eventos discretos. Rosenthal e Frank mencionam casos que se desviaram dessa pressuposição no estudo, mas tratam tais casos como contratempos metodológicos. Consideramos esses casos mais do que isso.

Considere-se novamente que os critérios de seleção não podem ser descritos de forma independente das transações em que são usados. Em nossa própria pesquisa, descobrimos que "dentro" e "fora" eram eventos discretos somente enquanto esses estados eram definidos por pessoas da clínica em relação a suas responsabilidades *administrativas* no caso. Onde, por outro lado, "dentro" e "fora" tiveram que ser decididos por pessoas da clínica em relação às responsabilidades *médicas*, os estados dos "dentro" e "fora" adquiridos, como características *essenciais* que a qualquer momento uma decisão teria que ser tomada, *que o que o caso teria se tornado permanecia algo a ser visto*. Pessoas que foram responsáveis medicamente pelo caso insistiram nisso. Como resultado, a clínica, a cada mês, relatava ao Departamento de Estado de Higiene Mental um número inflado de pessoas "em tratamento". Isso incluía pessoas para as quais ativa responsabilidade contínua foi presumida, mais um número adicional e, às vezes, muito grande de casos "inativos"[40], que foram retidos no *status* "em tratamento", porque, do ponto de vista de pessoas da clínica, considerá-los de outra forma envolvia uma quebra de práticas médicas sancionadas. Terapeutas e outros estavam relutantes ou incapazes de recomendar um encerramento administrativo nesses casos, porque isso quebraria suas responsabilidades médicas, se o fizessem. Para descrever esses casos era necessário um conhecimento da história do caso, assim como uma avaliação de desenvolvimentos futuros, possíveis, mas desconhecidos desenvolvimentos, da parte dos pacientes e, da mesma forma, da equipe da clínica. A equipe da clínica não foi capaz de separar as características histórico-prospectivas do caso na descrição do seu *status para o estudo*.

Quando examinamos casos nos passos anteriores ao tratamento, o fenômeno idêntico apareceu, mas com ênfase ainda maior no caráter temporário peculiar do caso. Pudemos contabilizar os casos "dentro" ou "fora" desconsiderando o papel da responsabilidade médica no caso, ou seja, encaminhando os critérios para outras transações clínicas que não aquelas que eram obviamente as relevantes para o estudo dos processos de seleção. Quando insistimos com a equipe da clínica para que eles, todavia, considerassem cada caso "dentro" ou "fora", isso foi feito ao custo de desconsiderar suas reclamações. Esses "tomadores de decisão" reclamaram que não estávamos descrevendo adequadamente *seus* interesses nos casos e *suas* formas de lidar com as questões da clínica.

Tratando os "dentro" e "fora" como eventos essencialmente distintos, o pesquisador pode, assim, estar impondo uma característica ao dado, que é inteiramente um artefato do método para descrever experiências clínicas. Tais características podem estar em total desacordo com os aspectos dos procedimentos de seleção. Tratar tais casos como contratempos metodológicos pode, na verdade, obstruir o desenvolvimento da teoria e dos métodos que são necessários para o estudo adequado desses assuntos.

Observações finais

Embora estivéssemos interessados em clínicas psiquiátricas ambulatoriais, os parâmetros do problema de seleção e os argumentos, críticas e métodos baseados neles são gerais, de forma alguma restritos ao fato de que materiais psiquiátricos foram considerados. Aplicações adicionais óbvias decorrem para estudos de mobilidade educacional e ocupacional, migração, histórias naturais, estudos de predição de ajustamento matrimonial e delinquência, e coisas semelhantes.

Os argumentos idênticos do trabalho são válidos sempre que a atrição de uma população original for atribuída pelo pesquisador aos processos de seleção social. De forma mais geral, os argumentos são relevantes para os estudos da produção de carreiras através do trabalho de seleção social, onde isso envolve a atrição progressiva de uma coorte original de pessoas, atividades, relações, ou, de fato, quaisquer eventos de estrutura social que sejam, e que são concebidos de acordo com a visão dos caminhos de atividades sequencialmente realizadas através das quais as estruturas sociais são montadas.

Apêndice I

Um método para usar o qui-quadrado para avaliar dados envolvendo frequências condicionais

Somos gratos ao Prof. Wilfred J. Dixon, da Universidade da Califórnia, Los Angeles, que desenvolveu para nós o seguinte método, que foi usado para decidir entre a Regra 1 e a Regra 2 nos passos sucessivos para reunir os programas de seleção que estão relatados no texto. O método está relatado aqui porque permite que o qui-quadrado seja usado para avaliar dados no tipo de problema de atrição representado nesse estudo, no qual a presença de frequências condicionais tornariam, de outra forma, o uso do qui-quadrado incorreto. O método é relatado aqui com a permissão do Prof. Dixon.

O problema

Tivemos que comparar as populações "dentro" e "fora" a cada passo sucessivo quando usávamos todos os "dentro" e "fora" a cada passo particular como coluna marginal, e todos os "dentro" a cada passo precedente como uma fila marginal. No entanto, apenas as sucessivas populações "dentro" tiveram as condições para o uso do qui-quadrado para avaliar a tabela inteira, assim como as subtabelas. Para as sucessivas populações-dentro, a probabilidade de aparecerem a qualquer passo foi condicional a ter sobrevivido ao passo precedente. Assim as condições para o uso correto do qui-quadrado não poderiam ser satisfeitas, isto é, que cada ocorrência fosse contada apenas uma vez, e que os eventos comparados ocorressem independentemente.

A Tabela A é um exemplo de uma tabela que queríamos avaliar:

TABELA A
Número observado de homens e mulheres remanescentes ou com alta após cada passo

	Coorte original	Primeiro contato		Entrevista de admissão		Conferência de admissão		Tratamento	
		Dentro	Fora	Dentro	Fora	Dentro	Fora	Dentro	Fora
Homens	284	187	97	19	78	33	45	4	41
Mulheres	376	231	145	35	110	59	51	12	39
Total	660	418	242	54	188	92	96	16	80

O método

A Tabela A foi reconstruída como Tabela B:

TABELA B

Número observado de homens e mulheres com alta após cada passo

	Após primeiro contato	Após entrevista de admissão	Após conferência de admissão	Antes ou após iniciar o tratamento	Coorte original
Homens	187	19	33	45	284
Mulheres	231	35	59	51	376
Total	418	54	92	96	660

A Tabela X^2 possui 3 graus de liberdade.

Porque a população-dentro, em qualquer passo, consiste na soma das populações "fora" em todos os sucessivos passos, uma comparação dos "dentro" e dos "fora" a cada passo consistiu na divisão apropriada de X^2 para a tabela. A Figura 2 mostra as divisões exatas que foram necessárias para as tabelas 2 x 4:

A Figura 3 mostra as exatas partições que foram requeridas por tabelas com mais de duas linhas.

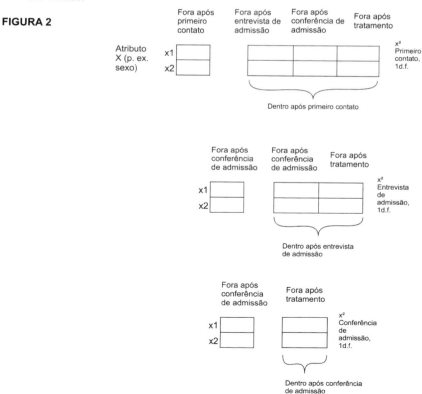

FIGURA 2

FIGURA 3

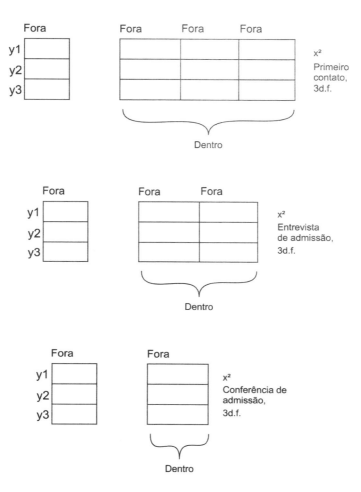

Apêndice II

Decidindo entre a Regra 1 e a Regra 2

Se o qui-quadrado para a tabela for não significativo, a Regra 1 descreveria as populações dentro e fora observadas em todos os passos. Somente se o qui-quadrado da tabela fosse significativo, seriam os qui-quadrados parciais usados para decidir entre as regras 1 e 2. Se o qui-quadrado para a tabela fosse significativo, e se um qui-quadrado de subtabela fosse significativo, a Regra 2 descreveria as populações dentro e fora observadas para esse passo. Se o qui-quadrado para a tabela fosse não significativo, a Regra 1 descreveria as duas populações nesse passo.

O procedimento para decidir entre a Regra 1 e a Regra 2 é resumido na seguinte tabela:

Se o qui-quadrado da tabela for	Quando o qui-quadrado particionado for	
	Significativo, a regra designada ao passo foi	Não significativo, a regra designada ao passo foi
Significativo	Regra 2	Regra 1
Não = significativo	Regra 1	Regra 1

Um programa de seleção foi reunido de acordo com os resultados dos qui-quadrados divididos. No caso de um qui-quadrado significativo, três decisões foram necessárias para reunir o programa: uma decisão para cada divisão do qui-quadrado da tabela. Para os casos de um qui-quadrado de tabela não significativo, uma decisão definiu o programa de seleção consistindo em aplicação sucessiva da Regra 1 a cada um dos três passos.

A Tabela 7 apresenta os qui-quadrados completos e divididos para todos os atributos considerados nesse estudo.

Para obter os qui-quadrados para as subtabelas, a explicação de Mosteller[41] para o método de Kimball[42] para dividir uma tabela *m* x *n* em um conjunto exato de tabelas 2 x 2 foi usada. Os graus únicos de liberdade foram pesquisados para obter qui-quadrados para as subtabelas com 2 ou mais graus de liberdade. Fomos aconselhados pelo Prof. Mosteller[43] que, em relação a esse procedimento, nenhuma prova existe de que os resultados de qui-quadrados pesquisados com graus únicos de liberdade seriam idênticos aos resultados da divisão exata de uma tabela em subtabelas com mais de um grau de liberdade. Portanto, a exatidão da decisão de pesquisar o grau único de liberdade repousa em fundamentos práticos.

Estudos analisados

AULD JR., F. & ERON, L.D. "The Use of Rorschach Scores to Predict Whether Patients Will Continue Psychotherapy". *Journal of Consulting Psychology*, vol. 17, 1953, p. 104-109.

AULD JR., F. & MYERS, J.K. "Contributions to a Theory for Selecting Psychotherapy Patients". *Journal of Clinical Psychology*, vol. 10, 1954, p. 56-60.

BRILL, N.Q. & STORROW, H. *Social Characteristics of Applicants for Psychiatric Care* [Trabalho apresentado no encontro da Divisão Ocidental da Associação Psiquiátrica Americana, Seattle, setembro/1959].

FRANK, J.D.; GLIEDMAN, L.H.; IMBER, S.; NASH JR., E.H. & STONE, A.R. "Why Patients Leave Psychotherapy". In: *A.M.A. Archives of Neurology and Psychiatry*, vol. 77, 1957, p. 283-299.

FUTTERMAN, S.; KIRKNER, F.J. & MEYER, M.M. "First Year Analysis of Veterans Treated in a Mental Hygiene Clinic of the Veteran's Administration". *American Journal of Psychiatry*, vol. 104, 1947, p. 298-305.

GARFIELD, S.L. & KURZ, M. "Evaluation of Treatment and Related Procedures in 1216 Cases Referred to a Mental Hygiene Clinic". *Psychiatric Quarterly*, vol. 26, 1952, p. 414-424.

GINSBURG, S.W. & ARRINGTON, W. "Aspects of Psychiatric Clinic Practice". *American Journal of Orthopsychiatry*, vol. 18, abr./1948, p. 322-333.

HOLLINGSHEAD, A.B. & REDLICH, F.C. *Social Class and Mental Illness*. Nova York: John Wiley, 1958.

IMBER, S.D.; NASH, E.H. & STONE, A.R. "Social Class and Duration of Psychotherapy". *Journal of Clinical Psychology*, vol. 11, 1955, p. 281-284.

KATKOV, B. & MEADOW, A. "Rorschach Criteria for Predicting Continuation in Individual Psychotherapy". *Journal of Consulting Psychology*, vol. 17, 1953, p. 16-20.

KATZ, J. & SOLOMON, R.A. "The Patient and His Experience in an Outpatient Clinic". *A.M.A. Archives of Neurology and Psychiatry*, vol. 80, 1958, p. 86-92.

KURLAND, S. "Length of Treatment in a Mental Hygiene Clinic". *Psychiatric Quarterly Supplement*, vol. 30, 1956, p. 83-90.

MENSH, I.N. & GOLDEN, J.M. "Factors in Psychotherapeutic Success". *Journal of the Missouri Medical Association*, vol. 48, 1951, p. 180-184.

MYERS, J.K. & AULD JR. Frank. "Some Variables Related to Outcome of Psychotherapy". *Journal of Clinical Psychology*, vol. 11, 1955, p. 51-54.

MYERS, J.K. & SCHAFFER, L. "Social Stratification and Psychiatric Practice: A Study of an Outpatient Clinic". *American Sociological Review*, vol. 19, 1954, p. 307-310.

ROGERS, L.S. "Drop Out Rates and Results of Psychotherapy in Government Aided Mental Hygiene Clinics". *Journal of Clinical Psychology*, vol. 16, 1960, p. 89-92.

ROSENTHAL, D. & FRANK, J.D. "The Fate of Psychiatric Outpatients Assigned to Psychotherapy". *The Journal of Nervous and Mental Diseases*, vol. 127, 1958, p. 330-343.

RUBENSTEIN, E.A. & LORR, M. "A Comparison of Terminators and Remainders in Outpatient Psychotherapy". *Journal of Clinical Psychology*, vol. 12, 1956, p. 345-349.

SCHAFFER, L. & MYERS, J. "Psychotherapy and Social Stratification: An Empirical Study of Practices in a Psychiatric Outpatient Clinic". *Psychiatry*, vol. 17, 1954, p. 83-93.

STORROW, H.A. & BRILL, N.Q. *A Study of Psychotherapeutic Outcome*: Some Characteristics of Successfully and Unsuccessfully Treated Patients [Apresentado na California Medical Association. São Francisco, fev./1959].

TISSENBAUM, M.J. & HARTER, H.M. "Survey of a Mental Hygiene Clinic-21 Months of Operation". *Psychiatric Quarterly*, vol. 24, 1950, p. 677-705.

WEISS, J.M.A. & SCHAIE, K.W. "Factors in Patients' Failure to Return to Clinic". *Diseases of the Nervous System*, 19, 1958, p. 429-430.

WINDER, A.E. & HERSKO, M. "The Effect of Social Class on the Length and Type of Psychotherapy in a Veteran's Administration Mental Hygiene Clinic". *Journal of Clinical Psychology*, vol. 11, 1955, p. 77-79.

Notas

1. SCHAFFER, L. & MYERS, J.K. "Psychotherapy and Social Stratification: an Empirical Study of Practices in a Psychiatric Outpatient Clinic". *Psychiatry*, 17, p. 83-93.
2. HOLLINGSHEAD, A.B. & REDLICH, F.C. *Social Class and Mental Illness*. Nova York: John Wiley, 1958.
3. ROSENTHAL, D. & FRANK, J.D. "The Fate of Psychiatric Clinic Outpatients Assigned to Psychotherapy". *The Journal of Nervous and Mental Diseases*, 127, out./1958, p. 330-343.
4. STORROW, H.A. & BRILL, N.Q. "A Study of Psicoterapeutic Outcome: Some Characteristics of Successfully and Unsuccessfully Treated Patients" [Artigo apresentado nas reuniões da Associação Médica da Califórnia, São Francisco, fev./1959].
5. WEISS, J.M.A. & SCHAIE, K.W. "Factors in Patient's Failure to Return to Clinic". *Diseases of the Nervous System*, 19, out./1958, p. 429-430.
6. KATZ, J. & SOLOMON, R.A. "The Patient and His Experience in an Outpatient Clinic". *A.M.A. Archives of Neurology and Psychiatry*, 80, jul./1958, p. 86-92.
7. Vinte e três estudos anteriores são listados e analisados na tabela 1. Somente estudos quantitativos que foram primariamente dirigidos ao tópico de seleção estão incluídos na lista. A lista não é exaustiva.
8. Usamos o termo "parâmetro" por causa do foco que ele permite no ponto essencial de que várias ideias definem as condições da descrição completa. Por exemplo, dentro das regras de teoria física, o conceito de "som em geral" é definido por suas ideias constituintes de amplitude, frequência e duração. Cada parâmetro deve ser especificado para que uma instância do caso geral seja claramente compreendida. Assim, falar de um som com uma dada amplitude e duração, mas sem uma frequência seria um absurdo formal. Contudo, é possível referir-se a um som, cuja amplitude e duração são conhecidas e que possui *uma* frequência, embora essa frequência não seja conhecida. Todos os três parâmetros seriam necessariamente

referidos ao falar de "um som", apesar de a referência ter sido feita explicitamente somente a um ou outro. Embora fosse possível tratar somente da amplitude como objeto de interesse, o entendimento claro desse único parâmetro pressuporia uma referência aos outros parâmetros, e para o caso de uma descrição completa, todos os três precisariam ser explicitamente especificados. Propomos que, assim como a amplitude, a frequência e a duração são parâmetros do conceito geral de som, dentro das regras de pesquisa física, e desempenham a função para o pesquisador de definir a descrição adequada de um exemplo de um som, as ideias de "sequência", "operações de seleção", "uma população inicial de demanda", "a composição de uma população resultante" e "uma teoria relacionando o trabalho de seleção e o ingresso nas clínicas" são os parâmetros do "problema de seleção" dentro do programa de pesquisa sociológica e servem para definir, para o pesquisador, um exemplo real de um problema de seleção e, desse modo, as condições da descrição adequada.

9. Com exceção do estudo feito por Weiss e Schaie, essas populações e as atividades de seleção são relacionadas em uma sequência de tempo, que é idêntica às sequências concretas do tratamento clínico real. O estudo de Weiss e Schaie comparou as populações de pessoas que completaram os serviços agendados com aquelas que não os completaram, para que a ideia de populações sucessivas seja conservada em suas comparações, embora não faça referência às sequências concretas do procedimento clínico real.

10. Claro que o critério de seleção deve ser avaliado sem se levar em conta sequências temporais de operações de seleção, mas isso deixa o pesquisador sem muito a dizer sobre se ou como os critérios discriminantes são relevantes para o trabalho, através dos quais as populações resultantes são produzidas. Cf., p. ex., RUBENSTEIN & LORR, 1956. P. ex., se uma população resultante não era discriminável de outra anterior em distribuição por idade, então o pesquisador somente poderia falar dessa falta de discriminação e nada mais se ele pretendesse falar literalmente sobre suas descobertas. É porque os pesquisadores pretendem perguntar se uma falta de discriminabilidade significa que as transações de seleção operaram independentemente da idade que o parâmetro de sequência deve ser estabelecido em outras bases. Esse problema será discutido mais tarde no capítulo com relação a comparações "fora-fora".

11. WEISS & SCHAIE. Op. cit., p. 430.

12. CLAUSEN, J.A. & YARROW, M.R. (eds.). "The Impact of Mental Illness on the Family". *The Journal of Social Issues*, 11, 1955, p. 3-64.

13. Cf. tb. os estudos de Futterman et al. (1947), Schaffer e Myers (1954) e de Brill e Storrow (1959, não publicado; analisado na Tabela 1).

14. SCHAFFER & MYERS. Op. cit., p. 86.

15. Um estudo prévio que está isento dessa crítica é o de Auld e Eron, 1953, no qual o problema do estudo especificamente exigia uma população inicial de pessoas que tinham recebido o Teste de Rorschach.

16. É necessário comentar para justificar a nossa insistência de que a população de demanda inicial é corretamente definida no ponto em que é encontrada pela primeira vez. Esse ponto pode ser avaliado em comparação com a tarefa do criminologista.

O Dr. Richard J. Hill perguntou se não havia uma similaridade com a situação do criminologista, que deve decidir quando ele irá contabilizar para estimar a quantidade real de crimes (ou o número real de criminosos) e nossa tentativa de definir o lugar apropriado de contar a fim de estimar o tamanho da população de demanda inicial. O problema do criminologista pareceria ser este: como estimar a quantidade real de crimes, dado que as atividades de definição, detecção, descrição e repressão podem influir nos movimentos do fenômeno que está sendo contabilizado? (P. ex., um crescimento no pessoal da polícia, ou uma mudança na legislação podem alterar a taxa de criminalidade.) O criminologista se conforma com a Regra de Thorsten Sellin, segundo a qual quanto mais tarde o criminologista obtiver dados sobre o processo de detecção, detenção e julgamento, menor credibilidade será dada aos dados obtidos como base para estimar os parâmetros do crime real; daí advém a solução prática de usar "crimes conhecidos pela polícia". Quando os parâmetros da população de demanda inicial devem ser estimados, não seria tal regra obtida também e por razões metodológicas semelhantes? *e.g.*, "todas as demandas recebidas por aquele pessoal da clínica que tem o direito de decidir sobre a ocorrência de uma demanda de tratamento". Entendemos que, realmente, há uma profunda correspondência nos dois casos, mas que a correspondência baseia-se em fundamentos diferentes daqueles que o argumento anterior fornece. O "xis" da diferença encontra-se no significado de "quantidade real de crimes" e "demanda real". Nosso argumento é como se segue: *Dentro da perspectiva das atividades da polícia* há uma "quantidade real de crimes", culturalmente comprometida com uma população culturalmente definida como produtora-de-crime. A polícia usa "os crimes conhecidos pela polícia" para significar ou representar suas características, tais como quantidade, tendência, quem colabora etc. Da mesma forma, *do ponto de vista do pessoal da clínica*, há uma "real demanda para os serviços clínicos" culturalmente definida. O pessoal da clínica usa demandas reais para significar, ou representar, *seus* fundamentos. Ambas as situações – quantidade real de crimes definida culturalmente para a polícia e demanda real definida para os serviços clínicos para o pessoal da clínica – "existem", mas somente no sentido peculiar, no qual se diz que os objetos, sociologicamente falando, existem: *a existência deles consiste somente e inteiramente na probabilidade de que medidas socialmente organizadas para a detecção e controle de desvio podem se fazer cumprir.*

Dentre os modelos e métodos que a polícia usa, a criminalidade real tem o significado de ocorrer independentemente das medidas de repressão ao crime. Se o criminologista usa um modelo similar, sua tarefa de descrever a criminalidade real é repleta de dificuldades metodológicas, para as quais a Regra de Sellin é uma solução pretendida. Quando, contudo, crimes reais são definidos nos termos das atividades de repressão, um procedimento que Florian Znaniecki propôs em *Social Actions*, as dificuldades metodológicas são vistas como *compostas* dos próprios fundamentos das atividades socialmente organizadas, através das quais a existência de crimes reais definidos culturalmente é detectada, descrita, e reportada. Como dados por direito próprio, estas "dificuldades" consistem nas próprias medidas, pelas quais os crimes reais são tratados pela polícia (e seus clientes) como objetos em um ambiente culturalmente definido.

Um paralelo exato ata-se às tarefas de descrever a população de demanda inicial da clínica. Dificuldades metodológicas são encontradas se o investigador tenta estimar a real população de demanda inicial usando o modelo de pessoa da população de demanda da clínica. Como o crime real, a demanda real é definida pelos clínicos como existentes independentemente das medidas pelas quais a real ocorrência de doenças psiquiátricas é social e profissionalmente definida e solucionada. O "organismo" médico, por exemplo, faz um serviço heroico a esse respeito prático. A correspondência estende-se ainda mais. A polícia e o pessoal da clínica, ambos reivindicam, ambos são dados, e ambos, nos modos particulares de suas respectivas profissões, fazem cumprir um monopólio nos direitos de definir a ocorrência real desses eventos e de advogar controles legítimos para eles. Assim, quando a demanda real é definida nos termos das medidas socialmente organizadas e socialmente controladas para sua detecção e tratamento, a demanda por serviços clínicos consiste em uma característica, normalmente suprimida, das afirmações do pessoal da clínica de que seus serviços estão sendo procurados. Desse modo, as dificuldades metodológicas para estimar a população de demanda inicial são vistas como consistindo nas próprias características pelas quais a existência de uma demanda real culturalmente definida é conhecida e é tratada como um objeto nos ambientes culturalmente definidos do pessoal da clínica e dos clientes. Nos casos em que se descreve a criminalidade real e a demanda inicial, a solução do investigador consiste na descrição literal de como a ocorrência de um exemplo de um "criminoso", ou um "paciente", é socialmente reconhecido, isto é, em termos de procedimentos, como ocorre que aqueles que são legitimados pela sociedade para detectar sua presença através de seus julgamentos sociais os detectem. Por conseguinte, a insistência neste capítulo de que o investigador que se dirige ao problema de seleção deve usar uma população de demanda inicial, que é inicialmente encontrada nas primeiras oportunidades que o pessoal clínico tem de reconhecer a existência de uma reivindicação de seus serviços como agentes solucionadores socialmente legitimados e empregados da clínica. Acontece que uma grande porcentagem das ocasiões, nas quais a "demanda é representada" na clínica da Ucla, ocorre através de ligações, cartas e comparecimentos pessoais direcionados às pessoas que estão na "linha de frente". O mesmo deve ser verdadeiro para outras clínicas. Isto não significa dizer que, claro, que não há outros canais através dos quais a demanda dever ser "comunicada". Uma descrição adequada também seria requerida para levá-los em consideração.

17. Estes foram considerados e criticados acima.

18. Devemos ao Dr. Richard J. Hill por ter apontado que nosso argumento representa as estatísticas de associação usuais.

19. Doutores Wilfred J. Dixon, Richard J. Hill, Charles F. Mosteller e William S. Robinson.

20. KATZ & SOLOMON. Op. cit., p. 86-92.

21. Estamos usando o termo "problema de seleção" para nos referirmos às tarefas de conceber a sequência de populações nas quais sua sucessiva atrição de uma população inicial é o evento de interesse. Obviamente, o termo "problema de seleção" poderia ser usado para se referir a uma sequência de populações nas quais uma atrição sucessiva não era de interesse.

22. Nós usamos o termo "esquema de inferência" para representar uma gramática, ou um conjunto de regras, que produzirão o conjunto de ocorrências possíveis de um conjunto de unidades elementares em termos de ocorrências observadas. O esquema de inferência é, portanto, idêntico em significado a uma teoria explícita dessas ocorrências observadas.

23. Embora essa soma seja idêntica à soma no procedimento de Katz e Solomon, os eventos somados são diferentes. Katz e Solomon adicionaram altas. Aqui nós estamos somando carreiras que se originaram com um contato inicial e têm a alta como sua ocorrência final.

24. KATZ & SOLOMON. Op. cit., p. 89. A tabela de Katz e Solomon publicada reportava diferentes categorias de interesse no tratamento como porcentagens de diferentes durações de tratamento. Nós reorganizamos sua tabela para expressar as durações de tratamento como porcentagens de diferentes categorias de interesse, seguindo a convenção de calcular porcentagens na direção da "sequência causal". Esta reorganização não afeta nossa caracterização do procedimento de Katz e Solomon, ou nossos argumentos sobre ele.

25. Por causa do amplo interesse no grupo de trabalho de Yale sobre a classe social como um fator de seleção, a Tabela 3, no relato de Myers e Schaffer (1954), foi recalculada usando um procedimento dentro/fora. A tabela original é a seguinte:

Total de vezes visto na clínica	Classe social			
	II	III	IV	V
1	17,6	23,1	38,9	45,2
2-9	29,4	28,8	40,3	42,9
10 ou mais	<u>52,9</u>	<u>48,1</u>	<u>20,9</u>	<u>11,9</u>
	99,9	100,0	100,1	100,0
A tabela recalculada é:				
1	17,6	23,1	38,9	45,2
2-9	35,7	38,5	66,0	78,3
10 ou mais	-	-	-	-

Obviamente, Myers e Schaffer poderiam ter insistido, mais fortemente do que fizeram, não somente na presença, mas na regularidade da gradiente.

26. Isso pode ser demonstrado ao se considerar que, quando dois grupos são comparados, o diagrama para a comparação dentro/fora é:

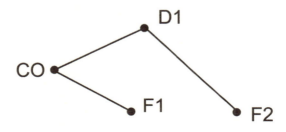

O esquema de inferência correspondente é:

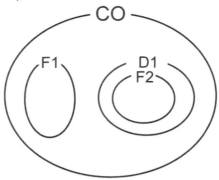

Assim, CO = (Dentro → Fora$_2$) + Fora$_1$. Será visto que Dentro$_1$ = Fora$_2$. Portanto, a comparação Dentro$_1$/Fora$_1$ = Fora$_2$/Fora$_1$. Estudos aos quais esse raciocínio aplica-se são Katkov e Meadow (1953); Imber, Nash e Stone (1955); Frank, Gliedman, Imber, Nash e Stone (1957).

27. O ingresso clínico deve ser concebido como um grupo que é agrupado pelas atividades dos pacientes e funcionários. O termo "trabalho" é usado para chamar a atenção para o ponto de que o ingresso clínico e quaisquer atividades que o produzam são relacionados entre si à maneira de programa e produto.

28. Os 3.305 casos devem ser considerados a "melhor" enumeração, em vez de uma enumeração completa. Houve nove casos adicionais para os quais havia tão pouca informação que foi impossível codificá-los além do fato de que eles haviam contatado a clínica. Havia outro conjunto de casos, sobre os quais havia conhecimento entre os funcionários da clínica de que eles existiam, mas que nenhum registro sobre eles seria encontrado. Estimamos que havia 40 casos assim.

29. A codificação foi feita por um assistente do projeto, um candidato avançado para o título de Ph.D. em Sociologia na Ucla.

30. Por "melhor" informação referimo-nos àqueles itens sobre os atributos dos pacientes com menos de 25% de não informação e aos passos realizados na carreira clínica.

31. Duas em 21 comparações não alcançaram o nível .10 de significância; as outras 19 não alcançaram o nível .25. A maioria dos casos de não informação ocorreu para pacientes que não tiveram mais contato com a clínica após uma pesquisa inicial.

32. Usamos a noção formal e vazia de "operação", de forma a evitar tomar uma posição cedo demais sobre a natureza desses procedimentos de seleção, ao mesmo tempo permitindo rigor na concepção e descrição clara.

33. Embora quatro populações "fora" e "dentro" sejam mostradas na Figura 1 e tabelas 5 e 6, as populações "fora" e "dentro", após o tratamento, não foram usadas na análise relatada nesse trabalho. Em vez disso, todos os casos que eram "dentro" após a conferência de admissão foram tratados como todos os casos "fora" após a internação. Assim, o quarto passo foi omitido, e os programas estavam interessados nos três passos. O quarto passo em todos os programas consistiu na regra: "Dê alta para o restante". O quarto passo foi omitido para simplificar a análise. Houve, comparativamente, poucos "fora" após serem aceitos para tratamento, mas antes do primeiro encontro com o terapeuta. Desta forma, várias células tiveram entradas pequenas ou mesmo nenhuma. Para usar o procedimento de computação relatado no Apêndice I para X^2, teríamos que ter combinado as células nesse passo. Mas, então, tornar essas descobertas comparáveis aos passos precedentes teria requerido combiná-las também. Uma vez que não estamos tão interessados, nesse trabalho, nos valores reais do qui-quadrado tanto quanto estamos em apresentar um método de avaliação que seja apropriado para o problema de seleção, uma decisão de combinar as células dos passos precedentes para reter as condições do qui-quadrado, apesar de alterar o sentido da tarefa do trabalho, teria permitido que o rabo abanasse o cachorro.

34. Usamos as frequências observadas como probabilidades. Estamos interessados em um estudo do problema de seleção e estamos usando materiais da clínica da Ucla para ilustrar nossos argumentos em vez de interessar-nos pela questão de quais as reais probabilidades de transição existiam para a clínica da Ucla. Portanto, a questão de se as probabilidades de transição são diferentes das que relatamos é irrelevante.

35. A classe social da área residencial do paciente foi determinada pelo seu endereço. Para essa determinação usamos uma tabela de classes sociais de áreas de censo preparadas pelo Laboratório de Cultura Urbana, Occidental College, Los Angeles, Califórnia, maio, 1954, baseado no censo de 1950, e preparado de acordo com o procedimento descrito em SHEVKY, E. & BELL, W. *Social Area Analysis* (Stanford, Cal.: Stanford University Press, 1955) e SHEVKY, E. & WILLIAMS, M. *The Social Areas of Los Angeles*: Analysis and Typology (Berkeley/Los Angeles: University of California Press, 1949).

36. Chama-se a atenção do leitor para a nota 8 deste capítulo, em que se discute a razão para usar "parâmetro" entre aspas.

37. Usamos o termo "resultados" para nos referirmos ao conjunto de eventos *matemáticos* que são possíveis quando os procedimentos de um teste estatístico, como o qui-quadrado, por exemplo, são tratados como regras gramaticais para conceber, comparar, produzir etc., eventos no domínio matemático. Usamos o termo "descobertas" para nos referirmos ao conjunto de eventos *sociológicos* que são possíveis quando, sob a pressuposição de que domínios sociológicos e matemáticos correspondem em sua estrutura lógica, eventos sociológicos são interpretados em termos das regras de inferências estatísticas.

38. Nossas observações consideraram apenas algumas das propriedades das medidas de Markov. Obviamente, muito mais coisas poderiam ser ditas sobre os decisores e suas decisões à medida que aspectos adicionais do modelo de Markov foram avaliados.

39. ROBINSON, W.S. "Ecological Correlations and the Behavior of Individuals". *American Sociological Review*, 15, jun./1950, p. 351-357.

40. Uma discrepância de magnitude dramática entre casos ativos e "inativos" que a Clínica da Ucla relatou como "em tratamento" ocorreu no fim de um período recente de treinamento de residência, quando 60 pessoas foram transferidas de um período de residência para o próximo, enquanto que uma contagem real dos arquivos de internação mostrou que 230 casos estavam sendo relatados ao Estado. A discrepância assumiu tais proporções, porque, com o fim próximo do período de residência, foi adotada uma política de relatar que equiparava os casos acumulados aos que teriam sido terminados, mas não fechados, em vários relatórios mensais.

41. A partir de materiais de aula preparados pelo Prof. Charles F. Mosteller, Departamento de Estatísticas, Universidade de Harvard para Relações Sociais, 199, primavera/1959, n. 6, parte II, p. 4-6.

42. KIMBALL, A.W. "Short-cut Formulas for the exact partition of X^2 in Contingency Table's". *Biometrics*, 10, dez./1954, p. 452-458.

43. Comunicação pessoal.

8 As propriedades racionais das atividades científicas e de senso comum

O programa da disciplina de um sociólogo requer que ele descreva cientificamente um mundo, que inclui, como fenômenos problemáticos, não só as ações da outra pessoa, mas também o conhecimento que a outra pessoa tem do mundo. Como resultado, o sociólogo não pode evitar ter que tomar *algum* tipo de decisão de trabalho sobre os vários fenômenos que se entende pelo termo "racionalidade".

Geralmente, os pesquisadores em sociologia decidem uma definição de racionalidade selecionando uma ou mais características dentre as propriedades da atividade científica da forma como ela é idealmente descrita e entendida[1]. A definição é, então, usada metodologicamente para ajudar o pesquisador a decidir as características realistas, patológicas, preconceituosas, ilusórias, míticas, mágicas, ritualísticas, e similares, da conduta, do pensamento e das crenças cotidianas.

Mas porque os sociólogos descobrem, com frequência impressionante, que ações estáveis, eficientes e persistentes e as estruturas sociais ocorrem, apesar de discrepâncias óbvias entre o conhecimento e os procedimentos do leigo e o conhecimento e os procedimentos ideais do cientista, os sociólogos têm achado as propriedades racionais que as suas definições discriminaram empiricamente desinteressantes. Eles têm preferido, em vez disso, estudar as características e as condições da não racionalidade na conduta humana. O resultado é que, na maioria das teorias disponíveis da ação social e da estrutura social, atribui-se um *status* residual às ações racionais.

Na esperança de corrigir uma tendência, é o propósito deste capítulo remediar esse *status* residual ao reintroduzir como um problema para a investigação empírica (a) as várias propriedades racionais da conduta, e também (b) as condições de um sistema social, sob as quais vários comportamentos racionais ocorrem.

Comportamentos racionais

O termo "racionalidade" tem sido usado para designar várias maneiras diferentes de comportamento. Uma lista desses comportamentos pode ser feita sem o teórico necessariamente exercer a escolha de tratar um ou mais comportamentos como definidor do termo "racionalidade". O artigo clássico de Alfred Schutz sobre o problema da racionalidade[2] faz um inventário desses significados e é, por isso, o nosso ponto de partida.

Quando os vários significados do termo que Schutz inventariou são expressos como descrições de conduta, o resultado é a lista de comportamentos mencionados a seguir. No restante deste capítulo, esses comportamentos serão referidos como "as racionalidades".

(1) Categorizando e comparando. É lugar-comum uma pessoa procurar em sua experiência uma situação com a qual possa comparar a situação que está vivendo. Às vezes, a racionalidade refere-se ao fato de que a pessoa busca as duas situações, considerando sua comparabilidade e, às vezes, refere-se à sua preocupação em fazer com que as coisas sejam comparáveis. Dizer que uma pessoa lida com tarefas de comparação equivale a dizer que ela trata uma situação, ou uma pessoa, ou um problema, como sendo um exemplo de um tipo. Portanto, a noção de um "grau de racionalidade" é encontrada, pois a extensão da preocupação de uma pessoa com a classificação, a frequência dessa atividade, o sucesso com o qual uma pessoa se engaja nela são frequentemente os comportamentos entendidos quando se afirma que as atividades de uma pessoa são mais racionais do que as de outra.

(2) Erro tolerável. É possível uma pessoa "requerer" graus diferentes de "facilidade de ajuste" entre uma observação e uma teoria, em termos da qual ela nomeia, mensura, descreve ou, então, pretende que o sentido de sua observação seja um dado. Ela pode prestar pouca ou muita atenção ao grau de ajuste. Em uma dada ocasião, poderá permitir que uma alusão literária descreva aquilo que ocorreu. Em outra ocasião, e lidando com as mesmas ocorrências, ela pode procurar um modelo matemático para ordená-las. Portanto, às vezes diz-se que uma pessoa é racional, enquanto outra não é, ou é menos racional, e com isso quer-se dizer que uma pessoa presta mais atenção do que o seu vizinho ao grau de ajuste entre aquilo que ela observou e aquilo que ela pretende que seja a sua descoberta.

(3) A procura por "meios". Às vezes usa-se o termo racionalidade para dizer que uma pessoa revisa as regras de procedimento, que, no passado, produziram os efeitos práticos agora desejados. Às vezes, refere-se ao fato de uma pessoa procurar transferir regras da prática, que deram bom resultado em situações semelhantes; às vezes, é a frequência com que esse esforço ocorre; em outras vezes, o caráter racional das ações refere-se à habilidade ou à inclinação que a pessoa tem de usar, numa situação presente, técnicas que funcionaram em outras situações.

(4) A análise de alternativas e consequências. O termo racionalidade é frequentemente usado para chamar atenção ao fato de uma pessoa, ao avaliar uma situação, antecipar as alterações que suas ações provocarão. São referências frequentes não só o fato de que ela "ensaia na imaginação" os vários cursos de ação que terão ocorrido, mas também o cuidado, a atenção, o tempo e o detalhamento da análise dispensados

aos cursos alternativos de ação. No que diz respeito à atividade de "ensaiar na imaginação", as linhas concorrentes de ações-que-terão-sido-completadas, a clareza, a extensão dos detalhes, o número de alternativas, a vivacidade e a quantidade de informação que completa cada um dos esquemas das linhas concorrentes de ação são frequentemente as características pretendidas quando chamamos as ações de uma pessoa de "racionais".

(5) Estratégia. Antes da ocasião real de escolha, uma pessoa pode atribuir a um conjunto de cursos alternativos de ação as condições, sob as quais qualquer curso de ação pode ser seguido. Von Neumann e Morgenstern chamaram o conjunto desse tipo de decisões de a estratégia de um jogador[3]. O conjunto de tais decisões pode ser chamado de o caráter estratégico das antecipações do ator. Uma pessoa que lida com as suas antecipações confiando que as circunstâncias de amanhã serão iguais às que conheceu no passado é descrita como agindo com menos racionalidade do que uma pessoa que, ao invés disso, leva em conta estados futuros possíveis de sua situação presente por meio do uso de um manual de "o-que-fazer-no-caso-de".

(6) Preocupação com o tempo. Quando dizemos que uma pessoa pretende, através de seu comportamento, realizar um estado de coisas, frequentemente queremos dizer que, ao ter tal intenção, a pessoa possui uma expectativa de uma determinada sequência programada de eventos. A preocupação com o tempo envolve a intensidade com que uma pessoa toma uma posição sobre as formas possíveis, em que eventos podem ocorrer temporalmente. Um quadro definitivo e restrito de possibilidades programadas é comparado com uma "racionalidade menor", que consiste em a pessoa orientar a sequência futura de eventos sob o aspecto de "qualquer coisa pode acontecer".

(7) Previsibilidade. Expectativas altamente específicas quanto à programação do tempo podem ser acompanhadas ao se prestar atenção às características previsíveis de uma situação. Pode ser que a pessoa procure informações preliminares sobre a situação, de forma a estabelecer algumas constantes empíricas, ou pode ser que ela tente tornar a situação previsível ao examinar as propriedades lógicas dos construtos que ela usa para "definir" a situação, ou ao revisar as regras que governam o uso de seus construtos. Dessa forma, fazer com que a situação seja previsível significa tomar quaisquer medidas possíveis para reduzir "surpresas". Tanto o desejo de se ter "surpresa em pequenas quantidades", assim como o uso de quaisquer medidas que produzam isso são, frequentemente, os comportamentos pretendidos pelo termo "racionalidade" na conduta.

(8) Regras de procedimento. Às vezes, racionalidade refere-se às regras de procedimento e interferência, nos termos das quais uma pessoa decide sobre a correção de seus julgamentos, inferências, percepções e caracterizações. Tais regras definem as formas distintas, pelas quais se pode decidir que uma coisa é conhecida – distinções, por exemplo, entre fato, suposição, evidência, ilustração e conjectura. Para os nossos propósitos, há duas classes importantes dessas regras de decisões corretas que podem ser distinguidas: regras "cartesianas" e regras "tribais". As regras cartesianas propõem que uma decisão é correta

porque a pessoa seguiu as regras sem considerar as pessoas, isto é, a pessoa decidiu como "qualquer homem" decidiria, se todas as questões relacionadas à afiliação social fossem tratadas como especialmente irrelevantes. Ao contrário, as regras "tribais" dizem que uma decisão é correta ou não, dependendo de certas solidariedades interpessoais serem ou não respeitadas como condições da decisão. A pessoa julga sua decisão como sendo certa ou errada de acordo com quem é referencialmente importante que ela concorde.

O termo racionalidade é frequentemente usado para se referir à aplicação das regras cartesianas de decisão. Já que as convenções podem impor restrições a esse tipo de tomada de decisão, a intensidade com que essas restrições são suprimidas, controladas, tornadas sem efeito ou irrelevantes é outro significado frequente de racionalidade.

(9) Escolha. Às vezes o fato de uma pessoa estar ciente da real possibilidade de se fazer uma escolha, e às vezes o fato de que ela escolhe, são significados populares de racionalidade.

(10) Fundamentos da escolha. Os fundamentos, nos quais uma pessoa exerce uma escolha entre alternativas, assim como os fundamentos que ela usa para legitimar a escolha, são frequentemente apontados como sendo as características racionais de uma ação. Vários diferentes significados comportamentais do termo "fundamento" precisam ser discriminados.

(a) Fundamentos racionais, às vezes, refere-se exclusivamente ao *corpus*[4] científico de informação, visto como um inventário de proposições, que é tratado pela pessoa como sendo os fundamentos corretos para inferências posteriores e ações futuras.

(b) Fundamentos racionais às vezes refere-se a tais propriedades do conhecimento de uma pessoa como sendo a estrutura "fina" ou "grossa" das caracterizações que ela usa, ou a se o "inventário" consiste em um conjunto de estórias, em oposição a leis empíricas universais, ou à extensão na qual os materiais são codificados, ou se o *corpus* em uso está de acordo com o *corpus* de proposições científicas.

(c) Enquanto os fundamentos de uma escolha forem as estratégias de ação, como foi mencionado anteriormente no item 5, outro sentido de racionalidade está envolvido.

(d) Os fundamentos da escolha de uma pessoa podem ser aqueles que ele literalmente encontra por meio da interpretação retrospectiva de um resultado presente. Por exemplo, uma pessoa pode se dar conta de tais fundamentos, no curso de historiar um resultado, como uma tentativa para determinar o que "realmente" foi decidido em um momento anterior. Assim, se um dado presente é tratado como uma-resposta-a-alguma-pergunta, o dado pode motivar a pergunta à qual a pessoa espera que o dado responda. Selecionar, organizar e unificar o contexto histórico de uma ação, depois que ela ocorreu, de forma a apresentar um relato publicamente aceitável ou coerente dessa ação, é um dos significados familiares do termo "racionalização".

(11) Compatibilidade de relações meios-fins com os princípios da lógica formal. Uma pessoa pode tratar um curso de ação contemplado como se ele fosse uma sequência de passos para a solução de um problema. Ela pode organizar esses passos como um conjunto de relações "meios-fins", mas só considerar o problema resolvido se essas relações forem feitas sem violar o ideal da compatibilidade plena com os princípios da lógica formal científica e com as regras do procedimento científico[5]. O fato de a pessoa poder fazer isso, a frequência com que ela o faz, a sua persistência em tratar os problemas dessa forma, ou o sucesso que ela obtém, ao seguir tal procedimento, são formas alternativas de se especificar a racionalidade das suas ações.

(12) Clareza semântica e distintividade. Menciona-se com frequência a tentativa de uma pessoa de tratar a clareza semântica de uma construção como sendo uma variável com um valor máximo, ao qual deve se aproximar como um passo obrigatório na solução do problema da construção de uma definição crível de uma situação. Diz-se que uma pessoa que refreia sua crença até que a condição do valor máximo aproximado tenha sido satisfeita é mais racional do que outra que acreditaria num mistério.

Uma pessoa pode atribuir alta prioridade às tarefas de esclarecer os construtos que compõem a definição de uma situação e de decidir sobre a compatibilidade que tais construtos têm com os significados pretendidos na terminologia empregada pelos outros. Por outro lado, a pessoa pode prestar pouca atenção a tarefas desse tipo. Diz-se, às vezes, que aquele modo de agir é mais racional do que este.

(13) Clareza e distintividade "em si mesmas". Schutz realça que uma preocupação com clareza e distintividade pode ser uma preocupação com a distintividade que é adequada aos propósitos da pessoa. As diferentes relações possíveis, ideais ou reais, entre (a) uma preocupação com a clareza e (b) os propósitos a que serve a clareza do construto revelam significados comportamentais adicionais de racionalidade. Duas variáveis estão envolvidas: (1) o respeito requerido pelas tarefas de clarificação e (2) o valor que a pessoa atribui à conclusão de um projeto. Uma relação entre essas variáveis faz com que a tarefa de clarificação, em si, transforme-se no próprio projeto a ser realizado. É esse o significado de "clarificação em si mesma". Mas a relação entre as duas variáveis pode ser tratada por uma pessoa como sendo constituída por algum grau de variabilidade independente. Tal relação seria usada ao trabalhar como um ideal "a clarificação que é adequada para os propósitos atuais". Racionalidade frequentemente significa um alto grau de interdependência entre essas variáveis. Tal interdependência, quando tratada como uma regra da conduta investigativa ou interpretativa, é, às vezes, o que se quer dizer com a distinção entre pesquisas e teorias "puras" e "aplicadas".

(14) Compatibilidade da definição de uma situação com o conhecimento científico. Uma pessoa pode permitir que aquilo que ela trata como sendo "questões de fato" seja criticado em termos de sua compatibilidade com o corpo de descobertas científicas. Como descrição das ações de uma pessoa, a "legitimidade consentida de tais críticas" significa que, no caso de haver uma discrepância demonstrada, a pessoa irá mudar aquilo que ela trata como sendo os fundamentos corretos para a inferência e a ação (um significado de "fato") para poder acomodar aquilo que é cientificamente o caso. Com frequência, diz-se que as ações de uma pessoa são racionais na medida em que ela se adapta, ou está preparada para adaptar-se, àquilo que está cientificamente correto.

Frequentemente racionalidade refere-se aos sentimentos de uma pessoa que acompanha a sua conduta, *e.g.*: "neutralidade afetiva", ser "não emotivo", "desprendido", "desinteressado" e "impessoal". Para as tarefas teóricas deste capítulo, entretanto, o fato de a ação de uma pessoa em seu ambiente poder estar acompanhada de tais sentimentos é sem interesse. Entretanto, é, sim, interessante o fato de que uma pessoa usa seus sentimentos a respeito de seu ambiente para indicar o caráter sensato daquilo sobre o que ela está falando, ou para indicar a legitimidade de uma descoberta. Não há nada que proíbe um investigador científico de ser ardentemente esperançoso de que a sua hipótese seja confirmada. É proibido, entretanto, que ele use a sua ardente esperança *ou* o seu desprendimento de sentimento para indicar a sensatez ou a legitimidade de uma proposição. Diz-se, por vezes, que uma pessoa que trata seus sentimentos sobre uma questão como se fossem irrelevantes para o sentido ou a legitimidade desta questão está agindo de forma racional, enquanto considera-se que uma pessoa que indica o sentido e a legitimidade por meio da invocação de seus sentimentos age menos racionalmente. Isso, entretanto, é verdadeiro apenas para as atividades científicas idealmente descritas.

Racionalidades científicas

As racionalidades precedentes podem ser usadas para construir a imagem de uma pessoa como um tipo de comportamento. Podemos imaginar uma pessoa que pode[6] examinar uma situação presente, procurando nela pontos de comparabilidade com outras situações que conheceu no passado e que pode examinar toda sua experiência passada, procurando fórmulas que parecem, na sua perspectiva presente, ter produzido, no passado, o efeito prático que ela procura obter no presente. Ao se incumbir dessa tarefa, ela pode prestar bastante atenção a esses pontos de comparabilidade. Ela pode antecipar as consequências de suas ações de acordo com as fórmulas que se apresentam a si. Ela pode "ensaiar na imaginação" várias linhas concorrentes de ação. Ela pode atribuir a cada alternativa, por meio de uma decisão que foi feita antes da ocasião atual da escolha, as condições sob as quais cada uma das alternativas deve ser seguida. Juntamente com esse tipo de estruturação de experiência, a pessoa pode pretender, através de seu comportamento, que um resultado projetado se realize. Isso pode envolver prestar atenção específica às características previsíveis da situação que ela procura manipular. Suas ações podem envolver o exercício da escolha entre dois ou mais meios para os mesmos fins, ou a escolha entre vários fins. Ela pode decidir a correção de sua escolha ao invocar leis empíricas, e assim vai.

Ao estender as características desse tipo comportamental para incorporar todas as racionalidades precedentes, uma distinção entre os interesses da vida cotidiana e os interesses da teorização científica incide sobre essa lista. Onde as ações de uma pessoa são governadas pela "atitude da vida cotidiana", todas as racionalidades podem ocorrer, com quatro exceções importantes. Expressas como máximas ideais de conduta, essas exceções postulam que os passos projetados para a solução de um problema, ou a realização de uma tarefa, isto é, as "relações meios-fins", sejam construídas de tal forma que (1) permaneçam inteiramente compatíveis com as regras que definem as decisões cientificamente corretas da gramática e dos procedimentos; (2) que todos os elementos sejam concebidos com total clareza e distinção; (3) que a clarificação tanto do corpo de conhecimento quanto das regras dos procedimentos investigativos e interpretativos seja tratada como um projeto de primeira prioridade; e (4) que os passos projetados contenham apenas suposições cientificamente verificáveis, que devem ser inteiramente compatíveis com o conhecimento científico como um todo. As correlações comportamentais dessas máximas foram descritas anteriormente como sendo as racionalidades (11) a (14). Para facilitar a referência, irei me referir a essas quatro como "as racionalidades científicas".

O ponto crucial deste capítulo e do programa de pesquisa que irá ocorrer, se seus argumentos estiverem corretos, é que *as racionalidades científicas, de fato, ocorrem como propriedades estáveis de ações e como ideais sancionáveis apenas em ações governadas pela atitude da teorização científica. Em contrastante, as ações governadas pela atitude da vida cotidiana são marcadas pela ausência específica dessas racionalidades, seja como propriedades estáveis, seja como ideais sancionáveis.* No que diz respeito às ações e às estruturas sociais que são governadas pelas pressuposições da vida cotidiana, quaisquer tentativas de estabilizar essas características ou de forçar a aderência a elas através da administração social sistemática de recompensas e punições são as operações necessárias para multiplicar as características anômalas da interação. Todas as outras racionalidades, de (1) a (10), entretanto, podem ocorrer em ações governadas por qualquer uma das duas atitudes, tanto como propriedades estáveis quanto como ideais sancionáveis. Esse ponto crítico é mencionado mais detalhadamente na Tabela 1.

As afirmações acima foram feitas como questões empíricas, não como questões doutrinais. A reconstrução do "problema da racionalidade"[7] proposta por este capítulo depende do caráter legítimo dessas afirmações. Testá-las depende de uma distinção viável entre a "atitude da vida cotidiana" e a "atitude da teorização científica". Torna-se necessário, portanto, que as diferentes pressuposições que compõem cada atitude sejam comparadas rapidamente. Após ter feito isso, retornaremos para a linha principal do argumento.

TABELA 1

Um resumo das proposições, relacionando as racionalidades às suas condições de ocorrência

	Para todas as ações que são governadas pelas regras de relevância da vida cotidiana, as racionalides podem ocorrer SE			Para todas as ações que são governadas pelas regras de relevância da teorização científica, as racionalides podem ocorrer SE		
	Considerado um padrão ideal de ação?	Considerado um padrão operativo de ação?	Considerado uma propriedade de uma prática real?	Considerado um padrão ideal de ação?	Considerado um padrão operativo de ação?	Considerado uma propriedade de uma prática real?
1) Categorizar e comparar	Sim	Sim	Sim	Sim	Sim	Sim
2) Erro tolerável	Sim	Sim	Sim	Sim	Sim	Sim
3) A procura por "meios"	Sim	Sim	Sim	Sim	Sim	Sim
4) A análise de alternativas e consequências	Sim	Sim	Sim	Sim	Sim	Sim
5) Estratégia	Sim	Sim	Sim	Sim	Sim	Sim
6) Preocupação com o tempo	Sim	Sim	Sim	Sim	Sim	Sim
7) Previsibilidade	Sim	Sim	Sim	Sim	Sim	Sim
8) Regras de procedimento	Sim	Sim	Sim	Sim	Sim	Sim
9) Escolha	Sim	Sim	Sim	Sim	Sim	Sim
10) Fundamentos da escolha	Sim	Sim	Sim	Sim	Sim	Sim
11) Compatibilidade de relações meios-fins com os princípios da lógica formal	Não	Não	Não	Sim	Sim	Sim
12) Clareza semântica e distintividade	Não	Não	Não	Sim	Sim	Sim
13) Clareza e distintividade "em si mesmas"	Não	Não	Não	Sim	Sim	Sim
14) Compatibilidade da definição de uma situação com o conhecimento científico	Não	Não	Não	Sim	Sim	Sim

"Sim" deve ser lido como "É empiricamente possível, como propriedade estável e/ou ideal *sancionável*".
"Não" deve ser lido como "É empiricamente possível apenas como propriedade instável e/ou ideal *não sancionável*". Com isso queremos dizer que quaisquer tentativas de estabilizar a característica ou de forçar a aderência a elas através da administração sistemática de recompensas e punições são as operações necessárias para se multiplicar as características anômicas da interação.
Aquilo que essas proposições afirmam para as racionalidades, quando consideradas isoladamente, elas também afirmam para um conjunto delas, agrupadas em qualquer combinação.

As pressuposições das duas atitudes

As atitudes da vida cotidiana e da teorização científica[8] foram descritas por Alfred Schutz[9] nos estudos que fez sobre a fenomenologia constitutiva das situações de senso comum[10]. Devido ao fato de os argumentos deste capítulo dependerem da suposição de que essas atitudes não se superpõem, torna-se necessário compararmos brevemente as pressuposições que compõem cada uma dessas atitudes.

(1) Schutz considera que, em situações cotidianas, o "teórico prático" alcança um ordenamento dos eventos, enquanto procura reter e sancionar a pressuposição de que os objetos do mundo são como aparentam ser. A pessoa que lida com afazeres cotidianos procura por uma interpretação desses afazeres, ao mesmo tempo em que mantém uma conduta de "neutralidade oficial" em relação à regra interpretativa, segundo a qual uma pessoa pode duvidar de que os objetos do mundo sejam como aparentam ser. A pressuposição do ator consiste na expectativa de que uma relação de correspondência indubitável exista entre as aparências específicas de um objeto e o objeto-pretendido-que-aparece-desta-forma-em-particular. A partir do conjunto de relações possíveis entre as aparências reais do objeto e o objeto pretendido, como por exemplo uma relação de correspondência duvidosa entre os dois, a pessoa espera que a correspondência indubitável pressuposta seja a correspondência sancionável. Ela espera que a outra pessoa empregue a mesma expectativa de forma mais ou menos igual, e espera que, assim como ela espera que a relação se mantenha para a outra pessoa, a outra pessoa espere que a relação se mantenha para ela.

Nas atividades de teorização científica é usada uma regra de procedimento interpretativo bastante diferente. Essa regra determina que a interpretação seja conduzida mantendo-se uma posição de "neutralidade oficial" em relação à crença de que os objetos do mundo são como aparentam ser. As atividades da vida cotidiana, é claro, permitem que o ator duvide que os objetos sejam como aparentam ser; mas essa dúvida é, em princípio, uma dúvida que é limitada pelas "considerações práticas" do teórico. A dúvida, para o teórico prático, é limitada pelo respeito deste por certas características valorizadas, mais ou menos rotineiras da ordem social "vistas por dentro", as quais ele especificamente não questiona e as quais ele não porá em questão. Ao contrário, as atividades de teorização científica são governadas pelo estranho ideal da dúvida, que é, em princípio, ilimitado e que especialmente não reconhece as estruturas sociais normativas como sendo condições restritivas.

(2) Schutz menciona uma segunda suposição que é o interesse prático de uma pessoa pelos eventos do mundo. As características relevantes dos eventos que o seu interesse neles seleciona acarretam, como característica invariável, para a pessoa, que elas podem afetar real e potencialmente as ações do ator e podem ser afetadas por suas ações. Sob essa característica pressuposta dos eventos, a pessoa presume que a preci-

são dos ordenamentos de eventos que ela fez pode ser testada e é testável, sem ter que suspender a relevância daquilo que ela conhece como sendo fato, suposição, conjectura, fantasia e similares, por meio das suas posições físicas e sociais no mundo real. Os eventos, suas relações, sua textura causal, não são questões que têm para ela interesse teórico. A pessoa não sanciona a noção de que, ao lidar com essas questões, é correto tratá-las de acordo com a regra interpretativa que diz que ela nada sabe, ou que ela pode presumir que ela nada sabe, "só para ver aonde isso leva". Nas situações cotidianas, aquilo que uma pessoa sabe é uma característica integral da sua competência social. A pessoa presume que aquilo que ela sabe, da forma que ela sabe, a personifica como um objeto social, perante si mesma e perante os outros, como um membro de boa-fé do grupo. Ela sanciona a sua competência em ser um membro de boa-fé do grupo como sendo uma condição para ela poder ter certeza de que sua apreensão dos significados de seus afazeres cotidianos é uma apreensão realista.

Ao contrário, as regras interpretativas da atitude da teorização científica estabelecem que o sentido e a exatidão de um modelo devem ser testados e decididos, ao mesmo tempo em que se suspende qualquer julgamento sobre a relevância daquilo que o teórico sabe em função da sua posição social e física no mundo real.

(3) Schutz descreve a perspectiva temporal da vida cotidiana. Durante suas atividades cotidianas, a pessoa reifica o fluxo da experiência em "fatias temporais". Ela faz isso usando um esquema de relações temporais, que ela presume ser empregado, tanto por ela quanto pelas outras pessoas, de forma equivalente e padronizada. A conversa que ela está mantendo consiste, para ela, não só nos eventos do seu fluxo de experiência, mas também naquilo que foi dito, ou que pode ser dito, em um tempo, que é designado pelas posições sucessivas dos ponteiros do relógio. O "sentido da conversa" não é somente realizado progressivamente através da sucessão dos significados realizados do seu curso já executado, mas cada "até aqui" é informado pelas suas antecipações. Além disso, em cada aqui e agora e também durante a sucessão de "aquis e agoras", a conversa tem, para a pessoa, tanto significados retrospectivos quanto prospectivos. Esses incluem as referências aqui e agora ao começo, à duração, ao ritmo, às fases e ao término. Essas determinações do "tempo interior" do fluxo de experiências são coordenadas com um esquema socialmente empregado de determinações temporais. A pessoa usa o esquema do tempo padrão como uma forma de programar e coordenar suas ações com as ações dos outros, como uma forma de direcionar os seus interesses aos interesses dos outros e de acertar o ritmo de suas ações com o ritmo das ações dos outros. Seu interesse no tempo padrão está direcionado aos problemas que tais especificações solucionam ao programar e coordenar a interação. A pessoa presume, também, que o esquema do tempo padrão é um empreendimento totalmente público, um tipo de "grande relógio idêntico para todos".

Existem outras formas, que são formas contrastantes, de se pontuar temporalmente o fluxo da experiência, de forma a produzir um arranjo sensato de eventos no "mundo exterior". Quando o ator está envolvido nas atividades de teorização científica, o tempo padrão é usado como uma ferramenta para construir um entre outros mundos empiricamente possíveis (presumindo, é claro, que o teórico esteja interessado em questões de fato). Assim, dado seu interesse no domínio dos afazeres cotidianos, aquilo que envolve o uso que o ator faz do tempo para ajustar seus interesses de acordo com a conduta dos outros é, no que diz respeito a seus interesses enquanto teórico sociológico científico, uma "mera" ferramenta para solucionar seu problema científico, que consiste em formular claramente tais programas de ações coordenadas em termos de relações de causa e efeito. Outro uso contrastante do tempo ocorre quando se apreciam os eventos retratados "no interior de uma peça de teatro". Os interesses no tempo padrão são deixados de lado como sendo irrelevantes. Quando uma pessoa acompanha as estruturas sociais retratadas num romance, tal como *Ethan Frome*, por exemplo, ela permite que o destino dos amantes venha antes e que seja uma condição para a apreciação da sequência de passos que levaram a esse destino.

(4) A pessoa, ao gerenciar seus afazeres cotidianos, assume um esquema de comunicação que é comumente compartilhado de uma forma diferente que o teorizador científico o faz. O homem, na vida cotidiana, está informado do sentido dos eventos ao usar um contexto pressuposto dos "fatos naturais da vida", que, de seu ponto de vista, "qualquer um de nós" tem a obrigação de saber, e no qual temos obrigação de acreditar. Usar tais fatos naturais da vida é uma condição para continuar sendo um membro de boa-fé do grupo. Ele assume que tal contexto é usado por ele e por outros como sendo "regras codificadoras" moralmente obrigatórias. É sob os termos destas regras que ele decide a correspondência correta entre a aparência atual de um objeto e o objeto-pretendido-que-parece-de-uma-forma-em-particular.

Essa suposição de um mundo intersubjetivo comum de comunicação é surpreendentemente modificada nas ações de teorização científica. As "outras pessoas relevantes", para o teorizador científico, são universalizadas como sendo "qualquer pessoa". Elas são, idealmente, manuais descorporificados de procedimentos adequados para decidir a razoabilidade, a objetividade e a legitimidade. Colegas específicos são, no máximo, exemplos perdoáveis de tais "investigadores competentes" altamente abstratos. O teorizador científico tem a obrigação de saber apenas aquilo em que ele decidiu dar crédito. É uma mera opção sua acreditar ou não nas descobertas feitas por seus colegas, fundamentando-se no fato de ser um membro de uma sociedade profissional ou de outra sociedade qualquer. Se ele não acreditar, é permitido que ele justifique isso invocando como fundamento para tal a sua adesão impessoal à comunidade de "investigadores competentes", que são anônimos, no que diz respeito a ser membro de uma coletividade, e cujas ações conformam-se a normas de manual de procedimentos. Ao empreender tais ações, ele pode arriscar-se a ser criticado por ter rigor excessivo. Mas tomar tais ações na vida diária arriscaria uma mudança de *status* para criminalidade, doença ou incompetência.

(5) A pessoa assume uma "forma específica de sociabilidade". Entre outras coisas, a forma de sociabilidade consiste na pressuposição que a pessoa faz de que existe alguma disparidade característica entre a "imagem" de si mesma que ela atribui a outra pessoa como sendo o conhecimento que a outra pessoa tem dela, e o conhecimento que ela tem de si mesma através dos "olhos" da outra pessoa. Ela também assume que as alterações nessa disparidade característica permanecem sob seu controle autônomo. Essa suposição funciona como uma regra, pela qual o teorizador cotidiano agrupa suas experiências em termos de o que combina corretamente com quem. Há, desse modo, um conhecimento não publicado, que corresponde ao mundo intersubjetivo comum da comunicação, e que, aos olhos do ator, está distribuído entre as pessoas como sendo os fundamentos de suas ações, isto é, dos seus motivos, ou, no sentido radical do termo, dos seus "interesses", enquanto características constituintes das relações sociais da interação. Ele assume que há questões que uma pessoa sabe, e que ela assume que os outros não saibam. A ignorância de uma das partes consiste naquilo que o outro sabe que é motivacionalmente relevante para a primeira parte. Deste modo, o sentido das questões que são conhecidas em comum é informado pelas reservas pessoais, pelas questões que são seletivamente ocultadas. Assim, os eventos das situações cotidianas são informados por esse contexto integral de "significados mantidos ocultos", pelas coisas que uma pessoa sabe sobre si mesma e sobre os outros, que não interessam a ninguém; em resumo, pela vida privada.

Essa pressuposição é fortemente modificada nas regras que governam as ações da teorização científica. Na sociabilidade da teorização científica não há disparidade entre a vida privada e a vida pública no que diz respeito a sentido e legitimidade. Todas as questões que são relevantes ao retrato que o teorizador faz de um mundo possível são públicos e publicáveis.

Há outras pressuposições, mas, para os propósitos deste capítulo, é suficiente estabelecer apenas o fato da diferença entre essas "atitudes".

Esses dois conjuntos de pressuposições não se misturam um com o outro, e nem há graus de diferença entre eles. Em lugar disso, alternar entre o uso de um para o uso do outro – alternar entre uma "atitude" e outra – produz uma alteração radical na estruturação cênica que uma pessoa faz de eventos e das suas relações. No sentido matemático literal, as duas atitudes produzem conjuntos de eventos logicamente incompatíveis. A natureza da diferença entre os sistemas de eventos que são constituídos pelos dois conjuntos de pressuposições interpretativos pode ser ilustrada comparando-se os eventos relacionados que um espectador vê na tela de sua televisão quando ele acompanha os eventos "da estória" com os eventos que ele vê, quando ele considera a cena como sendo um conjunto de efeitos realizados por um conjunto de atores profissionais, que estão agindo conforme as instruções de um produtor de filmes. Seria do mais vulgar didatismo filosófico dizer que o espectador viu "aspectos diferentes da mesma coisa", ou que os eventos da estória "não passam" de eventos da produção que são apreciados sem qualquer crítica.

Metodologia

São as racionalidades científicas, a que autores que escrevem sobre organização social e tomadas de decisões se referem, as características das "escolhas racionais". Propomos aqui, entretanto, que as racionalidades científicas não são propriedades, nem de ideais sancionáveis, nem de escolhas feitas do interior das atividades governadas pelas pressuposições da vida cotidiana. Se as racionalidades científicas não são nem propriedades estáveis, nem ideais sancionáveis das escolhas feitas do interior das atividades, cujo sentido é governado pelas pressuposições da vida cotidiana, então os problemas que pesquisadores e teóricos encontram com relação aos conceitos dos fins organizacionais, com relação ao papel do conhecimento e da ignorância na interação, com relação às dificuldades no manuseio de mensagens significativas nas teorias matemáticas da comunicação, com relação às anomalias encontradas nos estudos sobre o comportamento em apostas, com relação às dificuldades de racionalizar o conceito de anormalidade, à luz de materiais transculturais, podem todos ser problemas que eles mesmos criaram. Esses problemas seriam originados não nas complexidades da matéria estudada, mas na insistência em conceber ações de acordo com conceitos científicos, ao invés de olhar para as racionalidades reais que o comportamento das pessoas de fato exibe durante o curso do gerenciamento de seus afazeres práticos.

Schutz nos diz o que significa dizer que um ator tem uma escolha racional[11]:

"Uma escolha racional estaria presente se o ator tivesse conhecimento suficiente sobre o fim a ser realizado, bem como sobre os diferentes meios através dos quais pode-se obter sucesso. Mas esse postulado implica:

> 1) O conhecimento do lugar do fim a ser realizado nos limites do enquadramento dos planos do ator (os quais ele também deve conhecer).
> 2) O conhecimento das suas inter-relações com outros fins e a sua compatibilidade ou incompatibilidade com eles.
> 3) O conhecimento das consequências desejáveis e das indesejáveis que podem surgir como subproduto da realização do fim principal.

4) O conhecimento das diferentes cadeias de meios que, tecnicamente, ou até mesmo ontologicamente, são adequadas para a consecução do fim, indiferentemente de se o ator tem controle sobre todos, ou apenas sobre alguns desses elementos.

5) O conhecimento da interferência de tais meios com outros fins de outras cadeias de meios, incluindo todos os efeitos secundários e todas as consequências incidentais delas.

6) O conhecimento da acessibilidade desses meios para o ator, escolhendo os meios que estão a seu alcance e que ele é capaz e pode implementar.

Os pontos mencionados acima não são, de qualquer forma, exaustivos da análise complicada que seria necessária para se decompor o conceito da escolha racional na ação. As complicações aumentam muito quando a ação em questão é uma ação social. Nesse caso, os elementos seguintes tornam-se determinantes adicionais para a deliberação do ator. Primeiro, a interpretação ou a má interpretação de seu próprio ato por seu companheiro. Segundo, a reação das outras pessoas e sua motivação. Terceiro, todos os elementos do conhecimento mencionados, de (1) a (6), os quais o ator correta ou incorretamente atribui aos seus parceiros. Quarto, todas as categorias de familiaridade e estranheza, de intimidade e de anonimato, de personalidade e de tipos que descobrimos no nosso inventário da organização do mundo social.

Mas, então, Schutz pergunta: "Onde pode-se encontrar esse sistema de escolhas racionais?" "...o conceito de racionalidade tem seu lugar nativo não no nível das concepções cotidianas do mundo social, mas no nível teórico de sua observação científica, e é aí que ele encontra o seu campo de aplicação metodológica".

Schutz conclui que esse sistema é encontrado no *status* lógico, nos elementos e nos usos do modelo que o cientista escolhe e usa como esquema para a interpretação dos eventos da conduta.

> Isso não significa que a escolha racional não exista dentro da esfera da vida cotidiana. De fato, seria suficiente interpretar os termos clareza e distintividade com um significado modificado e restrito, a saber, como sendo a clareza e a distintividade adequadas às necessidades do interesse prático do ator. O que quero enfatizar é que o ideal da racionalidade não é, e não pode ser, uma característica peculiar do pensamento cotidiano e, portanto, nem pode ser um princípio metodológico para a interpretação dos conjuntos humanos na vida cotidiana.

Reconstruir o problema da racionalidade, de forma a devolvê-lo aos pesquisadores, consiste na proposta de que os sociólogos parem de tratar as racionalidades científicas como uma regra metodológica para interpretar as ações humanas.

No que diz respeito aos procedimentos, como um investigador agirá, quando ele parar de tratar as racionalidades científicas como uma regra metodológica?

Normas de conduta

Quando as propriedades racionais de ação anteriormente mencionadas são concebidas como normas de conduta correta, quatro significados de tais normas podem ser distinguidos.

Primeiro, as normas podem consistir nas racionalidades, às quais os observadores aderem como normas ideais das suas atividades enquanto cientistas. Segundo, o termo pode se referir às racionalidades como normas operativas do trabalho científico real. Empiricamente, os dois conjuntos de normas não são correspondentes ponto a ponto. Por exemplo, há uma rotinização do problema do desenho e da solução, bem como uma confiança nos outros investigadores, o que é encontrado em operações investigativas reais e que é geralmente ignorado por livros didáticos de metodologia. Terceiro, o termo pode se referir a um ideal de racionalidade socialmente empregado e sancionado. Aqui, referimo-nos a essas racionalidades como padrões de pensamento e de conduta que permanecem de acordo com o respeito pelas ordens rotineiras da ação na vida cotidiana. Tais padrões são chamados, na linguagem cotidiana, de uma forma "razoável" de pensar e agir. Quarto, há as racionalidades como normas operativas de atividades reais da vida cotidiana.

Usar as racionalidades como princípio metodológico na interpretação das ações humanas na vida cotidiana significa proceder da seguinte forma:

(1) As características ideais, a que os observadores científicos aderem como padrões ideais da sua conduta investigativa e teórica, são usadas para construir o modelo de uma pessoa que age de uma forma que é governada por esses ideais. O jogador de Von Neumann é, por exemplo, uma construção desse tipo[12].

(2) Depois de descrever comportamentos reais, olha-se para o modelo, procurando, através da comparação destes, discrepâncias entre a forma que uma pessoa construída de tal forma agiria e a forma que a pessoa realmente agiu. Fazem-se, então, perguntas como as seguintes: Em comparação com o modelo, quanta distorção há? Qual é a eficiência dos meios que a pessoa real empregou, quando são considerados em termos do conhecimento mais amplo do observador, sendo esse conhecimento mais amplo do observador caracterizado como sendo "O estado atual da informação científica"? Quais restrições incidem sobre o uso de normas de eficiência técnica na consecução de fins? Quanta e que tipo de informação é necessária para decisões que são formuladas sob a consideração de todos os parâmetros cientificamente relevantes para o problema e quanta informação desse tipo a pessoa real tinha?

Em uma palavra, o modelo fornece uma forma de determinar as formas como uma pessoa poderia agir se imaginássemos que ela estivesse agindo como um cientista ideal. A seguinte questão, então, é: Qual é a explicação para o fato de que pessoas reais não são iguais, de fato raramente são iguais, mesmo como cientistas? Em suma, o modelo desse homem racional como um padrão é usado para fornecer a base de uma comparação irônica; e dessa comparação conseguem-se as distinções familiares entre a conduta racional, a não racional, a irracional e a arracional[13].

Mas esse modelo é apenas um entre um número ilimitado de modelos que podem ser usados. E o que é mais importante, nenhuma necessidade dita o seu uso. Certamente, um modelo de racionalidade é necessário, mas apenas para a tarefa de decidir sobre uma definição de conhecimento crível e, então, é tudo, menos inevitável, na teorização científica. Ele não é necessário e é evitável nas atividades de teorização empregadas para lidar com os afazeres cotidianos.

É necessário para a teorização científica, mas isso não se deve a nenhuma característica ontológica dos eventos que os cientistas procuram conceber e descrever.

É necessário, porque as regras que governam o uso das suas proposições, consideradas fundamentos corretos para se fazer inferências adicionais, isto é, a própria definição do conhecimento crível, definem tais procedimentos sancionáveis como sendo, por exemplo, procedimentos que não permitem que duas proposições incompatíveis ou contraditórias sejam usadas ao mesmo tempo como fundamento para a dedução da legitimidade de outra proposição. Já que a definição do conhecimento crível, científico ou não, consiste nas regras que governam o uso das proposições como fundamentos para se fazer inferências e ações adicionais, a necessidade do modelo é fornecida pela decisão, em primeiro lugar, de agir conforme essas regras[14]. O modelo de racionalidade na teorização científica literalmente consiste no ideal que o teórico tem de que os significados dessas regras podem ser explicados claramente.

É uma consequência do fato de que as ações de investigação e interpretação são governadas por aquilo que, para o senso comum, são regras estranhas de atividades científicas, que a decisão de usar uma proposição como fundamento para inferências adicionais varia, independentemente de o usuário poder esperar, ou não, ser apoiado socialmente por usá-la. Mas nas atividades governadas pelas pressuposições da vida diária o corpo de conhecimento crível não está sujeito a restrições tão rígidas, no que diz respeito ao uso de proposições como fundamento legítimo para inferências e ações adicionais. Dentre as regras de relevância da vida cotidiana, uma proposição utilizada corretamente é uma para cujo uso o usuário espera que seja socialmente apoiado e, ao usá-la, ele fornece aos outros evidência do seu *status* como membro de boa-fé da coletividade.

As racionalidades como dados

Nenhuma necessidade dita que uma definição de ação racional possa ser decidida para se conceber um campo de eventos de conduta observáveis. Esse resultado tem a consequência importante e paradoxal de permitir que estudemos mais de perto do que nunca[15] as propriedades da ação racional. Ao invés de usar a ideia do cientista ideal como um meio para se construir categorias descritivas de comportamento – racional, não racional, irracional e arracional são tais categorias –, podemos lidar com as características racionais das atividades, usando a tarefa empírica de descrevê-las assim como são encontradas separadamente na lista acima de racionalidades, ou em grupos dessas características. O usuário iria, então, olhar as condições da constituição do ator e as suas relações características com os outros como sendo fatores que poderiam explicar a presença dessas racionalidades, mas sem comparações irônicas.

Ao invés de as propriedades da racionalidade serem tratadas como princípio metodológico na interpretação de atividades, elas devem ser tratadas apenas como material empiricamente problemático. Elas teriam apenas o *status* de dados e teriam que ser explicadas da mesma forma que são as propriedades mais familiares da conduta. Assim como podemos nos perguntar como as propriedades de um arranjo de *status* são relevantes para a incidência do comportamento contencioso, ou para a dissensão organizada, ou para fazer um bode expiatório, ou para as chances de mobilidade ocupacional, ou para o que quer que seja, também podemos perguntar-nos como as propriedades de um arranjo de *status* são determinantes do quanto as ações dos atores mostram as racionalidades. Perguntas como as seguintes, então, urgem uma resposta: Por que as racionalidades da teorização científica são perturbadoras da continuidade da ação governada pela atitude da vida cotidiana? O que há nos arranjos sociais que faz ser impossível transformar as duas "atitudes" uma na outra sem perturbações severas da atividade contínua governada por cada uma delas? Como devem ser os arranjos sociais para que grandes números de pessoas, como as conhecemos na nossa sociedade de hoje, possam não só adotar a atitude científica com impunidade, mas para que possam, de forma a poderem usá-la com sucesso, reivindicar substancialmente o direito de agir de acordo com essa atitude em face daqueles para quem a atitude é estranha e muitas vezes repugnante? Em uma palavra, as propriedades racionais da conduta podem ser removidas por sociólogos do domínio do comentário filosófico e levadas à pesquisa empírica?

É possível formular uma regra geral que inclui inúmeros problemas de pesquisa: qualquer fator que consideramos como condicional de qualquer uma das propriedades das atividades é um fator que é condicional das racionalidades. Essa regra afirma que tais fatores como, por exemplo, os arranjos territoriais, o número de pessoas numa rede, as taxas de retorno, as regras que governam quem pode se comunicar com quem, os padrões temporais de mensagens, a distribuição da informação, assim como as operações para alterar essa distribuição, o número e o lugar dos pontos de transformação da informação, as propriedades de regras de codificações e de línguas, a estabilidade das rotinas sociais, as propriedades dos arranjos de prestígio e poder, e por aí vai, devem todos ser considerados como determinantes das propriedades racionais das ações governadas pela atitude da vida cotidiana.

Conclusão

Foi o propósito deste texto recomendar a hipótese de que as racionalidades científicas podem ser empregadas apenas como ideais ineficazes nas ações governadas pelas pressuposições da vida cotidiana. As racionalidades científicas não são nem características estáveis, nem ideais sancionáveis das rotinas cotidianas, e qualquer tentativa de estabilizar essas propriedades, ou de obrigar que sejam seguidas na condução das atividades cotidianas, magnificará o caráter sem sentido do ambiente comportamental de uma pessoa e multiplicará as características desorganizadas do sistema de interação.

Notas

1. Uma definição preferida atualmente é conhecida como a regra dos meios empiricamente adequados. As ações de uma pessoa são concebidas pelo pesquisador como sendo passos na realização de tarefas, cuja realização possível e atual é passível de ser decidida empiricamente. A adequação empírica é definida, então, em termos das regras do procedimento científico e das propriedades do conhecimento que tais procedimentos produzem.

2. SCHUTZ, A. "The Problem of Rationality in the Social World". *Economica*, vol. 10, mai./1953.

3. *Behavior*. Princeton, N.J.: Princeton University Press, 1947, p. 79.

4. O conceito do *corpus* de conhecimento foi tomado de KAUFMANN, F. *Methodology of the Social Sciences*. Nova York: Oxford University Press, 1944, esp. p. 33-66.

5. Quando tratada como uma regra para definir categorias descritivas de ação, essa propriedade é conhecida como a regra da adequação empírica dos meios.

6. "Pode" aqui quer dizer: está disponível como um entre um conjunto de alternativas. Não quer dizer que seja provável.

7. Para o teórico sociológico, o "problema da racionalidade" pode ser tratado como consistindo em cinco tarefas: (1) clarificar os vários referentes do termo "racionalidade", o que inclui definir os correlatos comportamentais dos vários "significados" de racionalidade como sendo (a) as ações do indivíduo, assim como (b) as características "do sistema"; (2) decidir quais *designata* comportamentais acompanham, com base no fundamento do exame da experiência, e não na escolha de teorias; (3) decidir uma alocação dos *designata* comportamentais entre o *status* de definição e o de problema empírico; (4) decidir os fundamentos que justificam qualquer das muitas alocações possíveis que o teórico pode finalmente escolher fazer; e (5) mostrar as consequências de conjuntos alternativos de decisões para a teorização e a investigação sociológica.

8. Para evitar mal-entendidos, quero enfatizar que o nosso interesse aqui é com a atitude da *teorização* científica. A atitude que informa as atividades da investigação científica de fato é outra questão inteiramente diferente.

9. SCHUTZ, A. "The Stranger". *American Journal of Sociology*, vol. 49, mai./1944. • "The Problem of Rationality in the Social World". *Economica*, vol. 10, mai./1943. • "On Multiple Realities". *Philosophy and Phenomenological Research*, vol. 4, jun./1945. • "Choosing among Projects of Action". *Philosophy and Phenomenological Research*, vol. 12, dez./1951. • "Common Sense and Scientific Interpretation of Human Action". *Philosophy and Phenomenological Research*, vol. 14, set./1953.

10. De acordo com o programa, a atitude e o método da fenomenologia husserliana, Schutz procurou as pressuposições e as características ambientais correspondentes pretendidas por elas, que eram invariáveis aos conteúdos específicos das ações e de seus objetos. A lista não é exaustiva. Mais pesquisa deverá revelar outras. Como com qualquer produto de observação, elas têm o *status* provisional de "serem de tal forma até ser demonstrado o contrário".

11. SCHUTZ, A. "The Problem of Rationality in the Social World". *Economica*, vol. 10, mai./1953, p. 142-143.

12. Considere suas características. Ele nunca negligencia uma mensagem; ele extrai de uma mensagem toda a informação que há nela; ele nomeia as coisas adequadamente e na hora certa; ele nunca esquece; ele guarda e lembra sem distorções; ele nunca age de acordo com um princípio, mas apenas baseia-se em uma avaliação das consequências de uma linha de conduta para o problema de maximizar as chances de conseguir o efeito que ele busca.

13. PARETO, V. *The Mind and Society*. Nova York: Harcourt Brace & World, 1935, esp. vol. I [Ed. de Arthur Livingston]. • LEVY JR., M.J. *The Structure of Society*. Princeton, N.J.: Princeton University Press, 1952.

14. KAUFMANN, F. *Methodology of the Social Sciences*. Nova York: Oxford University Press, 1944, p. 48-66.

15. É através da ausência das "racionalidades científicas" nas ações que constituem as estruturas sociais rotineiras que a ação racional se torna problemática nas formas pretendidas pela distinção negligenciada que Max Weber fez entre a racionalidade formal e a substantiva.

Ensaio inédito de 1946
Algumas reflexões sobre a Teoria da Ação e a Teoria dos Sistemas Sociais

Este ensaio tem o propósito de analisar diversas noções cruciais a respeito da Teoria da Ação, mostrar de que forma essa teoria se relaciona com a Teoria dos Sistemas Sociais e esclarecer e sublinhar alguns aspectos problemáticos que precisam de um exame mais aprofundado caso se pretenda superar certas dúvidas no esquema atual e torná-lo mais útil.

Multiplicam-se os exemplos de tentativas de prevermos o que outros seres humanos vão fazer no futuro próximo, permitindo-nos dizer – ao mesmo tempo em que assumimos postura crítica sobre como o dizemos – de que modo eles constituíram e transformaram os mundos de objetos em relação aos quais agem. Poder-se-ia ter uma impressão diferente de tão sensível indicador das disputas convencionais, que os profissionais que estudam a conduta humana estão se voltando cada vez mais para o uso do quadro da ação como nós o entendemos; e esperamos que essa mudança vagarosa vire tendência, quando se generalize a percepção de que as categorias subjetivas têm tão pouco a ver com o subjetivismo quanto o mais devoto behaviorista "objetivo" desejaria.

Todo o mal-estar começa com a descoberta paradigmática daquele hoje famoso cavaleiro que, numa noite escura, cavalgou sobre uma extensa e fina placa de gelo. Ao ser informado por um estalajadeiro que aquilo que acabara de cruzar era o Lago Genebra, o cavaleiro empalideceu de medo e caiu morto. O que quer que o Lago Genebra "fosse realmente" é irrelevante na medida em que a tentativa deve ser no sentido de explicar a decisão do cavaleiro de empreender sua viagem através do gelo e fazer a sua descoberta fatal.

Pelo menos três interesses surgem da tentativa de encarar este incidente como ele merece. Primeiro, o interesse em uma teoria do comportamento que seja relevante para o significado, uma denominação alternativa crua e aproximada daquilo que o termo ação designa; em segundo lugar, o interesse em uma teoria dos objetos da ação e, terceiro, o interesse em uma teoria da mudança.

Para começar é preciso haver um modo de se conceber formalmente o que se passava com o cavaleiro, de modo que as concepções sejam aplicáveis universalmente. Não se pode avaliar o modo singular, pelo qual se tentou resolver este problema e nem compreender por inteiro o que Parsons tinha em mente ao dizer que Murray, Lewin, Freud e outros utilizam variações do quadro de referência da ação, a menos que se perceba que, ao dedicar-se a esta tarefa, Parsons tomou rumo oposto ao da busca de universais empíricos. Além disso, ele não procurava nem pretendia adotar um conjunto de constructos analíticos do tipo que goza de *status* ficcional ou de "se... então". A pergunta que ele fazia era, na verdade, muito radical, uma pergunta que qualquer pessoa que aderisse à "estrita" tradição empirista dos Estados Unidos acharia estranha.

Estimulado pela sugestão de Weber, "Jede denkende Besinnung auf die letzten Elemente sinnvollen menschlichen Handelns ist zunächst gebunden an die Kategorien 'Zweck' und 'Mittel'"[1], Parsons pesquisou a fundo para descobrir quais eram mesmo as categorias universais, no sentido de que qualquer ser humano teria de usá-las, necessariamente, ao refletir sobre uma ação, ou seja, ao avaliar o significado de uma ação. Em outras palavras, quais categorias eram apodíticas à representação da ação. A apodicidade delas é a fonte do significado da afirmação de Parsons de que não se pode demonstrar a validade dessas categorias; elas nada dizem de como o mundo se apresenta; ao contrário, elas são os dados, os termos invariantes, nos quais nós concebemos e descrevemos o mundo da atividade. No livro *A estrutura da ação social*, essas categorias são denominadas ator, normas, fins e meios. Nesse sentido do significado dessas categorias, Parsons atribuiu-lhes condição fenomenológica e, na medida em que estruturas mais amplas evoluíram na Teoria dos Sistemas Sociais, estas estruturas mais amplas também tinham *status* fenomenológico.

É questionável que estes sejam os termos com relação aos quais temos necessariamente de conceber todo e qualquer ato significativo. As pesquisas fenomenológicas de Edmund Husserl[2] dão considerável evidência de que as estruturas invariantes são diferentes daquelas propostas por Parsons, ao passo que Schutz, em sua análise da Teoria da Compreensão motivacionalmente relevante de Weber, mostrou que a estrutura de ação proposta por Parsons é aplicável (após alguma revisão) ao caso da ação teleológica, mas não passa adequadamente pela prova de evidência nos casos do tipo de atividade expressiva encontrada, por exemplo, em relacionamentos de intimidade profunda[3].

Pode-se afirmar, portanto, que embora Parsons tenha sido radical quanto ao problema, ele não o foi quando procurou estas estruturas apodíticas sem contestar alguns constructos naturalistas muito importantes, entre os quais, e não de menor importância, as concepções idealistas de categorias primárias e a concomitante teoria correspondentista da realidade. Isto significaria que há, ainda, elementos ontológicos nos significados das estruturas que ele propôs – neste caso, uma ontologia científica –, o que significaria, por sua vez, que a ruptura com o etnocentrismo teria sido incompleta. Abordaremos este tema mais extensamente no ensaio, (junto com) certos pressupostos relacionados ao problema da ordem, bem como ao problema dos pré-requisitos funcionais.

Uma consequência muito importante para uma teoria da ação social surge do fato de que estes conceitos podem ser apodíticos, isto é, deduzidos pelos procedimentos de uma ciência "dogmática" – como estruturas invariantes, eles tornam-se condições de ação, logicamente com a mesma significação para a ação que as condições físicas e biológicas com as quais estamos familiarizados. Nestas linhas há uma espécie de irresolução muito promissora no pensamento de Parsons. Ao falar na aula, semanas atrás, ele referiu-se às *estruturas* de ação como pontos de referência invariantes, em cujo redor as instituições poderiam "agrupar-se" (p. ex., as estruturas de ação de uma relação de amizade, em que se expressam sentimentos muito íntimos, poderiam fazer com que outras pessoas não fossem levadas em consideração de modo algum, embora condições de desconfiança generalizada na sociedade ou aquelas em que a privacidade não fosse experimentada de modo geral – como é concebível em algumas sociedades pré-letradas – trariam consigo elementos institucionalizados como "fases" – por assim dizer – das estruturas das ações em pauta).

Parsons admitiu, então, que as estruturas de ação também poderiam significar estruturas de experiência. Isto tem implicações de muito grande alcance para a Teoria da Ação. É inevitável perguntar se, depois de abrir essa porta, Parsons seguiria pela estrada que Husserl indicara em *Ideias*, onde, por exemplo, ele analisa as estruturas envolvidas na experiência de pressuposição, estabelecendo diferenças estruturais entre, por exemplo, a representação neutra e a representação fantasiosa. Tende-se a apontar lamuriosamente para o trabalho de Scheler sobre a vergonha e a simpatia, perguntando: "E quanto a isso?" Tal equivalência traz muitas consequências. Primeiro, ela abre o caminho para um exame fenomenológico consciencioso destas estruturas apodíticas; além disso, ela muda a metáfora dominante, do homem como ator para a do homem como experimentador, que substituiria o conceito de homem como força teleológica pelo conceito de homem como "vedor" (o animal fazedor de símbolos no sentido fenomenológico, e não no sentido neokantista de Cassirer); e avançaria muito no intuito de assentar o conceito de comportamento significativo sobre uma base totalmente racional.

Pode-se conjeturar como se chegou a essa questão. A meu ver, ela surgiu depois que se passou de conceber um sistema de ação como cadeias de meios e fins para o esquema de ator-situação. Parece-me que isto ocorreu, porque o esquema ator-situação deixa totalmente clara a indivisibilidade da relação entre modos de orientação e os objetos da ação. Com efeito, é quase surpreendente descobrir o quanto este esquema se aproxima da descrição que Husserl fez das estruturas de experiência. Os atos indicados por seus modos de orientação podem equiparar-se em significado ao conceito husserliano de qualidade ou *noesis*, tendo distorcido apenas a classificação de modos de orientação que Parsons utiliza tentativamente. O conceito *situação de ação* denomina objetos de ação, que Husserl chama de matéria do ato, o *noema*, ou o objeto visado, embora o fato de estes objetos representarem para Parsons uma "ordem da natureza" possa ser atribuído sem dificuldade à essência do significado de Husserl, que, sendo aquela que é visada simplesmente do jeito em que é visada, significa um objeto que é real para a ação com relação a algum sistema conceitual (*e.g.* a montanha como representação material de um obstáculo para o estrategista militar, ou os diagramas de giz como representação visual de um triângulo equilátero).

A importância de uma "ruptura" que aponte para uma postura fenomenológica plena dificilmente pode ser superestimada na medida em que se trate do ideal de chegar a uma teoria plenamente racional da ação social. Uma vez resolvido, o problema da representação matemática poderia ser resolvido em qualquer momento, pois, então, seria apenas uma questão de esforço. Pode-se achar evidência de que esta afirmação é algo mais do que um embuste dito com sinceridade na proposição analítica geral que Scheler conseguiu gerar em seu estudo sobre a vergonha[4].

Talvez valha a pena examinarmos o esquema ator-situação um pouco mais atentamente, não só porque ele funciona como uma promessa futura, mas também porque a clareza da nossa representação de um sistema social e os problemas da mudança dependem do que temos a dizer na Teoria da Ação.

Podemos tirar vantagem inicial observando novamente que a formulação de modos de orientação-situação de objetos parece idêntica à teoria das estruturas de *noesis-noema* de Husserl. Por exemplo, o termo "modos de orientação" denomina os atos de julgamento, asserção, pergunta, alegria, raiva, fantasiar etc.[5] Mas temos também a situação dos objetos, as coisas, aos quais a raiva se dirige, as coisas asseveradas, assumidas, julgadas, vistas e assim por diante. Agora, o que demanda exame é a concepção que o observador tem do objeto, isto é, o objeto da ação. Temos aqui uma pergunta, que, de tão óbvia, raramente se acha um pesquisador que a faça, embora tudo já tenha sido dito, não mais de uma dúzia de cientistas sociais tentou levar o problema para além da não tão óbvia obviedade da divisão dos objetos em concretos e abstratos, reais e ideais; para além do fantasma do solipsismo, que se esconde bem do outro lado de tal desafio – e para além das armadilhas de uma ontologia idealista –, ao fundamento racional, onde a promessa de empirismo radical de James se realiza, de fato.

O que Husserl propõe é que o objeto que o ator tem em vista – isto é, *o objeto observado de determinada maneira, o objeto intencional* – é, na realidade, o objeto de sua ação, e o único objeto de sua ação, se nos limitarmos ao domínio das coisas concretas. É justamente no ponto, em que insistiríamos numa ontologia que tudo cobre, como um manto benévolo, que nós apresentamos uma abstração de tão alta ordem como um objeto concreto. Falamos, de fato, em objetos concretos, querendo dizer objetos que são dados "despercebidamente", apresentados a nós por seus meios físicos, sensorialmente acessíveis, embora talvez não reparemos que as sensações são as condições, mas não seu conteúdo de percepção. Para chegarmos ao cerne da questão temos a anedota do mesquinho frequentador de cinema. Este senhor achou ter visto alguma coisa no chão, perto da sua poltrona, e, enquanto fingia olhar para a tela, a fim de não chamar a atenção das pessoas sentadas ao seu redor, inclinou-se lentamente e estendeu o braço até pegar o objeto. Levantou-se, de repente, estalando e agitando os dedos. "Alguém cospe o que parece uma moeda de vinte e cinco centavos." Com isto queremos dizer que o termo "objeto concreto" em si é um conceito significativo, que denomina um objeto apreciado dentro do âmbito de uma atitude naturalista. Se a física tivesse ficado limitada a uma atitude como essa, ainda continuaria a debater o uso que Einstein fez da geometria riemanniana, posto que qualquer pessoa que aplique a atitude naturalista consegue ver até com meio olho que duas linhas paralelas não podem se cruzar[6].

Ao invés da concretude referida à qualidade de um objeto em toda a sua plenitude – o "bolo" –, a concretude é a qualidade de uma experiência, na qual intenções de significado podem ser satisfeitas por meio de atos de apresentação perceptual. É possível alguém esbarrar em uma porta sem querer? Sem dúvida. Então, o que queremos dizer com objetividade? A objetividade refere-se ao fato de que um objeto pretendido pode ser percebido do mesmo jeito mais de uma vez e independentemente do estado de consciência. Nas interpretações naturalistas, uma proposição empírica é um reflexo de uniformidades da natureza, ao passo que um exame racional desta formulação revela a cabal impossibilidade de recorrer-se a ela, se não por um ato de fé, de modo que devemos sustentar, ao invés disso, que uma proposição empírica é ela própria a afirmação de uma uniformidade apresentada na forma de um quadro restrito de possibilidades de experiência, que o observador encontrará, de fato, ao agir conforme as regras representadas pela atitude científica e estabelecer as condições que a proposição prescreve.

Um exame do objeto da ação do ator, como Parsons o pretende, em nada difere da formulação de Husserl, embora haja nos inícios metodológicos de Parsons alguma evidência de que talvez ele não subscrevesse o ponto de vista de Husserl, para quem, independentemente da atitude aplicada, todos os objetos do mundo são apenas objetos intencionais – noemas – e o mundo consiste mesmo em nada além destas estruturas de *noesis-noema*.

No ensaio "Actor, Situation, and Normative Pattern", vemos Parsons insistir em que os objetos, sobre os quais o ator age, são objetos significativamente pertinentes a essa ação, e que a situação dos objetos é uma situação de ação. Mas aqui surge o problema: O que pode significar "situação dos objetos"? Certamente, não pode ser uma coisa somatória, um mosaico de objetos significativos à espera de serem preenchidos. Nossa discussão anterior também parece indicar que não podemos falar da significância intrínseca de um objeto, no sentido de que um automóvel recomenda-se a si mesmo como meio de transporte, porque, quando se põe de lado todos os preconceitos, ele é, na verdade, apenas um automóvel.

O conceito de "ordem da natureza" é a chave, pois é precisamente numa teoria do ser – a teoria do ser do ator – que uma ordem da natureza tem significado, e é com relação a este "quadro de referência" que se define a essência de significado do objeto, a terceira estrutura de Husserl. Curiosamente, é quando se pergunta de onde veio o "quadro de referência" que se percebe que ele é apenas a designação do ator *em um papel*[7]. O que o quadro, com efeito, faz pelo ator é definir a esfera finita de significado, dentro da qual um determinado objeto adquire sua significância especial para a ação.

Dentro de um papel, cujas dimensões apodíticas são, segundo Schutz, uma maneira de "pôr entre parênteses" o mundo, um modo de relacionar um eu identificado a outro, de experimentar o eu, de experimentar o tempo, uma forma de "espontaneidade", e um determinado modo de "atenção à vida", e servem para circunscrever os horizontes de significado (como vemos, p. ex., quando a pessoa se depara com um arranjo heterogêneo de objetos e, solicitada a considerá-los como um estudante o faria, escolhe papel, lápis e livros, ao passo que escolhe outro conjunto, quando lhe pedem que considere os objetos como um pai orgulhoso faria), o ator experimenta os diversos arranjos de objetos visados conforme as estruturas de *noesis*, simples e complexas, que abrangem seus diversos modos de orientação. Suponhamos que prestemos alguma atenção a eles.

O "ator em um papel" pode ser *teleologicamente* orientado, o que significa que, com relação a um determinado quadro, o fim como estado futuro de coisas "transcende", por assim dizer, as considerações de tempo-espaço que ligam os objetos, dividindo, assim, os objetos pertinentes em meios e condições. Na medida em que nossa conduta é previamente planejada e baseada num projeto preconcebido, estamos falando de ação como proposta na estrutura da unidade do ato. A intenção de realizar um projeto transforma o pensamento prospectivo em um objetivo, e o projeto, em um propósito. Se falta uma intenção de realização, a ação projetada vira algo muito parecido com uma ilusão. Se a intenção está presente, falamos de ação ou *performance* propositadas. Pode haver realizações encobertas e abertas, como, por exemplo, no processo de pensamento projetado que se dá, quando se resolve um problema científico mentalmente. A subdivisão poderia prosseguir, mas o que fizemos até agora parece suficiente, ao menos por enquanto, para lidar com o conceito de ação teleologicamente orientada. Queremos chamar a atenção para dois elementos na estrutura deste modo de orientação: *primeiro*, uma maneira especial de se experimentar o tempo, isto é, a maneira peculiar de o material de uma ação teleológica relacionar-se à concepção do ator sobre passado, presente e futuro; *segundo*, a intenção de realização de um projeto.

Este modo de orientação deve ser comparado estruturalmente com um modo de orientação, tal como o que observamos no luto ou no sofrimento, no qual a dimensão temporal é desligada, no que diz respeito a um futuro significativo, e no qual não há projeto envolvido, nem intenção de concretizar nenhum. Igualmente, outras estruturas, tais como a forma de sociabilidade, a forma de espontaneidade, atenção à vida, o modo de se experimentar o eu, e o "pôr o mundo entre parênteses" mudam acentuadamente em seus valores, tal como ocorre com as estruturas de *noesis-noema* com relação à complexidade, ao ritmo e à direção da mudança e à lógica de transformação.

Ora, é dentro destes modos de orientação que encontramos o ato-objeto – as estruturas de *noesis-noema* – de julgamento, asserção, valorização, raiva, alegria e assim por diante, bem como as coisas julgadas, asseveradas, valorizadas etc. Assim, os dois "modos de orientação" – cognitivo e afetivo, na medida em que esses termos denominam estruturas de *noesis-noema*, e por mais complexas que essas estruturas possam ser – são estruturalmente distintos dos modos de orientação, naquele sentido em que temos falado de modos teleológicos e de modos de expressão. A diferença é que os modos teleológicos e de expressão referem-se à presença, na estrutura da experiência, de elementos que temos relacionado ao quadro de referência ou papel, ao passo que as estruturas cognitivas e afetivas situam-se *dentro* destas dimensões.

Mais alguns comentários sobre os termos "cognitivo" e "afetivo" como designadores. Vimos que as estruturas invariantes são intenção significativa, isto é, ato, objeto intencional, e essência significativa, isto é, aquilo que se tenciona no objeto, como este é visto, cujo conteúdo depende, como já frisamos, do quadro que o acompanha (Husserl descobre outra estrutura, a estrutura de intensidade para os presentes fins). Estas estruturas *sempre* estão juntas, e nossa descrição de uma ação é elíptica na medida em que, em uma interpretação, não especificamos, de forma explícita ou implícita, o valor da estrutura relevante.

Por exemplo, representemos com letras gregas um valor qualquer da intenção significativa, por exemplo, α, β, γ; usemos caracteres romanos maiúsculos para representar um valor qualquer de objeto pretendido, por exemplo, **A, B, C**; e caracteres romanos minúsculos para representar um valor qualquer fornecido pelo quadro, a essência significante, por exemplo, **a, b, c**. Pode-se representar qualquer ação significativa ou, em outras palavras equivalentes, qualquer expressão significativa como segue: α**A a**.

Cabe ressaltar em primeiro lugar que o valor de uma estrutura qualquer pode mudar, sem que mudem os valores das outras estruturas, ainda que, quando tal mudança ocorrer, o significado da expressão mude. Assim, podemos manter o objeto e a essência constantes, enquanto variamos a *noesis*, como vemos na seguinte sequência de expressões: Há homens em Marte: É questionável que haja homens em Marte; tomara que haja homens em Marte. Com nosso artifício gráfico, podemos exagerar as diferentes estruturas destas expressões: α**Aa**, β**Aa**, γ**Aa**. Ou podemos manter a *noesis* e a essência constantes, enquanto variamos o objeto pretendido, como vemos nesta sequência: Chegou a hora de falar de muitas coisas... de navios, de sapatos, de lacre

355

etc. αAa, βBa, onde o ato é o de asserção, e a essência significante é "bobagem". Ou podemos manter a *noesis* e o objeto pretendido constantes, enquanto variamos a essência significativa, quando dizemos, por exemplo, "Eu voto no Truman", e com isso quero dizer diversas coisas, como "Eu voto num dos dois candidatos a presidente", "Eu voto no papai", "Eu voto contra os republicanos", "Eu voto por necessidade, mas sem esperança" αAa, αAb, αAc.

Ao limitarmo-nos à simples diferenciação de estruturas como estas, sem procurar atentar para as diferenças estruturais entre *noesis* – diferenças que achamos, por exemplo, entre asserções positivas, asserções neutras, asserções valorativas, asserções fantasiosas etc. –, descobrimos que o jogo pode ficar bastante envolvente quando passamos a manter várias combinações de estruturas constantes, enquanto variamos as outras. Assim, por exemplo, consideremos o que acontece, quando avaliamos um signo, como Δ. De maneira alguma se dá que ele simplesmente seja um triângulo. Posso avaliá-lo como uma mancha de tinta, em cujo caso temos um valor de A e a. Mas posso avaliá-lo como a representação do gênero triângulo, ou como um triângulo equilátero, ou como a representação de qualquer objeto que eu escolher: a cabeça de um homem, uma região topológica, o contorno de uma área do papel, o distintivo de alguma organização, e assim por diante. Para cada uma destas possibilidades, eu posso variar o ato, de modo a elogiar, condenar, considerar etc. E se, por exemplo, quisermos fantasiar e tomar objetos constituídos em uma atitude e avaliá-los com outra, também podemos fazê-lo, como vemos, quando considero uma faixa de Möbius com a atitude natural, caso em que a premissa de que posso ter nas mãos uma folha de papel de uma só face me deixa de cabelo em pé.

A questão aqui é que, seja o que for que queiramos dizer com afetivo e cognitivo como termos, define-se, conforme a composição estrutural das transformações estruturais das experiências reais. E mais, estas transformações se dão de acordo com certa lógica ou certas regras. Assim, temos a lógica do discurso racional, a lógica da ação expressional, a da ação de diversos estados patológicos, a da livre-associação, e assim por diante. Os problemas ramificam-se na sua complexidade, se estendemos nossos interesses à lógica da ação das diversas ordens de relações sociais.

Em vista das considerações que aqui já mencionamos, insistiríamos em que os conceitos de pensamento, vontade e sentimento gozam hoje, quando muito, da condição de "se... então", e na necessidade de muita pesquisa sobre as estruturas de experiência que estes termos supostamente designam. Assim que transpusermos as barreiras que Kant nos colocou, encontraremos um campo praticamente inexplorado.

Algumas consequências bastante importantes para o problema da motivação decorrem de tudo isso. Primeiro, fica claro que temos de perguntar se, ao adotarmos o conceito de motivação, gerado pelo senso comum naturalista (ele parece provir do reconhecimento da íntima ligação entre atividade e esforço), fomos tão astutos quanto precisamos ser com relação ao problema de explicar a mudança (o que chamamos de mudança é uma sequência de estruturas de experiência, que, quando comparadas, apresentam diferenças de posição e estrutura com relação às coordenadas estáticas do esquema interpretativo. O quão mais fortes ou mais fracas são as diferenças que nos dispomos a observar depende totalmente dos propósitos do pesquisador). Aqueles que insistem que o esforço é fator causal da atividade devem achar um jeito de demonstrar de alguma forma a prioridade experiencial de uma sobre a outra, sem perder de vista o fato de o esforço ser uma qualidade da experiência, do mesmo modo que a sensação o é. Pode-se mudar o significado da motivação, de modo a atribuir-lhe *status* puramente analítico, mas com isso corre-se o risco de tender-se ao racionalismo, no qual o ator age para preencher as exigências do esquema. Seria como dizer que se age no intuito de diminuir as tensões, o que nada mais é do que a velha confusão entre níveis analíticos e experienciais, onde, na verdade, não [avança e] nos envolve no carrossel de investigar fenômenos que nós próprios inventamos.

Ao que parece, a tarefa de apresentar um "relato motivacional" é apenas a tarefa de apresentar a lógica que "governa" uma sequência de estruturas de ação, e qualquer esquema motivacional fornece apenas isto e nada mais. Neste sentido, todo esquema motivacional – quer seja o aplicado por um pai com seu filho, quer por um vendedor ou um psicólogo – é de caráter analítico, ainda que, à diferença do "leigo", cujos esquemas motivacionais se mostram requisitos necessários de maneira peculiar, o cientista alienado, que é levado pelas suas crenças a escolher tendo só a utilidade como objetivo, vê-se em um domínio, onde reina a pura democracia na escolha de constructos motivacionais. Um esquema não é mais apodítico que outro e, quase com certeza, o problema de explicar a mudança não requer necessariamente um conceito de força.

Foi ao reconhecer esta falta de apodicidade quanto a teorias de ensino e motivação que Gardner Lindsey procurou em sua apresentação na aula, em primeiro lugar, descobrir o que a Teoria de Sistemas Sociais de Parsons demanda de uma teoria motivacional, para depois mostrar o que os psicólogos tinham à sua disposição que pudesse ser útil. Uma pessoa propensa a entender que um modelo analítico é um reflexo formal das uniformidades da natureza tenderia a altercar com ele em função de sua aparente impiedade quanto à verdade e à falsidade.

Estamos no limite do possível quando chegamos ao ponto em que reconhecemos que, para o ator, a outra pessoa é um *noema* – um objeto pretendido – do mesmo jeito que o triângulo equilátero ou o automóvel o são. Na medida em que o ator utiliza um quadro, no qual a outra pessoa é "definida" conforme critérios universalistas, o problema de se chegar àquilo que o ator vê no outro observado – altura, idade, cor, insígnias de cargos, peculiaridades, motivos, comportamento etc. – não representa comparativamente grande problema para o observador.

No momento em que critérios particularistas entram, porém, o problema se agrava, porque é nesse ponto que o observador tem de enfrentar um ator a representar as estruturas que abrangem o indivíduo, significados privados que podem ser tão complexos que, caso a pessoa se depare com problemas no seu relato na metade da vida, ela terá de contratar um analista, e os dois passarão a outra metade da vida tentando compreendê-los.

Contudo, há um aspecto que parece claro e é, por certo, a concepção orientadora dos esforços do observador. Posto que uma pessoa não pode se fundir com outra e, portanto, toda pessoa é ao menos um objeto observado para toda outra pessoa, desde que vamos usar o quadro de referência da ação científica para estudar pessoas, a resposta que o cientista der à pergunta "O que é o homem?" deve incluir, além de tudo o mais de que possa constar, o fato de que, para ele, o homem é um boneco, uma marionete à qual o observador confere características, motivos, propósitos e necessidades, algo que só existe graças somente ao observador, e é projetado de modo a fornecer ao cientista duas proposições sintéticas, que, se testadas com sucesso, adquirem o *status* de fato científico. Há muitas metáforas possíveis: o homem como organismo biológico; como um ser de comportamento tolo; como um animal com o aparelho cortical mais desenvolvido do reino animal (exagerando a complexidade) ou como um rato complicado (exagerando a simplicidade); como um animal simbólico, a "solução" de Cassirer; como um "vedor", como Husserl propõe; ou como a mistura de experimentador e de força teleológica, segundo Parsons. Na medida em que estamos interessados nas opiniões de Parsons sobre a questão, temos menos a responder do que a perguntar. Parece que, dentro da Teoria da Ação de Parsons, o conceito de ator aguarda maior elaboração da teoria das pessoas sociais para seu desenvolvimento racional e sua maior clareza, e que a atual mistura de elementos psicológicos e sociológicos repousa em bases instáveis e temporárias.

Suponhamos que agora tomemos o caminho mais direto. Isto é apenas outro jeito de dizer que só percebemos mesmo o quanto as coisas podem se complicar quando tentamos estender uma teoria da ação para abranger o fato de que um ator não só é capaz de considerar o outro ator, ao expressar o que ele tem em mente, como de fato insiste em fazê-lo. E o que vale para ele vale para o outro ator, bem como para os amigos deles, os amigos dos amigos, primos, tias, tios e colegas de serviço, e assim por diante, até enormes aglomerações de atores e uma infinidade de permutas e combinações estarem muito ocupados em considerar uns aos outros, reduzindo, assim, o observador à parvoíce de rotular isso de "interação" e deixar tudo do jeito que está.

Entretanto, o caos não é permanente de modo algum, como veremos, quando tentamos mudar a posição do observador e fazemos algumas pressuposições de trabalho. Esta mudança é simples, mas poderosa. Ao invés de nos restringirmos ao modelo do ator e sua multidão de universos de discurso, tentamos afastar-nos um pouco para ver não só nosso ator original, mas também o colega com quem ele estava discutindo. Em outras palavras, tentamos como que uma "síntese" de duas ou mais marionetes, perguntando-nos que tipo de modelo resulta, quando as duas estão relacionadas entre si. Esta justaposição poderia ser chamada de sistema social elementar, onde "elementar" significa o requisito mínimo de um sistema social, sem pretensão alguma de sugerir o grau de complexidade que um relacionamento elementar pode ter.

Com um breve exame do que se quis dizer com um ator em ação, percebemos que "relacionamento" torna-se um termo extraordinariamente complexo. Podemos começar com um aspecto bem fundamentado, óbvio, ainda que de enorme importância: os atores A e B não podem jamais fundir-se para virarem uma única pessoa. Nada nos impede de fazer uma afirmação bem diferente, que o ator A pode representar mais de uma pessoa, tal como acontece, quando, por exemplo, falamos de uma corporação considerando-a um ator, ou podemos fazer outra afirmação que se assemelha à primeira, dizendo que o ator A pode não distinguir a si mesmo de outra pessoa, mas esta também não deve ser confundida com a primeira.

Após termos estabelecido a integridade destas duas questões analíticas, temos de buscar agora os diversos sentidos das afirmações que fazemos quando, depois de investirmos nossas marionetes de suas potencialidades, dizemos que elas estão relacionadas entre si. Uma pequena manipulação analítica da estrutura, dos modos de orientação e da situação dos objetos gera, de imediato, mais possibilidades analíticas do que temos condições de lidar; atores que se utilizam do mesmo quadro e da mesma orientação teleológica, visando ao mesmo fim, valendo-se dos mesmos meios; manter tudo constante, exceto a situação dos objetos, e variando esta entre igualdade e diferença, em quaisquer dimensões variáveis de diferença que optemos por estabelecer; manter a situação dos objetos constante e variar os modos de orientação, ou variar uns e outros juntos, ou mantê-los constantes e variar o papel, ou adotar uma postura radical quanto a tudo e deixar todos eles tocarem ao mesmo tempo. É um problema muito complexo na matemática de permutações e combinações, e o número possível deve ser enorme. Enorme ou não, cada possibilidade representa uma relação. E, se incluirmos um terceiro ator, o número de possibilidades torna-se astronômico. Ao traduzirmos nossos constructos analíticos para termos empíricos pertinentes, nós descobrimos uma quantidade igualmente enorme de proposições sintéticas, as quais requerem ser testadas.

São estas possibilidades analíticas, e não as "complexidades" de "relações concretas", que dão ensejo a alguns rápidos pressupostos pragmáticos. Estes pressupostos são: (1) o pressuposto do fato da comunicação e (2) o pressuposto de que o método de compreensão funciona para os atores. Há um terceiro, que consideraremos presentemente.

Estes pressupostos são estabelecidos pelo processo de ir diretamente à fonte da nossa consternação, a pessoa – esses possíveis objetos de entrevista e de observação, que é ao que nos referimos com o termo pessoa, a ser comparado com o que professor, ministro etc. poderiam significar –, ressaltando certas regularidades de interação empiricamente determináveis e, em seguida, usando estas regularidades como meio para extrair da bagunça de possibilidades analíticas aquelas que vamos estudar. Outro recurso consiste em procurar fatos invariantes comuns a todas as situações de ação, fatos que servem como condições imutáveis de ação – o fato comum, embora crucial, de, em todas as sociedades conhecidas, as mulheres parirem os filhos, que o contato físico entre pessoas só é possível mediante locomoção física com relação a um quadro de espaço-tempo, que, para realizar certos tipos de tarefas, é preciso o indivíduo efetuar suas ações no mundo exterior, que a comunicação telepática não foi demonstrada e, portanto, uma pessoa não pode comunicar-se com outra sem se valer de algum meio de expor o que tem em mente etc. – e tentar formar grupos de relações em torno destas invariâncias.

Na pressa de fecharmos a tampa, porém, talvez não tomemos adequado conhecimento de três problemas diretamente relacionados ao problema da ordem:

(1) Ainda que se reconheça o fato da comunicação, continua-se sem saber em que consiste o processo comunicativo, problema este que não pode ser resolvido sem uma representação construída do ator. O fato de reconhecermos empiricamente que ocorreu uma situação de ação nada nos diz sobre as condições em que uma situação de ação comum é possível. Na mesma medida em que aceitamos o fato da comunicação, nós resolvemos uma faceta importante do problema da ordem criada.

(2) O reconhecimento de que o método de compreensão funciona pode ser contestado no sentido similar de "admite-se que funciona", mas, novamente, como? Esta questão é um tanto melindrosa de se lidar. Ofereceu-se a solução em termos da tese idealista de que existem categorias de pensamento básicas, que são universais e constantes[8]. Comuns a todos os homens e, ainda que alguém saia da linha aqui e ali, eis a possibilidade de trazer todo mundo de volta à verdade, onde, é de se supor, o cientista corretamente capacitado se situa. Parte da genialidade de Husserl reside no fato de que, ao frisar que a "validade" de qualquer conceito deve alicerçar-se no exame da evidência, ele radicalizou a pergunta de Kant: A ciência é um fato: como ela é possível? Disse Husserl: "O mundo é um fato: como ele é possível?" Com suas pesquisas e sem jamais abandonar a peculiar validade do trabalho científico, preservando o anonimato do observador, mas restituindo-lhe a humanidade, ele fez a tese idealista acender de leve ao substituir as categorias universais pelo conceito das estruturas invariantes de experiência, escancarando, assim, a porta que Descartes entreabrira, pela primeira vez, à procura de alguma outra coisa. Uma vez que se desiste das categorias universais e opta-se pelas estruturas invariantes de experiência, surge a pergunta: Admite-se que os homens se entendem, mas em que consiste esta experiência? Quais os seus diversos modos? Em quais condições ela se dá? O método de compreensão é,

portanto, problemático, e resolvê-lo assumindo a tese idealista só torna o problema mais obscuro, onde de fato ele não nos faz aceitar a tarefa sem sentido de rastrear o grande projeto da natureza, sem percebermos que esse projeto é totalmente criado por nós. Não podemos mais sentir-nos seguros em face do fenômeno do consenso, pois devemos suspeitar que este amálgama ameno oculta imensos panoramas de atividade.

(3) Na pressa por fecharmos a tampa de vez, talvez não percebamos que tiramos das soluções ao nosso problema os pré-requisitos funcionais de ordem, já que eles não são imperativos empíricos, mas imperativos lógicos, de modo que devem estar em algum lugar na bagunça subjacente. Pensemos na dificuldade que tivemos, quando começamos com as condições empíricas de anomia, apatia e morte biológica dos membros de um sistema social como três condições, nas quais não poderíamos ter um sistema social. Perdeu-se completamente o aspecto metodológico de que, quando dizemos que uma coletividade social ou uma sociedade "existe", com "existe" *não* queremos dizer que a palavra sociedade denomine uma entidade empírica concreta, nem mesmo podemos "sofisticar" e salientar que a sociedade não "existe," mas sim que são os "relacionamentos concretos" na verdade aquilo a que nós nos referimos. Enquanto um conceito, a sociedade é um princípio orientador de pesquisa e de interpretação, que estabelece, como campo de aplicação de leis, certos limites lógicos, dentro dos quais nossas afirmações sobre uniformidades da ação humana são aplicáveis. Uma sociedade só é "real" no sentido em que um campo elétrico é "real". Define-se uma sociedade em função, não de fatos, mas de significados; ela é uma criatura de regras, não de investigação. Falarmos em vernáculo de "nossa sociedade" ou dizermos que "nossa sociedade morrerá se não se reproduzir" tem tão pouco a ver com o significado científico do termo quanto a concepção que o leigo tem da bomba atômica tem a ver com o corpo teórico e factual que sustenta a questão da fissão nuclear. Dizer que um sistema morre, quando todos seus membros se foram, é apenas outro jeito de dizer que, se não temos nada a que podemos remeter nossas afirmações sintéticas do/sobre o teste, nada temos a estudar. Os sistemas sociais são eternos, nunca morrem. Eles simplesmente caem em desuso.

As condições de anomia e apatia tiveram mesmo uma vantagem, embora de caráter limitado, uma vez que, sendo condições empíricas, elas nos dão uma sugestão de possibilidades analíticas a se manipular. Mas dizer que as possibilidades analíticas que correspondem a essas condições fazem com o problema dos imperativos funcionais o que ele merece é simplesmente tomar alhos por bugalhos. O procedimento é exatamente o contrário – a manipulação de nossas possibilidades analíticas deve revelar-nos muitíssimas condições, nas quais surgiria um conjunto de proposições sintéticas para indicar-nos as possibilidades empíricas que poderiam, então, ser igualadas em significado ao "desaparecimento" do campo de fenômenos que tentamos estudar, se é a isto que nos referimos com sobrevivência. De fato, nenhum esquema analítico diz-nos que um campo de aplicabilidade desapareça. Como poderia desaparecer, se a própria sociedade é o nosso esquema analítico? Ao invés disso, ele dá-nos as condições empíricas que nós reconhecemos como estados totais de anonimato, apatia, confusão, pânico, morte ou seja lá o que for. Logo, continua o problema de testar nossas afirmações de possibilidades empíricas.

Há um terceiro pressuposto, cujo efeito é facilitar as coisas para nós. Talvez seja menos um pressuposto do que uma opinião. Ele consiste em considerar relações como representações concretas de um sistema social empírico. Neste caso, o problema da ordem é parcialmente resolvido mediante o conceito do sistema empírico como "preocupação contínua". Posto que é provável que aqueles que discordam do que aqui se diz estejam menos propensos a criticar o argumento do que a questionar minha sanidade, eu gostaria de examinar com muita atenção o caráter lógico do conceito de homeostase de Cannon e o equivalente conceito de preocupação contínua, de Parsons.

Na metáfora biológica, usada por Cannon, a significância funcional das secreções pancreáticas para o nível de açúcar no sangue é definida mediante um sistema de duas coordenadas, no qual as relações entre os valores dessas duas coordenadas são representadas geometricamente por uma curva. Isso não viola a visão de Cannon, se considerarmos que este é o sentido paradigmático do que ele quer dizer com significância funcional.

Ao falar em homeostase, Cannon não pretende dizer que as secreções pancreáticas aumentam para cumprir os requisitos do gráfico, isto é, para manter a vida, mas suas proposições indicam que uma mudança de uma variável é acompanhada por uma mudança correspondente da outra. Evita-se claramente o risco de uma teleologia funcional, quando a questão da sobrevivência do organismo é exposta, introduzindo a sobrevivência nas suas proposições na forma de *um estado biológico, que é produzido* pela ordem temporal das relações entre as variáveis levadas em consideração. Um exame da afirmação de Claude Bernard[9], que Cannon cita afetuosamente (p. 38 de *The Wisdom of the Body*), mostra que este significado pode ser inserido na afirmação dele, sem que isto mude de modo algum o que Bernard disse, bem como sem dar a Haldane[10] razão alguma para mudar de ideia quanto à produtividade de se pesquisar tal perspectiva. A utilidade do conceito monostático reside no fato de nomear um aspecto deste estado biológico, ao mesmo tempo em que induz o pesquisador a procurar uma descrição mais completa dele.

Presume-se que o mesmo modelo seja utilizado no conceito do sistema social como preocupação contínua. Contudo, um exame atento do modo de utilização de conceitos logicamente análogos revela problemas. Em primeiro lugar, é muito importante notar que as proposições, nas quais o conceito de homeostase de Cannon é traduzível, de modo algum estão logicamente envolvidas na sua formulação em uma teoria correspondente. O que Cannon diz do organismo está totalmente fora do significado do organismo conforme representado nas suas proposições. Seus objetos de experiência, como o organismo simpatectomizado, são concretos justamente porque foram conceituados. Para os fins de Cannon, o termo "animal simpatectomizado" refere-se a um procedimento, e não ao gato-que-aparece-na-foto realmente real. Neste sentido, o gráfico é melhor retrato do gato em questão do que a fotografia. Assim, os objetos de Cannon são concretos, no sentido de que as possibilidades de futura experiência do observador propostas pela proposição dele se concretizarão de fato. E, além disso, a linha nisso não se *baseia* em uma uniformidade da natureza, mas é apenas a afirmação de uma uniformidade sem qualquer referência ao que a natureza pode realmente estar se escondendo ali[11]. Quem sabe? Quem pode saber? E quem se importa, salvo os metafísicos?

Em outras palavras, o conceito de homeostase é definido em uma proposição formalmente construída como segue: a condição X implica homeostase se e apenas se houver a condição Y. Aqui reconhecemos imediatamente o que Carnap chamou de sentença de redução, que significa que a homeostase não é um constructo explicativo, mas apenas o designador de uma relação que existe entre duas variáveis, um conceito que chama atenção para as mudanças correlativas que ocorrem quando uma variável da relação muda e serve, ao mesmo tempo, para levar o pesquisador a procurar outras variáveis que influenciem essa relação. Pode-se testar isso levando em consideração que o significado de "manutenção da vida", proposto por Cannon, é traduzível em todo ponto de seus discursos em afirmações de condições biológicas específicas e correlatas. Assim, paradoxalmente, o termo "manutenção da vida" *inclui no seu significado* "as condições de morte", posto que vida e morte significam o mesmo se interpretarmos as descobertas de Cannon sem referência a algum *elã* vital postulado; um estado biológico, *qualquer* estado biológico empiricamente representado. Se Cannon fosse misantropo, poderia ter intitulado seu livro *A estupidez do corpo*, sem precisar mudar nenhuma palavra do que escreveu.

Voltando-nos agora para as estruturas logicamente análogas do esquema de Parsons, para as funções pancreáticas poderíamos ter o desempenho dos mineiros de carvão no Kentucky e, para o nível de açúcar no sangue, o desempenho dos trabalhadores da indústria automobilística em Detroit. Para o esquema de Parsons, o análogo lógico da homeostase é a preocupação contínua. Quando se introduz a preocupação contínua – como com frequência se faz – afirmando que a mineração de carvão continuada realizada pelos mineiros do Kentucky implica uma preocupação contínua se e apenas se o desempenho dos trabalhadores da indústria automobilística de Detroit continuar, o conceito de preocupação contínua está legitimamente definido, e a afirmação como um todo é reconhecida como uma proposição sintética, na qual estados de coisas correlatos são denominados desta maneira, de modo a dar sua definição a um termo em um sistema de constructos empíricos. Embora não seja essencial neste ponto do desenvolvimento da nossa ciência, é cientificamente desejável que se defina operacionalmente o desempenho dos mineiros.

Cabe observar aqui que a uniformidade estabelecida é independente *devido a sua significância como* proposição sintética verificável de qualquer esquema analítico. Se estivermos eticamente predispostos, podemos introduzir os termos "boa" ou "má" entre as duas condições implicadas uma com a outra. Cannon não foi além deste nível, mas restringiu-se a tentar chamar pelo mesmo nome as uniformidades, com que se deparou perto do fim da montagem de "sistemas" cada vez mais complexos de variáveis relacionadas.

Embora seja o caso que o termo preocupação contínua seja introduzido de maneira legítima, conforme já indicamos, também é o caso que Parsons pretende que esse termo faça mais do que apenas designar uma regularidade da experiência do observador, ao mesmo tempo em que o aconselha a procurar outras regularidades relacionadas. Um exame das formulações de Parsons mostra que o termo é introduzido em um sentido totalmente diferente. A outra formulação, geralmente pouco considerada, atinge esse efeito; mineiros no Kentucky produzindo carvão implica que os trabalhadores da indústria automobilística de Detroit produzirão carros se e somente se houver uma preocupação contínua. As diferenças formais entre as duas afirmações podem ser representadas da seguinte maneira: **X** é a condição dos mineiros que produzem carvão em Kentucky; **Y** é a condição dos trabalhadores de indústria automobilística de Detroit que produzem carros; **G** é a preocupação contínua, e **H** é a homeostase; o sinal $\supset$ significa implicação, e o sinal $\equiv$ é o de significado equivalente, igualdade, ou "se e apenas se". $\exists$ significa que existe como fenômeno concreto (que neste caso pode ser considerado também como fenômeno empírico) e : significa "tal que".

Cannon apresenta a homeostase na forma $\mathbf{X} \supset \mathbf{H} \equiv \mathbf{Y}$. É de observar aqui que, por complexas que as séries de relações entre as variáveis possam ser, o conceito de homeostase nunca muda de lugar dentro desta forma essencial. Assim, quer se fale da homeostase de glicemia, de proteínas no sangue ou dos efeitos do envelhecimento, da temperatura, da descorticação, obtemos a forma $\mathbf{X} \supset \mathbf{H} \equiv \mathbf{Y}$, agora nesta forma $(\mathbf{X} \supset \mathbf{Y}) \supset \mathbf{H} \equiv (\mathbf{A} \supset \mathbf{B})$, depois nesta $[(\mathbf{X} \supset \mathbf{Y}) \supset (\mathbf{A} \supset \mathbf{B})] \supset \mathbf{H} \equiv [\mathbf{C} \supset (\mathbf{D} \supset \mathbf{E})]$, mas em todo e qualquer ponto a homeostase tem por única função a de designar e apontar para mais adiante. Em sua última função, H é a pressuposição – e nada mais – de que há outras variáveis relacionadas com aquelas em estudo.

Observamos que Parsons também usa esta forma, mas também usa outra: $\mathbf{X} \supset \mathbf{H} \equiv \mathbf{G}$. Há dois significados possíveis para essa segunda formulação: (1) Se G significa só o que ela designa na sentença de redução, isto é, que X implica Y, a segunda forma é tautológica; (2) A segunda possibilidade é que preocupação contínua designa, como termo, uma condição, que é logicamente antecedente à condição X implica Y, que poderia significar (a) que G designa outra regularidade da variedade

X implica Y, que seria simplesmente outra maneira de dizer que as duas afirmações falam da mesma coisa, mas não nos dizem o que é esta outra coisa, de modo que não nos fariam avançar no nosso problema de dar uma definição independente ao termo "preocupação contínua"; ou (b) ela poderia significar que G designa um conjunto de postulados, de tal modo que preocupação contínua significa este conjunto de postulados, e X implica Y é uma proposição sintética gerada pelo conjunto postulado. Sendo assim, porém, preocupação contínua não pode designar um sistema empírico, mas é aparentemente isto o que Parsons pretendia que o termo designasse.

Compreendemos o que se pretende e as dificuldades que se apresentam quando compreendemos que Parsons usa preocupação contínua como designador de um sistema empírico, que expressa de modo abstrato as características de uma realidade concreta. A formulação que ele pretende apresenta este aspecto: $\exists\, G : X \supset Y$. Agora compreendemos que, ao invés de ser em si mesmo a afirmação de uma uniformidade que define atividade de preocupação contínua, o termo "X-implica-Y" é uma *condição* da existência de uma realidade empírica chamada de preocupação contínua. Tratando-se de uma condição de uma preocupação contínua, mudanças na relação entre X e Y têm consequências no estado da preocupação contínua.

Todavia, preocupação contínua deve ser – de alguma maneira – uma entidade diferente das condições que agem dentro dela, de acordo com essa formulação. Logo, ela torna-se necessária para evitar a tautologia por um lado e a simples designação, pelo outro, e isso pode ser feito adotando-se uma metáfora do organismo, que, no nível analítico, caracteriza a preocupação contínua como um sistema de atividade no qual as partes estão assim relacionadas entre si para cumprirem a função de manter o sistema empírico. Temos, então, o conceito de sobrevivência, e o valor de sobrevivência das estruturas para o sistema, expressos nos termos da significância estratégica da estrutura para o sistema. A única dificuldade é que, neste ponto, o sistema concreto é visto como a funcionar visando cumprir os requisitos do modelo analítico, ou seja, estamos presos em uma teleologia funcional. Podemos provar isso considerando que o teste de integração funcional parece ser o grau em que a relação de partes estruturais serve à função de *manter o sistema*.

* * *

Embora importantes, essas dificuldades são fáceis de sanar sem mudar as partes específicas do esquema, e de fato são aquelas que lhe conferem um grande poder organizador.

(1) É preciso ter presente que o sistema empírico diz respeito a um campo de pesquisa e tem caráter tão ideal quanto qualquer explicação analítica. Eis algumas consequências muito importantes de tal mudança:

(a) Tornar inconfundivelmente claras tanto a diferença quanto a relação entre o que se observa e o ato da observação. Pode-se, assim, evitar uma falácia de ordem imposta[12] que surge em um ato de interpretação "automática" do que se vê, de sorte que o observador talvez nem perceba que, ao ver, viu apenas aquilo que seus constructos empíricos lhe disseram que devia ver. Se fosse capaz de falar, o constructo empírico diria – e o observador que adotou a mudança proposta pudesse falar, ouvi-lo-ia dizer: "Meu trabalho aqui é fazer promessas. Cabe ao outro honrá-las ou não. Não me pergunte quem é esse outro, porque não faço ideia nem me interessa. De qualquer maneira, não sou eu, e por certo não é você". Com isso só queremos dizer que o jeito ruim alternativo legítimo é aquele em que o constructo empírico nada faz, além de apresentar um marco limitado de possibilidade do que será visto, deixando com a natureza intratável o trabalho de confirmar ou frustrar as expectativas do observador. Não tendo critérios de controle que lhe permitam estabelecer as condições, em que se possa dizer que os dados preenchem ou frustram um determinado conjunto de possibilidades, o observador, para quem o constructo nunca falou, talvez confie no constructo para definir seus dados – como vemos no trabalho de Lois B. Murphy sobre simpatia[13] –, com o resultado de as observações serem mais ilustração do que evidência.

(b) A segunda consequência importante seria a de sublinhar o caráter programático das proposições geradas pelo sistema, de modo a darmo-nos conta de que a maioria das afirmações que temos feito sobre sistemas sociais ainda carece ser documentada por monografias de pesquisa.

(2) Se com o termo "significância funcional" referimo-nos apenas a consequências funcionais, é possível esclarecer boa parte da confusão que rodeia o termo "preocupação contínua". Em primeiro lugar, preocupação contínua surge, então, como um conceito sem significância explicativa, nada além do que Poincaré[14] teria chamado de uma hipótese principal, ou seja, um recurso que visa chamar atenção para os problemas, sem ter nada a dizer sobre eles.

Surge do nosso estudo do esquema de Parsons o fato peculiar e significativo de que é possível descartar a metáfora estrutural-funcional sem prejudicar, de modo algum, as teorias da ação e dos sistemas sociais. Nem mesmo no conceito de instituições que recentemente se apossou da componente de significância estratégica há mudança alguma, nem no seu lugar no esquema analítico nem na sua utilidade, se por significância estratégica entendermos não a contribuição que ele faz à sobrevivência, mas a gama de estruturas afetadas por mudanças nele.

Como falamos muito sobre pressupostos, talvez pareça que somos contra eles. Nada poderia ser mais distante do que aquilo que se pretende. Também não exigimos perfeição para um sistema que, ou tudo consegue – e de uma vez só – ou não consegue nada. O que quisemos frisar é o especial cuidado que a atitude científica impõe às afirmações que um cientista procura fazer, cuidado que o senso comum tem de rejeitar, para que o trabalho do mundo seja feito alguma vez. O cuidado é simples: podemos pressupor qualquer coisa em qualquer momento, mas somos proibidos de pressupor, sem atribuir o pressuposto ou deixar que mais alguém o faça por nós, e isso vale não só para os truques que usamos para "purificar" nossos dados, como também para as regras muito básicas, das quais nasce, como início crucial, a nossa concepção do que constitui uma afirmação importante. Com uma atitude como essa perante a vida, não surpreende que só sendo ligeiramente louco alguém se dê bem no trabalho científico. [George] Bernard Shaw acertou na mosca quando disse que nenhuma pessoa sensata cogitaria uma noção científica nem por um minuto.

H.G.

Notas

1. Tanto quanto o leitor que teve de consultar esta nota para saber o significado da frase, eu não sei o que ela quer dizer, em alemão, mas posso dizer o que ela significa para mim em inglês: "Toda reflexão séria sobre os elementos fundamentais da ação humana significativa está ligada, em primeira instância, às categorias de fins e meios".

2. Quem lê alemão talvez deseje consultar as fontes originais: HUSSERL, E. *Logische Untersuchungen*. 4. ed. Halle, 1926. • *Ideen so einer reinen Phänomenologie und Phänomenologischen Philosophie*. Halle, 1913. Pode-se encontrar uma resenha expositiva em FARBER, M. *The Foundation of Phenomenology*. Harvard University Press, 1943. Há uma tradução da segunda obra, com o título *Ideas, Pure Phenomenology*. Nova York: MacMillan, 1931 [Trad. de W.R. Boyce Gibson].

3. SCHUTZ, A. *Der sinnhafte Aufbau der sozialen Welt*. Viena: Julius Spranger, 1932. Cf. tb. SCHUTZ, A. "On Multiple Realities". *Philosophy and Phenomenological Research*, vol. 5, n. 4, jun./1945, p. 533-575.

4. Utilizando-se da atitude fenomenológica, ao tentar isolar os elementos universais na estrutura da experiência humana com a vergonha, Scheler começou por ressaltar que a vergonha é um elemento peculiar específico da estrutura da experiência humana e, portanto, peculiar específico da ação. Ele a descreveu como um sentimento subjetivo e expressivo, que, portanto, pode ser interpretado como um afeto. Ele posicionou-a na estrutura da experiência por meio da proposição de que a vergonha representa uma desarmonia entre os elementos subjetivos de valores definitivos e as condições não subjetivas da ação. Depois, ele esboçou a significação funcional da vergonha em relação a outros elementos dessa estrutura. Interpretou-a como um sentimento protetor para o indivíduo e o valor para este em relação a esfera do geral. A vergonha protege a essência e o valor moral do eu íntimo e assegura sua proteção do julgamento público.

Depois de considerar diversas condições, sob as quais a vergonha se apresenta, Scheler chegou à conclusão de que há um elemento comum a todas elas: um ato de voltar a atenção para o eu. Não se sente vergonha ao sentir que o próprio eu é dado, quer seja como exemplo de um tipo generalizado, quer seja como um indivíduo. Ela aparece quando há vacilação entre essas duas orientações (universalista e particularista) e, em especial, quando a intenção da pessoa e as intenções experimentadas do parceiro dela no relacionamento dá origem a orientações opostas e conflitantes. Em um contexto sociológico, esta formulação diz que a vergonha é um elemento universal na estrutura da experiência humana, cujo valor aumenta toda vez que há vacilação e, portanto, desarmonia entre universalismo e particularismo, e, especialmente, quando se desenvolve uma relação assimétrica em relação a estes modos opostos de orientação social.

Diante do fato da constituição moral de uma sociedade e da presença de, pelo menos, a maioria dos tabus, embora muitos outros possam vir a resultar na constituição do indivíduo, pode-se dizer que não há sociedade sem vergonha, nem vergonha sem sociedade. Esta descrição da vergonha foi extraída de WILLIAMS, R.H. "Scheler's Contribuition to the Sociology of Affective Action With Special Attention to the Problem of Shame". *Philosophy and Phenomenological Research*, vol. 2, n. 3, mar/1942, p. 348-353.

5. Usa-se o termo "modos de orientação" neste ensaio em dois sentidos diferentes: (1) ele designa a estrutura da *noesis*; (2) designa a *noesis* como ela está inserida em elementos do papel. Quanto ao segundo sentido, veja-se a análise das orientações teóricas neste ensaio. O primeiro sentido refere-se à afirmação que foi marcada.

6. A geometria riemanniana é o ramo da geometria diferencial que estuda variedades riemannianas, variedades suaves com uma *métrica riemanniana*, isto é, com um produto interno sobre o espaço tangente em cada ponto, que varia suavemente de ponto a ponto. Isto dá, em especial, noções locais de ângulo, longitude de curvas, área de superfície e volume. Dessas podem-se derivar algumas outras quantidades totais, integrando contribuições locais [N.E.].

7. Husserl levou o problema até estes limites e ainda além, mas ao custo de infringir o senso comum filosófico e científico, de tal forma que Farber, autor do único resumo ampliado da obra dele que pode assumir responsabilidade pelo que nela se diz, levou sete anos para achar quem a publicasse. As traduções inglesas das obras *Logic* e *Logical Investigations*, de Husserl, já levam dez anos à espera de uma editora.

Deixando de lado as controvérsias metodológicas que reinavam na atmosfera acadêmica, testemunha-se uma alta comédia, especialmente porque a solução que Husserl propõe tinha sido aceita como uma questão de lógica na geometria, e especialmente porque Husserl mostra que aquilo que se sustenta para as estruturas geométricas sustenta-se também para todas as ações.

8. Ao menos, segundo o argumento diz, ninguém mostrou que elas mudassem, e ainda menos teve sucesso o pessoal da sociologia do conhecimento em seus discursos sobre as consequências epistemológicas da sociologia do conhecimento. Com esta última observação, nós concordamos completamente com o esforço dos críticos de Manheim sobre essa questão, mas não embasaríamos a crítica nos mesmos fundamentos de que Von Schelling se vale, p. ex.

9. O psicólogo francês Claude Bernard (1813-1878) foi o primeiro a definir o termo *milieu intérieur* (hoje chamada de homeostase, termo cunhado por Walter Bradford Cannon). Ele foi um dos primeiros a sugerir o uso de experimentos cegos para garantir a objetividade das observações científicas [N.E.].

10. John Scott Haldane descreveu uma propriedade da hemoglobina, pela qual o sangue aumenta a sua capacidade de transportar dióxido de carbono; esta propriedade é chamada de efeito Haldane. Pelo contrário, o sangue oxigenado tem menor capacidade de conter dióxido de carbono [N.E.].

11. Considere, p. ex., o que pode significar, quando chamamos nossos esforços de "aproximações sucessivas". Em uma teoria correspondente, aproximação sucessiva significa que um esquema analítico capta cada vez mais dos elementos importantes da realidade concreta. Ela aproxima-se da "assíntota", como se costuma dizer. Basta perguntar, porém, como, dentro desta perspectiva, nós vamos saber – a não ser por um simples ato de fé – a que distância da assíntota estamos num determinado ponto qualquer, para ver que a afirmação é racionalmente desprovida de significado, isto é, impossível de ser testada, representando o pressuposto de que o cientista descobriu o segredo de Deus, e que se outros se dessem ao trabalho de ser corretamente iniciados agiriam como cientistas, deve e pode, portanto, depender do fato de que o que se viu ali realmente estava ali. Não se trata de como *podemos* acreditar em nossos "olhos, mas sim de como *acreditamos* em nossos "olhos". As aproximações sucessivas que faríamos não são aproximações da realidade concreta, mas aproximações de um esquema analítico, que nos dá, com precisão, confiabilidade e alcance cada vez maiores, uma afirmação das possibilidades de experiências do observador com seus "dados" que realmente se cumprirão. Esta afirmação *pode* ser testada; aliás, nós a testamos toda vez que a incongruência se apresenta em nossas vidas.

12. Em contraste com a falácia de concretude deslocada de Alfred Noth [N.E.].

13. MURPHY, L.B. *Social Behavior and Child Personality*: an Exploratory Study of Some Roots of Sympathy. Nova York: Columbia University Press, 1937 [N.E.].

14. POINCARÉ, J.H. (1854-1912), matemático, físico, engenheiro e filósofo da ciência francês, que fez contribuições fundamentais para a matemática pura e aplicada, a física matemática e a mecânica celeste. Formulou a conjetura que leva seu nome, um famoso problema matemático que permaneceu sem solução até 2002-2003. Foi o primeiro a descobrir o sistema determinista caótico que lançou os alicerces da moderna Teoria do Caos; ele revelou a importância de se atentar para a invariância das leis da física em diferentes transformações, bem como foi o primeiro a apresentar as transformações de Lorentz em sua moderna forma simétrica. Em 1905, descobriu as restantes transformações da velocidade relativística, obtendo, assim, a perfeita invariância de todas as equações de Maxwell, passo importante na formulação da Teoria da Relatividade especial. Cf. MURPHY, L.B. *Social Behavior and Child Personality*... Op. cit.

Manual de pesquisa qualitativa

A contribuição da teoria da argumentação

Mario Cardano

Este livro tem como objetivo fornecer um guia para a criação de uma pesquisa qualitativa que combina rigor e criatividade. O autor apresenta um mapa das técnicas de pesquisa qualitativa delineada considerando principalmente as peculiaridades epistêmicas de cada uma, e prossegue com a ilustração das características do desenho da pesquisa qualitativa, delimitando, em um quadro de referência, os mais recentes estudos desenvolvidos sobre a teoria da argumentação e da lógica informal. Por essa razão, a principal peculiaridade do livro reside em sua referência à teoria da argumentação e na dedicação do autor em utilizar um repertório significativo de pesquisas mencionadas a título de exemplo. O livro é dirigido a todos os alunos (de graduação e pós-graduação), professores, pesquisadores e estudiosos das Ciências Sociais, Ciências da Saúde e da Enfermagem, e epidemiologistas sociais que se proponham a realizar a pesquisa qualitativa ou que desejam ler monografias e ensaios desenvolvidos com recurso das técnicas da pesquisa qualitativa.

Mario Cardano, doutor em Sociologia, é professor do Departamento de Cultura, Política e Sociedade da Universidade de Turim, na Itália, onde ensina Métodos Qualitativos de Pesquisa Social e Sociologia da Saúde. É também diretor do Programa de Doutorado *Interunidades*, desenvolvido pelas universidades de Turim-Milão em Sociologia e Metodologia da Pesquisa Social, onde ministra um curso de Projeto de Pesquisa Qualitativa. É membro do Conselho de Administração da Revista *Rassegna Italiana di Sociologia*.

O caos totalmente normal do amor

Ulrich Beck
Elisabeth Beck-Gernsheim

As mulheres e os homens de hoje encontram-se em uma busca, uma busca compulsiva que perpassa casamento sem certidão, divórcio, matrimônio contratual, luta por conciliar profissão e família, amor e casamento, luta por uma maternidade e uma paternidade "novas", amizade e relação entre conhecidos. Tudo isso entrou em movimento de forma irreversível. Por assim dizer, o "conflito de classes" que sucede o conflito de classes. Onde bem-estar e segurança social atingiram um nível elevado, onde paz e direitos fundamentais democráticos estão se tornando naturais, as contradições entre liberdade, igualdade e família, e aquelas entre liberdade, igualdade e amor, já não são mais encobertas pela luta cotidiana contra a miséria social e a opressão. Com o esbatimento das identidades sociais tradicionais, as oposições dos papéis de gênero entre homens e mulheres passam a ocupar lugar central na esfera privada. Elas começam a mudar a sociedade, superficial e profundamente, nos pequenos e grandes conflitos sobre quem lava a louça, sobre sexualidade e erotismo masculinos e femininos e sobre a política que também se supõe presente em tudo isso. O amor se torna fugaz na medida em que, carregado de esperanças, torna-se lugar de culto na sociedade que gira em torno do autodesenvolvimento. E é carregado de esperanças na medida em que se torna fugaz e socialmente desprovido de modelos.

Ulrich Beck foi professor de Sociologia na Universidade de Munique e editor responsável pela revista *Soziale Welt*.

Elisabeth Beck-Gernsheim é professora de Sociologia na Universidade de Erlangen.

CULTURAL

Administração
Antropologia
Biografias
Comunicação
Dinâmicas e Jogos
Ecologia e Meio Ambiente
Educação e Pedagogia
Filosofia
História
Letras e Literatura
Obras de referência
Política
Psicologia
Saúde e Nutrição
Serviço Social e Trabalho
Sociologia

CATEQUÉTICO PASTORAL

Catequese
　Geral
　Crisma
　Primeira Eucaristia

Pastoral
　Geral
　Sacramental
　Familiar
　Social
　Ensino Religioso Escolar

TEOLÓGICO ESPIRITUAL

Biografias
Devocionários
Espiritualidade e Mística
Espiritualidade Mariana
Franciscanismo
Autoconhecimento
Liturgia
Obras de referência
Sagrada Escritura e Livros Apócrifos

Teologia
　Bíblica
　Histórica
　Prática
　Sistemática

REVISTAS

Concilium
Estudos Bíblicos
Grande Sinal
REB (Revista Eclesiástica Brasileira)
SEDOC (Serviço de Documentação)

VOZES NOBILIS

Uma linha editorial especial, com importantes autores, alto valor agregado e qualidade superior.

PRODUTOS SAZONAIS

Folhinha do Sagrado Coração de Jesus
Calendário de mesa do Sagrado Coração de Jesus
Agenda do Sagrado Coração de Jesus
Almanaque Santo Antônio
Agendinha
Diário Vozes
Meditações para o dia a dia
Encontro diário com Deus
Guia Litúrgico

VOZES DE BOLSO

Obras clássicas de Ciências Humanas em formato de bolso.

CADASTRE-SE
www.vozes.com.br

EDITORA VOZES LTDA.
Rua Frei Luís, 100 – Centro – Cep 25689-900 – Petrópolis, RJ
Tel.: (24) 2233-9000 – Fax: (24) 2231-4676 – E-mail: vendas@vozes.com.br

UNIDADES NO BRASIL: Belo Horizonte, MG – Brasília, DF – Campinas, SP – Cuiabá, MT
Curitiba, PR – Fortaleza, CE – Goiânia, GO – Juiz de Fora, MG
Manaus, AM – Petrópolis, RJ – Porto Alegre, RS – Recife, PE – Rio de Janeiro, RJ
Salvador, BA – São Paulo, SP